企业财务审计研究

单文宗　张冬平　黄　婷　著

吉林科学技术出版社

图书在版编目（CIP）数据

企业财务审计研究 / 单文宗，张冬平，黄婷著. --
长春 ：吉林科学技术出版社，2019.8
ISBN 978-7-5578-5849-0

Ⅰ . ①企… Ⅱ . ①单… ②张… ③黄… Ⅲ . ①企业管理—
财务审计—研究 Ⅳ . ① F239.6

中国版本图书馆 CIP 数据核字（2019）第 167311 号

企业财务审计研究

著　　者	单文宗　张冬平　黄　婷
出 版 人	李　梁
责任编辑	朱　萌
封面设计	刘　华
制　　版	王　朋
开　　本	185mm×260mm
字　　数	420 千字
印　　张	18.75
版　　次	2019 年 8 月第 1 版
印　　次	2019 年 8 月第 1 次印刷
出　　版	吉林科学技术出版社
发　　行	吉林科学技术出版社
地　　址	长春市福祉大路 5788 号出版集团 A 座
邮　　编	130118

发行部电话 / 传真　0431—81629529　　81629530　　81629531
　　　　　　　　　　　81629532　　81629533　　81629534

储运部电话　0431—86059116

编辑部电话　0431—81629517

网　　址	www.jlstp.net
印　　刷	北京宝莲鸿图科技有限公司
书　　号	ISBN 978-7-5578-5849-0
定　　价	75.00 元

编 委 会

主　编

单文宗　　中国太平洋保险（集团）公司

张冬平　　长沙航空职业技术学院

黄　婷　　江苏省杰西艾医院投资管理股份公司

副主编

宋静波　　黑龙江省社会科学院应用经济研究所

苗增旺　　中国国际货运航空有限公司

庞小娜　　哈尔滨市东光小额贷款有限责任公司

郭　皓　　邯郸银行股份有限公司

伍绍堂　　陆军勤务学院训练基地

姜　玮　　江苏省科学技术情报研究所

李志坤　　临沂职业学院

编　委

刘建玲　　河北省秦皇岛市建设工程质量监督站

崔红娣　　河北省高速公路京沪管理处

吕凤敏　　原阳县水利局

王　渊　　河北省高速公路京沪管理处

陈春素　　柳州市人民医院

胡海莺　　研究生在读

徐　英　　株洲国投保安服务有限公司

前　言

　　对企业的生产经营活动进行一系列的计划、组织、协调与控制等的行为，被称为企业管理。其中，财务管理在企业管理中占据着核心地位，财务管理可通过对企业资金筹资、投资、分配的过程进行管理，使企业经济效益得到价值的最大化提高。同时，对财务风险进行分析和管理，促使企业很好地对经营过程中产生的风险进行规避或合理利用，从而提高企业的市场竞争力。但凡涉及资金的管理活动，都属于财务管理的工作内容。除此之外，企业管理的规范离不开会计基础工作的规范化以及审计工作的科学进行。审计工作对于企业内部经营活动的控制、管理及监督等具有重要的作用，能够有效提高企业对风险的防范意识。本著作主要研究财务管理以及审计工作的基本概念以及主要内容等，以期为相关人员的企业财务管理工作提供重要参考。

目 录

第一章　财务管理

第一节　财务管理的五个发展阶段

一、筹资管理理财阶段

筹资管理理财阶段又可称为"传统财务管理阶段"，在这一阶段中，财务管理的主要职能是预测公司资金的需要量和筹集公司所需要的资金。在 20 世纪初，由于一些西方国家经济的持续繁荣和股份公司的迅速发展，各类企业都面临着如何筹集扩大生产经营所需资金的问题。那时，市场竞争不是十分激烈，各国经济得到了迅速发展，只要筹集到足够的资金，一般都能取得较好的效益。然而，当时的资金市场还不甚成熟，金融机构也不十分发达，因而，如何筹集资金便成为财务管理的最主要问题。在这一阶段，筹资理论和方法得到了迅速的发展，为现代财务管理理论的产生和完善奠定了良好的基础。

二、资产管理理财阶段

这一阶段又可称为"内部控制财务管理阶段"。筹资阶段的财务管理往往只着重研究资本筹集，却忽视了企业日常的资金周转和企业内部控制。第二次世界大战以后，随着科学技术的迅速发展，市场竞争的日益激烈，西方财务管理人员逐渐认识到，在残酷的市场竞争中，要维持企业的生存和发展，财务管理的主要问题不仅在于筹集资金，更在于有效的内部控制，管好用好资金。在此阶段，资产负债表中的资产科目，如现金、应收账款、存货、固定资产等引起财务管理人员的高度重视。在这一时期，公司内部的财务决策被认为是财务管理的最主要问题，而与资金筹集有关的事项已退居第二位。各种计量模型逐渐应用于存货、应收账款、固定资产等项目，财务分析、财务计划、财务控制等得到了广泛的应用。

三、投资管理理财阶段

20 世纪 60 年代中期以后，随着企业经营的不断变化和发展，资金运用日趋复杂，市场竞争更加激烈，使投资风险不断加大，投资管理受到空前重视。主要表现在四个方面：第一，确定了比较合理的投资决策程序；第二，建立了科学的投资决策指标；第三，建立了科学的投资决策方法；第四，创立了投资组合理论和资本资产定价理论。对投资财务管理理论做出重要贡献的学者是迪安（Joel Dean）、马考维兹（H.Markowitz）和夏普（William F.Sharpe）。迪安在其所著的《资本预算》一书中，主要研究应用贴现现金流量来确定最优投资决策问题。马考维兹致力于投资组合的研究，提出了投资组合理论。夏普提出了资本资产定价模型，揭示了风险与报酬的关系。

四、通货膨胀理财阶段

20 世纪 70 年代末期和 80 年代早期，伴随石油价格的上涨，西方国家出现了严重的通货膨胀，持续的通货膨胀给财务管理带来了许多问题，在通货膨胀条件下，如何有效地进行财务管理便成为主要矛盾。大规模的通货膨胀，使企业资金需求不断膨胀，货币资金不断贬值，资金成本不断提高，成本虚降，利润虚增，资金周转困难。为此，西方财务管理提出了许多对付通货膨胀的方法，企业筹资决策、投资决策、资金日常调度决策、股利分配决策，都根据通货膨胀的状况，进行了相应的调整。

五、国际经营理财阶段

20 世纪 80 年代中后期，由于运输和通信技术的发展，市场竞争的加剧，企业跨国经营发展很快，国际企业财务管理越来越重要。当然，一国财务管理的基本原理对国际企业也是适用的，但是，由于国际企业涉及多个国家，要在不同制度、不同环境下做出决策，就会有一些特殊问题需要解决，如外汇风险问题、多国融资问题、跨国资本预算问题、国际投资环境的评价问题、内部转移价格问题等，都和一国财务管理不同。20 世纪 80 年代中期以来，国际财务管理的理论和方法得到迅速发展，并在财务管理实务中得到广泛应用，成为财务管理发展过程中的又一个高潮。

第二节 财务管理的基本理论

财务管理的基本理论是根据财务管理假设所进行的科学推理或对财务管理实践的科学总结而建立的概念体系，其目的是用以解释、评价、指导、完善和开拓财务管理实践。

一、现金流量理论（财务管理的最基础性理论）

现金流量理论是关于现金、现金流量和自由现金流量的理论。

现金流量包括现金流入量、现金流出量和现金净流量。对于公司整体及其经营活动、投资活动和筹资活动都需计量现金流量，进行现金流量分析、现金预算和现金控制。

财务学意义上的现金流量与会计学现金流量表的现金流量并不完全等同，会计学现金流量表包含现金等价物，而财务学现金流量则不含现金等价物。

自由现金流量（Free Cash Flows）是指真正剩余的、可自由支配的现金流量。自由现金流量是由美国西北大学拉巴波特、哈佛大学詹森等学者于 1986 年提出的，以自由现金流量为基础的现金流量折现模型，已成为价值评估领域理论最健全、使用最广泛的评估模式。

二、投资组合理论

投资组合理论的奠基人是美国经济学家马科维茨（H.M.Markowitz，诺贝尔经济学奖得主）。他在 1952 年首次提出投资组合理论。他是第一个对"投资分散化"理念进行定量分析的经济学家。投资组合是指投资于若干证券构成组合投资，其收益等于这些证券的加权平均收益，但其风险并不等于这些证券的加权平均风险。投资组合能降低非系统性风险。从资本市场的历史中，人们认识到风险和报酬存在某种关系：一是承担风险会得到回报，这种回报称为风险溢价；二是风险性越高，风险溢价越大。

三、风险评估理论

从财务学的角度，风险导致财务收益的不确定性。在理论上，风险与收益成正比。激进的投资者偏向于高风险是为了获得更高的利润，而稳健型的投资者则着重于安全。风险应该获得风险报酬，并进一步确定折现率，资本资产定价模型就是用于估计折现率的一种模型。

四、价值评估理论（财务管理的核心理论）

从财务学的角度，价值主要是指内在价值、净增价值，是以现金流量为基础的折现估计值，而非精确值。现金流量折现模式对特定证券现值的评估模型。从投资决策的角度，证券投资者需要评估特定证券的现值，据以与其市场价格相比较，做出相应的决策。自由现金流量折现模式是对特定项目净现值的评估模型。从投资决策的角度，项目投资者需要评估特定项目的净现值，据此确定净增价值的多少，做出相应的决策。

五、资本结构理论

资本结构是指公司各种长期资本的构成及比例关系。公司的长期资本包括永久的权益资本和长期的债务资本，权益资本和长期债务资本组合，形成资本结构。资本结构理论是关于资本结构与财务风险、资本成本以及公司价值之间关系的理论。资本结构理论有 MM 理论、权衡理论、代理理论和优序融资理论等。

第三节 企业的资金活动与财务关系

一、资金活动

（一）筹资活动

企业进行生产经营离不开资金，因此筹资就成了财务活动的第一个阶段。筹资活动正是为了满足企业生产经营和投资的需要，是经营所需资金的过程。经营是企业资金活动的起点，是具体财务活动的初始环节。企业资金来源按性质划分可以分为两种：一种是企业的权益资本或股本；另一种是企业的债务资金。权益资本属于企业股东投入的永久性资金，在企业的存续期内不需要偿还，如发行股票、直接吸收投资人投入的资金等。债务资金属于债权人借给企业的资金，企业负有按期归还本金和利息的法定责任。借入时表现为资金的流入，归还本金和利息时表现为资金的流出。筹资阶段的财务目标是以较低的筹资成本和较小的筹资风险筹集到较多的资金，筹资活动对财务管理的要求就是合理确定筹资规模和筹资结构。企业筹资过程中最为关键的是要解决资本结构问题，资本结构是指企业权益资本与债务资金的比例关系，权益资本与债务资金的筹集各有利弊，权益资本虽然不用偿还，但成本较高；债务资金虽然成本较小，但使用期有限，还款压力大，企业随时有可能因无力偿还债务本息而陷入财务危机甚至破产。因此，过度地依赖任何一种资金都是不明智的选择，所以，企业在筹资过程中应该进行科学决策。企业筹资决策主要包括两方面：一方面要确定筹资的总规模和筹资时机，以保证投资活动所需要的资金；另一方面要通过筹资方式和筹资渠道的选择，合理确定资本结构，以降低筹资风险和成本，提高企业价值。

（二）投资活动

投资是企业财务活动的第二阶段，企业筹集到所需要的资金后，紧接着就必须将其投放出去。企业筹集资金的目的是投入生产经营过程以获取投资收益，就是利用资金在生产经营中的增值，否则就失去了筹资的目的。投资活动就是企业将筹资活动取得的资金投放于生产经营活动以获取投资收益的过程。投资按其领域有对内投资和对外投资两种：对内投资是企业将资金投放在企业内部，如扩建厂房、安装新的机器设备或引进新的技术。对内投资的目的是扩大企业规模，增强市场竞争能力，最终增加企业的利润；对外投资是企业将资金投放在企业外部，如购买其他公司的股票、债券或与其他投资方合资、合作、联合经营，目的是获得投资收益或达到其他财务目的。投资阶段的财务目标是决定最优投资方案，以较低的投资风险和较小的投资额获取较大的投资收益。

投资的主体是公司，公司投资不同于个人或专业投资机构的投资。公司投资是直接投资，即现金直接投资于经营性（或称生产性）资产，然后用其开展经营活动并获取现金。个人或专业投资机构是把现金投资于企业，然后企业用这些现金再投资于经营性资产，属于间接投资。直接投资的投资人（公司）在投资以后继续控制实物资产，因此可以直接控制投资回报；间接投资的投资人（公司的债权人和股东）在投资以后不直接控制经营性资产，因此只能通过契约或更换代理人间接控制投资回报。投资的对象是经营性资产，经营性资产包括建筑物、厂房、机器设备、存货等。经营性资产投资有别于金融资产投资，金融资产投资的对象主要是股票、债券、各种衍生金融工具等，习惯上也称证券投资。经营资产和证券投资的分析方法不一样，前者的核心是净现值原理，后者的核心是投资组合原理。

投资活动的基本内容是投资决策分析，它包括两方面的内容：其一是必须进行投资方式的选择，如多元化投资、一体化投资及专业化投资等，由于不同的投资方向和投资方式意味着企业不同的发展方向和路径，因此投资方向和投资方式的选择是一个非常具有财务战略意义的问题，必须慎之又慎；其二是要考虑投资规模的大小，以取得规模效益。企业通过对各种投资方式和投资规模的资金比例进行选择，来确定合理的投资结构，以提高企业投资效益、降低投资风险。

（三）资金营运活动

营业活动产生的现金对于价值创造有直接意义，它是增加股东财富的基础。财务管理人员不直接从事营业活动，他们的职责是管理营业运转所需要的资本。企业在日常生产经营活动中会发生一系列的资金收付行为。营运以盈利为目的，它包括资产营运和资本营运两个方面。其中资产营运主要包括现金、应收账款和存货等主要流动资产的营运，资本营运主要包括企业的兼并、收购和重组等方式，目的是提高资产的营运效率，防止资金的积压和浪费，提高企业的盈利能力。在一定时期内，营运资金周转速度越快，资金利用效率就会越高，企业就可能生产出更多的产品，取得更多的收入，获得更多的利润。企业需要确定营运资金的持有政策、合理的营运资金融资政策以及合理的营运资金管理策略，包括现金和交易性金融资产持有计划的确定，应收账款的信用标准、信用条件和收账政策的确定，存货周期、存货数量、订货计划的制订，短期借款计划、商业信用筹资计划的确定等等。

（四）收益分配活动

收益分配活动是企业将取得的利润和收益在各相关利益者之间分配的过程。广义地说，分配是指对企业各种收入进行分割和分派的行为，而狭义的分配是指对企业净利润的分配。企业经过投资活动取得的收入，首先应缴纳企业所得税，其次是提取法定盈余公积金，最后才能向投资者分配利润。收益分配阶段的财务目标是在法律法规允许的范围内，制定最优的利润分配政策，以利于公司的长远发展。企业实现的净利润可作为投资者的收益，分配给投资者或暂时留存企业（作为投资者追加的投资）。企业需要依据法律的有关规定，合理确定分配规模和分配方式，确保投资者取得最大的长期收益。资金分配是一次资金运动过程的终点，又是下一次资金运动过程开始的前奏。资金的筹集和投放，以价值形式反映企业对生产要素的取得和使用；资金的耗费和营运，以价值形式反映企业物化劳动和活劳动的消耗；资金的收入和分配，以价值形式反映企业生产成果的实现和分配。因此，企业资金运动是企业再生产过程的价值方面。

二、财务关系

（一）企业与投资者之间的财务关系

投资者指向企业注入资本金的出资者，如果是国家出资，称之为国有资本；如是其他企业出资，称之为法人资本；如是股东投资，称之为股本。因此投资者（即出资者）是企业的所有者，我们所说的国有企业、合资企业、股份制企业就是从出资方所界定的。企业的所有者按照投资的合同、协议、章程的约定，履行出资义务、行使相适应的管理权并享有收益分配；作为企业就是利用投资资本进行营运，获取资本收益，向出资者支付报酬。在股份公司制度下，如果企业经营不能满足投资者的期望报酬，那么股东（出资者）可以选择两种方式行使其财产所有权：一是通过股东大会参与对企业重大事项的管理（"用手投票"），包括选举董事会成员、表决收益分配方案、决定企业重大投资项目；二是通过转让其股权选择新的投资方向（"用脚投票"）。可见，在两权分离条件下，企业与投资者在投资与报酬上体现利益博弈，其最终结果是：投资者（所有者）获得预期报酬，企业在既定的制度框架下得以运行。从这个意义上说，投资者需要明晰以下问题：第一，投资者出多少资才能对企业加以控制（控股权），或者在何种程度上对企业进行控制；第二，投资者在获取利润上参与分配的份额以及对净资产的分配权；第三，投资者对企业承担何种经济义务和责任，并在何时放弃其经济义务和责任。企业和投资者根据上述几个方面进行合理的选择，最终实现双方之间的利益均衡。

（二）企业与受资者之间的财务关系

企业以购买股票直接投资的形式向被投资企业注入资本所形成的经济关系是企业与受资者之间的财务。企业作为出资者成为被投资者的所有者权益，从本质上说也属于第一种关系中的企业与所有者之间的关系，只是调整了位置。但从目的上看，则有很大不同。企业之所以成为投资者，从目的上看，或是取得投资收益，或是稳定已有的购销关系，也就是收益性投资和控股性投资，无论何种投资目的，都要反映投资的本质要求，即取得预期收益。因此投资—收益之间的均衡是这类关系的出发点和落脚点。

（三）企业与债权人的财务关系

企业在取得资本金后，不足资金需要向外部资金供给者借入资金，并按借款合同规定按时支付利息和归还本金，形成了企业"欠人"的财务关系。企业是债务人，资金供给者是债权人。从现时来看，企业的债权人主要包括企业债券购买者、银行信贷机构、商业信用提供者。债权人不同于投资者，不能直接或间接参与企业管理，也不能参与剩余权益的再分配，但债权人能够取得资金固定收益，与企业经济效益高低相隔离，其资金投入的风险也随之趋弱。企业作为债务人，与债权人形成的债务—债权关系，是通过风险—收益的均衡和博弈并通过借贷合同来实现的。

（四）企业与债务人的财务关系

企业在利用资金交易和商品交易过程中，以购买债券、提供借款或商业信用给其他企业和个人，并按约定条件收取利息，收回本金，形成了企业与债务人之间的"人欠"财务关系。这种关系如同企业与债权人的财务关系一样，体现债权与债务经济关系，也需要通过风险—收益的均衡和博弈并形成借贷合同来实现。

（五）企业与国家、企业内部、劳动者之间的财务关系

企业与国家、企业内部、劳动者之间的财务关系具体来说就是如何处理国家、集体、个人之间的利益分配关系。企业与国家之间的财务关系体现为中央政府和地方政府在维持社会正常秩序、保卫国家安全、组织和管理社会活动方面行使政府职能，并依据这种职能和服务参与企业的收益分配。企业按照税法规定向中央和地方政府缴纳各种税款，包括流转税、资源税、财产税、行为税。国家通过行政权力取得税收，是由于国家为企业生产经营提供公平竞争的经营环境和制造"公共产品"时花费了"社会费用"，必须得到补偿，也必须视为社会成本从收入中扣除。企业照章纳税既体现了企业与国家之间的公平原则，同时也体现了强制性特点，这是企业与国家之间财务关系的本质。

企业内部各单位（部门）在生产经营活动中既有各环节相互依赖、相互合作的联系关系，同时各单位（部门）之间又存在一定的利益冲突，形成不同的利益中心。如何组织生产活动中企业内部各单位（部门）在生产中的衔接，是生产管理的中心内容，而如何协调经济利益分配中所发生的冲突则是财务管理必要的组成内容。

企业与劳动者之间，由于劳动者付出了活劳动，因而企业有义务向劳动者支付劳动报酬（工资），提供劳保福利和奖金，按规定提取公益金，体现劳动者个人同企业的财务关系，这种关系如果处理得当，能够激励劳动者的积极性，为企业创造更多的经济收益；如果处理不当，不仅影响劳动者个人收入水平，还有可能制约企业自身发展。从这一点看，企业与个人之间的财务关系是不容忽视的。

第四节　财务管理的管理目标

一、产值最大化

产值最大化是指在传统高度集权的管理模式下，企业的财产所有权与经营权高度集中，企业的主要任务就是完成预定的产值指标，在完成这一指标的过程中，所要达到的生产目标。产值最大化曾是国有企业的生产目标，但并不是国有企业财务管理的目标。这是因为产值不属于财务的范畴，也就不可能成为财务管理的目标。

1978 年我国实行经济体制改革以后，市场经济模式逐渐确立，企业面向市场自主经营、自负盈亏，开放经济深深地唤醒了竞争者的趋利动机。同时，企业的经济利益也得到了正常确认。国家把利润作为考核企业经营情况的首要指标，把职工的经济利益同企业利润的多少紧密联系在一起，企业不得不关心市场、关心利润，这使得"利润最大化"逐渐成为企业财务管理的主要目标。产值最大化目标的弊端主要有三点：一是只讲产值，不讲效益。只要能增加产值，企业不管投入的新增产值是否小于新增成本，造成亏损，减少利润，企业仍愿意增加投放；二是只求数量，从不求质量。追求中产值最大化导致了企业在生产经营活动中只重视数量而请示产品质量和花色品种；三是只抓生产，不抓销售。企业只重视自身产品的产出，增加产值，而对于产品是否适销对路却不加注意。显然，这种目标已经不符合市场经济的要求。于是，新的目标又被提出来。

二、利润最大化

利润最大化观念是西方微观经济学的理论基础。"利润最大化"观点的持有者认为：利润代表了企业新创造的财富，利润越多说明企业的财富增加得越多，就越接近企业的目标。到目前为止，利润最大化仍是分析和评价企业业绩和行为的重要基准。

从传统观点看，企业是一个营利性组织，利润就是公认的衡量企业效益的指标。将利润最大化作为财务管理的目标，有其合理的一面。生产经营活动的基本目的是创造并增加社会财富，而财富的多寡可用赚取利润的多少进行衡量。从资源配置的角度看，资本总是向利润率高的行业或企业流动，高利润意味着可以控制更多的资源，从而在更广泛的范围内实现资源优化配置。现代财务管理理论认为，利润最大化目标形成于 19 世纪初期，当时企业的基本特征是私人筹资、私人财产和独资经营，单一业主的目的就是增加私人财富，这个目的完全可以通过利润最大化得以实现。但现代企业的特征已经发生了极大的变化，资本社会化、所有权与经营权相互分离、职业经理集团控制和管理企业成为主要特征，除了股东、经理层以外，围绕企业存在着一个包括债权人、消费者、政府部门、社会公众在内的利益相关集团。在业主经理被职业经理替代后，企业财务管理的重心从单纯关注利润转向协调各方面的利益，这时以利润最大化作为财务管理目标就显得过于狭隘和滞后，不足以指导企业财务管理实践。

在今天看来，利润最大化目标的弊端还是显而易见的。第一，利润最大化没有考虑利润实现的时间，没有考虑项目收益的时间价值。例如 A、B 两个投资项目，其利润都是500 万元，如果不考虑时间价值，则无法判断哪一个更符合企业的目标。但是如果说 A 项目的 500 万元是去年获得的，而 B 项目是今年获得的，显然，对于相同的现金流入来说，A 项目的获利时间较早，也更具有价值；第二，利润最大化没有考虑风险。高利润往往伴随高风险，如果为了追求利润最大化而选择高风险的投资项目，或进行过度借贷，企业的经营风险和财务风险就会大大提高。仍以上面情况为例，假设 A、B 两个项目都是今年赚的 500 万元利润，但是 A 项目的利润已经全部转化为现金收入，而 B 项目的 500 万元全部是应收账款。显然，B 项目的应收账款存在坏账的可能性，因此 A 项目的目标实现得更好一些；第三，利润最大化没有考虑利润和投入资本的关系。假设 A、B 两个项目都是今年获得 500 万元的利润，并且取得的都是现金收入。但是如果 A 项目只需要投资 500 万元，而 B 项目需要投资 800 万元，显然 A 项目更好一些，而如果单从利润最大化目标却看不出这样的问题；第四，片面强调利润容易诱发企业短期行为。利润最大化往往会诱使企业只顾实现目前的最大利润，而不顾企业的长远发展。比如企业可以通过减少产品开发、人员培训、技术装备水平方面的支出来提高当年的利润，但是这显然对企业的长期发展是不利的。

一个科学的理财目标，应当有助于理财行为的科学化与高效化。如果将利润最大化作为企业的理财目标，管理层势必将很大一部分精力用在对企业盈余的操纵上以及利润表的管理上，而这种行为无论是对于优化企业的财务状况，还是增加企业价值，都终将于事无补。在我国企业界，管理人员普遍关注利润表的编制以及对利润表有关数据的分析，说明利润最大化观念已经深入人心。但客观事实已经证明，片面地、孤立地追求利润，尤其是短期利润，将给企业的可持续发展造成非常不利的影响。可见，利润最大化目标只是对经济效益浅层次的认识，存在一定的片面性。因此，利润最大化目标并不是财务管理的最优目标。

三、股东财富最大化

股东财富最大化是指以企业出售价格或企业股票价格表现的、属于股东所有的企业的价值最大化，因而又称为企业价值最大化、股票市价最大化。企业的价值在于它能给所有者带来未来报酬，包括获得股利和出售其股权换取现金。如同商品价值一样，企业的价值只有置于市场才能通过价格表现出来。例如，独资企业的价值是出资人出售企业可得到的现金，合伙企业的价值是合伙人转让其财产份额可得到的现金，有限责任公司的价值是股东转让其股权可得到的现金，股份有限公司的价值是股东转让其股份可得到的现金。如果股份有限公司成为上市公司，那么企业的价值更加市场化地表现为单位股票价格或总的股票市值。总之，企业价值是其出售的价格，而个别股东的财富是其拥有股份进行转让时所得到的现金。

作为现代企业组织形式的公司制已被普遍接受并采纳，而股东创办企业的目的是扩大财富，股东是企业的所有者，企业价值最大化就是股东财富最大化。具体表现为股东所拥有的股票数量和股票市价的乘积。当股票数量视为一个确定的不变量时，股东财富大小就取决于每股市价的高低。股价的高低及其动态涨跌，代表投资大众对公司价值的客观评价。股东财富以每股价格表示，反映了资本和盈利之间的关系；股东财富受预期盈利的影响，反映了盈利大小和取得的时间；股东财富受企业风险大小的影响，反映了投资所承担的风险。股东财富即股票市价的持续增长，是股东们所期望的结果，因而它将引导企业合理选择投资、融资、股利分配等财务政策，当短期利益和长期利益发生冲突时，企业能合理地计算和评价二者的权重，从而选择最有利于企业价值增大的方案。

总之，股东财富最大化是对理财目标的深层次认识及其理性概括，被越来越多的企业所认同和采纳。当然，在实务中，企业价值对非上市公司而言，估价不易客观和准确，必须基于一个充分发达的市场和完善的资产评估体系才能相对有效；对于上市公司而言，股票价格的变化要受多种因素的影响，并不能每时每刻都反映企业的实际价值，必须将其置于一个长期的时间序列方可做到这一点。

四、企业价值最大化

企业价值最大化认为，现代企业是多边契约关系的总和：股东、债权人、管理层、一般员工等，对企业的发展而言缺一不可，各方都有自身的利益，共同参与构成企业的利益制衡机制。企业财务管理目标应与企业多个利益集团有关，应反映多个利益集团的共同利益，是这些利益集团共同作用和相互妥协的结果，不能将财务管理目标仅仅归结为某一利益集团的目标。因此，企业财务管理的目标应是追求企业价值最大化。在此，企业价值是企业全部财产的市场价值，它反映着企业潜在或预期的盈利能力，揭示着企业未来长期发展的潜力，体现着企业各个利益集团共同利益实现的程度。

与其他观点相比，以企业价值最大化作为企业财务管理目标具有下列优点：第一，该目标考虑了资金的时间价值和投资的风险价值，有利于企业统筹安排长短期财务规划，合理选择投资方案，有效筹措资金；第二，该目标能够克服企业片面追求利润的短期行为和管理上的片面性，有利于企业从更全面、更长远的立场考虑问题，做出决策；第三，该目标反映了对企业资产保值增值的要求，有利于社会资源的合理配置，有利于实现企业效益和社会效益的"双赢"；第四，该目标扩大了考虑问题的范围，强调在企业发展中要兼顾各方利益关系，追求相关利益者的利益最大化。

需要指出的是，企业价值最大化观点与股东财富最大化观点类似：它们都反映了投资者对企业的未来预期，都以资产价值作为判断企业价值的依据，都以资产的市场价值而不是账面价值作为判断标准。两者不同之处在于，股东财富最大化考虑的是企业净资产的市场价值，而企业价值最大化考虑的是企业全部资产的市场价值。由于企业价值内在的丰富性及复杂性，人们可以通过不同的角度和立场来衡量企业价值的大小，较常见的有三种企业价值等式：第一，市场定价等式。按照该等式，企业价值是企业债务市场价值与股权资本市场价值之和；第二，投资定价等式。按照该等式，企业价值是企业现有项目投资价值与新项目投资价值之和；第三，现金流量定价等式。按照该等式，企业价值是企业未来时期内预期现金流量按加权平均资本成本折现之和。企业价值是现代企业财务管理的核心概念之一，自 19 世纪 80 年代以来，越来越多的财务理论界学者和实务界人士已经接受了以企业价值最大化作为企业财务管理目标的观点。

五、相关方利益最大化

相关者利益最大化目标的基本思想就是在保证企业长期稳定发展的基础上，强调在企业价值增值中满足以股东为首的各利益群体的利益。以相关者利益最大化作为财务管理目标，具有以下优点：首先，有利于企业长期稳定发展；其次，体现了合作共赢的价值理念，有利于实现企业经济效益和社会效益的统一；再次，这一目标本身是一个多元化、多层次的目标体系，较好地兼顾了各利益主体的利益；最后，体现了前瞻性和可操作性的统一。

第五节　财务管理的原则

一、货币时间价值原则

货币时间价值是客观存在的经济范畴，它是指货币经历一段时间的投资和再投资所增加的价值。从经济学的角度看，即使在没有风险和通货膨胀的情况下，一定数量的货币资金在不同时点上也具有不同的价值。因此在数量上货币的时间价值相当于没有风险和通货膨胀条件下的社会平均资本利润率。今天的一元钱要大于将来的一元钱。货币时间价值原则在财务管理实践中得到广泛的运用。长期投资决策中的净现值法、现值指数法和内含报酬率法，都要运用到货币时间价值原则；筹资决策中比较各种筹资方案的资本成本、分配决策中利润分配方案的制定和股利政策的选择，营业周期管理中应付账款付款期的管理、存货周转期的管理、应收账款周转期的管理等等，都充分体现了货币时间价值原则在财务管理中的具体运用。

二、资金合理配置原则

拥有一定数量的资金，是企业进行生产经营活动的必要条件，但任何企业的资金总是有限的。资金合理配置是指企业在组织和使用资金的过程中，应当使各种资金保持合理的结构和比例关系，保证企业生产经营活动的正常进行，使资金得到充分有效的运用，并从整体上（不一定是每一个局部）取得最大的经济效益。在企业的财务管理活动中，资金的配置从筹资的角度看表现为资本结构，具体表现为负债资金和所有者权益资金的构成比例，长期负债和流动负债的构成比例，以及内部各具体项目的构成比例。企业不但要从数量上筹集保证其正常生产经营所需的资金，而且必须使这些资金保持合理的结构比例关系。从投资或资金的使用角度看，企业的资金表现为各种形态的资产，各形态资产之间应当保持合理的结构比例关系，包括对内投资和对外投资的构成比例。对内投资中：流动资产投资和固定资产投资的构成比例、有形资产和无形资产的构成比例、货币资产和非货币资产的构成比例等；对外投资中：债权投资和股权投资的构成比例、长期投资和短期投资的构成比例等；以及各种资产内部的结构比例。上述这些资金构成比例的确定，都应遵循资金合理配置原则。

三、成本—效益原则

成本—效益原则就是要对企业生产经营活动中的所费与所得进行分析比较，将花费的成本与所取得的效益进行对比，使效益大于成本，产生"净增效益"。成本—效益原则贯穿于企业的全部财务活动中。企业在筹资决策中，应将所发生的资本成本与所取得的投资利润率进行比较；在投资决策中，应将与投资项目相关的现金流出与现金流入进行比较；在生产经营活动中，应将所发生的生产经营成本与其所取得的经营收入进行比较；在不同备选方案之间进行选择时，应将所放弃的备选方案预期产生的潜在收益视为所采纳方案的机会成本与所取得的收益进行比较。在具体运用成本—效益原则时，应避免"沉没成本"对我们决策的干扰，"沉没成本"是指已经发生、不会被以后的决策改变的成本。因此，我们在做各种财务决策时，应将其排除在外。

四、风险—报酬均衡原则

风险与报酬是一对孪生兄弟，形影相随，投资者要想取得较高的报酬，就必然要冒较大的风险，而如果投资者不愿承担较大的风险，就只能取得较低的报酬。风险—报酬均衡原则是指决策者在进行财务决策时，必须对风险和报酬做出科学的权衡，使所冒的风险与所取得的报酬相匹配，达到趋利避害的目的。在筹资决策中，负债资本成本低，财务风险大，权益资本成本高，财务风险小。企业在确定资本结构时，应在资本成本与财务风险之间进行权衡。任何投资项目都有一定的风险，在进行投资决策时必须认真分析影响投资决策的各种可能因素，科学地进行投资项目的可行性分析，在考虑投资报酬的同时考虑投资的风险。在具体进行风险与报酬的权衡时，由于不同的财务决策者对风险的态度不同，有的人偏好高风险，高报酬，有的人偏好低风险，低报酬，但每一个人都会要求风险和报酬相对等，不会去冒没有价值的无谓风险。

五、收支积极平衡原则

财务管理实际上是对企业资金的管理，量入为出、收支平衡是对企业财务管理的基本要求。资金不足，会影响企业的正常生产经营，坐失良机，严重时，会影响到企业的生存；资金多余，会造成闲置和浪费，给企业带来不必要的损失。收支积极平衡原则要求企业一方面要积极组织收入，确保生产经营和对内、对外投资对资金的正常合理需要，另一方面，要节约成本费用，压缩不合理开支，避免盲目决策。保持企业一定时期资金总供给和总需求，动态平衡和每一时点资金供需的静态平衡。要做到企业资金收支平衡，在企业内部，要增收节支，缩短生产经营周期，生产适销对路的优质产品，扩大销售收入，合理调度资金，提高资金利用率；在企业外部，要保持同资本市场的密切联系，加强企业的筹资能力。

六、委托代理关系原则

现代企业的委托代理关系一般包括顾客与公司、债权人与股东、股东与经理以及经理与雇员等多种关系。企业和这些关系人之间的关系，大部分居于委托代理关系。这种既相互依赖又相互冲突的利益关系，需要通过"合约"来协调。在组成合约集的众多关系中，都会出现代理难题和代理成本。由于委托人与代理人之间在企业的经营过程中会有多次利益背离，委托人为了确保代理人的行为符合自己的利益，就有必要进行激励、约束、惩罚和监督，而这些强制措施都会带来代理成本。为了提高企业的财务价值，可以预见，企业将采取更加灵活多样的激励机制，如员工持股、利润分成、高层管理人员股票期权以及灵活的福利制度等，来降低企业的代理成本，同时也增加员工对企业的认同感。另外，对于财务合约中的债务合约、管理合约等的执行情况要进行监督，建立健全完善的约束机制。

第六节　财务管理方法

企业为了有效地组织、指挥、监督和控制财务活动，并处理好因财务活动而发生的各种经济关系，就需要运用一系列科学的财务管理方法，它通常包括财务预测、财务决策、财务预算、财务控制、财务分析等方法，这些相互配合、相互联系的方法构成了一个完整的财务管理方法体系。

一、财务预测

财务预测是指根据活动的历史资料，考虑现实的条件和今后的要求，对企业未来时期的财务收支活动进行全面的分析，并做出各种不同的预计和推断的过程。它是财务管理的基础。财务预测的主要内容有筹资预测、投资收益预测、成本预测、收入预测和利润预测等。财务预测所采用的具体方法主要有属于定性预测的判断分析法和属于定量预测的时间序列法、因果分析法和税率分析法等。财务预测的重要作用有以下三点。

（一）财务预测是进行经营决策的重要依据

管理的关键在决策，决策的关键是预测。通过预测为决策的各种方案提供依据，以供决策者权衡利弊，进行正确选择。例如，公司进行经营决策时，必然要涉及成本费用、收益以及资金需要量等问题，而这些大多需要通过财务预测进行估算。凡事预则立，不预则废。因此，财务预测直接影响到经营决策的质量。

（二）财务预测能够确保公司合理安排收支，提高资金使用效益

公司做好资金的筹集和使用工作，不仅需要熟知公司过去的财务收支规律，还要善于预测公司未来的资金流量，即公司在计划期内有哪些资金流入和流出，收支是否平衡，要做到瞻前顾后，长远规划，使财务管理工作处于主动地位。

（三）财务预测是提高公司管理水平的重要手段

财务预测不仅为科学的财务决策和财务计划提供支持，也有利于培养财务管理人员的超前性、预见性思维，使之居安思危，未雨绸缪。同时，财务预测中涉及大量的科学方法以及现代化的管理手段，这无疑对提高财务管理人员的素质大有裨益。

二、财务决策

财务决策是指在财务预测的基础上，对不同方案的财务数据进行分析比较，全面权衡利弊，从中选择最优方案的过程。它是财务管理的核心。财务决策的主要内容有筹资决策、投资决策、成本费用决策、收入决策和利润决策等。财务决策所采用的具体方法主要有概率决策法、平均报酬率法、净现值法、现值指数法、内含报酬率法等。

财务决策按照能否程序化，可以分为程序化财务决策和非程序化财务决策。前者指对不断重复出现的例行财务活动所做的决策，后者指对不重复出现、具有独特性的非例行财务活动所做的决策。按照决策所涉及的时间长短，可分为长期财务决策和短期财务决策。前者指所涉及时间超过一年的财务决策，后者指所涉及时间不超过一年的财务决策。

财务决策又可以按照决策所处的条件，分为确定型财务决策、风险型财务决策和非确定型财务决策，前者指对未来情况完全掌握、每种方案只有一种结果的事件的决策；次者

指对未来情况不完全掌握、每种方案会出现几种结果，但可按概率确定的条件的决策；后者指对未来情况完全不掌握，每种方案会出现几种结果，且其结果不能确定的事件的决策。按照决策所涉及的内容，财务决策还可以分为投资决策、筹资决策和股利分配决策。前者指资金对外投出和内部配置使用的决策，次者指有关资金筹措的决策，后者指有关利润分配的决策。财务决策还可以分为生产决策、市场营销决策等。生产决策是指在生产领域中，对生产什么、生产多少以及如何生产等几个方面的问题做出的决策，具体包括剩余生产能力如何运用、亏损产品如何处理、联产品是否进一步加工和生产批量的确定等。

三、财务预算

财务预算是指以财务决策的结果为依据，对企业生产经营活动的各个方面进行规划的过程。它是组织和控制企业财务活动的依据。财务预算的主要内容有筹资预算、投资预算、成本费用预算、销售收入预算和利润预算等。财务预算所采用的具体方法主要有平衡法、定率法、定额法、比例法、弹性计划法和前期实绩推算法等。

四、财务控制

财务控制是指以财务预算和财务制度为依据，对财务活动脱离规定目标的偏差实施干预和校正的过程。通过财务控制以确保财务预算的完成。财务控制的内容主要有筹资控制、投资控制、货币资金收支控制、成本费用控制和利润控制。财务控制所采用的具体方法主要有计划控制法、制度控制法、定额控制法等。

五、财务分析

财务分析是指以会计信息和财务预算为依据，对一定期间的财务活动过程及其结果进行分析和评价的过程。财务分析是指财务管理的重要步骤和方法，通过财务分析，可以掌握财务活动的规律，为以后进行财务预测和制定财务预算提供资料。财务分析的内容主要有偿债能力分析、营运能力分析、获利能力分析和综合财务分析等。

（一）财务分析的方法

财务分析所采用的具体方法有比较分析法、比率分析法、因素分析法、平衡分析法等。

1. 比较分析法

比较分析法是通过相关经济指标的数量上的比较，来揭示经济指标间的数量关系和数量差异，从而达到分析目的的一种方法。比较分析法的主要作用在于指出财务活动中的数量关系和存在的差距，并从中发现问题，为进一步分析原因、挖掘潜力指明方向。比较分析法是财务分析最基本的方法，具体运用主要有重要财务指标的比较、财务报表的比较和会计报表项目构成的比较三种方式。

2. 比率分析法

比率分析法是财务报表分析使用的最普遍的分析方法。比率分析法是以同一期财务报表上若干重要项目的相关数据进行比较，通过比率计算来考察、计量和评价企业财务状况的一种方法。财务报表分析中，比率分析法应用较广，但有其局限性，主要表现为：比率分析法属于静态分析，对于预测未来并非绝对合理可靠；比率分析法所使用的数据是账面价值，难以反映物价水平的影响。

3. 因素分析法

财务分析人员采用比较分析法可以找出差异，但是难以说明差异的原因是什么，分析对象受何种因素的影响以及各个因素对其影响的程度如何。解决这些问题就需要使用因素分析法，所谓因素分析法就是通过顺序变换各个因素的数量，来计算各个因素的变动对总的经济指标的影响程度的一种方法。

（二）财务分析的重要作用

1. 财务分析是评价财务状况、衡量经营成果的重要依据

通过对企业财务报表等核算资料进行分析，可以了解企业的偿债能力、营运能力、盈利能力和发展能力，便于企业管理当局及其他报表使用者了解企业财务状况和经营成果，并分析影响企业财务状况和经营成果的各项因素，以促使经营者不断改进工作。

2. 财务分析是改进工作、实现财务管理目标的重要手段

企业财务管理的根本目标是努力实现企业价值最大化。通过财务指标的设置和分析，能了解企业的盈利能力和资金周转状况，不断挖掘企业改善财务状况、扩大财务成果的内部潜力，促进企业经营理财活动按照企业价值最大化的目标实现良性运行。

3. 财务分析是合理实施投资决策的重要步骤

投资者及潜在投资者是企业重要的财务报表使用人，通过对企业财务报表的分析，可以了解企业营运能力的高低、偿债能力的强弱、盈利能力的大小及发展能力的增减，可以了解投资后的收益水平和风险程度，从而为投资决策提供必要的信息。

第七节　财务管理的环境

财务环境，又称理财环境，指对企业财务管理活动产生影响的企业内外各种因素的总和。按其与企业的关系，分为企业内部财务管理环境和企业外部财务管理环境。企业外部财务管理环境是指企业外部影响财务管理的各种因素，如经济、政策、市场、金融、法律、科学等。企业内部财务管理环境是指企业内部影响财务管理的各种因素，如管理体制、经营组织形式、生产经营状况、内部管理水平等。研究理财环境，弄清企业财务管理所处环境的现实状况和发展趋势，把握开展财务活动的有利条件和不利条件，为企业的财务决策

提供充分可靠的依据，并提出相应对策，提高财务工作对环境的适应能力和利用能力，对实现企业的理财目标具有非常重要的作用。

一、外部财务环境

（一）经济环境

影响企业财务管理的经济因素主要包括经济体制、经济周期、通货膨胀和经济政策。

1. 经济体制对财务管理的影响

经济体制是指制定并执行经济决策的各种机制的总和，决定了社会资源的基本配置方式。比如，在计划经济体制下，国家统筹企业资本、统一投资、统负盈亏，企业并没有自主的财权。这时企业的财务管理内容比较简单，财务管理方法也比较单一。在市场经济体制下，企业成为自主经营、自负盈亏的经济实体，有独立的经营权，同时也有独立的财权。企业可以根据自身发展的需要，自行筹资和投资决策，因此，这时企业的财务管理内容丰富，方法也复杂多样。

2. 经济周期对财务管理的影响

在市场经济条件下，经济的发展有其内在规律，无论人们采用什么样的调控手段，经济都不可避免地会出现或强或弱的波动，并呈现出一种由繁荣、衰退、萧条、复苏再到繁荣的周期性特征。经济的周期性波动对财务管理有着非常重要的影响，在不同的经济发展时期，企业的生产规模、销售能力、获利能力以及由此而产生的资本需求都会出现重大差异。例如，在萧条阶段，由于整个宏观经济不景气，企业很可能处于紧缩状态之中，产量和销售量下降，投资锐减；在繁荣阶段，市场需求旺盛，销售大幅上升，企业为扩大生产，需要加大投资，以增添机器设备、存货和劳动力，这就要求财务人员迅速地筹集所需资本；同时，必然会引起整个社会对资金的需求量增大，又会加剧企业筹资的困难。因此，面对经济的周期性波动，财务人员必须预测经济变化情况，适当调整财务政策。

3. 经济政策对财务管理的影响

经济政策是国家进行宏观经济调控的重要手段。国家的产业政策、金融政策、财税政策对企业的筹资、投资和收益分配活动都会产生重要影响。财务管理人员应当深刻领会国家的经济政策，研究经济政策的调整对财务管理活动可能造成的影响，避免"启动不灵刹车灵"的现象。例如，当大多数投资者还没有将注意力转移到国家经济政策上时，如果企业能够及时地领会某项经济政策，把握住投资机会，就会得到国家政策的优惠条件。国家的经济政策往往是长期性的，最初的投资者可以在较长时期内享受国家经济政策给投资带来的效应。

4. 通货膨胀对财务管理的影响

通货膨胀始终伴随着现代经济的发展，不仅对消费者不利，对企业的财务活动的影响更为严重。大规模的通货膨胀一方面使企业成本补偿不足，引起资本占用的迅速增加；另一方面由于价格上涨使企业利润虚增，税金增加，造成企业的资本流失。这两方面都会引起企业对资本需求增大。同时，通货膨胀又会引起市场利率的上升，增加企业筹资成本，给企业筹资带来较大的困难。为了减轻通货膨胀对企业造成的不利影响，财务人员应当采取措施予以防范。在通货膨胀初期，货币面临着贬值的风险，这时企业可以加大投资，避免风险，实现资本保值；与客户签订长期购货合同，减少物价上涨造成的损失；举借长期负债，保持资本成本的稳定。在通货膨胀持续期，企业可以采用偏紧的信用条件，减少企业债权；通过调整财务政策，防止和减少企业资本流失等。

（二）法律环境

市场经济的主要特征在于它是一种以法律规范和市场规则为特征的经济制度。法律为企业经营活动规定了活动空间，也为企业在相应空间内自主经营提供了法律上的保护。财务管理的法律环境是指企业和外部发生经济关系时所应遵守的各种法律、法规和规章制度。企业要顺利从事生产经营和处理好各种经关系，必须遵守相关法律规范。影响企业财务管理活动的法律规范主要有：企业组织法律规范、税收法律规范和财务会计法律规范。

1.企业组织法律规范

企业是市场经济的主体，企业组织必须依法成立。组建不同的企业，要依据不同的法律规范，这些法律规范既是企业的组织法又是企业的行为法。企业组织依据的主要法律有：《公司法》《企业法》《个人独资企业法》《合伙企业法》和《外资企业法》等。例如，《公司法》对公司制企业的设立条件、设立程序、组织机构、组织变更及终止的条件和程序等都做了相应的规定，包括股东人数、法定资本的最低限额、资本筹集方式等。只有按法律规定的条件和程序建立的企业，才能称为公司。《公司法》还对公司生产经营的主要方面做出了规定，包括股票的发行和交易、债券的发行和转让、利润的分配等。公司组建后的各项生产经营活动都要按照《公司法》的有关规定来进行。因此，《公司法》是公司制企业财务管理最重要的强制性法律规范。

2.税收法律规范

国家财政收入的主要来源是企业所缴纳的各种税金，任何企业都有义务上缴税收。而国家的财政状况和财政政策对于企业筹集资金和税收负担有着重要的影响。有关税收法律规范主要有三类：所得税的法律规范、流转税的法律规范、其他税的法律规范。无论缴纳哪一种税，对企业来说都是企业的资金流出，加大企业对现金管理的压力，对财务管理有重要影响。企业财务管理人员要熟悉国家税收法规，自觉按照税收政策导向进行生产经营活动，精心安排和规划筹资、投资和利润分配。

3.财务会计法律规范

财务会计法律规范主要有《企业财务通则》《企业财务制度》和《企业会计制度》以及具体的会计准则。它们是企业从事财务活动、实施财务管理的基本规范。除了上述法律规范，与企业财务管理有关的其他经济法律规范还有很多，包括《证券法》《支付结算法》

《合同法》等。财务管理人员要在知法守法的前提下，进行财务管理活动，实现财务管理目标。

（三）社会文化环境

1. 教育环境

教育，从一定意义上说主要是人类文化的传授。在人类文化积累相当丰富，教育内容和方式复杂多样的今天，教育已明显地区分为基础教育和专业教育。企业财务管理工作的从事者既要接受基础教育，又需接受专业教育。企业财务管理工作的质量，既取决于从事此项工作的人的基本素质，也取决于他们的专业水平和能力。教育对企业财务管理的影响具体表现在以下三大方面：第一，社会总体的教育水平，决定社会成员总体的受教育程度，对企业财务管理具有显著影响。这是因为企业财务管理是一项涉及面广、综合性强的管理工作；第二，教育制度的基本导向对企业财务管理也有重大影响。教育制度的基本导向，决定了一国对财务管理教育的重视程度，以及财务管理教育的总体水平，将会直接影响财务管理专业人才的业务素质；第三，教育适应性对企业财务管理也有显著影响。所谓教育适应性，是指当经济和社会系统产生更为复杂的财务管理业务，从而需要采用更为复杂的财务管理思想和方法时，财务管理人员能否适应这种需要。当今社会经济发展变化很快，金融业务更是日新月异，因而财务管理思想和方法的更新周期较已往大为缩短。所以，教育是否能适应这种变化，从而使财务管理人员所掌握并能实际运用的财务管理思想和方法是否能适应新的要求，对企业财务管理工作具有显著影响。

2. 科学环境

科学，包括自然科学和社会科学，对财务管理也有重大的影响。科学的发展对财务管理的影响主要表现在以下两大方面：第一，科学发展为财务管理提供了理论指导和管理手段。现代企业财务管理需要以财务理论为指导，而财务理论的发展，又必须以其他科学的发展为条件。经济学、管理学乃至数学、物理等自然科学的发展，都在一定程度上促进了现代财务理论的发展；第二，科学发展丰富了财务管理的内容。这是因为，科学的发展为人类改造自然不断地开辟新的领域，而在人类活动的几乎所有领域，都必须讲求经济效益的提高。

3. 观念

观念，是指人们对事物的传统看法。传统观念在人们的头脑中是根深蒂固的，因而对人们的思想及行为具有深远的影响。要改变一种传统观念，树立新的观念，往往需要做出极大的努力，绝非朝夕之事。社会对财务管理工作的态度，将影响财务管理工作的社会地位及从事财务管理工作的人的类型。财务管理人员是否具有全局整体观念、长远观念，将影响财务管理活动的基本导向。企业领导人、其他有关职能部门负责人，乃至企业全体员工是否具备现代财务观念，将影响财务决策实施的效果。传统观念对财务管理工作的影响还表现在，它往往会束缚财务管理人员的头脑。许多在新形势下业已成为不合理的做法，往往仍被认为是理所当然的。因此，欲使新的理论、新的方法应用于实际工作，必先通过舆论宣传等手段使人们的观念得以更新。

（四）金融市场环境

金融市场就是资金融通的场所。金融市场是企业财务管理的直接环境，它不仅为企业筹资和投资提供场所，而且可以促进资本的合理流动和优化配置。金融市场越发达，金融市场的分类也就越细，它对公司财务管理的影响就越大，从而对企业财务经理的要求也就越高。

1. 金融市场的分类

（1）按照融资期限的长短分类

按照融资期限长短的不同，金融市场可分为货币市场、资本市场和衍生品市场。货币市场是短期资金融通的市场，交易对象期限一般在一年或一年以下交易场所，它主要满足交易者短期性、季节性融通资金的需求。资本市场是长期资金融通的市场，交易对象期限是在一年以上的交易场所，它主要满足交易者中长期融通资金的需要，资本市场主要包括长期存贷市场、长期债券和股票市场。衍生品市场是指从原生资产派生出来的金融工具交易场所，如期货、远期合约等交易市场。金融衍生品的共同特征是保证金交易，即只要支付一定比例保证金就可进行全额交易，因此金融衍生品交易具有杠杆效应。

（2）按照金融产品交易时间分类

按照金融产品交易时间的差别，金融市场可分为一级市场和二级市场。一级市场是发行新证券的市场，一级市场可以直接为债券的发行人带来现金流。二级市场是买卖已发行证券的市场，二级市场上的资金在投资者之间转手，它并不能直接给债券发行人带来现金流。

（3）按照资金从所有者流向使用者的方式分类

按照资金从所有者流向使用者的方式差别，金融市场可分为间接金融市场和直接金融市场。所谓间接金融市场，是指资金通过金融中介机构从资金的所有者间接流向使用者，由金融中介机构向使用者出让一定时期资金使用权的场所。间接金融市场存在的意义在于它提高了资金流动的效率。间接金融市场的主体是金融中介机构，通常包括商业银行、保险公司以及基金。所谓直接金融市场，是指资金不经过金融中介机构而从资金的所有者直接流向使用者，由所有者向使用者出让一定时期资金使用权的场所。直接金融市场的主体是投资银行，资金通过股票市场和债券市场在需求者和供给者之间直接流动。投资银行本身不吸收存款，其资金来源于其发行的股票和证券，属于金融经纪人。

2. 金融市场的作用

（1）金融市场的基本功能是融通资金

它提供一个场所，将资金提供者手中的富余资金转移到那些资金需求者手中。这种转移，使资金从那些没有生产性投资机会的人们手中转移到那些拥有这些机会的人手中，从而提高经济社会的效率，增进社会的经济福利。与此同时，这种转移使消费者在最需要消费的时候得以购买商品，也使直接消费者受益。

（2）金融市场能够将实际资产预期现金流的风险重新分配

在转移资金的过程中，同时将实际资产预期现金流的风险重新配给资金提供者和资金需求者，这是金融市场的另一项基本功能。例如，一个企业主，需要投资 100 万元建立他的企业，但是他自己只有 20 万元，还需要筹资 80 万元。所需的 80 万元，可以进行债务筹资和权益筹资，两者的比例决定了他自己和其他出资人的风险分摊比例。例如，权益筹资 40 万元，债务筹资 40 万元。如果经营成功，债权人只收取固定利息，净利润他自己分享 1/3，其他权益投资人分享 2/3。如果亏损，债权人不承担损失，仍然收取固定利息，他自己承担 1/3 的损失，其他权益投资人承担 2/3 的损失。如果改变了筹资结构，风险分摊的比例就会改变。因此，筹资的过程同时实现了企业风险的重新分配。集聚了大量资金的金融机构可以通过多元化分散风险，因此有能力向高风险的公司提供资金。金融机构创造出风险不同的金融工具，可以满足风险偏好不同的资金提供者。因此，金融市场在实现风险分配功能时，金融中介机构是必不可少的。

（3）金融市场为政府实施宏观经济的间接调控提供了条件

政府可以通过实施货币政策对各经济主体的行为加以引导和调节。政府的货币政策工具主要有三个：公开市场操作、调整贴现率和改变存款准备金率。例如，经济过热时中央银行可以在公开市场出售证券，缩小基础货币，减少货币供应；还可以提高商业银行从央行贷款的贴现率，减少贴现贷款数量，减少货币供应；也可以提高商业银行缴存央行的存款准备金率，商业银行为补足应交准备金就需减少放款，导致货币供应收缩。减少货币供应后，利率会提高，投资需求会下降，这样就可以达到抑制经济过热的目的。当然，事情不会这样简单。央行货币政策的基本目的不止一项，通常包括高度就业、经济增长、物价稳定、利率稳定、金融市场稳定和外汇市场稳定等，有时这些目的相互冲突，操作时就会进退维谷。例如，经济上升、失业下降时，往往伴随通货膨胀和利率上升。如果为了防止利率上升，央行购入债券以增加货币供应促使利率下跌，但增大货币供应又会使通货膨胀进一步提升。如果为了防止通货膨胀，放慢货币供应增长，在短期内利率和失业率就可能上升。因此，这种操控是十分复杂的，需要综合考虑其后果，并逐步试探和修正。

（4）节约信息成本

如果没有金融市场，每一个资金提供者寻找适宜的资金需要者，每一个资金需求者寻找适宜的资金供应者，其信息成本是非常高的。完善的金融市场提供了广泛的信息，可以节约寻找资金投资对象的成本和评估金融资产投资价值的成本。

金融市场要想实现其上述功能，需要不断完善市场的构成和机制。理想的金融市场需要两个条件：一是完整、准确和及时的信息；二是市场价格完全由供求关系决定而不受其他力量干预。现实中，扭曲的价格和错误的信息，不仅妨害其功能的发挥，还不时会引发金融市场的动荡、混乱和危机。

二、内部财务环境

（一）企业管理体制

企业管理体制是指企业对各项工作管理极限的划分，包括由一定制度所确定的纵向分权和横向分工、隶属关系以及各自管理范围的规定等。

在企业内部理财环境中，管理体制因素起着决定作用，它直接决定着企业内部理财环境的优劣，以及企业理财权限的大小和理财领域的宽窄。现代企业制度的建立，从根本上确立了企业市场主体的地位，为企业自主理财提供客观可能性，企业可以自行筹资，自主投资，并可以制定自己的财务管理制度。

（二）企业经营组织形式

企业经营组织形式是指在既定的产权体制下，企业内部的权责结构和利益关系的组合方式，又称经营方式。企业组织形式按投资组合形式的不同可分为独资企业、合伙企业和公司。不同的企业组织形式对企业理财有着重要影响。如果是独资企业，由于其规模小，资金少，人员少等特点，财务管理模式也比较简单。合伙企业的规模、资金和人员都比独资企业有所增加，合伙企业的财务管理模式要比独资企业复杂得多。公司制企业的财务管理模式最复杂，要考虑企业内外部因素，合理确定企业的财务管理理念、财务管理目标、财务关系、财务权责和财务运行机制。

（三）企业生产经营状况

企业生产经营状况是指企业的产品在商品市场上进行生产、销售、服务的发展现状。企业生产经营状况对财务管理模式的影响主要表现在经营规模的大小，对财务管理模式复杂程度的要求有所不同。企业的采购环境、生产环境和销售环境对财务管理目标的实现有很大影响，好的环境有利于财务管理目标的实现，反之，阻碍目标的实现。

（四）企业管理水平

企业管理水平是由企业经理人员或经理机构对企业的经济活动过程进行计划、组织、指挥、协调、控制，以提高经济效益，实现盈利目的的熟练程度。企业管理水平高，则财务管理模式相对规范，财务管理各方面的职能能够得到有效发挥。企业财务管理水平不高，则财务管理模式相对混乱，企业各财务管理目标的实现和财务管理运行机制的实施都会受到限制。

第八节　财务管理模式的优化措施

一、树立科学的财务管理理念

为了有效地克服企业领导者集权、家族化管理带来的弊端，促进企业更深层次的发展，企业的所有者和管理者必须加强学习，切实转变财务管理理念，树立财务管理是企业管理核心的理念。要把强化财务管理作为推行我国各企业管理制度的重要内容，贯彻落实到企业内部各个职能部门。此外，我国各个企业还应树立人本化、多元化的风险理财观念，以适应新的理财环境。

二、确定科学、明确的企业财务管理目标

确定科学、明确的财务管理目标，既是我国企业发展的必然要求，也是客观环境对我国企业经营理财行为的约束。合理的财务管理目标应既能体现企业财务活动的客观规律，又能体现宏观经济体制和企业经营方式的要求，具有客观性、可比性、可操作性，并注重偿债能力、营运能力和盈利能力的统一。具体来讲，作为企业进行有效财务管理活动的前提，一个合理的财务管理目标应当符合以下特征：可计量性、一致性、阶段性和综合性。根据我国的实际情况，可持续发展的利润最大化目标是适合我国现阶段大多数中小企业的财务管理模式的，它较好地解决了我国中小企业发展过程中财务方面的问题。

三、健全和完善财务组织机构

组织理论指出，企业的组织架构依其内部权责利关系结构的不同，可划分为 H 型、U 型、M 型等多种类型。我国企业在健全和完善财务组织机构时，应根据公司的发展战略和发展阶段，界定财务组织机构的职能，合理设置财务组织机构和岗位，实现管理提升的平稳过渡与业务流程相衔接，整合会计核算流程，在完整的流程中明确会计核算的地位和财务管理的重点，从而明确财务人员、各级业务人员和高层管理者之间的责权，提高组织和管理的效率、效果制定财务基础管理制度，规范财务工作。

四、正确处理财务权责关系

对于财务权责关系的选择，绝对不是在集权或分权的决策模式中进行简单的取舍，而是要对"权"度进行有效的控制，做到调剂有度、协调有效。针对我国部分企业财务权责过于集中的现象，应合理设置财务管理层次和管理幅度，选择与企业管理机构相适应的财

务管理体系，适当下放财务管理权限，企业高层管理者应只对重大事务进行决策，并且把权力与责任对等化，切实做到谁执行谁负责，充分发挥财务管理的职能作用。由于权力下放，使财务人员由决策的被动执行者转变为决策的参与者，这种做法不但能够克服企业财务决策权过于集中的弊端，而且可以提高决策效率，对瞬息万变的市场信息做出快速反应，抓住那些突如其来的商机。

五、规范财务管理过程

规范财务管理过程应从以下几个方面入手：

（一）建立和完善财务管理制度

我国企业应根据国家和行业财务管理制度的要求，结合自身的特点，建立健全财务管理制度，提高营运资金效率。为进一步适应市场经济发展的内在要求和世界贸易组织的相关规则，我国政府已经正式启动行政审批制度改革，实行有限审批与监督模式，可以提高经济运行效率，改善市场竞争环境，为我国各大企业的发展出谋献策，保驾护航。

（二）完善企业财务管理的内容

我国企业财务管理内容不全面，主要与管理者对财务管理的不重视，企业财务管理目标不明确，财务组织结构不合理等方面有很大关系，如果这些问题都得到了解决，企业财务管理内容自然就得到了完善，因此我们要想完善我国企业的财务管理内容就要从这几个方面入手，加强我国企业的筹资、投资、预测、决策、计划、控制、考核等财务管理内容。

（三）规范财务管理控制程序与方法

我国企业要规范财务管理控制程序与方法，应建立财务收支审批制度、权限规定等，落实责任制，并且通过财务会计信息的记录、分析和反馈，形成事前控制、事中监督、事后考核的企业内部控制系统。同时也要建立健全内部审计制度，在建立内部审计制度时，要坚持内部审计机构与财务机构相独立的原则，同时也要保证内审人员独立于被审计部门，只有这样才能更好地实施会计的再监督作用。

（四）加强企业财务激励机制

加强企业财务激励机制应从以下三个方面入手：

1. 物质激励的构建

物质激励包括工资、奖金和福利安排三个方面。毋庸置疑，我国各个企业在与市场中其他大型企业进行人才竞争中，其物质方面的劣势是显而易见的，因此，部分中小型企业在制定物质激励过程中必须认清这一点。比如，利润分享计划使公司利润的大小直接影响员工的收益，但是利润分享计划没有考虑员工个人的业绩，它只关注企业的经营目标，对于收入变化不定的中小企业来说，利润分享计划可能会因为期望收益难以保证而导致员工不满，很难发挥它应有的激励作用，因此，我国各企业必须根据自身情况来选择是否实行利润分享计划，在设计或选择物质激励计划时，应考虑企业的经营计划、组织结构与核心竞争力、所处的生命周期、企业文化与管理风格、市场定位与经济环境等因素对激励计划的影响，设计出适合企业发展需要的物质激励计划。

2．精神激励的构建

首先，感情激励。人和动物的基本区别是，人有思想和感情。感情因素对人的积极性有重大影响。其次，榜样激励。榜样的力量是无穷的，许多的企业都开展了树立英雄模范的活动，但效果不甚理想，原因在于树立和宣传劳动模范时违背了实事求是的原则，因而缺乏号召力、感染力。榜样激励的一个重要方面是企业的领导者本人应身先士卒，率先垂范，正如一些企业负责人所说"喊破嗓子，不如做出样子。"再次，目标激励。对数量一定的目标任务，衡量其完成的效果通常有三个指标，即任务完成的质量、时间和成本。从企业领导者的角度看，必然要求任务完成的质量最高、时间最短、成本最低，但从员工的内心期望来看，则要求任务完成的质量不要太苛刻，时间要足够宽裕，耗费的成本也不要太受限制。这样就造成了领导者与员工的分歧。而合理目标的设定原则是，领导者最多决定两个因素，另一个因素由员工说了算。

3．内在激励的构建

员工满意工作的内容和薪酬等能够激发他们的工作热情，因此我国各大企业应把注意力集中在工作本身上，实施工作再设计。工作再设计以员工为中心，让员工参加工作的设计过程，员工可以提出对自己工作改进的意见、建议，参与编制工作再设计的具体内容。它让员工积极地参与进去，极大地影响了员工的积极性，注重了员工的自我满足感，激发起员工的工作热情。

六、提高财务信息的沟通能力

提高财务信息沟通能力，主要从提高信息公开化与透明度入手。我国部分企业财务信息沟通能力较低，究其原因是财务信息披露的对象和范围都十分狭窄，因此，应扩大财务信息的披露范围，对内实行财务信息共享化，使与财务信息相关的主体都能拥有该信息，对外也可适当公开化企业的财务信息，如对与企业有经济关系的主体适当公开企业正面的财务信息，可获得对方的信任，有利于建立长期合作关系。

第二章　财务预算管理

预算是企业在预测、决策的基础上，以数量和金额的形式反映企业未来一定时期内经营、投资、财务等活动的具体计划，是为实现企业目标而对各种资源和企业活动进行的详细安排。

第一节　财务预算的发展过程

预算最初是在英国的财政管理中使用的一项管理工具，当时的主要目的是为了保证国家财政的收支平衡。19 世纪末 20 世纪初，为了限制广告费用的支出，美国企业首先将预算引入企业内部费用控制。这是基于当时管理手段匮乏、没有有效方式进行成本控制所致，也是现代企业预算管理的正式开端。随着第一次世界大战后美国经济的快速发展，企业规模不断扩大，在企业内部产生了分层管理，分层管理带来的层级之间利益协调的问题，成为当时一项重要的研究课题。与此同时，企业生产规模的盲目扩大也导致一些企业出现了生产过剩、产品销路不畅等问题。所有这些问题，迫使企业寻求对市场进行预测、计划内部生产能力与外部市场需求相协调的方法。

1923 年，通用汽车公司的总经理阿尔弗雷德·斯隆要求总办事处的高级主管设计出使目前产量和现有需求量相适应，并根据长远需求量分配资源的程序。而产量和材料采购的预测，要不断按照实际销售额进行调整，销售额的数据又来自于每十天一次由经销商提交的报表。只有将销售额、市场占有率和投资回报率的实际数字和估计数字加以比较，才能为公司未来规划及分配资源的工作提供信息来源，由此企业预算由过去单纯的成本控制扩展为对财务资源的规划、协调与控制。通用汽车公司在完善预算内容和程序的同时，还通过进一步规范决策管理与决策控制权力的划分，以提高预算管理的效率。预算的推进促使通用汽车公司发展为一家现代化的、多部门的、分层管理的企业集团，发挥了巨大的积极作用。

与此同时，管理学理论的发展也对预算管理产生了很大的影响。在 20 世纪初的 30 年里，古典管理理论中泰勒的科学管理理论、法约尔的组织管理理论及韦伯的行政组织理论，深刻影响着预算体系的构建、资源配置和行动协调等职能的发挥，而建立在"科学管理理论"基础上的标准成本制度、差异分析等方法，后来则直接成为预算管理的重要内容。随后的几十年中，企业预算管理先后受到会计理论及其他管理思想发展的影响，在管理方法、管理理论上都得到了一定的发展。

第二次世界大战以后，科学技术突飞猛进并大规模应用于生产，使社会生产力迅速发展，社会化大生产促使资本主义企业进一步集中，跨国公司大量涌现，企业的规模越来越大，生产经营日趋复杂，企业外部的市场情况瞬息万变，竞争更加剧烈。这些新的环境和条件，对企业管理提出了新的要求，企业必须把正确进行经营决策放在首位。为了使企业在激烈的竞争中处于有利的地位，西方会计学吸收了自 20 世纪 20 年代发展起来的一些专门用来提高企业内部经营管理水平和经济效益的方法，如盈亏平衡点分析、弹性预算法、变动成本计算法、差额分析法和现金流量分析法等以帮助管理当局预测、决策、组织和控制生产经营活动，提高企业的竞争力。这些方法的产生也促进了预算制度的进一步发展与完善，特别是盈亏平衡点分析理论的形成，使会计对经济活动的事后反应和分析逐渐转向事前的预测和决策。这一时期企业管理者根据其计划编制的预算比"初始阶段"更加科学、合理，以此达到对企业经济活动进行协调、控制的目的。

20 世纪 40 年代末期，企业的经营管理者逐渐认识到强化管理对企业的重要性，西方各种新的管理思想应运而生，各种新的管理学派及新的学科不断出现。这些新的管理思想和学科对预算管理理论产生了积极的影响，其中影响较大的是行为科学。行为科学学派主要由心理学家、社会学家和人类学家发展建立起来，古典管理理论只重视组织结构和工作任务，认为管得严才能出效率，行为科学家则着重研究组织的社会心理系统，注重人的因素及人在具体组织中的行为方式，认为从人的行为本质中激发动力，才能提高效率。人们开始认识到不良的业绩不是因为管得不严，更多的是由于组织中的员工没有明确目标或是缺乏对其实现目标的行为进行奖励。在行为科学管理思想的影响下，企业预算管理增加了行为管理的内涵。一些实行预算管理的企业开始提倡和实行分权式的民主参与管理，也就是使预算的编制自上而下、自下而上地反复循环，形成了参与性的预算管理，在预算编制过程中，由于预算执行者直接参与了编制，使编制的预算更加贴近实际，同时还提高了预算执行者对预算的认识，使他们的努力与组织的预算目标相一致，从而促使企业资源的合理配置和有效利用。

20 世纪 50 年代，外部环境迫使企业为了满意的利润开始普遍关心资本预算，更多的企业采用了现金流量贴现方法。20 世纪 70 年代，零基预算（zero — base budgeting，ZBB）在西方国家兴起，它的产生使预算在理论和方法上又有了新的发展。1970 年，美国得克萨斯仪器公司的彼得·派尔首先成功地将原用于政府预算的零基预算法应用于公司费用预算的编制，1971 年该公司的所有部门预算都采用了零基预算编制法，并取得了成功。零基预算是以零为基础的编制预算的方法，它承袭了预算的计划特性，吸收了 20 世纪 60 年代美国国防部创造的"计划项目预算体系"（planning，programming，and budgeting system，PPBS）的优点，更注重长期与整体的观念，其本质在于认识到预算程序是一个包含着关键决策事项和推动决策的管理过程。

参与性预算与零基预算的形成是预算管理在企业中得到普及、推广、应用的结果，预算管理的发展使企业在市场竞争中取得优势而迅速发展，由此也推动了国家经济的发展。通过分析可以得知，这一时期企业预算管理的内涵和外延都得到了扩展和完善。

20世纪80年代中期以后，整个社会经济开始不同程度地从工业经济时代向知识经济时代转变。企业经营环境的不确定性和竞争性大大增强，特别是90年代中期内部组织结构呈现出模块化组织和模块化簇群的特征，这种变化动摇了传统预算管理得以运行的基础和前提，预算缺乏适应性，费时耗力，预算各职能之间不能很好地协调等诸多缺陷更为突出，传统预算管理进入一个与组织外部环境及内部环境相冲突的阶段。

第二节　财务预算概述

一、预算的特征与作用

（一）预算的特征

预算具有两个主要特征。首先，编制预算的目的是促成企业以最经济有效的方式实现预定目标，因此，预算必须与企业的战略或目标保持一致；其次，预算作为一种数量化的详细计划，它是对未来活动的细致、周密安排，是未来经营活动的依据，数量化和可执行性是预算最主要的特征。因此，预算是一种可据以执行和控制经济活动的、最为具体的计划，是对目标的具体化，是将企业活动导向预定目标的有力工具。

（二）预算的作用

预算的作用主要表现在以下几个方面：

1. 预算通过引导和控制经济活动，使企业经营达到预期目标

通过预算指标可以控制实际活动过程，随时发现问题，采取必要的措施，纠正不良偏差，避免经营活动的漫无目的、随心所欲，通过有效的方式实现预期目标。因此，预算具有规划、控制、引导企业经济活动有序进行、以最经济有效的方式实现预定目标的功能。

2. 预算可以实现企业内部各个部门之间的协调

从系统论的观点来看，局部计划的最优化，对全局来说不一定是最合理的。为了使各个职能部门向着共同的战略目标前进，它们的经济活动必须密切配合、相互协调、统筹兼顾、全面安排，搞好综合平衡。通过各部门预算的综合平衡，能促使各部门管理人员清楚地了解本部门在全局中的地位和作用，尽可能地做好部门之间的协调工作。各级各部门因其职责不同，往往会出现相互冲突的现象。各部门之间必须协调一致，才能最大限度地实现企业整体目标。例如，企业的销售、生产、财务等各部门可以分别编制对自己来说是最

好的计划，而该计划在其他部门却不一定能行得通。销售部门根据市场预测提出了一个庞大的销售计划，生产部门可能没有那么大的生产能力。生产部门可能编制一个充分利用现有生产能力的计划，但销售部门可能无力将这些产品销售出去。销售部门和生产部门都认为应该扩大生产能力，财务部门却认为无法筹到必要的资金。全面预算经过综合平衡后可以提供解决各级各部门冲突的最佳办法，代表企业的最优方案，可以使各级各部门的工作在此基础上协调地进行。

3. 预算可以作为业绩考核的标准

预算作为企业财务活动的行为标准，使各项活动的实际执行有章可循。预算标准可以作为各部门责任考核的依据。经过分解落实的预算规划目标能与部门、责任人的业绩考评结合起来，成为奖勤罚懒、评估优劣的准绳。

二、预算的分类

1. 按预算内容划分

根据预算内容不同，企业预算可分为业务预算（即经营预算）、专门决策预算和财务预算。业务预算是指与企业日常经营活动直接相关的经营业务的各种预算。它主要包括销售预算、生产预算、材料采购预算、直接材料消耗预算、直接人工预算、制造费用预算、产品生产成本预算、经营费用和管理费用预算等。专门决策预算是指企业不经常发生的、一次性的重要决策预算。专门决策预算直接反映相关决策的结果，是实际中选方案的进一步规划。如资本支出预算，其编制依据可以追溯到决策之前搜集到的有关资料，只不过预算比决策估算更细致、更准确一些。例如，企业对一切固定资产购置都必须在事先做好可行性分析的基础上来编制预算，具体反映投资额需要多少、何时进行投资、资金从何筹得、投资期限多长、何时可以投产、未来每年的现金流量多少。财务预算是指企业在计划期内反映有关预计现金收支、财务状况和经营成果的预算。作为全面预算体系的最后环节，财务预算是从价值方面总括地反映企业业务预算与专门决策预算的结果，也就是说，业务预算和专门决策预算中的资料都可以用货币金额反映在财务预算内。这样一来，财务预算就成为各项业务预算和专门决策预算的整体计划，故也称为总预算，其他预算则相应称为辅助预算或分预算。显然，财务预算在全面预算中占有举足轻重的地位。

2. 按预算指标覆盖的时间划分

根据预算指标覆盖的时间长短，企业预算可分为长期预算和短期预算。通常将预算期在 1 年以内（含 1 年）的预算称为短期预算，预算期在 1 年以上的预算则称为长期预算。预算的编制时间可以视预算的内容和实际需要而定，可以是 1 周、1 月、1 季、1 年或若干年等。在预算编制过程中，往往应结合各项预算的特点，将长期预算和短期预算结合使用。一般情况下，企业的业务预算和财务预算多为 1 年期的短期预算，年内再按季或月细分，而且预算期间往往与会计期间保持一致。

三、财务预算管理

（一）财务预算管理的概念和特点

财务预算管理是指企业围绕预算而展开的一系列管理活动，包括预算编制、预算执行、预算分析、预算调控、预算考评等多个方面。实践证明，企业财务预算管理是一项重要的目标管理控制工具，能帮助管理者进行计划、协调、控制和业绩评价。推行预算管理对企业建立现代企业制度、提高管理水平、增强竞争力有着十分重要的意义，财务预算管理具有以下主要特点：

1. 企业预算是反映企业未来一定时期的全部生产经营活动的规划

企业预算以销售预测为起点，对生产经营、成本费用、资本支出和现金流量等各个方面进行预测，进而编制出相应的各级预算，以此为依据对企业未来某一特定时期做出规划，以加强管理控制，实现既定的企业目标，提高企业整体效益。

2. 预算管理以提高企业经济效益为根本出发点

不论采用何种预算管理模式或方法，预算管理作为企业管理的重要形式，其出发点都立足于全面提高企业经济效益。企业管理水平高低直接影响效益增长的快慢，管理出效益即基于此。预算管理将企业管理的职能化整合为企业管理的整体化，讲求整合管理、协调统一行动，大大地提高了管理的效率，从而增进企业效益；反过来，预算管理的这种定位又使得预算目标更加明确而合理，也就是提高企业经济效益。经济效益永远是预算管理的出发点，一切有悖于经济效益原则的预算管理模式都是无效而不可取的。

3. 预算管理以价值形式为主的定量描述

企业预算管理所依据的主线索，即预算是用货币为单位表示的量化指标。它主要用价值形式来反映企业未来某一特定时期的有关生产经营活动、现金流量状况、资本需求、成本费用控制以及财务状况等各方面详细计划。预算管理即是依据企业编制的以价值形式为主的、定量描述企业生产经营活动的工具。

4. 预算管理以满足客户需要为导向

企业是为客户提供产品或服务的，其一切生产经营活动必须以客户需求为导向，注重客户的反映与评价。离开客户导向，企业经营便失去了方向和目标。企业预算目标的确定以及企业各种预算的编制都应以满足目标客户的需要为根本出发点，在企业预算的编制、实施、控制和考评中必须始终牢牢树立以客户需求为导向的意识，注意把握客户需求的变化和特点，把握市场经济规律，并在实际工作中较好地运用市场经济规律为企业创造效益。实践证明，那些真正以满足客户需求为导向进行预算管理的企业，其预算风险较低；而那些不以客户需求为导向的预算管理，其预算风险可能极高。针对市场瞬息万变、难以把握的特性，企业进行预算管理必须考虑市场的多变性，增强预算的弹性和应变性。客户导向不仅是方向，而且也在一定程度上确定了预算管理的指导思想和方法，因为预算管理的本质就在于减小企业市场风险、经营风险，使企业生产经营活动有序化。

5. 预算管理以企业全员参与为保障

企业预算管理涉及企业的方方面面，实际工作中，只有企业全体员工积极参与了预算制定工作，并且受到了应有的重视，企业制定的预算才易于被责任主体和员工所接受，预算管理工作的实施才有可靠的群众基础，才有利于预算目标的达成。同时，也只有动员全体员工积极参与预算管理，才可能减少企业管理层和员工之间的信息不对称，从而减少其可能带来的负面影响，为顺利实现企业预算目标提供保障。

6. 预算管理以财务管理为核心

在实施预算管理的企业中，企业的财务部门发挥着重要作用，并处于整个企业管理的枢纽地位。因为预算指标、目标的测算，预算的编制，预算执行过程中的信息反馈、控制等一系列环节，都离不开财务管理工作，企业财务部门是预算管理的中坚力量，它有着不可替代的重要作用。

综上所述，企业预算管理就其本质特征而言，是以企业对未来的以价值形式为主的定量描述为依据，以目标客户为导向，以提高经济效益为根本出发点，以全员参与为保障，借助财务管理工作推行的、全面落实企业目标、控制企业价值活动，使之有序运行的一种管理控制机制。

（二）预算管理工作组织

预算管理工作组织包括如下几项：第一，企业董事会或类似机构。企业董事会或类似机构应当对企业预算的管理工作负总责，企业董事会或经理办公会可以根据情况设立预算委员会或指定财务管理部门负责预算管理事宜，并对企业法人代表负责；第二，预算委员会或财务管理部门。预算委员会或财务管理部门主要拟订预算的目标、政策，制定预算管理的具体措施和办法，审议、平衡预算方案，组织下达预算，协调解决预算编制和执行中的问题，组织审计、考核预算的执行情况，督促企业完成预算目标；第三，企业财务管理部门。企业财务管理部门具体负责企业预算的跟踪管理，监督预算的执行情况，分析预算与实际执行的差异及原因，提出改进管理的意见与建议；第四，企业内部生产、投资、物资、人力资源、市场营销等职能部门。企业内部生产、投资、物资、人力资源、市场营销等职能部门具体负责本部门业务涉及的预算编制、执行、分析等工作，并配合预算委员会或财务管理部门做好企业总预算的综合平衡、协调、分析、控制与考核等工作。其主要负责人参与企业预算委员会的工作，并对本部门预算执行结果承担责任；第五，企业所属基层单位。企业所属基层单位是企业预算的基本单位，在企业财务管理部门的指导下，负责本单位现金流量、经营成果和各项成本费用预算的编制、控制、分析工作，接受企业的检查、考核，其主要负责人对本单位财务预算的执行结果承担责任。

第三节 财务预算的编制

财务预算以财务预测的结果为根据，受到财务预测质量的制约。同时，财务预算必须服从决策目标的要求，是决策目标的具体化、系统化和定量化，能够明确规定企业有关生产经营人员各自的职责及相应目标。而且，财务预算是财务控制的先导，其量化指标可作为日常控制与业绩考核的依据，成为评估员工工作结果的标准。

一、预算的编制程序

企业编制预算，一般应按照"上下结合、分级编制、逐级汇总"的程序进行。首先，企业董事会或经理办公会根据企业发展战略和预算期经济形势的初步预测，在决策的基础上提出下一年度企业财务预算目标，包括销售目标、成本费用目标、利润目标和现金流量目标，并确定财务预算编制的政策，由预算管理层下达各部门；其次，各部门按照预算管理层下达的财务预算目标和政策，结合自身特点以及预测的执行条件，提出详细的本部门财务预算方案并上报企业财务管理部门；再次，企业财务管理部门对各部门上报的财务预算方案进行审查、汇总，提出综合平衡的建议。在审查、平衡过程中，预算管理层应当进行充分协调，对发现的问题提出初步调整的意见，并反馈给各有关部门予以修正；最后，企业财务管理部门在各部门修正调整的基础上，编制出企业财务预算方案，报预算管理层讨论。对于不符合企业发展战略或者财务预算目标的事项，企业预算管理层应当责成有关部门进一步修订、调整。在讨论、调整的基础上，企业财务管理部门正式编制企业年度财务预算草案，提交董事会或总经办议批准；第五，企业财务管理部门对董事会或总经办审议批准的年度总预算，分解成一系列的指标体系，由财务预算管理层逐级下达各部门执行。

二、财务预算的编制方法

（一）固定预算与弹性预算

编制预算的方法按其业务量基础的数量特征不同，可分为固定预算和弹性预算两类。

1. 固定预算的编制方法

固定预算，又称静态预算，是根据预算期内正常的、可实现的某一既定业务量水平为基础来编制的预算。一般适用于固定费用或数额比较稳定的预算项目。固定预算有比较明显的缺点：一是过于呆板，因为编制预算的业务量基础是实现假定的某个业务量，在这种方法下，不论预算期内业务量水平实际可能发生哪些变动，都只按事先确定的某一个业务量水平作为编制预算的基础；二是可比性差。当实际的业务量与编制预算所依据的业务量发生较大差异时，有关预算指标的实际数与预算数就会因业务量基础不同而失去可比性。如某企业预计业务量为销售 100000 件产品，按此业务量给销售部门的预算费用为 5000 元。如果该销售部门实际销售量达到 120000 件，超出了预算业务量，固定预算下的费用预算仍为 5000 元。

2. 弹性预算编制方法

弹性预算是在按照成本（费用）习性分类的基础上，根据量、本、利之间的依存关系，考虑到计划期间业务量可能发生的变动，编制出一套适应多种业务量的费用预算，以便分别反映在不同业务量的情况下所应支出的成本费用水平。该方法是为了弥补固定预算的缺陷而产生的。编制弹性预算所依据的业务量可能是生产量、销售量、机器工时、材料消耗量和直接人工工时等。弹性预算的优点：一是预算范围宽；二是可比性强。弹性预算一般适用于与预算执行单位业务量有关的成本（费用）、利润等预算项目。弹性预算的编制，可以采用公式法，也可以采用列表法。

（1）公式法

公式法是假设成本和业务量之间存在线性关系，成本总额、固定成本总额、业务量和单位变动成本之间的变动关系可以表示为：

表示成本总额，某项目成本总额是该项目固定成本总额和变动成本总额之和；表示不随业务量变动而变动的那部分固定成本；表示单位变动成本；表示业务量。

这种方法要求按上述成本与业务量之间的线性假定，将企业各项目成本总额分解为变动成本和固定成本两部分。公式法的优点是在一定范围内预算可以随业务量变动而变动，可比性和适应性强，编制预算的工作量相对较小；缺点是按公式进行成本分解比较麻烦，对每个费用子项目甚至细目逐一进行成本分解，工作量很大。

（2）列表法

列表法是指通过列表的方式，将与各种业务量对应的预算列示出来的一种弹性预算编制方法。列表法的主要优点是可以直接从表中查得各种业务量下的成本费用预算，不用再另行计算，因此直接、简便；缺点是编制工作量较大，而且由于预算数不能随业务量变动而任意变动，弹性仍然不足。

（二）增量预算和零基预算

1. 增量预算

增量预算是指以基期的成本费用实际水平为基础，结合预算期业务量水平以及有关降低成本的措施，调整部分原有的成本费用项目而编制的预算。它以过去的经验为基础，实际上是承认过去所发生的一切都是合理的，主张不需在预算内容上做较大改进，而是沿袭以前的预算项目。按这种方法编制预算，往往不加分析地保留或接受原有的成本项目，可能使原来不合理的费用开支继续存在下去，造成浪费，并且容易鼓励预算编制人凭主观臆断按成本项目平均削减预算或只增不减，不利于调动各部门降低费用的积极性。

2. 零基预算

零基预算是为了克服增量预算的缺点而设计的。零基预算是对预算收支以零为基点，对预算期内各项支出的必要性、合理性或者各项收入的可行性以及预算数额的大小，逐项审议决策从而予以确定收支水平的预算，一般适用于不经常发生的或者预算编制基础变化较大的预算项目，如对外投资等。这种方法最初是由美国德州仪器公司的彼得·派尔在20世纪60年代末提出来的，现已被西方国家广泛采用，作为管理间接费用的一种新的有效方法。零基预算一般可按下列程序编制：

（1）确定费用项目

确定费用项目，即动员企业内部各部门根据预算期内的战略目标对其所从事的作业进行分析评价，主要包括：作业的目的；不从事此作业将产生的后果；完成该作业有无其他可供选择的途径等。在充分讨论的基础上确定企业必要的作业项目以及相应发生的费用项目，并确定其预算数额，而不考虑这些费用项目以往是否发生以及发生额是多少。

（2）开展成本效益分析

开展成本效益分析即排列费用项目开支的先后顺序，将全部费用项目划分为约束性项目和酌量性项目。前者是指在预算期内必须发生且发生数额不能改变的费用项目，后者是指在上一步中确定应当发生的但是其发生数额可以予以斟酌的费用项目。在预算编制过程中，对约束性项目必须保证资金供应；对酌量性项目则需要逐项进行成本—效益分析，并在此基础上确定项目开支的先后顺序。

（3）分配资金，落实预算

按照上一步确定的费用项目开支顺序，对预算期内可动用的资源进行分配，落实资金。

（三）定期预算与滚动预算

编制预算的方法按其预算期的时间特征不同，可分为定期预算方法和滚动预算方法两大类。

1. 定期预算编制方法

定期预算是指在编制预算时，以不变的会计期间（如日历年度）作为预算期的一种编制预算的方法。这种预算的优点是能够使预算期间与会计期间相对应，便于将实际数与预算数进行对比，也有利于对预算执行情况进行分析和评价。其缺点是缺乏远期指导性，在执行一段时期之后，往往使管理人员只考虑剩下来的几个月的业务量，缺乏长期打算，导致一些短期行为的出现。

2. 滚动预算编制方法

滚动预算又称连续预算，是指在编制预算时，将预算期与会计期间脱离开，随着预算的执行不断地补充预算，逐期向后滚动，使预算期始终保持为一个固定长度（一般为12个月）的一种预算方法。滚动预算克服了定期预算的缺点，不再是预算年度开始之前几个月的事情，而是实现了与日常管理的紧密衔接，能够帮助管理人员从动态的角度把握住企业近期的规划目标和远期的战略需要。而且，滚动预算能够根据前期预算的执行情况，结合各种因素变动影响，及时调整和修订近期预算，从而使预算更加切合实际，能够充分发挥预算的指导和控制作用。但这种预算编制方法的最大缺点是预算工作量大，一般适用于重大事项的预算控制。

（四）概率预算

概率预算是对具有不确定性的预算项目，估计其可能出现的条件价值及其概率，计算期望值，从而编制的预算。编制预算时，假设生产和销售的情况是稳定的，所涉及的业务量、价格、成本等因素是一个确定的值，所编制的预算是一种确定性的预算。但是实际上企业生产经营的不确定性因素很多，在市场的供需、产销变动比较大的情况下，业务量、价格、成本等变量有时是难以确定的。这时企业就需要根据客观条件，对有关变量进行分析，估计它们可能变动的范围及其在该范围内出现的概率，然后结合概率对各变量进行调整，计算期望值，编制预算。概率预算一般适用于难以预测变动趋势的预算项目，如销售新产品、开拓新业务等。

三、财务预算的编制

（一）业务预算的编制

业务预算是反映预算期内企业可能形成现金收付的生产经营活动的预算，一般包括销售预算、生产预算、直接材料采购预算、直接人工预算、制造费用预算、产品成本预算、期间费用预算等，企业可根据实际情况具体编制。

1. 销售预算的编制

销售预算是安排预算期内各季度销售目标和实施计划的一种预测，是全面预算的关键和起点，其他预算均以销售预算为基础。销售预算主要包括预算期的销售量、单价和销售收入，同时还应附有预算期现金收入计算表，其具体公式为：销售收入＝销售量 × 销售单价

2. 生产预算的编制

生产预算是安排预算期生产规模的计划，即预算期内有关产品的生产数量及其分布状况。它以销售预算为基础，并为编制成本和费用预算提供依据。生产预算主要包括预算期的预计销售量、预计生产量等内容。生产预算的编制一般是根据预计销售量按品种分别编制的，编制时，有关公式如下：

预计生产量＝预计销售量＋预计期末存货量－预计期初存货量

公式中，预计期初存货量等于上期预计期末存货量，预计期末存货量则可按事先估计的期末存货量占一定时期销售量的比例进行估算。

3. 直接材料采购预算的编制

直接材料采购预算是预算执行单位在预算期内为保证生产或者经营的需要而从外部购

买各类商品、各项材料、低值易耗品等存货的预算。直接材料采购预算是用于确定预算期材料采购数量和采购成本的。它以生产预算为基础，并同时考虑期初、期末材料存货水平的情况进行编制。从事工业生产的预算执行单位的直接材料采购预算，主要反映预算期内各种材料预计消耗量、采购量和采购金额以及采购现金支出情况。编制时，有关公式如下：

预计材料采购量＝预计生产需要量＋预计期末存料量－预计期初存料量

预计生产需要量＝预计生产量 × 单位产品耗用量

预计直接材料采购额（预算额）＝预计材料采购量 × 材料单价

4. 直接人工预算的编制

直接人工预算，是用来确定预算期内直接人工工时的消耗水平和人工成本水平的预算。直接人工预算是根据生产预算中的预计生产量、标准单位或金额所确定直接人工工时、小时工资率进行编制的。直接人工预算可以反映预算期内人工工时的消耗水平和人工成本。直接人工预算的基本编制程序如下：

计算某种产品消耗的直接人工工时：某产品消耗的直接人工工时＝单位产品工时定额 × 该产品预计产量

计算某产品耗用的直接工资：某产品耗用的直接工资＝单位工时工资 × 该产品消耗的直接人工工时

计算某种产品计提的福利费等其他直接费用：某种产品计提的其他直接费用＝某产品耗用的直接工资 × 计提标准

计算预算期某产品的直接人工成本：预算期某产品的直接人工成本＝该产品耗用的直接工资＋计提的其他直接费用

计算预算期直接人工成本现金支出：直接人工成本现金支出＝直接工资＋计提的其他直接费用 × 支付率

5. 制造费用预算的编制

制造费用预算是反映生产成本中除直接材料、直接人工以外的一切不能直接计入产品制造成本的间接制造费用的预算。为编制预算，制造费用通常可按其成本性态可分为变动性制造费用、固定性制造费用和混合性制造费用三部分。固定性制造费用可在上年的基础上根据预期变动加以适当修正进行预计；变动性制造费用根据预计生产量乘以单位产品预定分配率进行预计；混合性制造费用则可利用公式进行预计（其中表示固定部分，表示随产量变动部分，可根据统计资料分析而得）。对于制造费用中的混合成本项目，应将其分解为变动费用和固定费用两部分，并分别列入制造费用预算的变动费用和固定费用。其编制步骤是：先分析上一年度有关报表，制定总体成本目标（通常是营业收入的百分比），再根据下一年度的销售预测和成本目标，制定各项运营成本，汇总具体市场举措所需的额外成本。为了全面反映企业资金收支，在制造费用预算中，通常包括费用方面预期的现金支出。需要注意的是，由于固定资产折旧费是非付现项目，在计算时应予剔出。制造费用预算为两个步骤，首先计算预计制造费用，然后再计算预计需用现金支付的制造费用，各自的计算公式为：

预计制造费用＝预计直接人工小时 × 变动性费用分配率＋固定性制造费用

预计需用现金支付的制造费用＝预计制造费用－折旧

6. 期间费用预算的编制

期间费用预算是预算期内预算执行单位组织经营活动必要的管理费用、财务费用、销售费用等预算，应当区分变动费用与固定费用、可控费用与不可控费用的性质，根据上年实际费用水平和预算期内的变化因素，结合费用开支标准和企业降低成本、费用的要求，分项目、分责任单位编制。其中，科技开发费用以及业务招待费、会议费、宣传广告费等重要项目，应当重点列示。期间费用是为保证企业维持正常的经营而发生的，大多为固定成本，这些费用当中，有一部分发生的时间与受益的时间是一致的，如折旧、销售人员工资和专设销售机构的日常开支；还有一部分属于年内待摊或预提性质，发生的时间与受益的时间不一致，如一次性支付的全年广告费、年终报表审计费等。因此，期间费用中的现金支出数应逐期考虑支出的具体项目进行预算。

期间费用预算的编制公式如下：

预计变动期间费用预算额＝预计销售量 × 单位产品费用率

预计期间费用预算额＝预计变动期间费用＋预计固定期间费用

（二）专门决策预算的编制

1. 资本预算

资本预算是指企业在预算期内进行资本性投资活动的预算，主要包括固定资产投资预算、权益性资本投资预算和债券投资预算。固定资产投资预算是指企业在预算期内购建、改建、扩建、更新固定资产进行资本投资的预算，应当根据本单位有关投资决策资料和年度固定资产投资计划编制。企业处置固定资产所引起的现金流入，也应列入资本预算。企业如有国家基本建设投资、国家财政生产性拨款的，应当根据国家有关部门批准的文件、产业结构调整政策、企业技术改造方案等资料单独编制预算；权益性资本投资预算是指企业在预算期内为了获得其他企业单位的股权及收益分配权而进行资本投资的预算，应当根据企业有关投资决策资料和年度权益性资本投资计划编制。企业转让权益性资本投资或者收取被投资单位分配的利润（股利）所引起的现金流入，也应列入资本预算；债券投资预算是指企业在预算期内为购买国债、企业债券、金融债券等所做的预算，应当根据企业有关投资决策资料和证券市场行情编制。企业转让债券收回本息所引起的现金流入，也应列入资本预算。

2. 筹资预算

筹资预算是指企业在预算期内需要新借入的长短期借款、经批准发行的债券以及对原有借款、债券还本付息的预算，主要依据企业有关资金需求决策资料、发行债券审批文件、期初借款余额及利率等编制。企业经批准发行股票、配股和增发股票，应当根据股票发行计划、配股计划和增发股票计划等资料单独编制预算。股票发行费用，也应当在筹资预算中分项做出安排。

（三）财务预算的编制

1. 编制现金预算

现金预算（也称现金收支预算或现金收支计划）是指用于预测组织还有多少库存现金以及在不同时点上对现金支出的需要量。这是企业最重要的一项控制，因为把可用的现金去偿付到期的债务乃是企业生存的首要条件。一旦出现库存、机器以及其他非现金资产的积压，那么即便有了可观的利润也并不能给企业带来什么好处。现金预算还表明可用的超额现金量，并能为盈余制订营利性投资计划、为优化配置组织的现金资源提供帮助。

现金预算由现金收入、现金支出、现金余缺、现金投放与筹措四部分构成。现金收入部分包括期初现金余额、预算期现金收入和可使用现金，现金收入的主要来源是销售收入。"期初现金余额"是在编制预算时预计的；"预算期现金收入"的数据来自销售预算；"可使用现金"是期初现金余额与本期现金收入之和。现金支出部分包括预算期内的各项现金支出，其数据主要来自"直接材料预算""直接人工预算""制造费用预算""销售费用及管理费用预算"，此外，还包括所得税及预计股利分配等专门预算。现金余缺部分主要反映现金收入合计与现金需求合计的差额。而现金需求总额包括本期现金支出额与公司政策所要求的最低现金余额之和。最低现金余额是公司为预防意外支出、可接受的最低现金持有量。现金投放和筹措应根据预算期现金余缺的性质与数额的大小和期末应保持的现金余额变动范围，并考虑企业有关现金管理的各项政策，确定筹集或运用现金的数额。如果现金不足，可向银行取得借款，或转让作为短期投资的有价证券，或按长期筹资计划增发股票或公司债券，如果现金溢余，除了可用于偿还借款外，还可用于购买作为短期投资的有价证券。

2. 预计利润表的编制

预计利润表是指以货币形式综合反映预算期内企业经营活动成果和规定利润计划数的一种财务预算。这种预算是在汇总销售预算、产品成本预算、销售及管理费用预算、现金预算等预算的基础上加以编制的，编制这种预算的目的在于了解企业预期的盈利水平。如果预算利润与最初编制方针中的目标利润有较大的不一致，就需要调整部门预算，设法达到目标，或者经企业领导同意后修改目标利润。

3. 预计资产负债表的编制

预计资产负债表是以货币形式反映企业预算期末财务状况的总括性预算。预计资产负债表中除上年期末数已知外，其余项目均应在前述各项日常业务预算和专门预算的基础上分析填列。编制预计资产负债表的作用在于反映预算期企业财务状况的稳定性和流动性。如果通过对该预算的分析，发现某些反映企业预算期偿债能力、资产营运能力、盈利能力的财务比率不佳，必要时可修改有关预算，以改善财务状况。

第四节　预算的执行与控制

企业预算一经批复下达，各预算执行单位就必须认真组织实施，将预算指标层层分解，从横向到纵向落实到内部各单位、各部门、各环节和各岗位，形成全方位的预算执行责任体系。而财务控制是财务管理的一项重要工作，是财务管理的关键环节。从财务管理环节看，财务控制与财务预测、财务决策、财务预算和财务分析等环节密不可分，共同形成了企业的财务管理循环。财务控制对于贯彻财务决策、财务预算，最终实现财务管理目标，有着十分重要的意义。一方面，财务预测、财务决策、财务预算为财务控制提供了依据；另一方面，财务控制是财务决策、财务预算得以贯彻实施的重要保证。如果没有财务控制，财务决策、财务预算目标就无法实现。

一、预算的执行

企业应当将预算作为预期内组织、协调各项经营活动的基本依据，将年度预算细分为月份和季度预算，通过分期预算控制，确保年度预算目标的实现。企业应当强化现金流量的预算管理，按时组织预算资金的收入，严格控制预算资金的支付，调整资金收付平衡，控制支付风险。对于预算内的资金拨付，按照授权审批程序执行。对于预算外的项目支出，应当按预算管理制度规范支付程序。对于无合同、无凭证、无手续的项目支出，不予支付。企业应当严格执行销售、生产和成本费用预算，努力完成利润指标。在日常控制中，企业应当健全凭证记录，完善各项管理规章制度，严格执行生产经营月度计划和成本费用的定额、定率标准，加强适时监控。对预算执行中出现的异常情况，企业有关部门应及时查明原因，提出解决办法。企业应当建立预算报告制度，要求各预算执行单位定期报告预算的执行情况。对于预算执行中发现的新情况、新问题及出现偏差较大的重大项目，企业财务管理部门，以及预算委员会应当责成有关预算执行单位查找原因，提出改进经营管理的措施和建议。企业财务管理部门应当利用财务报表监控预算的执行情况，及时向预算执行单位、企业预算委员会，以及董事会或经理办公会提供财务预算的执行进度、执行差异及其对企业预算目标的影响等财务信息，促进企业完成预算目标。

二、预算的调整

企业正式下达执行的预算，一般不予调整。预算执行单位在执行中由于市场环境、经营条件、政策法规等发生重大变化，致使预算的编制基础不成立，或将导致预算执行结果产生重大偏差的，可以调整预算。企业应当建立内部弹性预算机制，对于不影响预算目标的业务预算、资本预算、筹资预算等之间的调整，企业可以按照内部授权批准制度执行，鼓励预算执行单位及时采取有效的经营管理对策，保证预算目标的实现。企业调整预算，应当由预算执行单位逐级向企业预算委员会提出书面报告，阐述预算执行的具体情况、客观因素变化情况及其对预算执行造成的影响程度，提出预算指标的调整幅度。企业财务管理部门应当对预算执行单位的预算调整报告进行审核分析，集中编制企业年度预算调整方案，提交预算委员会，以及企业董事会或经理办公会审议批准，然后下达执行。对于预算执行单位提出的预算调整事项，企业进行决策时，一般应当遵循以下要求：第一，预算调整事项不能偏离企业发展战略；第二，预算调整方案应当在经济上能够实现最优化；第三，预算调整重点应当放在预算执行中出现的重要的、非正常的、不符合常规的关键性差异方面。

三、预算的控制

（一）财务控制概述

1. 财务控制的含义及特点

财务控制是按照一定的程序和方式确保企业及其内部机构和人员全面落实、实现财务预算的过程。财务控制是一种全面控制，不仅可以将各种不同性质的业务综合起来控制，而且可将不同层次、不同部门的业务综合起来进行控制，同时，财务控制是通过重点对现金流量状况的控制来实现的。财务控制是一种价值控制，所以有很强的连续性和全面性，它起着保证、促进、监督、协调等重要作用，保证了企业资金活动的顺利进行。

2. 财务控制的种类

财务控制按控制时间分为事前财务控制、事中财务控制和事后财务控制。事前财务控制是指财务收支活动尚未发生之前所进行的财务控制，事中财务控制是指财务收支活动发生过程中所进行的财务控制，事后财务控制是指对财务收支活动所进行的考核及相应的奖惩。

财务控制按控制主体可以分为所有者财务控制、经营者财务控制和财务部门的财务控制。所有者财务控制是资本所有者对经营者财务收支活动进行的控制，其目的是为实现资本保全和资本增值；经营者财务控制是企业管理者对企业的财务收支活动进行的控制，其目的是为了实现财务预算目标，更好地控制企业的日常生产和经营；财务部门的财务控制是企业日常财务活动所进行的控制，其目的是保证企业现金的供给。

财务控制按控制对象分为收支控制和现金控制。收支控制是对企业和各责任中心的财务收入活动和财务支出活动所进行的控制。通过收支控制，使企业收入达到既定目标，而成本开支尽量减少，以实现企业利润最大化。现金控制是对企业和各责任中心的现金流入和现金流出活动所进行的控制，目的是控制现金流入、流出的基本平衡，既要防止因现金短缺而可能出现的支付危机，也要防止因现金沉淀而可能出现的机会成本增加。

财务控制按控制手段分为绝对控制和相对控制。绝对控制是指对企业和责任中心的指标采用绝对额进行控制。通常对激励性指标通过绝对额控制最低限度，对约束性指标通过绝对额控制最高限度。相对控制是指对企业和责任中心的财务指标采用相对比率进行控制，通常相对控制具有反映投入与产出对比、开源与节流并重的特征。比较而言，绝对控制没有弹性，相对控制具有弹性。

（二）财务控制中心

1．责任中心

责任中心就是承担一定经济责任，并享有一定权利和利益的企业内部（责任）单位。责任中心就是将企业分割成拥有独自产品或市场的几个绩效责任单位，然后将综合的管理责任授权给予这些单位之后，将他们单位处于市场竞争环境之下，通过客观性的利润计算，实施必要的业绩衡量与奖惩，以期达成企业设定的经营成果的一种管理制度，责任中心有如下特征：

（1）责任中心是责权利结合的实体

每一个责任中心都要对一定的财务指标完成情况负责任，同时，责任中心被赋予与其所承担责任范围与大小相适应的权利，并规定出相应的业绩考核标准和利益分配步骤。

（2）责任中心具有承担经济责任的条件

它包含两方面的含义：一是责任中心具有履行经济责任中各条款的行为能力；二是责任中心一旦不能履行经济责任，能对其后果承担责任。

（3）责任中心所承担的责任和行使的权力都是可控的

每个责任中心只能对其职权范围内可控的成本、收入、利润和投资负责。因此，这些内容必定是该责任中心所能控制的内容，在对责任中心进行责任预算和业绩考核时只能包括该中心所能控制的项目。一般而言，责任层次越高，其可控范围越大，但不论什么层次的责任中心，它一定都具备考核其责任实施的条件。

（4）责任中心是相对独立的

责任中心具有相对独立的经营业务活动和财务收支活动，它是确定经济责任的客观现象，是责任中心得以存在的前提条件。

（5）责任中心便于进行单独核算

责任中心的独立核算是实施责、权、利统一的基本条件。只有独立核算，工作业绩才可能得到正确评价。因此，只有既分清责任又能进行独立核算的企业内部单位，才是真正意义上的责任中心。

2．成本中心

成本中心是指对成本或费用承担责任的责任中心。由于成本中心无收入来源，故这类中心只对成本费用负责，不需要对收入、利润或投资负责。成本中心相对于利润中心和投资中心而言，具有如下特征：

（1）成本中心只考评成本费用而不考评收益

一般而言，成本中心没有经营权和销售权，其工作成果不会形成可以用货币计量的收入。

（2）成本中心只对可控成本承担责任

可控成本是成本中心能够事先知道发生的并且知道何时发生的，能够进行计量的，成本中心可以通过自身的行为的调节将控制责任分解落实，进行考核评价。

（3）成本中心只对责任成本进行考核和控制

责任中心当期发生的各项可控成本之和，即该中心的责任成本。对成本中心的工作业绩进行控制和考核，主要是通过责任中心发生的责任成本与其责任成本预算进行比较而实现的。

3．利润中心

利润中心是要对利润负责的责任中心。利润中心是既能控制成本，又能控制收入的责任中心，它往往处于企业内部的较高责任层次。这种利润中心通常指有产品或劳务生产经营决策权、具有独立收入来源的企业内部部门，一个利润中心通常包括若干个不同层次的下属成本中心，例如，分公司、分厂、分店、事业部等。利润中心与成本中心相比，其权力和责任都相对较大，利润中心不仅要对成本控制负责，还必须对收入和利润承担责任。因此，利润中心不仅要绝对地降低成本，更要寻求收入和利润超过成本的增长。

利润中心按其收入特征可分为自然利润中心和人为利润中心两种基本类型。自然利润中心是指能直接对外销售产品或提供劳务获得收入，并给企业带来收益的利润中心。这类责任中心一般具有价格制定权、产品销售权、材料采购权和生产决策权，具有很大的独立性。自然利润中心的基本特点：既能向企业内部其他责任单位提供产品或劳务获得结算收入，又能直接对外销售产品或提供劳务而获得实际收入进而赚取利润。

自然利润中心类似于独立企业，拥有材料采购权、生产决策权、价格制定权和产品销售权，能够根据市场情况决定销售产品的种类、销售的数量以及销售区域和具体的销售方式；人为利润中心一般不直接对外销售。它只对本企业内部各责任中心提供产品或劳务，并按照"内部转移价格"进行内部结算，实行等价交换，并确认其成本、收入和利润。这类责任中心一般也应具有相对独立的经营管理权，即能够自主决定本利润中心的产品品种、产品产量、作业方法、人员调配和资金使用等。例如，某工业企业生产 A 型机床，其设有铸造、机加工和装配三个基本生产车间，铸造车间将其产品铸件作价售给机加工车间，机加工车间将其产品零部件售给装配车间，装配车间将其产品 A 型机床作价售给厂部。它们各自独立核算，通过销售收入来补偿成本，并计算盈亏。这样，上述三个基本生产车间就被人为地划分为三个利润中心。

4．投资中心

投资中心是指既要对成本、利润负责，又要对投资效果负责的责任中心，它是比利润中心更高层次的责任中心。投资中心不仅在产品和销售上享有较大的经营自主权，而且能够相对独立地运用其所掌握的资金决定是否投资以及投资规模和类型等。投资中心属于企业中最高层次的责任中心，具有最大的经营决策权，也承担着最大的责任。其适用范围通常仅限于规模和经营管理权限较大的单位。例如，实行分权管理的大型集团公司下属的子公司、事业部等。投资的目的是获取利润，因此，投资中心同时也是利润中心，它与单纯的利润中心的主要区别有：

（1）职责范围不同

投资中心的区域要比利润中心大得多，它不仅要控制其成本、收入和收益，而且要控制其所掌握的全部资产或投资。

（2）权利不同

利润中心没有投资决策权，需要在企业确定投资方向后组织具体的经营；而投资中心不仅在产品生产和销售上享有自主权，而且能够相对独立地运用其所掌握的资金，购置和处理固定资产，扩大或削减生产能力。投资中心拥有投资决策权和经营决策权，同时各投资中心在资产和权益方面应划分清楚，以便准确地算出各投资中心的经济效益，对其进行正确地评价和考核。

（3）考核办法不同

考核利润中心业绩时，不考虑投资或占用资产的多少，不进行投入与产出的比较；考核投资中心业绩时，则必须将所获得的利润与占用的资产联系起来，进行投入与产出的比较。

（4）组织形式不同

在组织形式上，投资中心是分权管理模式的最突出表现，它在责任中心中处于最高层次，通常都是独立法人，而利润中心可以是也可以不是独立法人。

（三）预算控制过程

1. 预算的分析与考核控制

企业应当建立预算分析制度，由预算委员会定期召开预算执行分析会议，全面掌握预算的执行情况，研究、解决预算执行中存在的问题，纠正预算的执行偏差。开展预算执行分析，企业管理部门及各预算执行单位应当充分收集有关财务、业务、市场、技术、政策、法律等方面的信息资料，根据不同情况分别采用比率分析、比较分析、因素分析、平衡分析等方法，从定量与定性两个层面充分反映预算执行单位的现状、发展趋势及其存在的潜力。针对预算的执行偏差，企业财务管理部门及各预算执行单位应当充分、客观地分析产生的原因，提出相应的解决措施或建议，提交董事会或经理办公会研究决定。企业预算委员会应当定期组织预算审计，纠正预算执行中存在的问题，充分发挥内部审计的监督作用，维护预算管理的严肃性。预算审计可以采用全面审计或抽样审计，在特殊情况下，企业也可组织不定期的专项审计。审计工作结束后，企业内部审计机构应当形成审计报告，直接提交预算委员会，以及董事会或经理办公会，作为预算调整、改进内部经营管理和财务考核的一项重要参考。

预算年度终了，预算委员会应当向董事会或经理办公会报告预算执行情况，并依据预算完成情况和预算审计情况对预算执行单位进行考核。企业内部预算执行单位上报的预算执行报告，应经本部门、本单位负责人按照内部议事规范审议通过，作为企业进行财务考核的基本依据。企业预算按调整后的预算执行，预算完成情况以企业年度财务会计报告为准。企业预算执行考核是企业绩效评价的主要内容，应当结合年度内部经济责任制进行考核，与预算执行单位负责人的奖惩挂钩，并作为企业内部人力资源管理的参考。

2. 预算编制控制

企业应当加强对预算编制环节的控制，对编制依据、编制程序、编制方法等做出明确规定，确保预算编制依据合理、程序适当、方法科学。企业应当在企业战略的指导下，结合本企业业务发展情况，综合考虑预算期内经济政策变动、行业市场状况、产品竞争能力、内部环境变化等因素对生产经营活动可能造成的影响，根据自身业务特点和工作实际编制相应的预算。企业年度预算方案应当符合本企业发展战略、经营目标和其他有关重大决议，反映本企业预算期内经济活动规模、成本费用水平和绩效目标，满足控制经济活动、考评经营管理业绩的需要。制定的预算方案，应当做到内容完整，指标统一，要求明确，权责明晰。企业应当明确预算管理部门和预算编制程序，对预算目标的制定与分解、预算草案编报的流程与方法、预算汇总平衡的原则与要求、预算审批的步骤以及预算下达执行的方式等做出具体规定。企业年度预算方案，应在预算年度开始前编制完毕，经企业最高权力机构批准后，以书面文件形式下达执行。实行滚动预算的企业，其审批程序由预算委员会或董事会等批准。企业可以选择或综合运用固定预算、弹性预算、增量预算、零基预算、定期预算、滚动预算、概率预算等方法编制预算。企业确定预算编制方法，应当遵循经济活动规律，并符合自身经济业务特点、生产经营周期和管理需要。预算编制应当实行全员参与、上下结合、分级编制、逐级汇总、综合平衡。企业预算管理部门应当加强对企业内部预算执行单位预算编制的指导、监督和服务。企业应将预算编制纳入考核指标体系，对预算编制不及时或编制不符合规定要求的内部预算执行单位，应当给予相应的惩处。

3. 预算执行控制

企业应当加强对预算执行环节的控制，对预算指标的分解方式、预算执行责任制的建立、重大预算项目的特别关注、预算资金支出的审批要求、预算执行情况的报告与预警机制等做出明确规定，确保预算严格执行。

企业预算一经批准下达，各预算执行单位必须认真组织实施，将预算指标层层分解，从横向和纵向落实到内部各部门、各环节和各岗位；企业应当建立预算执行责任制度，对照已确定的责任指标，定期或不定期地对相关部门及人员责任指标完成情况进行检查，实施考评；企业应当以年度预算作为预算期内组织、协调各项生产经营活动和管理活动的基本依据，可将年度预算细分为季度、月度等时间进度预算，通过实施分期预算控制，实现年度预算目标；企业对重大预算项目和内容，应当密切跟踪其实施进度和完成情况，实行严格监控；企业应当加强对货币资金收支业务的预算控制，及时组织预算资金的收入，严格控制预算资金的支付，调节资金收付平衡，严格控制支付风险；企业办理采购与付款、工程项目、对外投资、成本费用、固定资产、存货、筹资等业务，应当严格执行预算标准；企业应当健全凭证记录，完善预算管理制度，严格执行生产经营月度计划和成本费用的定额、定率标准，并对执行过程进行监控；企业各预算责任部门应当加强与企业内部有关业务部门的沟通和联系，确保相关业务预算的执行情况能够相互监督、核对一致；企业应当建立预算执行情况内部报告制度，及时掌握预算执行动态及结果；企业预算管理部门应当运用财务报告和其他有关资料监控预算执行情况，及时向企业决策机构和各预算执行单位报告或反馈预算执行进度、执行差异及其对企业预算目标的影响，促进企业完成预算目标；企业应当建立预算执行情况预警机制，通过科学选择预警指标，合理确定预警范围，及时发出预警信号，积极采取应对措施；有条件的企业，应当逐步推进预算管理的信息化，通过现代电子信息技术手段监控预算执行，提高预警与应对水平；企业应当建立预算执行结果质询制度，要求预算执行单位对预算指标与实际结果之间的重大差异做出解释，并采取相应措施；企业应当加强对预算调整环节的控制，保证预算调整依据充分、程序合规、方案可行。

第三章 财务资金管理

第一节 企业筹资管理

筹资是指企业根据其生产经营、对外投资及调整资本结构的需要，通过一定的渠道和资金市场，采取适当的方式，获取所需资金的一种行为。企业的生存与发展皆以筹集足够的资金为前提，筹资是整个资金运动的起点，因此，筹资管理是企业财务管理的一项基本内容。

一、筹资原则

（一）规模适当原则

企业的资金需求量往往是不断波动的，财务人员要认真分析调研企业生产、经营状况，采用一定的方法，预测资金的需求数量，合理确定筹资规模。这样，既能避免因资金筹集不足影响生产经营的正常进行，又可防止资金筹集过多，造成资金闲置。

（二）筹措及时原则

企业财务人员在筹集资金时必须熟知资金时间价值的原理和计算方法，以便根据资金需求的具体情况，合理安排资金的筹集时间，适时获取所需资金。这样，既能避免过早筹集资金形成资金投放前的闲置，又能防止取得资金的时间滞后，错过资金投放的最佳时机。

（三）来源合理原则

资金的来源渠道和资金市场为企业提供了资金的源泉和筹集场所，它反映了资金的分布状况和供求关系，决定着筹资的难易程度。不同来源的资金，对企业的收益和成本有着不同的影响，因此，企业应认真研究资金渠道和资金市场，合理选择资金来源。

（四）方式经济原则

在确定筹资数量、筹资时间、资金来源的基础上，企业在筹资时还必须认真研究各种筹资方式。企业筹集资金必须要付出一定的代价，不同筹资方式条件下的资金成本有高有低。为此，就需要对各种筹资方式进行分析、对比，选择最佳的筹资方式，确定合理的资金结构，以便降低成本，减少风险。

二、筹资的动机和分类

（一）筹资的动机和目的

创建企业，开展日常经营活动，扩大生产经营规模，需要筹集资金。企业筹集资金的目的，总的来说是为了获取资金，但具体到各个企业，筹集目的可能有所不同，主要包括以下几个方面：

1. 满足设立企业的需要

按照我国有关法规的规定，企业设立时，必须由法定的资本金，用于购置厂房，机器设备和购买原材料等，因此，要设立一个企业，必须筹集资金作为财务活动的起点。

2. 满足生产经营的需要

为满足生产经营需要而进行的筹资活动是企业最为经常性的财务活动，一是满足简单再生产的资金需要，二是满足扩大再生产的资金需要。这些都需要大量的资金投入，必须作为筹资的重点，确保资金能及时到位，否则将影响企业有效取得经营成果。

3. 满足资金结构调整的需要

企业的资金结构，是由企业采用各种筹资方式而形成的。资金结构具有相对的稳定性，但随着经济状况的改变，企业经营条件的改变等，资金结构也应做相应的调整。资金结构的调整是企业为降低筹资风险、减少资金成本而对资本与负债之间的比例关系进行的调整，属于企业重大的财务决策事项，也是企业筹资管理的重要内容。

4. 谋求企业发展壮大的需要

在市场竞争中，企业只有不断地进行自我强化、自我创新和自我发展，才能立于不败之地。这就要求企业不断地开发新产品，提高产品质量，改进生产工艺技术，开拓企业经营领域和不断扩大生产经营规模，而这一切都是以资金的不断投放作为保证的，企业发展壮大需要筹集资金。

（二）筹资的分类

1. 按照资金的来源渠道不同，分为权益筹资和负债筹资

权益筹资是企业依法取得并长期拥有自主调配运用的资金。企业通过发行股票、吸收直接投资和内部积累等方式而筹集的资金都属于企业的权益筹资。负债筹资是企业依法取得并依约运行，按期偿还的资本。企业通过发行债券、向银行借款和融资租赁等方式而筹集的资金属于企业的负债筹资。

2. 按照是否通过金融机构筹资分为直接筹资和间接筹资。

直接筹资是指企业不借助银行等金融机构，直接与资本所有者协商融通资本的一种筹资活动。具体而言，直接筹资主要有直接投入资本、发行股票债券和商业信用等筹资方式。间接筹资是指企业借助银行等金融机构而融通资本的一种筹资活动，这是一种传统的筹资类型。间接筹资主要有银行借款、租赁等筹资方式。

3. 按照所筹资金使用期限的长短分为短期资金和长期资金

短期资金是指供短期使用的资金，一般为一年以内。短期资金主要用于现金，应收账款，材料采购及发放工资等，一般在短期内可以收回。短期资金可以用商业信用，银行短期借款，商业票据等方式来筹集。长期资金是指供长期使用的资金，一般在一年以上。长期资金一般采用发行股票、债券、银行中长期借款等方式筹集。

三、筹资渠道与方式

（一）资金的筹集渠道

筹资渠道是指企业资金的来源。目前我国筹资渠道主要包括国家财政资金、企业内部资金、金融机构资金、其他单位资金、职工和民间资金和国外资金。

1. 国家财政资金

国家对企业的投资历来是我国国有企业的主要资金来源。国家财政资金具有广阔的来源和稳定的基础，而国民经济命脉也应当由国家掌握，因此，国家投资在企业的各种资金来源中占有重要的地位。

2. 企业内部资金

企业内部资金，主要指企业在税后利润中提取的盈余公积金和未分配利润。盈余公积金和未分配利润在一定条件下可以转化为经营资金，随着经济效益的提高，企业内部资金将日益增加。

3. 金融机构资金

金融机构资金，包括各种商业银行和各种非银行金融机构的资金，金融机构的资金有个人储蓄，单位存款等较稳定的来源，财力雄厚，贷款方式灵活，能适应企业的各种需要，且有利于国家宏观调控，因此它是企业资金的重要来源渠道。

4. 其他单位资金

其他单位资金，是指其他法人单位可以投入企业的资金。随着横向经济联合的开展，企业同企业之间的经济联合和资金融通日益广泛。既有长期的固定的资金联合，又有短期的临时的资金融通，有利于促进企业之间的经济联系，开拓企业的经营业务。所以，这种资金来源渠道得到了广泛利用。

5. 职工和民间资金

职工和民间资金，是指本企业职工和城乡居民手中的暂时闲置未用的资金。这种个人投资渠道在动员闲置的消费基金方面具有重要的作用，已经逐渐成为企业筹集资金的重要渠道。

6. 国外资金

国外资金，是指外商向企业投入的资金。企业吸收外资，不仅可以满足经营资金的需要，而且能够引进国外先进技术和管理经验，促进企业技术的进步和产品水平的提高。因此，国外资金已成为企业加速生产发展，扩大经营规模的重要筹资渠道之一。

（二）资金的筹措方式

筹措方式是指企业筹措资金时所选用的具体形式。目前，我国的筹资方式主要有：吸收直接投资、金融机构贷款、发行股票、发行债券、融资租赁、留存收益及商业信用等。

四、筹资决策方法

在筹措资金的过程中，企业应用的筹资决策方法有以下几种：

（一）比较筹资代价法

通过各种筹资方式的比较，看出哪种方式最适合本企业的需要。当然，要得到未来资金的使用权，就得花代价，但代价有大有小，能够以最小的代价，筹集必要的资金方案为最佳方案。第一，将各种资金来源的资金成本进行比较；第二，比较筹资条件，筹资方式的不同，投资者所要求的附加条件不同，我们就要进行充分的比较，选择对企业最有利的条件；第三，比较筹资的时间代价，不同的资金来源所花费的筹资工作时间也不同，发行债券所花费的工作量肯定要比借款的工作量大，时间也长，我们就要相互进行比较选择最优者。

（二）比较筹资机会法

比较筹资的实施机会，确定在什么时候筹资最佳。如贷款时间的选择，债券和股票发行时间的选择等。或者比较筹资的风险程度，企业在筹资时，面临着两方面的风险，一是企业本身的经营风险，二是资金市场上的风险，必须将不同筹资方案的各种风险排列出来，进行具体的分析研究，选择风险较小者。

企业经营风险是指企业在经营管理过程中可能发生的危险。具体来说，企业经营风险通常主要分为政策风险、市场风险、财务风险、法律风险以及团队风险五种。其中，政策风险是指国家政策的变化对行业、产品的影响（宏观经济调控及产业政策导向）；市场风险是指本企业产品在市场上是否适销对路，有无市场竞争力，主要包括技术、质量、服务、销售渠道及方式等。

财务风险是指企业因经营管理不善，造成资金周转困难、甚至破产倒闭，主要包括资本结构、资产负债率、应收应付款及现金流问题等；法律风险是因签订合同不慎，陷入合同陷阱，造成企业严重经济损失。主要包括违约、欺诈、知识产权侵害等；团队风险是指核心团队问题及员工冲突、人才流失和人员管理等。在企业经营过程中，牢固树立风险意识，切实采取防范措施，最大限度地防止经营风险。

五、影响企业筹资的环境因素

企业筹资环境是指影响企业筹资活动的各种因素的集合。这些环境因素，有的是企业内部的因素，有的是企业外部的因素；有的属于静态环境因素，有的属于动态环境因素。一般而言，环境对企业筹资活动具有两方面的影响：一方面为企业筹资提供机会和条件；另一方面对企业筹资进行制约和限制。

（一）宏观环境因素

企业筹资行为的宏观环境因素，是指企业组织以外空间范畴的各种因素的总和。包括政策、经济、法律等因素，这些因素在特定的时间内会对企业筹资行为产生重大影响。

1. 政策环境因素

一个国家的经济政策体现了国家在一定时期内对某项经济活动所持的态度，该政策对财务会计理论和实务一般都有着直接或间接的影响。由于经济政策是通过立法或行政程序制定和体现的，具有绝对的权威性和强制性，这便使政府基于市场经济发展的客观规律及其产业结构调整转化的社会意图得以充分实现。经济政策对筹资行为的影响可表现为：市场经济体制决定政府制定的经济政策，利用金融杠杆制约、导向功能，影响企业筹资行为。在高度集中的计划经济管理体制下，政府实行指令性的经济政策，金融杠杆制约、导向功能弱化，企业筹资行为缺乏主动性和科学性，筹资方式单一。而在市场经济管理体制下，政府实行指导性的经济政策，强化金融杠杆制约、导向功能，从而使企业筹资行为由被动变为主动，筹资中注重科学性和经济性，筹资方式的多元化发展也为筹资行为的科学合理奠定了基础。

2. 法律环境因素

企业筹资是在特定的法律约束下进行的，影响企业筹资的法律法规主要有《合伙企业法》《个人独资企业法》《证券法》《银行法》《所得税法》《公司法》等。这些法律法规主要从三方面规范或制约企业的筹资活动。一是规范不同类型企业的筹资渠道；二是规范不同组织类型企业的筹资方式；三是规范企业筹集资金的条件。由于各种法律法规从不同方面规范或制约企业的筹资活动，企业在筹资行为上必须遵守相关的法律法规。

3. 金融环境因素

企业筹资是利用特定的金融工具，通过金融市场或金融机构来实现的。因此，由金融市场、金融机构和金融工具构成的金融系统会对企业的筹资行为产生很大影响。

金融市场是实现货币借贷、办理各种票据和有价证券买卖的厂所或区域。由于金融市场的交易对象是资金而不是具有实物形态的商品，所以金融市场除资本市场中的证券交易所有固定场所外，其他并无具体场所，是一种抽象的市场。资金的供求双方，通过这一抽象市场分别达到运用和借入资金的目的。

金融机构是从事金融业务的中介机构，企业筹资方式的经济有效性大部分将通过金融机构体现出来。改革开放以来，我国的金融体系和金融机构发生了重大变化，实现了金融机构多样化，发展多种金融工具和多种信用形式，为企业筹资行为多样化提供了广阔的空间。

金融工具是资金需求者向资金供应者借入资金时出具的具有法律效力的票据或证券。一般地说，金融工具具有偿还性、流动性、风险性和营利性。一个健全的金融市场必须有优良的金融工具。随着我国社会主义市场经济体制的不断完善，金融工具呈现多元化发展态势，期权、期货、利率互换、远期合约、票据发行便利、可转换债券等衍生金融工具具有很大的风险性。企业在具体操作时，若对其可能产生的风险控制不够，则可能使企业因进行衍生金融工具交易而造成巨额亏损。这种风险的存在在一定程度上制约着企业的筹资行为。

完善的金融市场、企业化的金融机构及种类繁多的金融工具为企业筹资行为的多元化提供了发展空间。同时，金融环境中存在的巨大风险也制约着企业的筹资行为。

（二）微观环境因素

企业的筹资行为不仅受外部宏观环境因素的影响和制约，同时也受到内部微观环境因素的影响和制约，而内部微观环境因素的影响往往表现得更为直接。

1. 企业管理体制的影响

企业管理体制是指国家对其控制范围内的企业实施的管理制度的总称。它受国家的政治制度和经济管理体制的支配，又受企业的经济成分、所有制性质和经济发展水平的影响。企业管理体制直接决定企业的理财环境。在计划经济阶段，企业、特别是国有企业、集体企业作为政府部门的附属物，其经济管理的各个方面都要受国家或其主管部门的控制和约束，企业没有经营自主权，也就没有独立筹资的权利。企业所需资金主要由财政拨款和银行贷款解决，并按政府和国家计划规定的用途使用。随着企业制度的改革，国家对企业实行让利放权，扩大企业经营自主权，并逐步从根本上改革了企业管理体制。在社会主义市场经济制度确立后，逐步将企业塑造成市场经济环境下的独立的商品生产经营者，使企业成为能够独立承担民事法律责任的法人主体，自主经营、自负盈亏、自我约束和自我发展，取得了市场主体地位，理财成为企业独立自主的经营决策事宜，筹资决策、筹资风险由企业自身独立承担。所以，企业管理体制直接决定其筹资活动的权力和状态。

2. 企业组织形式的影响

企业组织形式是指在一定产权关系条件下，由产权关系决定的企业内部权责结构和经济利益关系的组合方式。企业组织形式一方面受宏观政治制度和经济制度的制约，另一方面也受企业管理体制的制约。在其制约因素确定的条件下，不同的企业组织形式决定了企业内部财务管理权限分配和职责划分的差异，形成两大类企业即公司制企业和非公司制企业。公司制企业进而分为有限责任公司、股份有限公司、中外合资企业，再进一步细分为独资公司、控股公司和参股公司；非公司企业也可以进一步划分为国有企业、集体企业、联营企业、中外合作企业。不同的企业组织形式，直接影响企业的筹资方式。如股份有限公司可以发行股票、债券筹措资金，而非公司企业则不可以采取这两种筹资方式。在贷款方面，不同企业获得贷款的能力和机会及难易程度也存在差异。另外，由于企业组织形式不同，企业内部管理机构权限划分都存在差异，筹资的决策权限、资产管理权限和内在的管理机制也不相同。相比较而言，股份有限公司是一种激励和约束机制并存的企业组织形式，能给企业更广阔的筹资渠道和理财自主权。

3. 产业政策的影响

产业政策是国家、政府在一定时期内对不同产业所采取的指导思想和措施的统称。在不同经济时期，国家或地方政府对不同产业的发展有不同的规划，指导国家经济和地方经济的发展，协调总体经济布局，从有利于国家宏观管理出发，调配资金流向国家经济各部门中按国家经济发展总体规划和产业政策要求最需资金支持的部门和行业。这就迫使筹资者和持资者在筹资和投资活动中必须认真对待产业政策的影响。作为持资者，从资金安全性和收益性考虑，必然希望其所持有资金投向国家和政府支持发展的产业上去，顺应宏观经济发展规律和要求；作为筹资者，则更应重视产业政策的变化，选择较为合理的资金运作方向，提高企业的筹资能力及资金的利用效果。从一定角度讲，国家产业政策扶持和倾斜的产业，在政策出台时，未必是一个有较好的现时回报的产业，但随着政策的不断落实和经济发展，必然有一个较好的未来投资回报。因此，应注重长期经济效益和短期经济效益的综合考虑。

（三）企业自身形式因素

1. 企业所在行业的影响

在不同时期、不同行业所面对的经济政策、发展机遇、投资回报等方面是有差异的，这些差异也必将影响企业资金筹措。如果企业所在行业是政府扶持、鼓励发展的行业，那么该行业在一定时期内必定有发展潜力，政府在政策、税收、融资方面往往会给予一定的照顾，从而相对降低企业生产经营的风险，使得资本持有者愿意对该行业进行投资，而使企业筹资环境相对宽松。相反，如果企业所在行业是政府限制的行业，如投资相对过剩或投资过于分散的行业，企业要想小规划地投资于该行业，就会失去政策支持、税收的优惠。行业内部的竞争激烈程度也是影响企业筹资的重要因素。如果某一行业内部的竞争激烈，企业必然面对较为残酷的生存与发展的危机，某一企业能否在竞争中得以生存和发展，都具有很大的不确定性。作为持资者，为避免投资风险，也必然充分考虑筹资者所面对的竞争状况和生存与发展的可能性，对于此类企业的资金投放必然格外谨慎，导致企业筹资困难；相反，对于那些刚刚开始高速发展行业的企业，由于一定时期行业优势的存在，其投资回报相对较高，投资风险也相对较低，持资者也愿意进行投资，企业筹资就相对容易。

2. 企业生产经营规模的影响

企业生产经营规模是企业理财环境的一个重要因素，在企业管理体制和经营组织形式既定的条件下，生产经营规模的不同会对财务工作提出不同的要求。大型企业，特别是大规模的现代企业，内部分工协作，具有明显的专业化特征，企业生产经营资金的存量、流量和流向具有多元化的特征。资金消耗和运用也明显地不同于一般企业，企业理财活动贯穿于生产经营的各个环节。相对地，小型企业生产经营活动较为简单，理财活动范围相对较小，要求也相对较低。另一方面，大规模企业防御风险、抵抗风险的能力要强于小型企业，收益能力也相对较强。我国现阶段正在采取措施，发展企业集团，强化规模效益。尽管未必所有的大型企业都有较好的效益，甚或有的大型企业也会破产、倒闭，但企业大型化的优势仍是非常明显的，它给企业筹资带来不可低估的优势。

3. 企业经营管理水平的影响

企业生产经营管理水平是指某一企业的生产经营管理状况和相对位置。管理和科学技术是企业生存、发展的重要支柱，无论企业的行业选择如何具有优势，也无论企业生产经营条件如何完善，没有较好的经营管理，企业照样没有发展前途甚或生存都很困难。相反，如果企业有较高水平的经营管理，有高素质、经验丰富的管理人员和强有力的决策机构，在相同条件下，该企业就会比其他企业有更大的生存空间，有更高的效益，企业经营风险就会相对较低，从而给企业的资金筹集带来一定的宽松环境。在现实经济生活中，那些经营管理水平较高的企业，在获得银行贷款、发行有价证券或进行内部集资时，相对那些管理较差的企业更有优越性。管理水平取决于管理人员的素质和能力，在筹资业务中，理财人员的素质和能力尤为重要。

4. 企业经济效益的影响

经济效益是经济产出相对于经济投入的比较，其实质是衡量经济投入的回报的标准。一个经济效益较好的企业，其投入资金的回报率就高；相反，经济效益较差的，投入资金的回报率相对较低。企业的经济效益将直接影响其资金筹集业务活动。就上市公司而言，同样的现有资本规模，同样的行业，同样的每股净资产，但净资产收益率存在差异，并在可预期的未来这种差异仍然存在，那么，两公司股票的每股市价会有很大差异。如果两企业同时同比例配股或发行新股，配股价或新股发行价也可能存在差异。一般地说，净资产收益率较高的，通过配股或发行新股，可以比经济效益较差的企业募集更多的资金，扩大企业发展规模；而效益较差的公司所能筹措到的资金相对较少。

5. 筹集资金的用途的影响

企业筹集资金的目的是运用资金，把资金分配运用到预期的项目和用途。无论企业采用何种方式筹资，都要事先将资金用途明确告知其筹资对象，以便持资者进行是否投资的决策。持资者在进行投资决策时，除了考虑上述因素和企业偿债能力、获利能力外，比较关心的就是筹资企业对资金使用的安排和对资金使用效果的预期及可行性研究报告，评价受资企业投资项目的预期收益能力。如果企业筹资的运作不符合持资者的要求，持资者将不会融资给筹资者。所以，资金的用途对筹措资金的渠道、数额和难易程度均有较大影响，必须慎重抉择。

6. 企业偿债能力的影响

企业偿债能力是指企业能够如期偿还到期债务的能力。企业的偿债能力主要取决于企业的财务状况和收益能力。收益能力也是企业财务状况的组成内容，它对筹资活动的影响如前所述。其他财务状况，主要是指企业的偿债能力，对筹资的影响也非常重要。企业偿债能力，主要从资产负债比率、流动比率和速动比率等指标加以判断，并应动态地加以分析。在一般情况下，企业的资产负债率较低，表明总资产中主要部分是投资人投入的原始资本和滚存利润形成的，企业财务风险相对较低；相反，如果资产负债率较高，说明企业总资产的主要部分是靠借贷形成的，财务风险相对较高。流动比率和速动比率较高，则表明企业不存在短期偿债困难，资金流转将不会受到债务的影响。作为资本市场的供应者，较为重要的是考虑其投资的安全性，即可收回的能力。因此，企业自身财务状况、特别是偿债能力是影响企业筹资活动的重要因素。

总的来说，企业在筹资活动中必须认识所处的环境、正确预见环境的发展变化，提高对环境的适应能力和应变能力，有效地融通所需的资本。

七、筹资数量的预测

企业在筹资前，需要采用一定的方法预测资金需要量，确定合理的筹资规模，使筹集的资金既能保证满足生产经营的需要，又不会有太多的闲置。

（一）筹资规模确定的依据

1. 规模适当

企业应根据生产经营的需要，同时考虑制约筹资的经济性因素。企业在筹资活动中所考虑的经济因素，通常指筹资行为给企业带来的经济收益或成本。它主要包括筹资成本、筹资风险、投资项目及其收益能力和企业资本结构及其弹性。在制约筹资规模的所有经济因素中，投资规模是决定筹资规模的主要依据，企业筹资必须以"投"定"筹"。筹资量与需要量相互平衡，防止筹资不足而影响生产经营活动的正常开展，同时也避免筹资过剩造成资金闲置，而降低筹资效益。企业所筹资金一方面增加资产负债表右边的负债或所有者权益，另一方面增加资产。为了保持财务结构的稳健和提高资产运营的效率，企业筹资规模应与资产占用保持对应性。

2. 法律依据

企业筹资规模的确定在一定程度上受到法律的约束。法律对企业筹资的约束主要有两方面：第一，法律对注册资本的约束。如规定不同企业在设立时应达到的最低资本限额（即法定资本金）等。法律规定旨在保证企业设立后能正常进行生产经营，并保证企业有足够的资本金用来对外负债，并承担民事责任。第二，法律对企业负债额度的限制。现代企业的基本特征是有限责任，作为承担有限责任主体的法人，只能以其完整的法人财产权为担保，开展对外负债。为了保护债权人的权益，法律从各方面对企业的负债能力进行约束，如限制公司债券的发行额度，要求特定行业的企业进行资产负债管理等。

（二）筹资数量的预测方法

1. 定性预测法

定性预测法是利用直观的资料，依靠个人的经验和主观分析、判断能力，对未来资金需要量做出预测的方法。其预测过程是：首先由熟悉财务情况和生产经营情况的专家，根据过去所累积的经验进行分析判断，提出预测的初步意见；然后，通过召开座谈会或发出各种表格等形式，对上述预测的初步意见进行修正补充。这样经过一次或几次后，得出预测的结果。定性预测法虽然十分实用，但是它不能揭示资金需要量与有关因素之间的数量关系。例如，预测资金需要量应该和企业生产经营规模相联系，生产规模扩大，销售增加，会引起资金需要量增加；反之，会使资金需要量减少。这种方法通常是在企业缺乏完备、准确的历史资料的情况下采用。

2. 因素分析法

因素分析法又称分析调整法，是以有关资本项目上年度的实际平均需要量为基础，根据预测年度的生产经营任务和加速资本周转的要求，进行分析调整，来预测资本需要量的一种方法。采用这种方法时，首先应在上年度资本平均占用额基础上，剔除其中呆滞积压的不合理部分，然后根据预测期的生产经营任务和加速资本周转的要求进行测算。这种方法计算比较简单、容易掌握，但预测结果不太精确，因此它通常用于品种繁多、规格复杂、用量较小、价格较低的资本占用项目的预测，也可以用于计算企业全部资本的需要量。

因素分析法的计算公式为：资金需要量 =（上年资金实际平均占有额 - 不合理平均占用额）×（1 ± 预测年度销售增减率）×（1 ± 预测年度资本周转速度变动率）

3. 销售百分比法

销售百分比法，是根据销售增长和资产增长之间的关系预测未来资金需要量的方法。企业的销售规模扩大时，要相应增加流动资产；如果销售规模增加很多，还必须增加长期资产。为取得扩大销售所需增加的资产，企业需要筹措资金。这些资金一部分来自留存收益，另一部分通过外部筹资取得。通常，销售增长率较高时，仅靠留存收益不能满足资金需要，即使获利良好的企业也需外部筹资。因此，企业需要预先知道自己的筹资需求，提前安排筹资计划，否则就可能发生资金短缺。销售百分比法将反映生产经营规模的销售因素与反映资金占用的资产因素连接起来，根据销售与资产之间的数量比例关系来预计企业的外部筹资需要量。销售百分比法首先假设某些资产与销售额存在稳定的百分比关系，根据销售与资产的比例关系预计资产额，根据资产额预计相应的负债和所有者权益，进而确定筹资需求量。

使用销售百分比法的基本步骤为：第一步，确定随销售额变动而变动的资产和负债项目。资产是资金使用的结果，随销售额的变动，经营性资产项目将占用更多的资金。同时，随着经营性资产的增加，相应的经营性短期债务也会增加，如存货增加会导致应付账款增加，此类债务称之为"自动性债务"，可以为企业提供暂时性资金。经营性资产（亦称敏感资产）与经营性负债（亦称敏感负债）的差额通常与销售额保持稳定的比例关系。这里，经营性资产项目包括库存现金、应收账款、存货等项目；而经营性负债项目包括应付票据、应付账款等项目，不包括短期借款、短期融资、长期负债等筹资性负债。第二步，确定经营性资产与经营性负债有关项目与销售额的稳定比例关系。如果企业资金周转的营运效率保持不变，经营性资产与经营性负债将会随销售额的变动而呈正比例变动，从而保持稳定的百分比关系。企业应当根据历史资料和同业情况，剔除不合理的资金占用，寻找与销售额的稳定百分比关系。第三步，确定需要增加的筹资数量。预计由于销售增长而需要的资金需求增长额，扣除利润留用后，即为所需的外部筹资额。预测公式为：

$$需要追加的外部筹资额 = \frac{A}{S_1} \times \Delta S - \frac{B}{S_1} \times \Delta S - P \times E \times S_2$$

公式中：A为随销售的变化而变化的敏感性资产；为随销售的变化而变化的敏感性负债；为基期销售额；为预测期销售额；为销售变动额；为销售净利率；E为利润留存率；为敏感资产与销售额的百分比关系；为敏感负债与销售额的百分比关系。

销售百分比法的优点，是能为筹资管理提供短期预计的财务报表，以适应外部筹资的需要，且易于使用；但销售百分比法的基本前提是假设经营性资产、经营性负债与销售收入之间存在稳定百分比关系，所以在有关因素发生变动的情况下，必须相应地调整原有的销售百分比。

八、资本金制度

（一）资本金的本质特征

设立企业必须有法定的资本金。资本金是指企业在工商行政管理部门登记的注册资金，是投资者用以进行企业生产经营、承担民事责任而投入的资金。资本金在不同类型的企业中所表现形式有所不同，股份有限公司的资本金被称为股本，股份有限公司以外的一般企业的资本金被称为实收资本。从性质上看，资本金是投资者创建企业所投入的资本，是原始启动资金；从功能上看，资本金是投资者用以享有权益和承担责任的资金，有限责任公司和股份有限公司以其资本金为限对所负债务承担有限责任；从法律地位来看，资本金要在工商行政管理部门办理注册登记，投资者只能按自己所投入的资本金享有权益和承担责任，已经注册的资本金如果追加或减少，应当依法向公司登记机关办理变更登记，公司减资后的注册资本不得低于法定的最低限额；从时效来看，已经投入企业的资本金，除企业清算、减资、转让回购股权等特殊情况外，投资者不得随意从企业收回资本金。

（二）资本金的筹集

1. 资本金的最低限额

我国《公司法》规定，股份有限公司注册资本的最低限额为人民币 500 万元，法律、行政法规对股份有限公司注册资本的最低限额有较高规定的，从其规定。上市的股份有限公司股本总额不少于人民币 3000 万元，有限责任公司注册资本的最低限额为人民币 3 万元，一人有限责任公司的注册资本最低限额为人民币 10 万元。

2. 资本金的出资方式

我国《公司法》规定，投资者可以用货币出资，也可以用实物、知识产权、土地使用权等可以用货币估价并可以依法转让的非货币财产作价出资，但是法律、行政法规规定不得作为出资的财产除外。对作为出资的非货币财产应当评估作价，核实财产，不得高估或者低估作价，法律、行政法规对评估作价有规定的，从其规定。货币出资金额不得低于公司注册资本的 30%。

3. 资本金缴纳的期限

资本金缴纳的期限，通常有三种办法：一是实收资本制，在企业成立时一次筹足资本金总额，实收资本与注册资本数额一致，否则企业不能成立；二是授权资本制，在企业成立时不一定一次筹足资本金总额，第一期资本筹集到位，企业即可成立，其余部分由董事会在企业成立后进行筹集，企业成立时的实收资本与注册资本可能不相一致；三是折中资本制，在企业成立时不一定一次筹足资本金总额，类似于授权资本制，但规定首期出资的数额或比例及最后一期缴清资本的期限。我国《公司法》规定，资本金的缴纳采用折中资本制，资本金可以分期缴纳，但首次出资额不得低于法定的注册资本最低限额。股份有限公司和有限责任公司的股东首次出资额不得低于注册资本的 20%，其余部分由股东自公司成立之日起两年内缴足，投资公司可以在 5 年内缴足。而对于一人有限责任公司，股东应当一次性足额缴纳公司章程规定的注册资本额。

（三）资本金管理的原则

资本金的管理，首先应当遵循资本保全这一基本原则。实现资本保全的具体要求，可分为资本确定、资本充实和资本维持三部分内容。

1. 资本确定原则

资本确定指企业设立时，必须明确规定企业的资本总额以及各投资者认缴的数额。为了强化资本确定的原则，法律规定由工商行政管理机构进行企业注册资本的登记管理，这是保护债权人利益、明晰企业产权的根本需要。根据《公司法》等法律法规的规定，投资者以认缴的资本为限对公司承担责任，但是以投资者实际缴纳的资本为依据行使表决权和分取红利。企业获准工商登记（即正式成立）后 30 日内，应依据验资报告向投资者出具出资证明书等凭证，以此为依据确定投资者的合法权益，界定其应承担的责任，特别是占有国有资本的企业需要按照国家有关规定申请国有资产产权登记，取得企业国有资产产权登记证，但这并不免除企业向投资者出具出资证明书的义务，因为前者仅是国有资产管理的行政手段。

2. 资本充实原则

资本充实指企业筹集资本金的数额、方式、期限均要在投资合同或协议中约定，并在企业章程中加以规定，以确保企业能够及时、足额筹得资本金。企业登记注册的资本金，投资者应在法律法规和财务制度规定的期限内缴足。如果投资者未按规定出资，即为投资者违约，企业和其他投资者可以依法追究其责任，国家有关部门还将按照有关规定对违约者进行处罚。注册资本必须进行验资，以保证出资的真实可信。对验资的要求，一是依法委托法定的验资机构，二是验资机构要按照规定出具验资报告，三是验资机构依法承担提供验资虚假或重大遗漏报告的法律责任。验资机构因出具的验资证明不实给公司债权人造成损失的，除能够证明自己没有过错的部分外，在其证明不实的金额范围内承担赔偿责任。

3. 资本维持原则

资本维持是指企业在持续经营期间有义务保持资本金的完整性。企业除由股东大会或投资者会议做出增减资本决议并按法定程序办理之外，不得任意增减资本总额。企业筹集的实收资本，在持续经营期间可以由投资者依照相关法律、法规以及企业章程的规定转让或者减少，但投资者不得抽逃或者变相抽回出资。除《公司法》等有关法律、法规另有规定外，企业不得回购本企业发行的股份。

九、权益资本的筹集

（一）吸收直接投资

1. 吸收直接投资的种类

企业采用吸收直接投资方式筹集的资金一般可分为以下三类：

（1）吸收国家投资

国家投资，是指有权代表国家投资的政府部门或者机构以国有资产投入企业，这种资本叫国有资本。吸收国家投资是国有企业筹集自有资金的主要方式。根据《企业国有资本与财务管理暂行办法》规定，国家对企业注册的国有资本实行保全原则。企业在持续经营期间，对注册的国有资本除依法转让外，不得抽回，并且以出资额为限承担责任。企业拟以盈余公积、资本公积转增实收资本的，国有企业和国有独资公司由企业董事会或经理办公会决定，并报主管财政机关备案；股份有限公司和有限责任公司由董事会决定，并经股东大会审议通过。

（2）吸收法人投资

法人投资是指法人单位以其依法可以支配的资产投入企业，这种资本称为法人资本。

（3）吸收个人投资

个人投资是指社会个人或本企业内部职工以个人合法财产投入企业，这种资本为个人资本。

2. 吸收直接投资的方式

吸收直接投资可以采用多种方式，从出资者的出资形式看，主要有两种类型：

（1）吸收现金投资

吸收现金投资是企业吸收直接投资最为主要的形式之一。这是因为，现金具有比其他出资方式所筹资本在使用上的更大灵活性的特点，它既可用于购置资产，也可用于费用支付。因此，企业在筹建时吸收一定量的现金额投资，将对其步入正常生产经营十分有利。也正在于此，各国法律法规对现金在出资总额中的比例均有一定的规定。

（2）吸收非现金投资

吸收非现金投资分为两类：一是吸收实物资产投资，即投资者以房屋、建筑物、设备等固定资产和商品等流动资产作价出资；二是吸收无形资产投资，即投资者以专利权、商标权、非专有技术、土地使用权等无形资产投资。与现金出资方式比较，非现金投资直接形成经营所需资产，因此有利于缩短企业经营筹备期，提高效率，但是它同时会带来以下两个问题：首先是资产作价。由于投资方和被投资方对非现金资产价值量的判断不相同，而这种价值量的大小判断对投资者权益影响又很大，为避免利益冲突，要求双方在确认资产价值时，必须本着客观公正的原则进行资产作价，如按第三者（中介评估机构）的资产评估确定其价值，或者按双方签订的合同、协议约定的价值进行作价。然后是无形资产的出资限额。无形资产的特征决定了其价值量的不稳定性，这种不稳定性要求无形资产出资应符合国家规定的出资限额。

3. 吸收直接投资的管理

吸收直接投资管理，主要从以下几方面入手：

（1）合理确定吸收直接投资的总量

吸收直接投资一般是在企业开办时所使用的一种筹资方式。企业在生产经营过程中，若发现自有资金不足，也可采用吸收直接投资方式筹资。但必须注意其资本筹集量与投资量的关系，以避免因吸收直接投资量过大而造成资产闲置，或者因规模不足而影响资产经营效益。

（2）正确选择出资形式，以保持合理的出资结构与资产结构

由于现金、实物、无形资产等变现能力与周转能力各不相同，保持出资结构的合理性，可以使企业在未来的动态经营中，能按发展的需要来相应调整其资产结构，避免资产结构僵化，保持资产的流动性和经营弹性。

（3）明确投资过程中的产权关系

由于不同投资者的投资数额不同，从而享有的权益也不相同，因此，企业在吸收投资时必须明确各投资者间的产权关系。包括企业与投资者间的产权关系，以及各投资者所投

资产办理产权转移手续为前提。只有在产权转移完成的前提下，才能真正证明投资者拥有企业的产权与企业法人财产权的分离，才能明确企业与投资者的责权利关系。对于各投资者间的产权关系，它涉及各投资主体间的"投资—收益"对等关系，涉及各投资者间对企业经营权的控制能力，因此，对于各投资主体间的投资比例必须以合同、协议的方式确定，并具法律效力。另外，对于投资后所形成的国有企业，还必须到国有资产管理部门办理产权登记。

4. 吸收直接投资的特点

吸收直接投资的优点：

（1）有利于增强企业信誉

吸收投资所筹集的资金属于自有资金能增强企业的信誉和借款能力，对扩大企业经营规模、壮大企业实力具有重要作用。

（2）有利于尽快形成生产能力

吸收投资可以直接获取投资者的先进设备和先进技术，有利于尽快形成生产能力，尽快开拓市场。

（3）有利于降低财务风险

吸收投资可以根据企业的经营状况向投资者支付报酬，企业经营状况好，要向投资者多支付一些报酬，企业经营状况不好，就可不向投资者支付报酬或少支付报酬，比较灵活，所以财务风险较小。

吸收直接投资的缺点：

（1）资金成本较高

一般而言，采用吸收投资方式筹集资金所需负担的资金成本较高，特别是企业经营状况较好和盈利较强时，更是如此。因为，向投资者支付的报酬是根据其出资的数额和企业实现利润的多寡来计算的。

（2）容易分散企业控制权

采用吸收投资方式筹集资金，投资者一般都要求获得与投资数量相适应的经营管理权，这是接受外来投资的代价之一。如果外部投资者的投资较多，则投资者会有相当大的管理权，甚至会对企业实行完全控制，这是吸收投资的不利因素。

（二）股票筹资

股票是股份公司为筹集自有资金而发行的有价证券，是投资入股以及取得股利的凭证，它代表了股东对股份公司的所有权。股票持有者为公司的股东，股东按照企业组织章程参加或监督企业的经营管理，分享红利，并依法承担以购股额为限的企业经营亏损的责任。股票按股东权利和义务的不同，分为普通股和优先股。

普通股是公司发行的具有管理权而股利不固定的股票，是构成公司股权的基本的部分。普通股是股份公司股票的主要存在形式，其持有者即为公司的普通股股东。普通股股东享有投票权、分享利润权与剩余财产分配权，同时也是公司经营亏损的承担者，是企业经营风险的主要承担者。普通股有如下特点：第一，普通股股东对公司有经营管理权。普通股股东的经营管理权主要体现为在董事会选举中有选举权和被选举权，通过选出的董事会代表所有股东对企业进行控制和管理；第二，普通股股东对公司有盈利分享权。股利分配在优先股之后，股利多少取决于公司的经营情况；第三，普通股股东有优先认股权，即普通股股东可优先于其他投资者购买公司增发新股票的权利；第四，普通股股东有股票转让权。

优先股是股份公司发行的具有一定优先权的股票，是介于普通股与债券之间的一种有价证券。优先股与普通股一样，构成公司股权的一部分，企业对优先股不承担还本义务，但优先股有固定的股利率，在公司清算时，以股票的面值为限，且要先于普通股获得清偿。优先股有如下特点：第一，优先股较普通股有某些优先权利，优先分配股利权和优先分配剩余财产权；第二，优先股股东的管理权限有严格限制，优先股股东在股东大会上无表决权，在参与公司经营管理上受到一定限制，仅对涉及优先股权利的问题有表决权。

股票按票面有无记名，分为记名股票和无记名股票。记名股票在票面上载有股东姓名并将股东姓名记入公司股东名册。无记名股票在票面上不记载股东姓名。我国《公司法》规定，公司向发起人、国家授权投资的机构、法人发行的股票应当为记名股票。对社会公众发行的股票可以为记名股票，也可以为无记名股票。

股票按票面是否标明金额，分为面值股票和无面值股票。面值股票是指在股票的票面上记载每股金额的股票。股票面值的主要功能是确定每股股票在公司所占有的份额，另外，还表明在有限公司中股东对每股股票所负有限责任的最高限额。无面值股票是指股票票面不记载每股金额的股票，无面值股票仅表示每一股在公司全部股票中所占有的比例。也就是说，这种股票只在票面上注明每股占公司全部净资产的比例，其价值随公司财产价值的增减而增减。

股票按投资主体的不同，分为国家股、法人股、个人股和外资股。国家股是有权代表国家投资的部门或机构以国有资产向公司投资形成的股份。法人股是企业法人以其依法可支配的资产向公司投资形成的股份，或具有法人资格的事业单位和社会团体以国家允许用于经营的资产向公司投资形成的股份。个人股是社会个人或本公司职工以个人合法财产投入公司形成的股份。外资股为外国投资者和我国香港、澳门、台湾地区投资者以购买人民币特种股票形式向公司投资形成的股份。

股票按发行对象和上市地点，分为 A 股、B 股、H 股、N 股。A 股是以人民币标明票面金额并以人民币认购和交易的股票；B 股是以人民币标明票面金额，以外币认购和交易的股票；H 股为在香港上市的股票。N 股是在纽约上市的股票。

1. 普通股

（1）股票的发行

股份有限公司发行股票，应明确发行类型，确认发行条件，选择发行方式，履行发行程序，降低发行成本。

①股票发行的类型

股票发行一般分为设立发行和增发新股。设立发行又称为公司股票的初次发行，是指股份有限公司在成立过程中为筹集资本所进行的股票发行。设立发行的目的一般是筹集资本和组建股份有限公司，发行方式有发起设立和募集设立两种。所谓发起设立，是指由发起人认购公司应发行的全部股份而设立公司。所谓募集设立，是指由发起人认购公司应发行股份的一部分，其余股份向社会公开募集或者向特定对象募集而设立公司。增发新股是指已设立的股份有限公司为增加股本而发行新股票。增发新股可分为有偿增资发行和无偿增资发行。

有偿增资发行可分为股东配股、第三者配股和公开招股三种。股东配股的股票发行是按股东持股的一定比例赋予股东以新股认购权利，股东可以行使该权利购买公司股票，也可以放弃该权利不购买公司股票。第三者配股的股票发行是指公司给予和公司有特殊关系的第三者以新股认购权，如公司配股承销商可以购买公司股东放弃的配股。公开招股发行是指公司公募发行新股票，它以不特定的投资者为发行对象。无偿增资发行可分为股票分红、转增股本和股票分割三种。股票分红是指公司以股票形式向股东分配股利，股东可按所持股份的一定比例无偿获得股票。转增股本是指公司将公积金转入股本，股东可无偿获得股票。股票分割是指将大额股票细分化，使之成为小额股票，股东所持股票按分割的比例增加。

②股票发行的条件

股份有限公司在设立时要发行股票。此外，公司设立之后，为了扩大经营、改善资本结构，也会发行新股。股份的发行，遵循公开、公平、公正的原则，必须同股同权、同股同利。同次发行的股票，每股的发行条件和价格应当相同。任何单位或个人所认购的股份，每股应支付相同的价款。根据《公司法》和《证券法》的规定，不同的发行类型，发行条件也不相同。

设立股份有限公司公开发行股票，是《公司法》规定的募集设立公司的方式，即由发起人认购公司应发行股份的一部分，其余部分向社会公开募集而设立公司。由于公开发行股票涉及公众投资者的利益，为此，设立股份有限公司公开发行股票应当具备如下条件：

第一，符合《公司法》规定的条件。主要是指：发起人应当在2人以上200人以下，其中须有半数以上的发起人在中国境内有住所；有符合法定要求的公司章程；除法律、行政法规另有规定外，发起人认购的股份数不得少于公司股份总数的35%；应当由依法设立的证券公司承销证券，签订承销协议；应当与银行签订代收股款协议等。第二，符合经国务院批准的国务院证券监督管理机构规定的其他条件。前一次发行的股份已募足，并间隔一年以上；公司在最近三年内连续赢利，并可向股东支付股利，但以当年利润分派新股不受此限；公司在最近三年内财务会计文件无虚假记载；公司预期利润率可达同期银行存款利率。

③股票发行的程序

设立股份有限公司时发行股票的程序如下：第一，提出募集股份申请。股份有限公司的设立，必须经国务院授权的部门或者省级人民政府批准。股份有限公司采取募集设立方式的，发起人向社会公开募集股份时，必须向国务院证券管理部门递交募股申请，并报送一系列规定的文件。未经国务院证券管理部门批准，发起人不得向社会公开募集股份；第二，发起人公告招股说明书，并制作认股书。认股书应当载明发起人认购的股份数，每股的票面金额和发行价格，无记名股票的发行总数，认股人的权利、义务等。认股人照章填写认股书后，按照所认股数缴纳股款；第三，发起人与依法设立的证券经营机构签订承销协议，与银行签订代收股款协议。也就是说，在向社会公开募集股份时，公司不能直接收取股款，必须由依法设立的证券经营机构承销，由代收股款的银行按照协议代收和保存股款；第四，缴足股款后，由法定的验资机构验资并出具证明，发起人在30日内主持召开公司创立大会。创立大会由认股人参加，选举出董事会成员和监事会成员；第五，创立大会结束后30日内，董事会向公司登记机关报送有关文件，申请设立登记。公司登记机关批准予以登记的，发给公司营业执照。公司营业执照签发日期为公司成立日期；第六，股份有限公司经登记成立后，将募集股份情况报国务院证券管理部门备案。

增资扩股发行新股的程序如下：第一，股东大会做出发行新股的决议；第二，董事会向国务院授权的部门或者省级人民政府申请批准，属于向社会公开募集的，须经国务院证券管理部门批准；第三，公告新股招股说明书和财务会计报表及附属明细表，与证券经营机构签订承销合同，定向募集时向新认购人发出认购公告或通知；第四，招认股份，缴纳股款；第五改组董事会、监事会，办理变更登记并向社会公告。

（2）股票发行价格的确定

股票的发行价格，是指股份公司发行股票时，将股票出售给投资者所采用的价格，也就是投资者认购股票时所支付的价格。股票发行价格通常由发行公司根据股票面额、股市行情和其他有关因素决定。在以募集设立方式设立公司首次发行股票时，由发起人决定；在公司成立以后再次增资发行新股时，由股东大会或董事会决定。股份公司在不同时期、不同状态下对不同种类的股票，可采取不同的方法确定其发行价格。股票发行价格通常有等价、时价和中间价三种：

等价就是以股票面值为发行价格发行股票，即股票的发行价格与其面值等价，亦称平价发行。等价发行股票一般比较容易推销，但发行公司不能取得溢价收入。在股票市场不甚发达的情况下，设立公司首次发行股票时，选用等价发行可确保及时足额地募集资本。时价也称市价，即以公司原发行同种股票的现行市场价格为基准来选择增发新股的发行价格。选用时价发行股票，考虑了股票的现行市场价值，可促进股票的顺利发行。综观世界股市的现状与趋势，时价发行股票颇为流行。美国已完全推行时价发行，德国、法国也经常采用，日本正在步美国后尘。中间价是以股票市场价格与面额的中间值作为股票的发行价格。例如，某种股票的现行市价为75元，每股面额为50元，如果发行公司按每股62.5

元的价格增发该种新股票，就是按中间价发行，显然中间价兼具等价和时价的特点。

选择时价或中间价发行股票，可能属于溢价发行，也可能属于折价发行。溢价发行是指按超过股票面额的价格发行股票；折价发行是指按低于股票面额的价格发行股票。如属溢价发行，则发行公司获得的发行价格超过股票面额的溢价款列入资本公积金。按照国际惯例，股票通常采取溢价发行或等价发行，很少折价发行。即使在特殊情况下折价发行，也要施加严格的折价幅度和时间等限制条件。我国《公司法》规定，股票发行价格可以是票面金额（即等价），也可以超过票面金额（即溢价），但不得低于票面金额（即折价）。在美国，很多州规定折价发行股票为非法。英国公司法规定只有在特殊情况下，公司才可以折价发行股票，但必须经公司全体股东会议通过，并经法院批准，而且增发新股决议必须限定折价的最大幅度，必须自公司开业后至少1年以后方可折价发行股票。

（3）股票上市交易

①股票上市的目的

股票上市是指股份有限公司公开发行的股票，符合规定条件，经过申请批准后在证券交易所作为交易的对象。经批准在证券交易所上市交易的股票称为上市股票，其股份有限公司称为上市公司。股份有限公司申请股票上市，基本目的是增强本公司股票的吸引力，形成稳定的资本来源，能在更大范围内筹措大量资本。股票上市对上市公司而言，主要有如下目的：第一，提高公司所发行股票的流动性和变现性，便于投资者认购、交易；第二，促进公司股权的社会化，防止股权过于集中；第三，提高公司的知名度；第四，有助于确定公司增发新股的发行价格；第五，便于确定公司的价值，以利于促进公司实现财富最大化的目标。因此，不少公司积极创造条件，争取其股票上市。

但股票上市也有对公司不利的一面，这主要有：上市成本较高，手续复杂严格；公司将负担较高的信息披露成本；信息公开的要求可能会暴露公司的商业机密；股价有时会歪曲公司的实际情况，影响公司声誉；可能会分散公司的控制权，造成管理上的困难。

②股票上市的条件

公司公开发行的股票要想进入证券交易所，必须受严格的条件限制。我国《证券法》规定，股份有限公司申请股票上市应符合以下条件：第一，股票经国务院证券监督管理机构核准已向社会公开发行；第二，公司股本总额不少于人民币3000万元；第三，公开发行的股份达到公司股份总额的25%以上；公司股本总额超过人民币4亿元的，公开发行股份的比例为10%以上；第四，公司最近3年内无重大违法行为，财务会计报告无虚假记载；第五，国家法律、法规规章及证券交易所规定的其他条件。

③股票上市的暂停、恢复与终止

当上市公司出现经营情况恶化、存在重大违法违规行为或其他原因导致不符合上市条件时，就可能被暂停或终止上市。上市公司出现财务状况或其他状况异常的，其股票交易将被交易所"特别处理（ST：SpecialTreatment）"。"财务状况异常"是指以下几种情况：第一，最近两个会计年度的审计结果显示的净利润为负值；第二，最近一个会计年度的审计结果显示其股东权益低于注册资本；第三，最近一个会计年度经审计的股东权益扣除注册会计师、有关部门不予确认的部分，低于注册资本；第四，注册会计师对最近一个会计年度的财产报告出具无法表示意见或否定意见的审计报告；第五，最近一份经审计的财务报告对上年度利润进行调整，导致连续两个会计年度亏损；第六，经交易所或中国证监会认定为财务状况异常的。"其他状况异常"是指自然灾害、重大事故等导致生产经营活动基本中止，公司涉及可能赔偿金额超过公司净资产的诉讼等情况。在上市公司的股票交易被实行特别处理期间，其股票交易遵循下列规则：第一，股票报价日涨跌幅限制为5%；第二，股票名称改为原股票名前加"ST"；第三，上市公司的中期报告必须经过审计。

（4）普通股筹资的特点

普通股筹资的优点：第一，普通股筹资没有固定的利息负担，从而大大减小了公司的财务压力，筹资风险小；第二，所筹资金具有永久性，没有固定的到期日，除非公司清算时有剩余财产可折算清偿；第三，普通股筹资提高了公司的信誉，增强了公司的资本实力，有了较多的自有资金，就可以为债权人提供较大的损失保证；第四，普通股筹资有较好的预期收益和防止通货膨胀的保值方法，所以比其他方式更容易吸收资金。

普通股筹资的缺点：第一，普通股筹集资金成本较高。普通股筹资的成本要大于债务资金成本；第二，普通股筹资可能分散公司的控制权。发行新股筹资带来的新股东的增加，可能分散原有股东的控制权或表决权；第三，普通股筹资可能引起股价的下跌。发行新股可能被投资者认为是公司资金方面等出现问题，被视为一种消极信号，同时新股东分享了公司发行新股以前积累的盈余，会降低普通股每股盈余，从而造成股价的下跌。

2. 优先股

优先股是相对普通股而言，较普通股具有某些优先权利，同时也受到一定限制的股票。优先股的含义主要体现在"优先权利"上，包括优先分配股利和优先分配公司剩余财产的权利。具体的优先条件须由公司章程予以明确规定。

（1）优先股的特征

第一，优先分配固定的股利。优先股股东通常优先于普通股股东分配股利，且其股利一般是固定的，受公司经营状况和赢利水平的影响较小。所以，优先股类似固定利息的债券；第二，优先分配公司剩余财产。当公司因解散、破产等进行清算时，优先股股东优先于普通股股东分配公司的剩余财产；第三，优先股股东一般无表决权。在公司股东大会上，优先股股东一般没有表决权，通常也无权过问公司的经营管理，仅在涉及优先股股东权益问题时享有表决权。因此，优先股股东不可能控制整个公司；第四，优先股可由公司赎回。发行优先股的公司，按照公司章程的有关规定，根据公司的需要，可以以一定的方式将所发行的优先股收回，以调整公司的资本结构。

（2）发行优先股的动机

股份有限公司发行优先股，筹集自有资金只是其目的之一。由于优先股的特性，公司发行优先股往往还有其他的动机。第一，防止公司股权分散化。由于优先股股东一般没有表决权，发行优先股可以避免公司股权分散，保障公司的原有控制权；第二，调整现金余缺。公司在需要现金资本时发行优先股，在现金充足时将可赎回的优先股收回，从而调整现金余缺；第三，改善公司资本结构。公司在安排借入资金与自有资金的比例关系时，可较为便利地利用优先股的发行与转换来进行调整；第四，维持举债能力。公司发行优先股，有利于巩固自有资金的基础，维持乃至增强公司的借款举债能力。

（3）优先股筹资的优缺点

优先股筹资的优点：第一，优先股一般没有固定的到期日，不用偿付本金。发行优先股筹集资金，实际上近乎得到一笔无限期的长期贷款，公司不承担还本义务，也无须再作筹资计划。对可赎回优先股，公司可在需要时按一定价格收回，这就使得这部分资金利用更有弹性。当财务状况较弱时发行优先股，而财务状况转强时收回，这有利于结合资金需求加以调剂，同时也便于掌握公司的资本结构；第二，股利的支付既固定又有一定的灵活性。一般而言，优先股都采用固定股利，但对固定股利的支付并不构成公司的法定义务。如果公司财务状况不佳，可以暂时不支付优先股股利，即使如此，优先股股东也不能像公司债权人那样迫使公司破产；第三，保持普通股股东对公司的控制权。当公司既想向外界筹措自有资金，又想保持原有股东的控制权时，利用优先股筹资尤为恰当；第四，从法律上讲，优先股股本属于自有资金，发行优先股能加强公司的自有资本基础，可适当增强公司的信誉，提高公司的借款举债能力。

优先股筹资的缺点：第一，优先股的成本虽低于普通股，但一般高于债券；第二，优先股筹资的制约因素较多。例如，为了保证优先股的固定股利，当企业赢利不多时普通股股东就可能分不到股利；第三，可能形成较重的财务负担。优先股要求支付固定股利，但又不能在税前扣除，当赢利下降时，优先股的股利可能会成为一项较重的财务负担，有时不得不延期支付，会影响公司的形象。

（三）留存收益

留存收益也是权益资金的一种，是指企业的盈余公积、未分配利润等。此项公积金可用以购建固定资产、进行固定资产更新改造、增加流动资产储备等。因此，税后利润的合理分配也关系到企业筹资问题。企业利润的分配一般是在年终或会计期末进行结算的。因此，在利润未被分配以前，可作为公司资金的一项补充来源。企业年末未分配的利润也具有此种功能。企业平时和年末未分配的利润，使用期最长不超过半年。此外，企业因计提折旧从销售收入中转化来的新增货币资金并不增加企业的资金总量，但却能增加企业可以周转使用的营运资金，因而也可视为一种资金来源和筹资方式。留存收益的实质是投资者对企业的再投资，它不需要筹资活动，不必向外部单位办理各种手续，又无筹资费用，但这种筹资方式受制于企业盈利的多寡及企业的分配政策。

第二节　企业投资管理

企业在经营过程中需要对资金进行管理，以保证资金能够在企业内处于正常的流动状态，进而使企业始终正常运行，企业总是处于盈利状态。投资是企业创造财富、满足人类生存和发展需要的必要前提，也是企业价值的源泉在投资过程中，企业将资金投放于各种生产要素中，如土地、厂房、设备、人员等，通过对各种生产要素的组合进行有效的管理和经营，不断地创造出新的价值，为股东提供更高的回报。投资管理是企业管理中的重要组成部分，了解投资管理的基本概念是进行投资管理的前提。在投资活动中，投资方案的优劣直接影响到企业的生存和发展，而投资方案的选择需要通过贴现分析指标和非贴现分析指标等指标进行比较分析，最后做出科学的决策。

一、项目投资管理

（一）项目投资管理概述

1. 投资的概念与种类

投资是指特定经济主体（包括国家、企业和个人）为了在未来可预见的时期内获得收益或使资金增值，在一定时期向既定目标投放足够数额的资金或实物等货币等价物的经济行为。从企业角度看，投资就是为获取收益而向一定对象投放资金的经济行为，投资按不同标志可分为以下类型：

（1）按照投资行为的介入程度，分为直接投资和间接投资

直接投资指由投资人直接介入投资行为，即将货币资金直接投入投资项目，形成实物资产、无形资产或者购买目标企业现有资产的一种投资。间接投资指投资者以其资本购买公债、公司债券、金融债券或公司股票等，以预期获取一定收益的投资，也称为证券投资。

（2）按照投入的领域不同，分为生产性投资和非生产性投资

生产性投资指将资金投入生产、建设等物质生产领域中，并能够形成生产能力或可以产出生产资料的一种投资。非生产性投资指将资金投入非物质生产领域中，不形成生产能力，但形成社会消费或服务能力，满足人民的物质文化生活需要的一种投资。

（3）按照投资的方向不同，分为对内投资和对外投资

企业的对内投资就是项目投资，指企业将资金投放于为取得供本企业生产经营使用的固定资产、无形资产、其他资产和垫支流动资金而形成的一种投资。对外投资指企业为购买国家及其他企业发行的有价证券或其他金融产品（包括期货、期权、信托、保险），或以货币资金、实物资产、无形资产向其他企业（如联营企业、子公司等）注入资金而发生的投资。

（4）按照投资的内容不同区分

按照投资的内容不同，分为固定资产投资、无形资产投资、流动资产投资、房地产投资、有价证券投资、期货与期权投资、信托投资和保险投资等多种形式。

2. 项目投资的概念与种类

用于机器、设备、厂房的构建与更新改造等生产性资产的投资，称为项目投资；也包括购买债券、股票等有价证券的投资和其他类型的投资，项目投资是以特定建设项目为投资对象的一种长期投资行为。

项目投资主要分为新建项目和更新改造项目，新建项目是以新建生产能力为目的的外延式扩大再生产。新建项目按其涉及内容又可细分为单纯固定资产投资项目和完整工业投资项目。单纯固定资产投资项目简称固定资产投资，其特点在于：在投资中只包括为取得固定资产而发生的垫支资本投入，而不涉及周转资本的投入。完整工业投资项目，其特点在于不仅包括固定资产投资，而且涉及流动资金投资，甚至包括无形资产等其他长期资产投资。更新改造项目是以恢复或改善生产能力为目的的内涵式扩大再生产。因此，不能将项目投资简单地等同于固定资产投资。项目投资对企业的生存和发展具有重要意义，是企业开展正常生产经营活动的必要前提，是推动企业生产和发展的重要基础，是提高产品质量、降低产品成本不可缺少的条件，是增加企业市场竞争能力的重要手段。

3. 项目投资的程序

（1）投资项目的提出

投资项目的提出是项目投资程序的第一步，是根据企业的长远发展战略，中长期投资计划和投资环境的变化，在把握良好投资机会的情况下提出的。为了实现财务管理目标，管理者必须首先考虑是否应维持现有生产规模，其次应考虑是否应扩大生产规模，由此提出固定资产更新、购置等意向性投资方案。它可以由企业管理当局或企业高层管理人员提出，也可以由企业的各级管理部门和相关部门领导提出。

（2）投资项目评价

投资项目的评价主要涉及如下几项工作：首先，对提出的投资项目进行适当分类，为分析评价做好准备；其次，计算有关项目的建设周期，测算有关项目投产后的收入、费用和经济效益，预测有关项目的现金流入和现金流出；再次，运用各种投资评价指标，把各项投资按可行程度进行排序；最后，写出详细的评价报告。

（3）投资项目决策

投资项目评价后，应按分权管理的决策权限由企业高层管理人员或相关部门经理做最后决策。投资决策的方法有很多，不同的方法各具特色，有其适用的范围和情形。决策指标选定以后，计算指标值，然后根据相应决策规则对投资方案做出比较和选择。

（4）投资项目实施

决定对某项目进行投资后，要积极筹措资金，实施项目投资。在投资项目的实施过程中，要对工程进度、工程质量、施工成本和工程概算进行监督、控制和审核，防止工程建设中的舞弊行为，确保工程质量，保证按时完成。

（5）投资项目再评价

在投资项目的执行过程中，应注意原来做出的投资决策是否合理，是否正确，一旦出现新的情况，就要随时根据变化的情况做出新的评价和调整。

4. 投资项目可行性研究

（1）可行性研究的概念

可行性是指一项事务可以做到的、现实行得通的、有成功把握的可能性。企业投资项目的可行性就是指项目对企业内外部环境的不利影响较小，技术上具有先进性和适应性，产品在市场上能够被容纳或被接受，财务上具有合理性和较强的盈利能力，对国民经济有贡献，能够创造社会效益。广义的可行性研究是指在现代环境中，组织一个长期投资项目之前，必须进行的有关该项目投资必要性的全面考察与系统分析，以及有关该项目未来在技术、财务乃至国际经济等诸方面能否实现其投资目标的综合论证与科学评价。它是有关决策人（包括宏观投资管理当局与投资当事人）做出正确、可靠投资决策的前提与保证。狭义的可行性研究专指在实施广义可行性研究过程中，与编制相关研究报告相联系的有关工作。广义的可行性研究包括机会研究、初步可行性研究和最终可行性研究三个阶段，具体又包括环境与市场分析、技术与生产分析和财务可行性评价等主要内容。

（2）可行性分析的主要内容

首先，需要对环境与市场进行分析。在可行性研究中，必须开展建设项目的环境影响评价。所谓建设项目的环境，是指建设项目所在地的自然环境、社会环境和生态环境的统称。建设项目的环境影响报告书应包括：建设项目概况，建设项目周围环境现状，建设项目对环境可能造成影响的分析、预测和评估，建设项目环境保护措施及其技术、经济论证，建设项目对环境影响的经济损益分析，建设项目实施环境监测的建议，环境影响评价的结论。建设项目的环境影响评价属于否决性指标，凡未开展或没通过环境影响评价的建设项目，不论其经济可行性和财务可行性如何，一律不得上马。

市场分析又称市场研究，指企业进行项目可行性分析，在市场调查的基础上，通过预测未来市场的变化趋势，了解拟建项目产品的未来销路而开展的工作。进行投资项目可行性研究，必须要从市场分析入手。因为一个投资项目的设想，大多来自市场分析的结果或源于某一自然资源的发现和开发，以及某一新技术、新设计的应用，即使是后两种情况，也必须把市场分析放在可行性研究的首要位置。如果市场对于项目的产品完全没有需求，项目不能成立。市场分析要提供未来生产经营周期不同阶段的产品年需求量和价格等预测数据，同时要综合考虑潜在或现实竞争产品的市场占有率和变动趋势，以及人们的购买力及消费心理的变化情况。这项工作通常由市场营销人员或委托的市场分析专家完成。

其次，需要对技术与生产进行分析。技术分析指在生产过程中由系统的科学知识、成熟的实践经验和优良的操作技艺综合而成的专门学问和手段。它经常与工艺统称为工艺技术，但工艺是指为生产某种产品所采用的工作流程和制造方法，不能将两者混为一谈。广义的技术分析是指在构成项目组成部分及发展阶段上，所有与技术问题有关的分析论证与评价。它贯穿于可行性研究的项目确立、厂址选择、工程设计、设备选型和生产工艺确定等各项工作，是与财务可行性评价相区别的技术可行性评价的主要内容。狭义的技术分析是指对项目本身所采用工艺技术、技术装备的构成以及产品内在的技术含量等方面内容进行的分析研究与评价。技术可行性研究是一项十分复杂的工作，通常由专业工程师完成。生产分析指投资项目确保能够通过其对环境影响评价的基础上，所进行的厂址选择分析、资源条件分析、建设实施条件分析、投产后生产条件分析等一系列分析论证工作的统称。厂址选择分析包括选点和定址两方面内容。前者主要指建设地区的选择，主要考虑生产力布局对项目的约束，而后者则指项目具体地理位置的确定。在厂址选择时，应全盘考虑自然因素（包括自然资源和自然条件）、经济技术因素、社会政治因素和运输及地理位置因素。生产分析涉及的因素多、问题复杂，需要组织各方面专家分工协作才能完成。

最后，需要对财务可行性进行分析。财务可行性评价指在已完成相关环境与市场分析、技术与生产分析的前提下，围绕已具备技术可行性的建设项目而开展的，考察该项目在财务方面是否具有投资可行性的一种专门分析评价。

（二）现金流量

1. 现金流量的含义与作用

现金流量又称现金流动量。在投资决策中，现金流量是指投资项目在其计算期内因资本循环而可能或应该发生的各项现金流入量与现金流出量的统称。这里所使用的现金，是广义的现金，它不仅包括各种货币资金，而且还包括项目需要投入企业拥有的各种非货币资产的变现价值（或重置成本）。例如，一个项目需要使用原有厂房、设备和材料等，则相关的现金流量是指它们的变现价值，而不是其账面价值。企业在项目投资决策中并不是以利润作为评价项目经济效益高低的基础，而是以净现金流量作为项目的净收益，以此来评价投资项目的可行性，主要出于以下方面的考虑：

（1）现金流量信息可以反映项目投资的投入与产出关系

现金流量信息所揭示的未来期间现实货币资金收支运动，可以动态地反映项目投资的流向与回收之间的投入产出关系，使决策者处于投资主体的立场上，便于更完整、准确、全面地评价具体投资项目的经济效益。

（2）现金流量比利润更能反映项目的效益

财务会计按权责发生制计算企业的收入和成本，并以收入减去成本、税金之后的净利润作为收益，用来评价企业的经济效益。而在长期投资决策中，不能以按这种方法计算的收入和支出作为评价项目经济效益高低的基础，而应以现金流入量作为项目的收入，以现金流出量作为项目的支出，以净现金流量作为项目的净收益，并在此基础上评价投资项目的经济效益。投资决策之所以要按以收付实现制计算的现金流量作为评价项目经济效益的基础，主要的原因是利用现金流量指标代替利润指标作为反映项目效益的信息，可以摆脱在贯彻财务会计的权责发生制时必然面临的困境，即由于不同的投资项目可能采取不同的固定资产折旧方法、存货估价方法或费用摊配方法，从而导致不同方案的利润信息相关性差、透明度不高和可比性差。

（3）简化投资决策评价指标的计算过程

利用现金流量信息，排除了非现金收付内部周转的资本运动形式，从而简化了有关投资决策评价指标的计算过程。

（4）有利于对动态投资效果的综合评价

由于现金流量信息与项目计算期的各个时点密切结合，有助于在计算投资决策评价指标时，应用资金时间价值的形式进行动态投资效果的综合评价。

2．现金流量的构成

现金流入量是指能够使投资方案的现实货币资金增加的项目，简称现金流入。现金流出量是指能够使投资方案的现实货币资金减少或需要动用现金的项目，简称现金流出，不同的投资项目的现金流入量和现金流出量的构成内容有一定差异。

（1）完整工业投资项目的现金流量

现金流入量的内容包括四类。第一，营业收入。它是指项目投产后每年实现的全部销售收入或业务收入，它是经营期主要的现金流入量项目；第二，回收固定资产残值。它是指投资项目的固定资产在终结点报废清理或中途变价转让处理时所回收的价值；第三，回收流动资金。它主要是指投资项目在项目计算期完全终止时（终结点）因不再发生新的替代投资而回收的原垫付的全部流动资金投资额，回收流动资金和回收固定资产残值统称为回收额；第四，其他现金流入量。其他现金流入量是指以上三项指标以外的现金流入量项目。

现金流出量的内容包括五类。第一，固定资产投资。它是指在建设期内按一定生产经营规模和建设内容用于购置或安装固定资产而发生的投资，它是建设期发生的主要现金流出量；第二，流动资金投资。它是指有关项目所发生的用于生产经营期周转使用的营运资金投资，又称垫支流动资金；第三，经营成本。它是指在经营期内为满足正常生产经营而动用现实货币资金支付的成本费用，又称付现的经营成本（或简称付现成本），它是生产经营阶段最主要的现金流出量项目；第四，各项税款。它是指项目投产后依法缴纳的、单独列示的各项税款，包括营业税、所得税等；第五，其他现金流出。它是指不包括在以上内容中的现金流出项目（如营业外净支出等）。

（2）单纯固定资产投资项目的现金流量

单纯固定资产投资项目，简称固定资产投资，是指只涉及固定资产投资而不涉及其他长期投资和流动资金投资的项目。它往往以新增生产能力，提高生产效率为特征。其现金流量的内容比完整工业投资项目要简单一些。

现金流入量的内容包括两类。第一，增加的营业收入。它是指固定资产投入使用后每年增加的全部销售收入或业务收入；第二，回收固定资产残值。它是指该固定资产在终结点报废清理时所回收的价值。

现金流出量的内容包括三类。第一，固定资产投资；第二，新增经营成本。它是指该固定资产投入使用后每年增加的经营成本；第三，增加的各项税款。它是指该固定资产投入使用后，因收入的增加而增加的营业税、因应纳税所得额增加而增加的所得税等。

3. 现金流量的估算

在项目计算期的各个阶段上，都可能发生现金流量，必须逐年估算每一时点上的现金流入量和现金流出量。

（1）现金流入量的估算

①营业现金收入的估算

应按照项目在经营期内有关产出物的各年预计单价（不含增值税）和预测销量进行估算。

②回收固定资产余值的估算

建设项目按主要固定资产的原值乘以法定净残值率可以估算出终结点发生的回收固定资产余值；而更新改造项目往往需要估算两次：第一次估算在建设起点发生的回收余值，即根据提前变卖的旧设备可变现净值来确认；第二次按建设项目的办法估算在终结点发生的回收余值（新设备的净残值）。

③回收流动资金的估算

假定在经营期不发生提前回收流动资金，则在终结点一次回收的流动资金等于各年垫支流动资金的合计数。

④其他现金流入量的估算

如建设期的零星收入、经营期由项目本身带来的现金性营业外收入。

（2）现金流出量的估算

①建设投资的估算

建设投资是建设期发生的主要投资，按形成固定资产、无形资产、其他资产的投资分别进行估算。固定资产是所有类型的项目投资在建设期必然发生的现金流出量，应按项目规模和投资计划所确定的各项建筑工程费用、设备购置费用、安装工程费用和其他费用来估算。无形资产和其他资产投资，应根据需要和可能，逐项按有关资产的评估方法和计价标准进行估算。

②流动资金投资的估算

在项目投资决策中，流动资金是指在运营期内长期占用并周转使用的营运资金。可按下式估算：

某年流动资金投资额＝本年流动资金需用数－截止上年的流动资金投资额

或 某年流动资金投资额＝本年流动资金需用数－上年流动资金需用数

本年流动资金需用数＝该年流动资产需用数－该年流动负债可用数

流动资金属于垫付周转金，理论上，投产第一年所需的流动资金应在项目投产前安排，即最晚发生在建设期末。

③经营成本的估算

不论什么类型的投资项目，在运营期都要发生经营成本，它的估算与具体的筹资方式无关。为简化计算，假定经营成本都发生在运营期各年年末。经营成本有加法和减法两种计算公式：

某年经营成本＝该年外购原材料燃料和动力费＋该年职工薪酬＋该年修理费＋该年其他费用

某年经营成本＝该年不包括财务费用的总成本费用−该年折旧额−该年无形资产和其他资产摊销额

④各种税款的估算

在项目投资决策中，应按运营期内应交纳的营业税、消费税、土地增值税、资源税、城市维护建设税、教育费附加和所得税估算。第五，其他现金流出量的估算，其他现金流出项目，如经营期由项目本身带来的现金性营业外支出。

4.净现金流量的确定

（1）净现金流量的含义

净现金流量又称现金净流量，是指在项目计算期内由每年现金流入量与同年现金流出量之间的差额所形成的序列指标。其计算公式为：

某年净现金流量（NCF1）＝该年现金流入量−该年现金流出量

净现金流量一般是指所得税后净现金流量。所得税后净现金流量将所得税视为现金流出，用于评价在考虑融资条件下，项目投资对企业价值所做的贡献。它在所得税前净现金流量的基础上，直接扣除调整所得税而得到的。

（2）现金流量表及其特点

在项目投资决策中使用的现金流量表是用于全面反映某投资项目在其未来项目计算期内，每年的现金流入量和现金流出量的具体构成内容，以及净现金流量水平的分析报表。它与财务会计的现金流量表的区别有：反映对象不同、期间特征不同、钩稽关系不同、信息属性不同。现金流量表包括"项目投资现金流量表""项目资本金现金流量表"和"投资各方现金流量表"等不同形式。项目投资现金流量表要详细列示所得税前净现金流量、累计所得税前净现金流量、所得税后净现金流量和累计所得税后净现金流量，并要求根据所得税前后的净现金流量分别计算两套内含报酬率、净现值和投资回收期指标。与全部投资的现金流量表相比，项目资本现金流量表的现金流入项目没有变化，但现金流出项目不同，内容包括：项目资本金投资、借款本金偿还、借款利息支付、经营成本、营业税金及附加、所得税和维持运营投资等。此外，该表只计算所得税后净现金流量，并据此计算资本金内含报酬率指标。

（三）项目投资决策评价指标的计算

1. 非贴现指标

非贴现指标也称为静态指标，即没有考虑资金时间价值因素的指标。它主要包括投资利润率、投资回收期等指标。

（1）投资利润率

投资利润率又称投资报酬率，是指项目投资方案的年平均利润额占平均投资总额的百分比。投资利润率的决策标准是：投资项目的投资利润率越高越好，低于基准会计收益率的方案为不可行方案。

投资利润率的计算公式为：$投资利润率=\dfrac{年平均利润额}{平均投资总额}\times100\%$

上式中分子是平均利润，不是现金净流量，不包括折旧等；分母可以用投资总额的50%来简单计算平均投资总额，一般不考虑固定资产的残值。

（2）投资回收期

投资回收期是指收回全部投资总额所需要的时间。投资回收期是一个非贴现的反指标，回收期越短，方案就越有利。它的计算可分为两种情况：

第一，经营期年现金净流量相等，其计算公式为：

$$投资回收期=\dfrac{投资总额}{年现金流量}$$

如果投资项目投产后若干年（假设为 M 年）内，每年的经营现金净流量相等，且有以下关系成立：M× 投产后 M 年内每年相等的现金净流量 ≥ 投资总额，则可用上述公式计算投资回收期。

第二，经营期年现金净流量不相等，则需计算逐年累计的现金净流量，然后用插入法计算出投资回收期。静态指标的计算简单、明了、容易掌握。但是这类指标的计算均没有考虑资金的时间价值。另外投资利润率也没有考虑折旧的回收，即没有完整反映现金净流量，无法直接利用现金净流量的信息；而投资回收期也没有考虑回收期之后的现金净流量对投资收益的贡献，也就是说，没有考虑投资方案的全部现金净流量，所以有较大局限性。因此，该类指标一般只适用于方案的初选，或者投资后各项目间经济效益的比较。

2. 贴现指标

贴现指标也称为动态指标，即考虑资金时间价值因素的指标。它主要包括净现值、净现值率、现值指数、内含报酬率等指标。

（1）净现值（NPV）

净现值是指在项目计算期内，按一定贴现率计算的各年现金净流量现值的代数和。所用的贴现率可以是企业的资本成本，也可以是企业所要求的最低报酬率水平。净现值的计算公式为：

$$NPV = \sum_{t=0}^{n} NCF_t \times (\frac{P}{F}, i, t)$$

式中 n 表示项目计算期（包括建设期与经营期）；NCF_t 表示第一年的现金净流量；$(\frac{P}{F}, i, t)$ 表示第一年、贴现率为的复利现值系数。

净现值指标的决策标准是：如果投资方案的净现值大于或等于零，该方案为可行方案；如果投资方案的净现值小于零，该方案为不可行方案；如果几种方案的投资额相同，项目计算期相等且净现值均大于零，那么净现值最大的方案为最优方案。所以，净现值大于或等于零是项目可行的必要条件。

当经营期内各年现金净流量相等，建设期为零时，净现值的计算公式为：净现值＝经营期每年相等的现金净流量 × 年金现值系数－投资现值

当经营期内各年现金净流量不相等时，净现值的计算公式为：净现值＝∑（经营期各年的现金净流量 × 各年的现值系数）－投资现值

净现值是一个贴现的绝对值正指标，其优点在于：一是综合考虑了资金时间价值，能较合理地反映投资项目的真正经济价值；二是考虑了项目计算期的全部现金净流量；体现了流动性与收益性的统一；三是考虑了投资风险性，因为贴现率的大小与风险大小有关，风险越大，贴现率就越高。但是该指标的缺点也是明显的，即无法直接反映投资项目的实际投资收益率水平；当各项目投资额不同时，难以确定最优的投资项目。

（2）净现值率（NPVR）与现值指数（PI）

上述的净现值是一个绝对数指标，与其相对应的相对数指标是净现值率与现值指数。净现值率是指投资项目的净现值与投资现值合计的比值；现值指数是指项目投产后按一定贴现率计算的在经营期内各年现金净流量的现值合计与投资现值合计的比值，其计算公式为：

净现值率＝净现值 ÷ 投资现值

现值指数＝∑ 经营期各年现金净流量现值 ÷ 投资现值

净现值率与现值指数有如下关系：现值指数＝净现值率＋1

净现值率大于零，现值指数大于1，表明项目的报酬率高于贴现率，存在额外收益；净现值率等于零，现值指数等于1，表明项目的报酬率等于贴现率，收益只能抵补资本成本；净现值率小于零，现值指数小于1，表明项目的报酬率小于贴现率，收益不能抵补资本成本。所以，对于单一方案的项目来说，净现值率大于或等于零，现值指数大于或等于1是项目可行的必要条件。当有多个投资项目可供选择时，由于净现值率或现值指数越大，企业的投资报酬水平就越高，所以应采用净现值率大于零或现值指数大于1中的最大者。

（3）内含报酬率（IRR）

内含报酬率指项目投资实际可望达到的收益率。实质上是能使项目的净现值等于零时的折现率。内含报酬率满足下列等式：

$$\sum_{t=0}^{n} (NCF_t \times (\frac{P}{F}, IRR, t)) = 0$$

当项目投产后的净现金流量表现为普通年金的形式时，可直接利用年金现值系数计算内含报酬率：$(\frac{P}{A}, IRR, n) = \frac{1}{NCF}$

内含报酬率指标的优点从动态的角度直接反映投资项目的实际收益水平，又不受基准收益率高低的影响，比较客观；缺点是计算过程复杂，尤其当经营期大量追加投资时，有可能导致多个内含报酬率出现，或偏高，或偏低，缺乏实际意义。内含报酬率指标大于或等于基准收益率或资金成本的项目才具有财务可行性。

净现值、净现值率、获利指数和内含报酬率指标之间存在同方向变动关系，即：当净现值＞0时，净现值率＞0，获利指数＞1，内含报酬率＞基准收益率；当净现值＝0时，净现值率＝0，获利指数＝1，内含报酬率＝基准收益率；当净现值＜0时，净现值率＜0，获利指数＜1，内含报酬率＜基准收益率。

（四）项目投资决策评价指标的运用

1. 独立方案的投资决策

在只有一个投资项目可供选择的条件下，只需利用评价指标判断其财务可行性。如果评价指标同时满足以下条件：$NPV \geq 0, NPVR \geq 0, PI \geq 1, IRR \geq i_c$。包括建设期的投资回收期 $PP \leq \frac{n}{2}$（即项目计算期的一半），不包括建设期的投资回收期 $PP' \leq \frac{P}{2}$（即经营期的一半），总投资收益率≥基准投资收益率（事先给定），则项目具有财务可行性；反之，则不具备财务可行性。其中，静态投资回收期属于次要指标；总投资收益率是辅助指标。当次要指标和辅助指标的评价结论与净现值等主要指标的评价结论发生矛盾时，应当以主要指标的结论为准。

2. 互斥方案的投资决策

互斥方案的决策就是在多个已具有财务可行性的方案中，利用具体决策方法比较各方案的优劣，然后从中选出一个最优的方案。常用的方法有净现值法、净现值率法、差额内含报酬率法和年等额净回收额法。

第一，净现值法和净现值率法适用于原始投资相同且项目计算期相等的多方案决策。第二，对于项目计算期相等，原始投资额不相同的互斥方案决策，通常采用差额内含报酬率法，即对两个原始投资额不同的方案，先计算差量净现金流量，在此基础上，计算出差额内含报酬率，并据以判断方案优劣。计算差量净现金流量时，通常是以投资额大的方案净现金流量减去投资额小的方案净现金流量，当计算的大于或等于基准折现率时，原始投资额大的方案优于原始投资额小的方案；反之，则投资额少的方案为优。这种方法经常被用于更新改造项目的决策中。

二、证券投资管理

证券是适应市场经济发展的要求产生的，证券特有的融资功能与取得企业控制权功能，促进企业和社会的发展。随着经济的不断发展，证券种类也在逐步增多，证券的交易也日益频繁。于是新的投资方式——证券投资就逐步发展起来并为广大投资者所接受。证券投资与所有投资方式相同的地方就在于它同样存在风险，证券投资的风险性就要求投资者进行证券投资必须建立在对证券投资科学定价与科学分析基础之上，否则不仅不能管理好闲置资金，获得收益，还会招来损失。

（一）证券投资概述

1. 证券的概念及特点

证券是指具有一定票面金额，代表财产所有权和债权，可以有偿转让的凭证，如股票、债券等。

证券具有流动性、收益性和风险性三个特点。流动性又称变现性，是指证券可以随时抛售取得现金。收益性是指证券持有者凭借证券可以获得相应的报酬。证券收益一般由当前收益和资本利得构成。以股息、红利或利息所表示的收益称为当前收益。由证券价格上升（或下降）而产生的收益（或亏损），称为资本利得或差价收益。风险性是指证券投资者达不到预期的收益或遭受各种损失的可能性。证券投资既有可能获得收益，更有可能带来损失，具有很强的不确定性。流动性与收益性往往成反比，而风险性则一般与收益性成正比。

2. 证券投资的目的

证券投资是指投资者为了获得投资收益或其他特定的目的，在证券市场上购买其他单位的有价证券的一种投资行为。证券投资者不直接参与被投资企业的经营活动，这种投资行为必须借助于中介机构才能完成，所以又称为间接投资。科学合理地进行证券投资，有利于增加企业收益，降低风险，实现企业的财务目标。证券投资一般基于以下目的：

（1）利用闲置资金，获取投资收益

企业在生产经营过程中，时常会有一部分暂时不用的闲置资金。这部分资金可以投资于股票、债券等有价证券，获取投资收益。在企业有临时性资金需求时，可以将有价证券随时变卖，收回资金。

（2）多元化投资，降低投资风险

企业将资金分散投资于多个相关程度较低的项目，实现多元化经营，能够有效地分散投资风险。因为证券投资不受地域和经营范围的限制，投资选择面较广。当企业购买多种证券形成证券组合时，某一种证券收益下降时，其他证券可能会获得较高收益。而且投资于证券，资金的退出和回收比较容易。所以证券投资是多元化投资的主要方式。

（3）建立稳定的客户关系，保证生产经营顺利进行

企业生产经营过程中要有稳定的原材料供应和顺畅的销售渠道，如果企业能够对材料供应商或产品销售商进行投资或控股，就能够对关联企业的经营施加影响或形成控制，保障本企业的生产经营活动顺利进行。

（4）提高资产流动性，为特定需要积累货币资金

有价证券是流动性仅次于货币资金的流动资产，企业可能在将来需要归还借款、偿付债券本息、现金分红或设备更新，有大量的现金需求，而现有现金储备又不足时，可以通过变卖有价证券迅速获取所需资金，保证企业的及时支付。

3. 证券投资的影响因素

企业在进行具体投资决策时，需要对国民宏观经济和行业现状进行详细分析后进行。

（1）宏观经济分析

宏观经济分析是指从国民经济宏观角度出发考察一些宏观经济因素对证券投资的影响，其主要内容包括以下几个方面：

①经济发展水平分析

经济发展水平反映一国在一定时期内经济发展状况和趋势。如果经济发展水平呈上升趋势，则此时企业进行证券投资一般会获得比较好的收益；反之，收益则会降低，投资者可以通过对经济发展的预期来估计股市的大致走向。

②通货膨胀分析

通货膨胀对证券投资影响很大，具体表现在：首先，通货膨胀会降低投资者的实际收益水平。因为投资者进行投资时，考虑的报酬是实际报酬率，而不是名义报酬率，实际报酬率等于名义报酬率减去通货膨胀率。只有当实际报酬率为正值时，才说明投资者的实际购买力增长了；其次，通货膨胀严重影响股票价格，影响证券投资决策。一般认为，通货膨胀率较低时，危害并不大且对股票价格有推动作用。因为通货膨胀主要是由货币供应量增多造成的，货币供应量增多，开始时一般能刺激生产，增加企业利润，从而增加可分派股利。股利的增加会使股票更具吸引力，于是股票价格将上涨。但是，当通货膨胀持续增长时，会恶化经济环境，影响经济的协调发展，危及整个社会的稳定，国家将采取一系列的紧缩政策，抑制通货膨胀的加速，减少股票市场的资金供应，从而导致股价下降。

③利率分析

利率是影响国民经济发展的重要因素，利率水平的高低反映着一个国家一定时期的经济状况，利率对证券投资也有重大影响。利率升高时，投资者自然会选择安全又有一定收益的银行储蓄，从而大量资金从证券市场中转移出来，造成证券供大于求，价格下跌，同时，由于利率上升，企业资金成本增加，利润减少。导致企业派发的股利将减少甚至发不出股利，这会使股票投资的风险增大，收益减少，从而引起股价下跌；反之，当利率下降时，企业的利润增加，派发给股东的股利将增加，从而吸引投资者进行股票投资，引起股价上涨。

④汇率分析

汇率的变化也会影响证券价格。如果本国货币贬值，可能会导致资本流出本国，从而使股票价格下跌，但汇率变化对国际性程度低的证券市场影响较小，而对国际性程度较高的证券市场的影响较大。

（2）行业分析

行业分析的内容包括行业的市场类型分析和行业的生命周期分析。

①行业的市场类型分析

行业的市场类型根据行业中拥有的企业数量、产品性质、企业控制价格的能力、新企业进入该行业的难易程度等因素可以分为四种：完全竞争、不完全竞争或垄断竞争、寡头垄断、完全垄断。上述四种市场类型，从竞争程度来看是依次递减的。某个行业内的竞争程度越大，则企业的产品价格和利润受供求关系的影响越大，企业经营失败的可能性越大，因此，投资于该行业的证券风险越大；反之，则相对风险较小。

②行业的生命周期分析

一般说来，行业的生命周期可分为如下四个阶段：初创期、成长期、成熟期和衰退期。在行业初创期，产品的研究、开发费用很高，导致产品成本和价格都较高，但其市场需求因大众对其缺乏了解而相对较小，因而这时企业的销售收入低，盈利情况也不尽如人意。在行业的成长期，新产品市场的需求不断增加，利润也在迅速增加，竞争的激烈程度也不断加剧。在成熟期，各企业之间的竞争逐渐由价格竞争转为非价格竞争，例如，提高产品质量、改善产品性能和加强售后服务等。企业的利润增长速度较成长期大为降低，但从总量上看要比成长期大得多，企业所占的市场比例比较稳定，因而企业遭受的风险较小。在衰退期，因为新技术不断涌现，新产品不断问世，人们的消费倾向不断发生变化，企业产品的数量下降、利润减少、市场逐步萎缩。

③企业经营管理情况分析

在选定所要投资的行业后，需进一步对行业内的企业的经营管理情况进行分析，主要包括以下几个方面：企业竞争能力分析、企业盈利能力分析、企业营运能力分析、企业创新能力分析、企业偿债能力分析。企业的竞争能力越强，说明企业发展前途越好，企业的证券也就越具有吸引力。因此，竞争能力是评价企业经营管理状况的重要标准；企业盈利能力越强，所发行的证券就越安全，报酬率也会越高。因此，盈利能力是进行证券投资的一个必须考虑的因素；企业营运能力越强，企业内部人力资源与生产资源配置越合理，生产经营效率就越高，企业就越有发展前途，其发行的证券就越受投资人欢迎，能否充分利用生产能力，使企业生产和销售高效率进行，是衡量企业管理水平高低的一个重要方面。企业是否能及时地吸收并运用现代化的管理理念与方法，及时实现技术创新、体制创新和机制创新，是企业能否成功的关键，因此，在进行证券投资之前，也必须对企业创新能力进行考察企业偿债能力是影响证券投资的主要因素，在进行证券投资之前，必须认真分析企业偿债能力。

4.证券估值与决策要点

证券投资最一般的动机是获取证券投资收益。按照投资人的某种标准，寻找价值被市场低估的证券投资购买，以期获得满意的收益，这是证券投资公认的道理。所以，证券自身价值为多少成为证券投资选择首先需要知道的事，如果盲目地投资于已被市场高估的证券，那么第一步就失去了先机。证券投资的价值等于其未来预期现金流量的现值。价值多少是三个因素共同作用的结果，并统一于一个基本的估值模型中。第一，预期未来现金流量的大小与时间；第二，未来现金流量的风险；第三，投资人所要求的收益率。前两项是证券内在的特征，其中第二项现金流量风险可以体现于对各期现金流量的谨慎预期上，第三项是投资人希望达到的最低收益标准。事实上，第二项现金流量风险大小通常是通过调节这一标准来体现的，证券估值的基本模型即它的数学表达式为：

$$V = \sum_{i=1}^{n} \frac{NCF_t}{(1-i)^2}$$

其中，V 为证券的内在价值；NCF_t 为第t 期收到的现金净流量；i 为投资者要求的收益率；n 为现金净流量发生的期限。

根据估值模型，企业证券投资估值与决策的程序化要点如下：第一，估计该项证券未来各期现金净流量的数额；第二，根据投资企业对该项证券投资未来现金流量和风险的预期以及对风险的态度，确定证券投资所要求的最低收益率；第三，用投资企业要求的最低收益率把未来预期现金净流量折合成现值之和，得出证券的内在价值；第四，将证券的内在价值对比证券的市场价格，得出是否值得购买的结论，进而决定投资的具体行动。

（二）债券投资收益与决策

1.债券投资收益

债券的收益率有票面收益率、直接收益率、持有期间收益率和到期收益率等多种，这些收益率分别反映投资者在不同买卖价格和持有年限下的不同收益水平。

（1）票面收益率

票面收益率也称名义收益率或息票率，债券票面上标明的固定利率，即年利息收入与债券面额之比率。投资者持有平价买入的债券一旦到期，则获得的投资收益率与票面收益率是一致的，其计算公式为：

票面收益率＝债券年利息 ÷ 债券面值 ×100%

票面收益率只适用于投资者按面值买入债券直至期满并按票面金额收回本金的情况，它没有反映债券发行价格与票面金额不一致的可能，也没有考虑投资者持有债券未到期出售的可能，因此其应用范围较窄。

（2）直接收益率

直接收益率也称本期收益率、当前收益率，指债券的年利息收入与购买价格的比率。债券的买入价格也称债券全价（包括成交净价和应计利息），可以是发行价格，也可以是流通市场的交易价格，它可能等于债券面额，也可能高于或低于债券面额。其计算公式为：

直接收益率＝债券年利息 ÷ 债券的买入价 ×100%

直接收益率反映了投资者的投资成本带来的收益，它对那些每年从债券投资中获得一定利息现金收入的投资者很有意义。但它和票面收益率一样，不能全面反映投资者的实际收益，因为它忽略了资本损益，既没有计算投资者买入价格与持有债券到期按面额偿还本金之间的差额，也没有反映买入价格与到期前出售或赎回价格之间的差额。

（3）持有期收益率

持有期收益率是指买入债券后持有一段时间，又在债券到期前将其出售而得到的收益率。它包括持有债券期间的利息收入和资本损益。由于各种债券的本金和利息的支付方法不同，持有期收益率的计算方法有多种，具体公式如下：

①息票债券持有期收益率

如前所述，息票债券是指债券到期前按约定的日期分次按票面利率支付利息，到期再偿还债券本金。分次付息一般分按年付息、半年付息和按季付息三种方式，息票债券持有期收益率常用的计算公式：

持有期收益率＝[年利息＋（债券卖价－债券买价）÷ 持有年限]÷ 债券的买入价 ×100%

②到期一次还本付息债券持有期收益率

到期一次还本付息债券，它平时不需要支付利息，到期一次性支付本金和利息，如果中途出售，其持有期收益率的计算公式：

持有期收益率＝（债券卖价－债券买价）÷ 持有年限 ÷ 债券的买入价 ×100%

③零票面利率债券持有期收益率

零票面利率债券由于折价发行，平时并不支付利息，投资收益体现在卖出价与买入价的差额中，因此，其持有期收益率可通过下式计算：

持有期收益率＝（债券卖价 - 债券买价）÷ 持有年限 ÷ 债券的买入价 ×100%

（4）到期收益率

到期收益率又称最终收益率，是指持有债券一直到债券到期时所获得的收益率。企业购买债券可在发行日购买，也可以在债券流通一段时间后购买，但不论何时购买，一旦买入就中途不出售，一直持有到债券到期。具体划分为短期债券和长期债券两种。短期决策不需要考虑货币的时间价值，并且假定固定资产的规模不变；而长期决策则需要考虑货币的时间价值，且假定固定资产的规模可以改变。

①短期债券到期收益率

短期债券到期收益率计算的一般公式为：到期收益率＝（到期值－债券买价）÷ 剩余到期年限 ÷ 债券的买入价 ×100%

根据短期债券本金和利息的支付方法不同，又可将短期债券到期收益率的计算公式分为以下三种：

息票债券的到期收益率：到期收益率＝[年利息＋（债券面值－债券买价）÷剩余到期年限]÷债券的买入价×100%

到期一次还本付息债券的到期收益率：到期收益率＝[面值×（1＋票面利率×债券有效年限）－债券买价]÷剩余到期年限÷债券的买入价×100%

零票面利率债券的到期收益率：到期收益率＝（债券面值－债券买价）除剩余到期年限÷剩余到期年限÷债券的买入价×100%

②长期债券到期收益率

长期债券持有时间超过一年，但至少可划分为到期一次还本付息债券和分期付息一次还本的息票债券两种。实质上，长期债券的到期收益率是一种折现率，使债券投资未来现金流入量的现值与现在现金流出量（购买价格）相等，计算公式分别推导如下：到期一次还本付息债券的到期收益率。剩余流动期限在一年以上的到期一次还本付息债券在计算到期收益率时需要考虑货币的时间价值，其计算公式为：购买价格×（1＋到期收益率）剩余流通年限＝面值×（1＋票面利率×债券有效年限）

息票利率债券的到期收益率。息票利率债券剩余流动期限在一年以上，定期支付利息，到期一次还本，其计算公式为：

$$P = M \times r \times PVIFA_i + PVIF_i, t$$

式中：P为购买价格；r为票面利率；t为债券的剩余流通年限；i为到期收益率。

2. 以收益率为标准的债券投资决策

（1）无限制性条件下的基本选择

企业债券投资决策可依据前面所计算的各类实际收益率为标准，对比企业所要求的必要收益率，便可做出相关决策。以单个债券投资决策而言，如果按该债券的各相关计量要素计算的收益率高于企业可接受的最低收益率，便可进行投资；反之则不能进行投资。以多个债券投资决策而言，在风险大小相同的条件下，则应从超过必要收益率的诸多债券中选择单个或组合收益率最大的进行投资。

（2）考虑限制性条件下的综合选择

在债券投资决策中，一项具体的投资行动往往是考虑多种因素的综合结果，择其主要因素列举如下：首先，债券的信誉，即发行方的资信状况，反映债券的安全级别；其次，企业可用资金的期限，债券收益率与期限成正比，期限越长则收益相对越高，但企业不能不考虑资金需保持一定流动性的需要；最后，债券投资品种结构。集中投资一种债券，要么风险大、收益大，要么风险小、收益小。难以实现风险与收益的最佳配比，所以仅凭收益率最大就倾其全部资金投资于单一债券并不一定是最优选择。

第三节　营运资金管理

运营资金管理以流动资产为实体对象，事关企业具体生产经营活动的顺畅与否，是企业日常财务控制的重要内容。运营资金管理主要解决两大问题：一是确定流动资产的最佳持有量；二是筹措流动资金。可以说，这两大问题涉及流动资产及短期负债的各个项目，囊括了企业日常财务活动的各个方面，是企业短期理财能力即资金流动性、短期资产变现力及短期偿债力的集中体现。

一、营运资金管理原理

（一）运营资金的构成与特点

1. 运营资金构成

运营资金涵盖流动资产及短期负债的各个项目。流动资产是指能在一年内或超过一年的一个营业周期内变现的短期资产。按实物形态可分为现金、短期金融投资、应收及预付账款、存货等；按循环中发挥的领域作用可以分为生产领域中的短期资产、流通领域中的短期资产及其他领域中的短期资产。企业中的流动资产具有占用时间短、周转快、易变现等特点，是全部占用资金中最具活力的资金。若拥有较多的流动资产，就能在一定程度上降低企业的财务风险。流动负债则是指在一年内或超过一年的一个营业周期内偿还的债务，又称短期融资，具有资金成本低、偿还期限短的特点。流动负债主要包括短期借款、应付票据、应付账款、应付工资、应付税金及未交利润等项目。若以应付金额的确定性为标准，可将流动负债分为应付金额确定的流动负债与应付金额不确定的流动负债；以是否支付利息为标准，流动负债则分为有息流动负债与无息流动负债。对于流动负债需要谨慎管理，否则，将使企业承受较大的财务风险。

2. 运营资金特点

为维持良好的生产运营活动，企业应当针对运营资金的特点实施有效管理。运营资金一般具有周转短期性、实物形态变现（金）与变动（化）性、数量波动性、来源多样灵活性等特点。

（1）周转时间短

在企业中，正常运行的流动资产及流动负债需要的周转时间都较短。如果周转慢，则说明企业经营出现了问题，必须及时设法调整解决。

（2）变现容易性

正常运转的企业中都要求有一定的现金及银行存款供随时支配。而非现金形态的运营资金，如存货、应收账款、交易性金融性资产等，相对于厂房设备等长期资产而言易变现，这一点对企业应付临时性、突发性的资金需求有极为重要的意义。

（3）数量波动性

流动资产或流动负债的项目需求易于受内外条件的影响，其资金数量的波动很大，对生产的正常运行影响极大，是企业日常财务控制的重点。

（4）融资渠道多样性

短期融资渠道丰富，运营资金的需求既可以通过长期筹资渠道提供，也可以采取短期筹资方式解决。就短期筹资而言，银行短期借款、商业信用、票据贴现等多种方式皆能调节使用。

（二）运营资金管理模式

运营资金的管理模式主要包括流动资产投资政策和流动资产筹资政策。

1. 流动资产投资政策

流动资产投资政策是指企业应该投资多少的流动资产，使企业无论是个别的流动资产（如现金、有价证券、应收账款、存货等）还是流动资产总额，都能维持在合适的水平上，以提高企业资金运用的效率。企业流动资产的数量按其功能可以分成两大部分：一部分是正常需要量，它是指为满足正常的生产经营需要而占用的流动资产；另一部分是保险储备量，它是指为应付意外情况的发生，在正常生产经营需要量以外储备的流动资产。流动资产投资政策可以分为保守的、适中的和激进的流动资产投资政策三种。

（1）保守的流动资产投资政策

保守的流动资产投资政策就是企业安排流动资产数量时，在正常生产经营需要量和正常保险储备量的基础上，再加上一部分额外的储备量，以便降低企业的风险。采用这种政策时，企业的报酬较低，风险也较小。

（2）适中的流动资产投资政策

适中的流动资产投资政策就是在保证正常需要的情况下，再适当地留出一定的保险储备，以防不测。采用这种政策时，企业的报酬一般，风险也一般，正常情况下企业都采用这种政策。

（3）激进的流动资产投资政策

激进的流动资产投资政策就是企业安排流动资产数量时，只安排正常生产经营需要量而不安排或安排很少的保险储备量。采用这种政策时，企业的投资报酬率较高，但风险比较大。

2. 流动资产筹资政策

流动资产筹资政策主要是就如何安排临时性流动资产和永久性流动资产的资金来源而言的。临时性流动资产是指受季节性或周期性影响的流动资产，如季节性存货、销售和经营旺季的应收账款。永久性流动资产是指为了满足企业长期稳定的资金需要，即使处于经营低谷时也必须保留的流动资产。与流动资产的投资政策相对应，流动资产的筹资政策也包括保守的、适中的和激进的流动资产筹资政策。

（1）保守的流动资产筹资政策

保守的流动资产筹资政策是指企业不仅以长期资金来融通永久性资产（永久性流动资产和固定资产），而且还用长期资金满足由于季节性或周期性波动而产生的部分或全部临时性的资金需求。与适中的流动资产筹资政策相比，在保守的流动资产筹资政策下，临时性负债占全部资金来源的比例较小，企业保留较多营运资金，可降低企业无法偿还到期债务的风险，同时蒙受短期利率变动损失的风险也较低。但是，降低风险的同时也降低了企业的收益，因为非流动负债的资本成本高于临时性负债的资本成本，以及经营淡季时仍需要负担非流动负债利息，从而降低了企业的收益。所以，保守的流动资产筹资政策是一种风险性和收益性均较低的流动资产筹资政策。

（2）适中的流动资产筹资政策

适中的流动资产筹资政策是指对临时性流动资产，用短期资金（临时性负债）解决，而对永久性资产，包括永久性流动资产和固定资产，则用长期资金（包括非流动负债、自发性负债和权益资本）解决，以使资金的使用期间和资金来源的到期期限能相互配合。适中的流动资产筹资政策要求企业临时负债筹资计划严密，使资金的占用时间与负债的偿还时间相配合。处于季节性低谷时，企业除了存在各种自发性临时负债外没有其他流动负债。只有在临时性流动资产的需求高峰期，企业才能举借各种临时性债务。这种政策的基本思想是让资产与负债的期间配合，以降低企业不能偿还到期债务的风险，尽可能降低债务的资本成本。但是，事实上，由于资产存续寿命的不确定性，往往做不到资产与负债的完全配合。因此，适中的流动资产筹资政策是一种理想的、对企业有着较高资金使用要求的流动资产筹资政策。

（3）激进的流动资产筹资政策

激进的流动资产筹资政策是指用长期资金来满足部分永久性资产的需要，而余下的永久性资产和临时性资产则用短期资金来满足。在激进的流动资产筹资政策下，临时性负债在企业全部资金来源中所占比重大于适中的流动资产筹资政策，而临时性负债的资本成本一般低于非流动负债和权益资本的资本成本，因此这种政策下的企业的资本成本较低。

另外，为了满足永久性资产的长期资金需要，企业必然要在临时性负债到期后重新举债或申请债务展期，这样企业会经常举债和还债，从而加大筹资的困难和风险，所以，激进的流动资产筹资政策是一种收益性和风险性均较高的流动资产筹资政策。

（三）运营资金管理目标

运营资金管理对于企业的财务管理活动具有十分重要的意义。在大多数企业中，运营资金一般占全部资产的 50% ~ 60%，并在企业的经营过程中频繁地流动和运作。对运营资金管理的目标主要包括充分流动性、最小风险性和价值最大化三个方面。

1. 充分流动性

保持充分的流动性对于企业的生产经营具有重要的意义。如果企业运营资金管理不善，会导致企业资本周转不灵，企业缺乏应有的现金资产来偿还到期债务，该企业就产生了流动性风险。流动性风险轻则影响企业的正常经营活动，重则导致企业的破产倒闭。因此，财务管理最根本的目标之一就是保持运营资金充分的流动性，以便应付日常经营的需要。

2. 最小风险性

在市场经济条件下，财务风险无处不在。流动资产是企业平稳经营的重要基础，流动负债是企业外部融资的重要来源，如果企业流动资产太少，会给企业保持平稳经营造成困难，甚至出现偿债风险。因此，财务管理人员要注意对运营资金的风险管理，在企业可选择的融资渠道中，深入分析其资本结构和风险分布，尽量保持流动资产和流动负债平衡。另外，还要加强对一些财务指标，如流动比率、速动比率的监控，以降低企业的流动性风险。

3. 价值最大化

企业经营的最终目标就是实现价值最大化，企业拥有运营资金与拥有其他资本的目的是相同的，都是为了创造企业价值的最大化。因此，在运营资金的管理过程中，就要求企业保持合理的运营资金持有量、确定良好的库存结构、合理安排应收账款的回收工作等，使整个企业能够按照预期的目标运作，从而实现企业价值的最大化。

收益与风险总是相伴而生，但是二者与资产的流动性却有一定的矛盾。一方面，流动性好的资产风险小，而流动性差的资产风险大。另一方面，在一般情况下，流动性和收益率成反比，流动性越好的资产，其收益率较低；流动性较差的资产，其收益率较高。这主要体现了资金的时间价值，收益率本身就是对于时间价值的一种补偿。因此，有效的运营资金管理，就是要保持一定的流动性，即要求企业以拥有一定量的净运营资金为前提，通过合理安排运营资金结构，科学控制流动性风险，实现更大的盈利。由此看来，企业运营资金管理设计企业经营的各个方面，对财务人员有着很高的要求。

（四）运营资金管理策略

运营资金的管理政策包括运营资金投资策略和运营资金融资策略两个方面。

1. 运营资金投资策略

运营资金投资策略，即确定流动资产投资总额和各项流动资产目标投资额的政策。企业在选择流动资产投资策略的时候，要在获利性和风险性之间进行权衡。

在现实当中，不同行业、不同经营规模、不同利率水平的因素，都会影响企业的流动资产占用水平。一般认为，企业在流动资产占用水平上面存在三种可能的投资策略，分别是宽松（稳健）的投资政策、冒险（激进）的投资政策以及中庸（折中）的投资政策。宽松（稳健）的投资政策是指企业在安排流动资产数量时，在政策经营需要量和政策保险储备基础上，再加上一部分额外的储备量，以便降低企业的风险。这种策略属于保守型投资策略，在这种投资策略之下，流动资产的营利性低，企业投资报酬率一般较低，但由于流动资产变现能力强，其短期偿付风险相对较小。冒险（激进）的投资政策是指企业在安排流动资产数量时，只安排正常生产经营所需的资产投入，而不安排或很少安排除正常需要外的额外资产。在这种投资策略下，因为流动资产比重低，企业投资报酬率相对较高，但由于整体资产变现能力较低，短期支付风险相对较低。中庸（折中）的投资政策处于保守与激进之间，是指企业在保证流动资产正常经营所需的情况下，适当安排一定的保险储备，以防不测。

2. 运营资金融资策略

运营资金融资政策，即如何确定流动资产的资金来源。企业的运营资金可以分为临时性运营资金和永久性运营资金，与此相对应，企业的资金来源也可以分为临时性资金来源和永久性资金来源两部分。针对如何安排临时性流动资产和永久性流动资产的资金来源而言，一般分为配合型融资政策、激进型融资政策和稳健型融资政策。

配合型融资政策是一种理想的、对企业有着较高资金使用要求的融资政策。配合型融资政策的特点是：对于临时性流动资产，运用临时性流动负债筹集资金满足其资金需要；对于永久性流动资产和固定资产，运用长期负债、自发性负债和权益资本筹集资金满足资金需要。该融资政策要求企业临时负债筹集计划严密，实现现金流动与计划安排的一致性。在季节性低谷时，企业应当除了自发性负债外没有其他流动负债；只有在临时性流动资产的需求高峰期，企业才举措各种临时性负债。激进型融资政策是一种收益性和风险性均较高的筹资政策。其特点是：临时性流动负债不但用于满足临时性流动资产的资金需要，还要解决部分永久性资产的资金需求。由于临时性流动负债的资本成本一般低于长期负债和权益性的资本成本，而该政策下临时性流动负债比重较大，所以该政策下企业的资本成本较低。但是另一方面，为了满足永久性资产的长期资金需要，企业必然要在临时性流动负债到期后重新举债或申请债务延期，从而加大筹资困难和风险；还可能面临由于短期负债比率的变动而增加企业资本成本的风险。稳健型融资政策是一种风险性和收益性均较低的运营资金融资政策。该政策的特点是：临时性流动负债只融通部分临时性流通资产的资金需求，另一部分临时性流动资产和永久性资产，则由长期负债，自发性负债和权益资本作为资金来源。

二、现金管理

（一）现金的持有动机与成本

1. 现金的持有动机

现金是包括库存现金、银行存款及其他货币资金等在内的、可立即投入流通的交换媒介，企业在任何时刻都必须持有适量的现金。故此，现金的管理要与现金的持有动机相联系，企业持有现金的动机主要包括四个方面：

（1）交易性动机

交易性需求是为满足日常经营业务需要的现金支付。企业在日常生产经营过程中，为满足购买原材料、支付工资等各种成本费用需求，应持有一定数量的现金。企业日常性的零星现金收入与支出不可能同步同量：收大于支，就有现金置存；收小于支，就得现金借入。故此，企业只有维持适当的现金余额才能开展正常的经营活动。

（2）预防性动机

风险的存在使得企业必须置存现金以防意外的支付需求。考虑到可能会出现的意外情况，进行现金管理时，企业必须提前准备好为应对意外开支而需求的预防性现金。预置的现金额度与企业的经营状况及融资能力相关：企业的现金流量越不确定，预防性现金余额就应越大；反之，企业的现金流量可预测性越强，则预防性现金余额越小。同时，预防性现金数额也与企业的融资能力相关，企业的短期借贷资金越强，预防性现金余额就越少；否则，就必须多预置预防性现金额度。

（3）投机性动机

现金管理还与非常规性生产经营活动和交易性金融资产管理相关。企业若置存有闲置现金，就会抓住不寻常的短期投资机会，比如购入偶遇的廉价材料或其他资产出售的机会，或适时购入价格有利的短期有价证券投资的机会等等。当然，不寻常的偶然机会不是常态，金融市场的利率变化也极难把握。所以，金融和投资公司之外的其他企业为投机性需求而专设的闲置现金不宜过多。

（4）补偿性动机

基于拓展业务或信用管理等因素，银行向企业提供金融服务时，常常要求企业在该银行保留一定的存款余额，用以补偿银行的服务费用，或增强银行贷出资金的安全性等。这种基于银行要求、企业同意置存在银行的存款余额即为补偿余额。

2. 现金的持有成本

一般而言，企业持有现金会产生一系列的代价，这就是现金的持有成本。现金的持有成本主要有机会成本、管理成本、转换成本和短缺成本等。

（1）机会成本

机会成本是指企业因持有现金而失去了将这部分现金再投资所得到的收益，亦可看作是以现金形态占用企业资金而付出的代价。例如，某企业年均持有 60 万元的现金，这就意味着该企业失去了 60 万元再投资的机会以及相应的投资收益。其计算公式为：

机会成本＝现金平均持有量 × 有价证券利率（或报酬率）

（2）管理成本

管理成本是指企业因持有现金而发生的管理费用，如管理人员工资以及必要的安全措施费等，这些费用是现金的管理成本，在一定范围内与现金持有量的大小无明显的比例关系，是一种固定成本。

（3）转换成本

企业通常采用现金与有价证券相互转换的办法来解决现金收益性差的问题。当生产经营产生闲置现金时，将其转换为有价证券；而当企业生产经营需要现金时，再将有价证券转换为现金。转换成本是指企业用现金购入有价证券以及转让有价证券换取现金时支付的交易费用，亦即现金同有价证券之间相互转换的成本，如证券过户费、交易佣金、交易手续费、委托手续费、撤单费、电话委托或自助委托的刷卡费等。转换成本与证券的变现次数成正比，其计算公式为：转换总成本＝每次转换成本 × 证券变现次数

每次转换成本分为变动性成本和固定性成本。变动性成本如证券过户费、交易佣金、交易手续费、印花税等，通常是按照成交金额的一定比例计算的，与成交金额成正比，与交易次数关系不大，属于决策无关成本。固定性成本如委托手续费、撤单费、电话委托或自助委托的刷卡费等，与证券交易次数密切相关，与成交次数成正比，与交易金额的大小关系不大，属于决策相关成本。每次转换成本的计算公式为：

$$每次转换成本 = G + \sum_{i=1}^{n} B_i \times X$$

式中：G 表示固定性成本；表示各种变动性成本相应的比例；表示证券变现的成交金额。

（4）短缺成本

短缺成本是指企业因现金持有量不足而又无法及时通过有价证券变现加以补充，导致不能应付业务开支所需，给企业造成的损失或为此付出的代价，分为直接成本与间接成本。直接成本由两部分组成，一是丧失购买能力的成本，即公司由于现金短缺不能及时取得必要的生产要素，影响生产经营活动的正常进行而造成的损失；二是丧失偿债能力的成本，即公司由于现金短缺使公司财务缺乏灵活性，不能按合同及时还款，使公司面临破产的可能。间接成本主要是指信用损失和失去折扣优惠的成本。即公司由于现金短缺，不能按时付款而失信于供应商，进而造成供应商在未来拒绝供货或不再提供商业信用而带来的损失，以及因无力提前付款而不得不放弃供应商提供的现金折扣而造成的损失。现金短缺成本随现金持有量的增加而下降，随现金持有量的减少而上升，即与现金的持有量成反比，属于变动成本。

（二）最佳现金持有量的确定

所谓最佳持有量，就是能使现金持有总成本最低的现金余额。确定最佳现金持有量的模式主要有成本分析模式和存货模式两种。

1. 成本分析模式

成本分析模式是通过成本分析，预测总成本最低时现金持有量的一种方法。运用成本分析模式确定最佳现金持有量时，只考虑因持有一定量的现金而产生的机会成本及短期成本，不考虑管理费用和交易成本。运用成本分析模式确定最佳现金持有量的步骤如下：第一，根据不同的现金持有量预测并确定有关成本的数值；第二，按照不同的现金持有量及

有关成本资料编制最佳现金持有量预测表；第三，在预测表中找出总成本最低时的现金持有量，即最佳现金持有量。在这种模式下，最佳现金持有量，就是因持有现金而产生的机会成本与短缺成本之和最小时的现金持有量。

2. 存货模式

现金持有量的存货模式又称鲍曼模型，是由威廉·鲍曼提出的，用以确定目标现金持有量的模型。它是将存货经济订货批量模型原理用于确定目标现金持有量，其着眼点也是现金相关成本之和最低。与成本分析模式不同的是，存货模式同时考虑了现金的交易成本。假定现金每次的交易成本是固定的，企业平时持有的现金量越高，转换的次数便越少，现金交易成本也就越低。可见，现金的交易成本与现金的平时持有量成反比，这与现金短缺成本的性质是一致的。在现金成本构成的图示上，可以将现金的交易成本与现金的短缺成本合并为同一条曲线，并不再考虑基本固定不变的管理成本，现金的机会成本线和交易成本线是两条随现金持有量朝不同方向发展的曲线，两条曲线交叉点相对应的现金持有量就是总成本最低时的现金持有量。

运用存货模式确定最佳现金持有量时，是以下列假设为前提的：第一，企业所需要的现金可通过证券变现取得，并且证券变现的不确定性很小；第二，企业预算期内的现金需要总量可以预测；第三，现金的支出过程比较稳定、波动较小，而且每当现金余额降至零时，均可通过部分证券变现得以补足；第四，证券的利率或报酬率及每次固定性交易费用可以获悉。如果这些条件基本得到满足，企业便可以利用存货模式来确定最佳现金持有量。最佳现金持有量模型为：

$$Q = \sqrt{\frac{2TK}{K}}$$

式中：Q 表示最佳现金持有量；T 表示一个周期内的现金总需求量；F 表示每次转换有价证券的固定成本；K 表示有价证券收益率（机会成本）。

（三）现金的日常管理

在现金管理中，企业除了应按照国家有关规定，在现金使用范围、库存现金限额等方面进行管理和控制以外，还应当从如下几方面加强现金的日常管理，提高现金使用效率。

1. 力争现金流量同步

现金流量同步是指企业尽可能使其现金流入与现金流出发生的时间与额度趋于一致，从而使交易性现金余额降至最低水平。为了使企业的现金流入与现金流出能充分配合，现金流量预测的准确度必须加强，并重新设计相关的决策程序，使现金流入与现金流出得以同步化。

2. 加速收款

为了提高现金的使用效率，企业应在不影响销售的前提下加速收款。企业加速收款的任务不仅在于尽量让客户早付款，而且还要尽快地使这些"付款"转化为现金。为此，企业应做到：缩短客户付款的传递时间；缩短企业收到客户支票的兑换时间；加速资金存入自己往来银行的过程。其具体可采取以下方法：

（1）邮政信箱法

邮政信箱法又称锁箱法，是西方企业加速现金流转的一种常用方法。企业可以在各主要城市租用专门的邮政信箱，并开立分行存款户，授权当地银行每日开启信箱，在取得客户支票后立即予以结算，并通过电汇的方式将货款拨给企业所在地银行。该方法缩短了支票邮寄及在企业的停留时间，但成本较高。

（2）银行业务集中法

这是一种通过建立多个收款中心来加速现金流转的方法。其目的是缩短从客户寄出账款到现金收入企业账户这一过程的时间。在银行业务集中法下，企业指定一个主要开户行（通常是总部所在地银行）为集中银行，并在收款额较集中的若干地区设立收款中心，客户收到账单后直接汇款到当地收款中心，中心收款后立即存入当地银行，当地银行在进行票据交换后立即转给企业总部所在地银行。该方法缩短了现金从客户到企业的中间周转时间，但在多处设立收款中心，增加了相应的费用支出。为此，企业应在成本效益分析的基础上做出决策。

除以上两种方法外，还有一些加速收现的方法。例如，对于金额较大的货款可采用直接派人前往收取支票并存入银行的方法，以加速收款。另外，企业对各银行之间及企业内部各单位之间的现金往来也要严加控制，以避免有过多的现金闲置。

3．利用现金浮游量

所谓现金浮游量，是指企业账户上的现金余额与银行账户上的存款余额之间的差额。因为从企业开出支票、收票人收到支票并存入银行，至银行将款项划出企业账户需要一段时间，在这段时间里企业已开出支票，却仍可动用银行活期存款账户上的这笔资金。如果企业能正确预测现金浮游量并加以利用，则可节约大量现金，若预测失误，则有可能发生银行存款的透支。

4．适当进行短期投资

企业在经营过程中，有时会产生大量的现金余额。例如，在进行某一项投资之前，会有大量的暂时闲置的现金。这部分暂时闲置的现金可用于短期证券投资以获得利息收入或资本利得。需要注意的是，企业现金管理的目的首先是要保证正常经营业务的现金需求，其次才是考虑闲置现金的投资收益，因此要求企业把暂时闲置的现金投入到流动性强、风险低、交易期限短的金融工具中，以满足现金的持有动机。企业以多余现金进行有价证券投资时，不仅要考虑其投资总额，而且要充分考虑投资证券的种类，即根据各种证券的不同风险和收益率选择合理的有价证券投资组合，在保证收益的基础上，尽量降低投资风险。

三、应收账款管理

（一）应收账款的功能与成本

1. 应收账款的功能

应收账款的功能是指它在企业生产经营中的作用，其具有增加销售的功能以及减少存货的功能。对于前者来说，企业销售产品可以采取现销和赊销两种方式，显然赊销是一种促销策略。在竞争激烈的市场经济条件下，许多企业资金紧张，要求现收现付势必影响产品的销售，失去市场份额；而采取一定的赊销措施，特别是在销售新产品、开拓新市场时，赊销会对购买者产生吸引力，从而巩固市场份额，扩大销售，提高竞争力。对于后者来说，由于赊销具有促销功能，可以加速产品的销售，从而可以降低存货中产成品的数额，这有利于缩短产成品的库存时间，降低产成品存货的管理费用、仓储费用和保险费用等各方面的支出。因此，无论是季节性生产企业还是非季节性生产企业，当产成品较多时，一般应采用较优惠的信用条件进行赊销，把存货转化为应收账款，减少产成品存货，节约各种支出。

2. 应收账款的成本

企业持有应收账款是要付出一定代价的，这种代价就是应收账款的成本。由应收账款引起的相关成本包括：

（1）机会成本

企业发生应收账款，就意味着这笔应收账款资金被客户占用，而不能用于其他投资，从而使企业丧失了获得其他投资收益的机会，我们把这种因投资于应收账款而放弃的投资收益称为机会成本。一般可用企业最可能投资项目的收益率来计算，如有价证券的收益率。机会成本的计算步骤如下：

应收账款平均余额＝（年赊销额/360）× 平均收账天数＝平均每日赊销额 × 平均收账天数

维持赊销业务所需要的资金＝应收账款平均余额 × 变动成本率

应收账款机会成本＝维持赊销业务所需要的资金 × 资金成本率

（2）管理成本

应收账款的管理成本是指企业因对应收账款进行日常管理而耗费的开支。它是应收账款成本的重要组成部分。主要包括：调查客户信用情况的费用、搜集各种信息的费用、催收账款的费用、账簿的记录费用等。

（3）坏账成本

坏账成本是指因为某种原因导致应收账款无法如数收回而给企业造成的损失。这一成本一般与应收账款数量成正比关系，即应收账款数额越大，坏账成本越大。

（二）应收账款政策

应收账款政策是指企业要求客户遵守或者允许客户利用的信用筹资制度，主要包括信用标准、信用期间和现金折扣三个部分内容。

1. 信用标准

信用标准是指企业衡量客户是否有资格享受商业信用的标准，也是客户获得企业的交易信用所应具备的基本条件。如果客户达不到该项信用标准，则不能享受公司给予的各种商业信用优惠，或只能享受较低档次的信用优惠。标准过严可以减少企业的坏账损失和机会成本，但是不利于企业扩大销售，引起企业销售收入的降低，而且会造成市场占有率的降低；相反，如果标准过于宽松，虽然可以增加企业的销售收入，但是会加大企业的收账成本、管理成本以及坏账成本。所以，在确定信用标准的时候，必须在扩大销售与增加成本之间进行权衡。信用标准通常以预期的坏账损失率作为判别标准，进而划分信用等级。坏账损失率越高，信用等级越低，相应的信用标准也就越高。常用的坏账可能性评估方法是"5C"分析法，所谓"5C"分析法，是指通过重点分析影响信用的五个方面，而对客户的信用做出定论。

（1）品质（character）

品质指的是客户忠于承诺、履行如期偿还贷款义务的内在品质。虽然很难评估一个客户的偿债品质，但信用部门还是可根据历史上偿还债务的信用程度，估计客户如期偿还赊销货款在主观上的可能性。

（2）能力（capacity）

能力指的是客户如期偿还短期债务的能力，客户当前的流动比率和未来现金流量预测值是评估客户短期偿债能力的主要依据。

（3）资本（capital）

资本，即客户所拥有的资本，数值上等于企业净资产。资本度量了客户长期的财务实力，表明了客户可以偿还债务的背景。该指标可从企业财务报表中获取，同时还应分析资产的盈利能力。

（4）抵押（collateral）

抵押是指客户提供作为授信安全保证的资产。这对于不知底细或信用状况有争议的客户尤为重要，可大大降低债权人的坏账风险。客户提供的抵押品越充足，信用安全保障程度就越高。当然，抵押品存在变现的难易、数额大小等问题。

（5）环境（conditions）

环境是指未来宏观经济状况和企业所属行业发展态势的预期。显然，经济与金融形势恶化，将导致债务人偿债困难。但是，不同行业以及不同企业抵御经济环境变动的能力是有差异的，为此，信用部门应了解客户以往在困境时期的付款表现，必须对客户进行灵敏度分析，以确定客户对经济环境波动的敏感程度。

2. 信用期间

信用期间是企业允许顾客从购货到付款之间的时间，或者说是企业给予顾客的付款期间。例如，若某企业允许顾客在购货后的 50 天内付款，则信用期为 50 天。信用期过短，不足以吸引顾客，在竞争中会使销售额下降；信用期过长，对销售额增加固然有利，但只顾及销售增长而盲目放宽信用期，所得的收益有时会被增长的费用抵消，甚至造成利润较少。因此，企业必须慎重研究，确定出恰当的信用期。信用期的确定，主要是分析改变现行信用期对收入和成本的影响。延长信用期，会使销售额增加，产生有利影响；与此同时，应收账款、收账费用和坏账损失增加，会产生不利影响。当前者大于后者时，可以延长信用期，否则不宜延长。如果缩短信用期，情况与此相反。

3. 现金折扣政策

现金折扣是企业对顾客在商品价格上所做的扣减。向顾客提供这种价格上的优惠，主要目的在于吸引顾客为享受优惠而提前付款，缩短企业的平均收款期。另外，现金折扣也能招揽一些视折扣为减价出售的顾客前来购货，从而扩大销量。折扣的表示常采用如 5/10、3/20、n/30 这样一些符号形式。其中，符号 5/10 的含义为"表示如果 10 天内付款，可享受 5%的价格优惠，即只需支付原价的 95%"。企业选取什么程度的现金折扣，要与信用期间结合起来考虑。比如，要求顾客最迟不超过 30 天付款，若希望顾客在 20 天、10 天内付款，能给予多大折扣或者给予 5%或 3%的折扣，能吸引顾客在多少天内付款？不论是信用期间还是现金折扣，都可能给企业带来收益，但也会增加成本。现金折扣带给企业的好处前面已经讲过，它使企业增加的成本，则指的是价格折扣损失。当企业给予顾客某种现金折扣时，应当考虑折扣所能带来的收益与成本孰高孰低，权衡利弊。因为现金折扣是与信用期间结合使用的，因此确定折扣程度的方法与程序实际上与前述确定信用期间的方法与程序一致，只不过要把所提供的延期付款时间和折扣综合起来，看各方案的延期与折扣取得多大的收益增量，再计算各方案带来的成本变化，最终确定最佳方案。

（三）应收账款的日常管理

随着市场经济的发展、商业信用的推行，企业应收账款数额明显增多，对应收账款的管理已经成为企业日常经营活动中的重要问题，其管理主要体现在以下几个方面。

1. 应收账款质量监督

应收账款质量监督包括应收账款的跟踪评价和应收账款账龄分析。应收账款一旦形成，企业就必须考虑如何按时足额收回欠款而不是消极地等待对方付款，应该经常对所持有的应收账款进行动态跟踪分析。加强日常监督和管理，要及时了解客户的经营情况、偿付能力，以及现金持有量与调剂程度能否满足兑现的需要，必要时企业可要求客户提供担保。应收账款的账龄分析是应收账款回收监督的重要内容，企业应定期对赊销客户的付款状况进行期限、金额和结构的分析，能够了解到有多少应收账款尚在信用期限内，有多少应收账款超过了信用期限，各占多大比例，成为坏账的可能性分别有多大。从而根据这些分析采取有效的收账政策。

2．定期对账，加强应收账款的催收力度

要形成定期的对账制度，每隔三个月或半年就必须同客户核对一次账目，并对因产品品种、回款期限、退货等原因导致单据、金额等方面出现的误差进行核实。对已过信用期的应收账款，应按其拖欠的账龄及金额进行排队分析，确定优先收账的对象。同时应分析债务人拖延还款是否属故意拖欠，对故意拖欠的应考虑通过法律途径加以追讨。

3．控制应收账款发生，降低企业资金风险

在购销活动中，要尽可能地减少赊销业务。一般宁可采取降价销售，也不要选择大额的赊销，企业可选择：购货方承兑汇票支付方案、货款回收担保方案及应收账款风险比较选择方案。总之要尽量压缩应收账款发生的频率与额度，降低企业资金风险。一般情况下应要求客户还清前欠款项后，才允许有新的赊欠。如果发现欠款过期未还或欠款额度加大，企业应果断采取措施，通知有关部门停止供货。

4．建立健全内部监控制度

完善的内部控制制度是控制坏账的基本前提，其内容应包括：建立销售合同责任制，即对每项销售都应签订销售合同，并在合同中对有关付款条件做出明确的说明，设立赊销审批的职能权限，规定业务员、业务主管可批准的赊销额度，限额以上须经领导人审批的职级管理制度；建立货款回笼责任制，可采取谁销售谁负责收款，并据以考核其工作绩效。总之，企业应针对应收账款在赊销业务中的每一个环节，健全应收账款的内部控制制度，努力形成一整套规范化的应收账款的事前、事中、事后的控制程序。

第四节　企业分配管理

企业分配管理是指将企业运营获得的利润按照国家财务制度规定的分配形式和顺序，在企业和投资者及其内外各利益主体之间进行的分割过程。企业对利润进行分配的过程与结果，关系到所有者合法权益的保护，是影响企业长期、稳定发展的重要问题，为此，企业必须加强企业分配的管理和核算。

一、企业利润分配管理

（一）企业利润的概念与构成

企业利润是指企业在一定时期内所获得的经营成果，在数量上表现为各项收入与支出相抵后的余额，是衡量企业经营管理水平的重要指标。企业的利润总额包括营业利润、投资净收益以及营业外收支净额。公式如下：

利润总额＝营业利润＋投资净收益＋营业外收入－营业外支出

1. 企业营业利润

企业营业利润是利润总额的主要组成部分，是企业销售商品和提供劳务等营业活动所取得的净收益。公式如下：

企业营业利润＝主营业务利润＋其他业务利润－存货跌价损失－营业费用－管理费用－财务费用

其中：主营业务利润＝主营业务收入－主营业务成本－营业税金及附加

其他业务利润＝其他业务收入－其他业务成本

2. 投资净收益

投资净收益，是指企业对外投资收益扣除对外投资损失后的净额，也是利润总额的构成部分。其中投资收益包括：企业以现金、实物、无形资产等形式进行对外投资分得的利润，以及联营、合作分得的利润；企业以购买股票形式投资分得的股息和红利收入；企业以购买债券形式投资获得的利息收入；投资到期收回或者中途转让取得的资本利得；企业按照权益法核算的股权投资在被投资单位增加的净资产中所拥有的数额。投资损失包括对外投资到期收回或者中途转让取得款项低于投资账面价值的差额，以及按照权益法核算的股权投资在被投资单位减少的净资产中所分担的数额。

3. 营业外收入

营业外收入是指与企业主要生产经营活动无直接关系的各项收入。具体内容有：固定资产的盘盈和出售净收入、罚款收入、因债权人原因确实无法支付的应付款项、教育费附加返还款等。

4. 营业外支出

营业外支出是指与企业生产经营无直接关系的各项支出。包括：固定资产盘亏、报废、毁损和出售的净损失；非正常停工损失；非常损失；公益救济性捐赠；赔偿金、违约金等。

（二）企业利润分配的基本原则

企业利润分配是企业的一项重要工作，它关系到企业、投资者等有关各方的利益，涉及企业的生存与发展。因此，在企业利润分配的过程中，应遵循以下原则：

1. 依法分配原则

企业利润分配的对象是企业缴纳所得税后的净利润，这些利润是企业的权益，企业有权自主分配。国家有关法律、法规对企业利润分配的基本原则、一般次序和重大比例也做了较为明确的规定，其目的是保障企业利润分配的有序进行，维护企业和所有者、债权人及职工的合法权益，促使企业增加积累，增强风险防范能力。国家有关利润分配的法律和法规主要有《中华人民共和国公司法》《中华人民共和国外资企业法》《中华人民共和国中外合作经营企业法》《中华人民共和国中外合资经营企业法》等，企业在利润分配中必须切实执行上述法律、法规。利润分配在企业内部属于重大事项，企业的章程必须在不违背国家有关规定的前提下，对本企业利润分配的原则、方法、决策程序等内容做出具体而又明确的规定，同时企业在利润分配中也必须按规定办事。

2.资本保全原则

资本保全是责任有限的现代企业制度的基础性原则之一，企业在分配中不能侵蚀资本。利润的分配是对经营中资本增值额的分配，不是对资本金的返还。按照这一原则，一般情况下，企业如果存在尚未弥补的亏损，应首先弥补亏损，再进行其他分配。

3.充分保护债权人利益原则

债权人的利益按照风险承担的顺序及其合同契约的规定，企业必须在利润分配之前偿清所有债权人到期的债务，否则不能进行利润分配。同时，在利润分配之后，企业还应保持一定的偿债能力，以免产生财务危机，危及企业生存。此外，企业在与债权人签订某些长期债务契约的情况下，其利润分配政策还应征得债权人的同意或审核方能执行。

4.多方及长短期利益兼顾原则

利益机制是制约机制的核心，而利润分配的合理与否是利益机制最终能否持续发挥作用的关键。利润分配涉及投资者、经营者、职工等多方面的利益，企业必须兼顾，并应尽可能地保持稳定的利润分配。

在企业获得稳定增长的利润后，应增加利润分配的数额或百分比。同时，由于发展及优化资本结构的需要，除依法必须留用的利润外，企业仍可以出于长远发展的考虑，合理留用利润。在积累与消费关系的处理上，企业应贯彻积累优先的原则，合理确定提取公积金和分配给投资者利润的比例，使利润分配真正成为促进企业发展的有效手段。

（三）企业利润分配的顺序

1.依法交纳所得税

《企业财务通则》规定：企业的利润按照国家规定进行相应的调整后，依法缴纳所得税。企业在计算所得税前扣除的项目，国家做出统一规定，企业按国家的统一规定执行。每个企业必须按照国家税法规定的税率，及时、足额地上缴所得税。企业依法上缴所得税，是其利润分配的首要步骤。

2.税后利润的分配顺序

企业向股东（投资者）分派股利（分配利润），应按一定的顺序进行。按照我国《公司法》的有关规定，利润分配应按下列顺序进行：

（1）计算可供分配的利润

将本年净利润（或亏损）与年初未分配利润（或亏损）合并，计算出可供分配的利润。如果可供分配的利润为负数（即亏损），则不能进行后续分配；如果可供分配利润为正数（即本年累计盈利），则进行后续分配。其次，计提法定公积金。按抵减年初累计亏损后的本年净利润计提法定公积金。提取公积金的基数，不一定是可供分配的利润，也不一定是本年的税后利润。只有不存在年初累计亏损时，才能按本年税后利润计算应提取数。这种"补亏"是按账面数字进行的，与所得税法的亏损结转无关，关键在于不能用资本发放股利，也不能在没有累计盈余的情况下提取公积金。再次，计提任意公积金。最后，向股东（投资者）支付股利（分配利润）。企业股东会或董事会违反上述利润分配顺序，在抵补亏损和提取法定公积金之前向股东分配利润的，必须将违反规定发放的利润退还企业。

上述利润分配顺序包含有下列逻辑关系：第一，企业发生的年度亏损，可以用下一年度的税前利润弥补；下一年度利润不足弥补的，可以在5年内延续弥补；5年内不足弥补的，可以用税后利润弥补。此外，还可以用以前年度的公积金弥补；第二，法定公积金。法定公积金从净利润中提取形成，用于弥补企业亏损、扩大公司生产经营或者转为增加公司资本。公司分配当年税后利润时应当按照10%的比例提取法定公积金；当公积金累计额达到公司注册资本的50%时，可不再继续提取。任意公积金的提取由股东会或股东大会根据需要决定。第三，企业向股东（投资者）支付股利（分配利润），要在提取公积金之后。股利（利润）的分配应以各股东（投资者）持有股份（投资额）的数额为依据，每一股东（投资者）取得的股利（分得的利润）与其持有的股份数（投资额）成正比。股份有限公司原则上应从累计盈利中分派股利，无盈利不得支付股利，即所谓"无利不分"的原则。但若公司用公积金抵补亏损以后，为维护其股票信誉，经股东大会特别决议，也可用公积金支付股利。

（四）收益分配的意义

对企业收益与分配的管理是现代企业理财的重要内容之一，对于协调和维护企业及各相关主体的利益、提升企业价值具有重要的意义。总体而言，企业收益与分配管理的意义有三个方面：

其一，收益分配集中体现了企业的所有者、经营者及其各利益主体之间的利益关系。首先，所有者是企业权益资金的提供者，按照谁出资、谁受益的原则，其应得的投资收益必须通过收益分配来实现。收益分配能实现投资者的预期收益，增强社会对企业的投资信心，提升企业的信誉，增强企业的继续融资能力，从而保障企业不断发展。其次，债权人向企业投入的资金也承担了一定的风险。好的收益分配政策也应能体现出对债权人利益的关注与保护。除按时支付到期本息外，企业的收益分配也要适度考虑对债权人未偿付本金的保障，否则将削弱企业的偿债力，进而降低企业的再融资能力。最后，职工是价值的创造者，是企业获利的源泉。薪资和各种福利的提升，可以增强职工的主人翁责任心，为企业创造更多价值。因此，要正确、合理地处理企业各方利益相关者的需求，就必须对企业所实现的收益进行合理分配。

其二，收益分配是企业资金再循环的必要条件，是优化资本结构的重要措施。企业在生产经营中投入的各类资金，都会在业务进行中不断地发生消耗和转移，形成各项成本费用，最终形成商品的价值。销售收入的取得，实现了企业再生产资金的价值补偿，为企业简单再生产的循环往复创造了条件。通过收益分配，企业留出部分能自主使用的积累性资金，增强了企业经营的财务实力，更有利于企业适应市场需要而扩大再生产。同时，留存收益是企业重要的权益资金来源。收益分配影响企业的积累资金，从而影响企业的权益负债的比例，即资本的结构。收益分配可以进一步优化企业的资本结构，降低企业的资本成本，增强企业的财务信心，最终实现企业价值最大化的理财目标。

其三，收益分配是国家建设资金的重要来源之一。企业资金在良性循环周转中获得的增值不仅意味着职工为自己创造了财富，还为社会创造了剩余价值，即利润。利润是企业新增加的价值，是社会积累的新财富，是社会生产的重要构成部分。除了满足企业自身生产与发展的积累需要外，国家财政也能够通过收益分配积累一部分新增利润，由国家有计划地集中分配使用，实现国家的政治和经济职能，为增强国家实力，推进社会经济的发展奠定良好的物质条件。

二、股利形式

（一）股利支付形式与程序

1. 股利支付形式

股利支付形式可以分为不同的种类，主要有以下四种：

（1）现金股利

现金股利是以现金支付的股利，它是股利支付的最常见的方式。公司选择发放现金股利除了要有足够的留存收益外，还要有足够的现金，而现金充足与否往往会成为公司发放现金股利的主要制约因素，实务中，经常有投资者将股票分割与回购视为现金股利的替代形式。

（2）财产股利

财产股利，是以现金以外的其他资产支付的股利，主要是以公司所拥有的其他公司的有价证券，如债券、股票等，作为股利支付给股东。

（3）负债股利

负债股利，是以负债方式支付的股利，通常以公司的应付票据支付给股东，有时也以发放公司债券的方式支付股利。财产股利和负债股利实际上是现金股利的替代，但这两种股利支付形式在我国公司实务中很少使用。

（4）股票股利

股票股利，是公司以增发股票的方式所支付的股利，我国实务中通常也称其为"红股"。股票股利对公司来说，并没有现金流出企业，也不会导致公司的财产减少，而只是将公司的留存收益转化为股本和资本公积。但股票股利会增加流通在外的股票数量，同时降低股票的每股价值。它不改变公司股东权益总额，但会改变股东权益的构成。

2. 股利支付程序

公司股利的发放必须遵守相关的要求，按照日程安排来进行。一般情况下，先由董事会提出分配预案，然后提交股东大会决议通过才能进行分配。股东大会决议通过分配预案后，要向股东宣布发放股利的方案，并确定股权登记日、除息日和股利发放日。

股利宣告日即股东大会决议通过并由董事会将股利支付情况予以公告的日期。股份公司分配股利必须遵循法定的程序，先由董事会提出分配预案，然后提交股东大会投票表决，股东大会决议通过分配预案之后，向股东宣布发放股利的方案，并确定股权登记日、除息（或除权）日和股利支付日等。股权登记日即有权领取本期股利的股东资格登记截止日期。凡是在此指定日期收盘之前取得公司股票，成为公司在册股东的投资者都可以作为股东享受公司分派的股利。在这一天之后取得股票的股东则无权领取本次分派的股利。除息日即领取股利的权利与股票分离的日期。对我国上市公司而言，一般为股权登记日后的下一交易日。在除息日之前购买的股票才能领取本次股利，而在除息日当天或是以后购买的股票，则不能领取本次股利。由于失去了"付息"的权利，除息日的股票价格会下跌。实务中，除息日一般指领取现金股利的权利与股票分离的日期，除权日一般指领取股票股利的权利与股票分离的日期。在我国资本市场上，上市公司向老股东定向配售股票（简称"配股"）时，股东可以行使的购买股票的权利与股票分离的日期，亦称为除权日。此外，上市公司利用资本公积金或盈余公积金转增股本时，股东获得新增股票的权利与股票分离的日期，也称为除权日。股利发放日即公司按照公布的分红方案向股权登记日在册的股东实际支付股利的日期。

（二）股票分割与股票回购

1. 股票分割

（1）股票分割的概念

股票分割是指将面值较高的股票分割为几股面值较低的股票。例如，将原来每股面值为10元的普通股分割为2股面值为5元的普通股。通过股票分割，公司股票面值降低，同时公司股票总数增加，股票的市场价格也会相应下降，因此，股票分割不会增加公司价值，也不会增加股东财富。

（2）股票分割与股票股利比较

对于公司来说，进行股票分割与发放股票股利都属于股本扩张政策，二者都会使公司股票数量增加，股票价格降低，并且都不会增加公司价值和股东财富。从这些方面来看，股票分割与股票股利十分相似，但是二者也存在以下差异：

股票分割降低了股票面值，而发放股票股利不会改变股票面值。这主要是因为股票分割是股本重新分拆，将原来的股本细分为更多的股份，因而每股面值会相应成比例地下降，而股票股利是公司用实现的净利润向股东无偿分派股利，股票面值不会降低。第二，会计处理不同。股票分割不会影响到资产负债表中股东权益各项金额的变化，只是股票面值降低了，股票股数增加，因而股本的金额不会变化，资本公积金和留存收益金额也不会变化。发放股票股利，公司应将股东权益中的留存收益的金额按照发放股票股利面值总数转为股本，因而股本的金额相应增加，而留存收益相应减少。我国股份公司发行的普通股一般面值为 1 元，所以通常不进行股票分割。在实践中，我国公司常采用资本公积转增资本和发放股票股利的方式进行股本扩张，基本能够与股票分割达到同样的目的。

2. 股票回购

（1）股票回购的定义

股票回购是股份公司出资购回本公司发行在外的股票，将其作为库藏股或进行注销的行为。20 世纪 70 年代，美国政府对公司分配现金红利施加了限制，导致一些公司采用股票回购方式向股东分利。此后，股票回购成为公司一种特殊的利润分配形式。公司回购的股票可以注销，以减少公司的股本总额，也可以作为库藏股，公司持有的库藏股可以在将来出售或者用于实施股权激励计划。公司持有本公司的库藏股通常不能超过一定期限，这是为了避免公司管理层利用库藏股操纵每股利润或股票价格，库藏股也不能享有与正常普通股相同的权利。股票回购通常被看成对股东的一种特殊回报方式，但与发放现金股利还是存在差异。公司通过股票回购减少流通在外的普通股股数，从而使每股利润增加，股票价格也随之增长，可为股东带来资本利得收益。如果不存在个人所得税和交易成本，股票回购和发放现金股利对股东财富的影响并无差异。但是，通常情况下，资本利得所得税税率要低于股利所得税率，这样公司回购股票可以为股东规避部分税负，为股东带来税收利益。但是，现金股利毕竟是公司对股东一种长期稳定的回报方式，而股票回购不能经常采用，只在公司拥有大量闲置现金的情况下才能偶尔为之。

（2）股票回购的方式

①公开市场回购

公开市场回购是指上市公司在证券市场上按照股票市场价格回购本公司的股票。通常公司回购股票时都会有一个最高限价，回购股票的数量也有明确的限定。通过公司市场回购的方式回购股票，很容易导致股票价格的上涨，从而增加了回购成本。一般来说，当公司回购股票的目标已经达到时，就可以停止回购。根据我国证监会 2005 年发布的《上市公司回购社会公众股份管理办法（试行）》的规定，上市公司可以采用证券交易所集中竞价交易方式回购股票，但必须履行信息披露义务。如在回购股份期间，应当在每个月的前3 个交易日内公告截至上月末的回购进展情况，并且当回购的股份占公司总股本的比例每增加 1% 时，应当在两个交易日内进行公告。

②要约回购

要约回购是指公司通过公开向股东发出回购股票的要约来实现股票回购计划。要约回购价格一般高于市场价格。在公司公告要约回购的限定期限内，股东可自愿决定是否按要约价格将持有的股票出售给公司。如果股东愿意出售的股数多于公司计划回购的股数，公司可以采用自行决定购买部分或全部股票。通常，在公司回购股票的数量较大时，可采用要约回购的方式。根据《上市公司回购社会公众股份管理办法（试行）》的规定，上市公司采用要约回购方式回购股票，其要约价格不得低于回购报告书公告前 30 个交易日股票每日加权平均价的算术平均值，并且要约期限不得少于 30 日，不得超过 60 日。

③协议回购

协议回购是指公司与特定的股东私下签订购买协议回购其持有的股票。协议回购方式通常作为公开市场回购方式的补充。采用这种方式，公司必须公开披露股票回购的目的、数量等信息。以协议回购方式回购股票的价格通常低于当前市场价格，并且一次回购股票的数量较大，可作为大宗交易在场外进行。

④转换回购

转换回购是指公司用债券或者优先股代替现金回购普通股的股票回购方式。采取转换回购方式，公司不必支付大量的现金，对于现金流量不十分充足的公司而言，这是一种可选的回购方式，而且采用这种回购方式还可以起到调整资本结构的作用。但是，由于债券或优先股的流动性比普通股差，因而采用转换回购方式时，可能需要支付一定的溢价，因而提高了股东回购的成本。

三、股利政策

（一）剩余股利政策

剩余股利政策是指公司在有良好的投资机会时，根据目标资本结构，测算出投资所需的权益资本额，先从盈余中留用，然后将剩余的盈余作为股利来分配，即净利润首先满足公司的资金需求，如果还有剩余，就派发股利；如果没有，则不派发股利。剩余股利政策的理论依据是 MM 股利无关理论。根据 MM 股利无关理论，在完全理想状态下的资本市场中，公司的股利政策与普通股每股市价无关，故而股利政策只需随着公司投资、融资方案的制订而自然确定。因此，采用剩余股利政策时，公司要遵循如下四个步骤：设定目标资本结构，在此资本结构下，公司的加权平均资本将达到最低水平；确定公司的最佳资本预算，并根据公司的目标资本结构预计资金需求中所需增加的权益资本数额；最大限度地使用留存收益来满足资金需求中所需增加的权益资本数额；留存收益在满足公司权益资本的增加需求后，若还有剩余再用来发放股利。

（二）固定或稳定增长的股利政策

固定或稳定增长的股利政策是指公司将每年派发的股利额固定在某一特定水平，或是在此基础上维持某一固定比率逐年稳定增长。公司只有在确信未来盈余不会发生逆转时才会宣布实施固定或稳定增长的股利政策。在这一政策下，应首先确定股利分配额，而且该分配额一般不随资金需求的波动而波动。

固定或稳定增长股利政策的优点有：由于股利政策本身的信息含量，稳定的股利向市场传递着公司正常发展的信息，有利于树立公司的良好形象，增强投资者对公司的信心，稳定股票的价格；稳定的股利额有助于投资者安排股利的收入和支出，有利于吸引那些打算进行长期投资并对股利有很高依赖性的股东；稳定的股利政策可能会不符合剩余股利理论，但考虑到股票市场会受多种因素影响（包括股东的心理状态和其他要求），为了将股利维持在稳定的水平上，即使推迟某些投资方案的实施或暂时偏离目标资本结构，也可能比降低股利或股利增长率更为有利。固定或稳定增长股利政策的缺点有：股利的支付与企业的盈利相脱节，即不论公司盈利多少，均要支付固定的或按固定比率增长的股利，这可能会导致企业资金紧缺、财务状况恶化。此外，在企业无利可分的情况下，若依然实施固定或稳定增长的股利政策，也是违反《中华人民共和国公司法》的行为。因此，采用固定或稳定增长的股利政策，要求公司对未来的盈利和支付能力能做出准确的判断。一般来说，公司确定的固定股利额不宜太高，以免陷入无力支付的被动局面。固定或稳定增长的股利政策通常适用于经营比较稳定或正处于成长期的企业，并且很难被长期采用。

（三）固定股利支付率政策

固定股利支付率政策是指公司将每年净利润的某一固定百分比作为股利分派给股东。这一百分比通常称为股利支付率，股利支付率一经确定，一般不得随意变更。在这一股利政策下，只要公司的税后利润一经计算确定，所派发的股利也就相应确定了。固定股利支付率越高，公司留存的净利润越少。固定股利支付率具有以下优点：采用固定股利支付率政策，股利与公司盈余紧密地配合，体现了"多盈多分、少盈少分、无盈不分"的股利分配原则；由于公司的获利能力在年度间是经常变动的，因此，每年的股利也应当随着公司收益的变动而变动。采用固定股利支付率政策，公司每年按固定的比例从税后利润中支付现金股利，从企业的支付能力的角度看，这是一种稳定的股利政策。固定股利支付率具有以下缺点：大多数公司每年的收益很难保持稳定不变，导致年度间的股利额波动较大，由于股利的信号传递作用，波动的股利很容易给投资者带来经营状况不稳定、投资风险较大的不良印象，成为公司的不利因素；容易使公司面临较大的财务压力。这是因为公司实现的盈利多，并不能代表公司有足够的现金流用来支付较多的股利额；合适的固定股利支付率的确定难度比较大。由于公司每年面临的投资机会、筹资渠道都不同，而这些都可以影响到公司的股利分派，所以，一成不变地奉行固定股利支付率政策的公司在实际中并不多见，固定股利支付率政策只是比较适用于那些处于稳定发展且财务状况也较稳定的公司。

（四）低正常股利加额外股利政策

低正常股利加额外股利政策，是指公司事先设定一个较低的正常股利额，每年除了按正常股利额向股东发放股利外，还在公司盈余较多、资金较为充裕的年份向股东发放额外股利。但是，额外股利并不固定，不意味着公司永久地提高了股利支付率。低正常股利加额外股利政策具有以下优点：赋予公司较大的灵活性，使公司在股利发放上留有余地，并且具有较大的财务弹性。公司可根据每年的具体情况，选择不同的股利发放水平，以稳定和提高股价，进而实现公司价值的最大化；使那些依靠股利度日的股东每年至少可以得到虽然较低但比较稳定的股利收入，从而吸引住这部分股东。低正常股利加额外股利政策具有以下缺点：由于年份之间公司盈利的波动使得额外股利不断变化，造成分派的股利不同，容易给投资者造成收益不稳定的感觉；当公司在较长时间持续发放额外股利后，可能会被股东误认为"正常股利"，一旦取消，传递出的信号可能会使股东认为这是公司财务状况恶化的表现，进而导致股价下跌。

第四章　财务风险管理

第一节　企业财务风险概述

一、财务风险的概念

财务风险是指企业在经营活动中由于财务结构与经营活动缺乏合理布局、融资活动进行不当、投资失败等其他难以预测和控制的因素，使得企业最终的经营成果不符合预期经营目标的现象。一般表现为：偿债能力较弱或丧失、企业经营成果不佳或无法运转、投资者遭受重大经济损失等。在企业生产经营活动的整个过程中，始终存在着或大或小，或简或繁的财务活动，如资金筹集、对内投资、长短期对外投资、生产投入、收益分配等。这些活动由于都牵涉到资金的使用，如果管控不当，都有可能产生风险，而有些风险会及时地体现出来，如投资活动和筹资活动等；而有些风险则会隐匿下来，并不断积累，直至较大的财务风险发生。因此，财务风险管理问题是企业必须要面对和积极应对的一个现实问题。

财务风险分为狭义财务风险和广义财务风险。狭义财务风险指的是由于开展筹资活动所带来的风险，也是最基本的财务风险。广义的财务风险不仅仅包括筹资风险，也包括经营风险以及环境因素导致的风险。公司的经营效果与公司的各种生产活动以及财务活动有着直接或间接的关系。忽视财务风险很有可能造成严重后果。因财务风险而破产的公司并不少见。因此，企业在财务生产经营过程中必须重视财务风险的管理，不能简单地认为这只是财务人员的工作。

现如今，人们对企业财务风险有着不同的看法。

徐义明、孙方社（2015）认为，在企业活动的资金筹集、投入、消耗，以及回收等环节普遍存在财务风险，筹资风险和投资风险则是企业面临的主要财务风险。其中筹资风险又分为股权筹资风险和债务筹资风险；投资风险可以分为流动资产投资风险、固定资产投资风险和无形资产投资风险等。

宫萌（2014）认为公司的财务活动并不是独立的、单一的过程。从财务活动包含的内容来看，财务活动正常有序地进行是企业生产经营活动正常开展的前提和保障，同时也是对资金筹集、投资、回收以及再分配等各个环节的有机整合。

马天骄（2009）认为"财务风险是企业经营活动导致风险的最终体现"，财务风险主要包含筹资风险、投资风险以及收益分配风险等。

叶琼（2014）则认为企业往往在资金周转过程中产生较大财务风险。一般情况下，企业在一定的经营期间内，往往面临着各种各样难以估计的情形。而企业外部经营环境是企业不能够控制的，加上内部经营条件得不到有效改善等原因，企业的资金流转往往会出现问题，导致利用效率低下。以至于严重影响企业经营目标的实现。

白万纲（2014）认为财务风险有狭义（资金风险）和广义之分。资金风险指的是企业不能够按时偿还欠款导致企业面临的损失。而广义的财务风险跟企业的内外部环境因素有关，具体指的是由于财务活动出现偏差造成实际收益与企业预期产生较大差异，增大企业损失的可能性。

谢恒（2007）认为可以将企业财务风险分为筹资风险、经营运用风险、资金回笼风险和收益分配风险，他认为筹资风险主要表现为筹资数量不当和筹资结构不合理的风险以及筹资时机选择不当风险。

综上所述，财务风险不仅仅是指财务的问题，还涉及公司的经营活动等一系列活动。因此，要降低甚至消除企业的财务风险，不仅要对企业财务进行管控，更应当通过经营质量的提高来达到控制目的。

二、财务风险的特征

财务风险是风险在财务领域的体现。它具有风险的一般特征，又具有财务领域的特质，概括起来有如下特征：

（一）客观性

财务风险的客观性表现在财务风险客观存在，不受人的意志约束。所以，财务风险无处不在，处处存在，使得人们无法轻易回避它、简单消除它，从而只能通过各种有效的技术手段来应对，企图尽量避免无效费用、重大损失的发生。由于需要考虑到成本效益的关系，在消除财务风险的同时，要考虑到所付出的成本，因而，即使采取措施，也是限定在一定的程度内。从而，给财务风险的控制增添一定的难度。所以，如何采取措施，采取什么样的措施才能达到预期计划，是每个企业财务管理人员重点考虑的内容。

（二）不确定性

财务风险的不确定性表现在，风险发生的时间和结果都具有不确定性。没有确切时间限定，它可能随时发生。结果的不确定性表现在，可能是机会也可能是危机。

（三）相对性

财务风险的发生与否、结果怎样，是随着外部因素与内部因素的变化而变化的，具有相对性。

（四）全面性

企业财务风险的全面性体现在，它贯穿于企业生产经营的全过程，从资金筹集到利润分配全过程，每个环节都可能存在财务风险。

（五）激励性

财务风险的激励性表现在，面对财务风险，企业积极采取措施，可以变被动为主动，变危机为盈利。督促企业管理人员加强管理，积极防范财务风险，提高企业资产安全性，增进企业经济效益。

三、财务风险形成原因

企业财务风险存在于经济活动的全过程，不同的环节存在不同的风险，站在企业的角度，就企业财务风险的成因分析来看，它可以分为外部原因和内部原因。

（一）外部原因

所谓外部原因，是站在企业的角度相对于内部原因而言的，通常是指来源于企业经济环境、经营政策和行业背景方面的影响。

1.宏观经济环境和政策分析

宏观经济指总量经济活动，即国民经济的总体活动。企业处在社会宏观经济环境中，无论从长远还是短期来看，宏观经济环境直接影响着公司的生存、发展及获利水平。具体来说，影响宏观经济的诸因素有：能源总供给与总需求的比例平衡关系、社会利率水平、国民经济 GDP 增长速度、通货膨胀水平、进出口贸易情况。如果宏观经济环境运行失衡，企业投资和经营预期将不容乐观，企业盈利将会下降，财务风险相应偏高。

企业财务经济活动受到各方面影响，特别是国民经济整体的宏观形势及行业景气程度、国家信贷水平及外汇管理等国家政策、银行执行利率及汇率的变动、通货膨胀水平等其他外部宏观经济环境条件。外部环境的变化莫测，使得企业经营政策处于不断变化之中，大大增加财务风险。国民生产总值直接影响着宏观经济的走向，决定着社会总供给与总需求的平衡。国民生产总值高，社会供给充足经济环境轻松，企业财务风险较低。供给与需求的关系影响着通货膨胀水平，当资金价值持续贬值，实物价值持续上升，引发经济秩序的失衡时，就表现为通货膨胀。在企业中的反映就是资金越来越吃紧，借款利率越来越高，利率的变动将会带来利率风险，原材料价格攀升，采购受到严重限制，日常经营难以维系，给企业带来严重财务危机。社会就业失业率水平也是决定宏观经济的一个重要因素，它决定着企业人力资源的成本。当社会就业失业率保持在一个适当的水平时，一方面可以稳定社会秩序，另一方面可以使经济运行状态保持平衡，降低财务风险发生的概率。国家进出口贸易收支状况反映国民经济的发展水平，在进出口收入支出方面影响着企业的经济效益，汇率水平的变动影响着财务费用的水平，决定着企业财务风险状况。

国家经济政策也是影响企业财务风险的一个外部因素，当国家经济政策调整，原有经济运行规律被打破，新秩序的建立，使企业财务经营政策也需要根据国家政策的变动做出相应调整，企业运营要遵守国家经济政策，在顺应经济政策的条件下寻求自身的发展机会。如，利率水平的调整，决定企业筹资成本的变动，当筹资成本升高时，企业要考虑是调整资本结构，减少外部筹资，改用留存收益。在企业资本结构调整方面影响企业财务风险；如国家经济政策变动，要大力扶持经济领域降低税负，给企业带来一定的盈利空间，将会引发大量资金进入，就牵扯从其他行业撤资的问题，关系到企业的结构调整，影响政策调整财务风险等。

2. 行业背景分析

所谓行业背景是指，这个行业处于哪个行业，及此行业所涉及的领域、部门、人群及本产品立足于哪些市场。任何企业的发展都要具备一定的条件，企业的行业分类、生产领域、产品生命周期、人力资源供求状况、营销政策等诸因素影响着企业的发展空间。企业所处的行业背景，是影响企业发展的外部因素。

影响企业背景的因素主要有5个。影响企业背景的第一个因素是企业背景，决定企业背景的因素有资本状况、经营领域、所处行业、成本组成等，先从分析企业背景出发，衡量与行业背景的适应度，较高的适应度能有利于企业的发展。行业背景的第二个因素是企业面临的主要挑战，也是解决企业发展的关键点。站在行业的角度，分析面临的主要挑战，有利于企业把握大局、明正方向。行业背景的第三个因素是市场调研与分析，所谓市场问题是指现行市场上同类行业正面临的发展现状问题，包括发展中的问题和缺陷等，以及市场的发展变化规律。市场调研与分析主要关注的内容是企业市场机会与问题，分析企业的发展机遇在哪里。与同行业企业做横向对比，衡量优势与不足，寻求发展空间。第四个因素是国内外环境概况，了解企业所处的国际大环境状况及国内发展情况。第五个因素是企业发展状况，明确企业在诸多因素的影响下发展现状，需要改进措施及发展方向。

（二）内部原因

分析完外部因素，下面立足于企业内部来了解影响企业财务风险的因素。概括来讲，影响企业财务风险的内部原因有如下几点。

1. 企业内部控制不健全

企业只有拥有完善的内部控制制度，从各个方面规范企业的运行，同时强化监督，才能有效地保障企业正常运转。企业财务内部审计是财务监管体系的很重要部分，能有效地监督企业财务运行状况，及早发现隐含的财务风险，早做准备防患于未然。根据发现的问题，做出政策调整，避免企业遭受损失。我国企业在内部控制方面刚刚起步，没能引起企业足够重视，大部分企业不能建立有效的内部控制制度，即使有的企业有，在很多时候也是流于形式，如财务审计与财务部门不能独立，监控力度不够，无法真正落实。特别是一些国有企业财务管理与监控力量薄弱、关系混乱，严重缺乏具体的对相关责任的追究制度，致使相关职能机构对发现的问题难以进行有效的约束和控制，进而促使财务风险极易发生。

2. 财务人员风险意识淡薄

对于财务人员风险意识的判别，首先从领导层说起。有些企业领导层不懂财务，缺乏对财务风险的认识，不了解财务风险对企业的影响，从本身上就难以对企业财务风险进行有效预测和预警，进而忽视了对下属被管理人员的培训与督导，导致企业在遇到突发事件时，明显地表现出应变能力不足，给企业带来财务风险。再者是财务基层人员，由于长期坚持本岗位工作，执行岗位责任制，只要把本岗位工作做好就行了，无整体意识，又缺乏来自领导层的培训和教育，当风险来临时，难以提出有效的预防和应对措施。财务人员对财务风险不能足够重视，将直接导致财务风险发生的概率提高。

3. 资本结构不合理

在我国，资金结构主要是指企业全部资金来源于权益资金与负债资金的比例关系。企业资本结构决定着企业的经营风险和盈利能力。企业负债水平高财务杠杆系数大，财务风险水平就高。自有资金相对于外借资金的比例，是保障企业还债能力的基础。通常借入资金过高，企业盈利能力强，但资产负债率偏高，企业负有定期还债的压力，如果企业借入资本收益率低于其利率水平，将发生亏损。一般认为资产负债率水平应该控制在40%以下，避免负债水平过高偿付能力不足导致财务风险的发生。适当比例的负债，有利于提高企业的资产收益率，在有限的自有资本的条件下，取得更大的收益。所以应根据企业的具体情况，在筹集资金时，制定合理的货币资金政策，使资本结构保持在一个合理的幅度内，尽可能减少给企业带来的财务风险。

4. 投资决策不合理

只掌握了合理的筹资决策还不够，资金到手后如何有效地利用，使其产生最大的收益是首先要考虑的因素。正确的投资能使企业获取大额的收益，改善企业财务状况，积累资本，扩充实力。它也可能会给企业带来毁灭性的灾难。到底导致一个什么样的结果，取决于能否正确投资，能否把有限的资源投入到最正确的领域，产生最大收益。所以，合理的投资决策对一个企业的发展很重要，投资决策不合理也是财务风险的产生根源之一。

5. 财务决策缺乏科学性

如何科学性的选取财务决策，是企业经营策略的一个很关键的步骤。科学性的财务决策必须满足四个特性：创造性、择优性、程序性和指导性。首先讲它的程序性，它是指具有正确的理念，遵循既定的秩序，发挥集体优势，运用正确的方式方法来决定企业的经营行为。它排斥主观主义一个人说了算的做法，按规章秩序行事。其次是科学性决策的创造性，不是对原有经验的照搬，而是针对具体问题采取具体办法，根据环境条件的变化做出调整，创造性的思维取代经验主义的照搬照用。再次是择优性，是指在众多的可供选择的方案中，找出最适合的方案。最后是指导性，是指决策方案一旦落实，方案就具有了指导性，是一个团体的指挥棒，决定集体行动的规律和方向。所有相关人员必须不打折扣的执行，为方案的预期目标各尽其责各尽其能。我国企业目前的状况是缺乏财务决策科学性。战略投资缺乏程序性、创造性、择优性和指导性等一项或多项，比如长期投资运营缺乏程序性和创造性，盲目投资给企业造成损失。

6. 财务管理制度不完善

公司财务管理制度的内容涵盖了企业基本活动的各个方面，公司的具体财务管理制度应是对企业日常财务活动的详细管理，使其自成系统。对其经济活动的进一步细化，具体到会计在核算和管理的各个环节。企业财务管理制度要保持井然有序，不能给财务关系混乱可乘之机。企业领导层要严格执行企业制度，利用手中的权力维护公司的利益。管理权限既是权利也是责任，在严格的规章制度面前每个人都应恪尽职守，保证制度的正常运行。如果不能确保完善的财务管理制度在严格的监控下运行，必然导致财务管理秩序混乱，凸现财务风险，公司的整体利益也将无法保证，个人利益更无从谈起。

7. 收益分配政策不科学

公司的股利分配政策也会给企业带来财务风险。在收益分配阶段，企业应根据公司发展阶段，对资金的需求程度，制定一个切实可行的股利分配方案。在留存收益和分配股利两个方面，找好分界点。假如企业偏重于高股利分配政策，及时满足股东对股息的预期收益，对于传递公司运营良好的社会信息，稳定股价具有积极意义。但同时大量货币资金外流，将给企业持续发展带来压力。特别是发展过程中的企业，对资金的需求更甚，没有足够资金的保证，将是一个巨大的威胁。如果企业留存收益高，对企业的持续发展有利，但对股东是一个打击，特别是靠股利生活的股东更是影响颇大，对股价将会造成一定影响。如何制定一个既能满足股东预期收益，传递积极的市场信息，又能符合企业长期发展规划的收益分配政策，对企业意义重大。

四、财务风险的主要分类

在现代市场经济条件下，财务风险是企业经营过程中的重要风险。企业的资金运行状况和结果直接反映了其财务工作是否高效。财务风险则是限制企业资金运行状况的主要因素。企业的财务风险主要表现为筹资风险、投资风险、收益分配风险及资金回收风险。

（一）筹资风险

随着市场经济的进一步深入和现代企业经营的多元化，很多企业成为自主经营、自负盈亏的主体。企业应当根据生产经营的内容和规模等因素合理估计资金需求数量，并运用科学的方法进行预测、采取多种方式和渠道筹集资金。这就不可避免地存在着筹资风险。筹资风险是指由于资金供需的波动、经济环境的变化而导致的企业筹资失败从而蒙受经济损失的可能性。

1. 筹资风险的成因

从筹资决策角度来看，导致筹资风险的原因主要有：

（1）筹资规模不合理

缺乏筹资规划、不考虑实际资金需求量进行盲目筹资，往往会造成资金闲置、加重企业负担。反之，筹资不足，会影响企业正常的生产经营活动，还有可能使企业丧失最佳投资机会。因此，企业应当合理预测资金的需要量，使得筹资数额与需要量基本保持平衡。

（2）筹资结构不合理

筹资结构是企业各种资本的构成比例关系。当企业的经营利润率和投资者的预期收益率大于资金成本或利息率时，企业可以举债筹资。最佳举债规模在理论上是存在的，也就是企业的最佳资本结构。企业最佳的资本结构是使企业资本加权平均成本最低，同时企业价值最大时的资本结构。另外，从筹资时点上来看，包括长期负债筹资和短期负债筹资。因此，企业应根据生产经营和投资活动的周期性和波动性合理选择筹资方式以保证足够的偿债能力。

（3）筹资成本过高

资金成本是筹集和使用资金必须要付出的代价。筹资成本与筹资结构密切相关，是一种综合成本。综合资金成本取决于各种筹资成本的加权平均数。如果企业在利率较高时进行筹资活动，在以后利率降低时仍要负担较高的利息。则很有可能导致筹资成本过高进而使企业遭受损失。若企业在发生通货膨胀时进行筹资，货币性资金不断贬值，实物性资金相对升值，资金成本会不断上升，给筹资带来诸多隐患和风险。

2. 筹资风险的防范

（1）提高资金的使用效益

这是防范和控制筹资风险的根本，因为企业还本付息的资金最终来源于企业的收益。如果企业经营管理不善，长期亏损，即使现金管理十分有效，也会导致企业不能按期支付债务本息的压力。

（2）适度负债，优化资本结构

负债经营犹如一把双刃剑，在给企业带来更高收益的同时，也可能带来较大的筹资风险损失，所以企业一定要做到适度负债经营。确定适度负债的"度"，是比较复杂和困难的。从理论上讲，可以借助最佳资本结构理论来确定，即满足综合资本成本最低和企业价值最大化的筹资额。在实际工作中，"度"的选择要与企业的具体情况相适应。对一些生产经营好、资金周转快的企业，负债比率可以适当高些；对于经营不理想、资金周转缓慢的企业，其负债比率应适当低些。

（3）合理搭配流动负债和长期负债

流动负债和长期负债的搭配比例应与企业资金占用状况相适应。一般来说，流动资产的购置大部分应由流动负债筹集，小部分由长期负债筹集；固定资产应由长期自有资金和大部分长期负债筹集。这种合理搭配的稳健的负债策略。对于筹资风险的防范和控制是非常必要的。

（二）投资风险

公司投资管理内容包括以下几个方面：对内投资通常指基本建设、固定资产投资、技术更新改造、科技研发等投资活动；对外投资按照投资期限分为短期投资和长期投资。对外短期投资包括购买金融类资产、短期理财等，对外长期投资主要指股权投资和项目合作投资等。企业能否把资金运用到收益较高、风险较小的项目或投资上去，关系着企业运用资金的成败。但投资收益并不是唯一衡量是否值得投资的标准，比如一些固定资产、技术更新的投资，虽然在短时间内无法为企业带来收益，但却为以后更好的发展奠定了基础。一般来讲，从投资到收益相隔时间越长，收益的不确定性就越大，风险也越大。

1. 投资风险的成因

投资风险可以分为两种：第一种是实物投资风险，如经营投资风险、流动资产投资风险、无形资产投资风险等；第二种是金融投资风险，如市场风险、通货膨胀风险、再投资风险、利率风险等。

（1）实物投资风险成因

造成实物投资风险的原因主要是决策失误和投资环境的恶化。如果投资项目未能如期投产，则不能取得预期收益，甚至可能侵蚀投资成本。如果投资项目盈利水平太低，使得收益率低于银行同期存款利息率，则投资结果不理想。如果投资项目未出现亏损，投资利润率较银行同期存款利率要高，但低于企业平均资金利润率，则投资失效。为了尽量减少因为主观原因导致的投资风险，企业应当加强市场调查、进行投资可行性研究，确保投资的效率和效果。对于市场环境等不可抗力所产生的投资风险应当通过加强预测、努力防范、多元化经营等方法，努力规避此类风险。

（2）金融投资风险成因

造成金融投资风险的原因主要是市场风险、通货膨胀风险和再投资风险等。市场风险在短期内难以预测其发展趋势，它是由于证券市场价格的不断波动和经济形势的不稳定性造成的。政治因素、经济周期变化、投资者偏好的改变等都会引起证券市场价格的变动。通货膨胀风险是指由于发生通货膨胀使得货币的购买力下降，从而导致企业预期收益缩水的风险。持续发生通货膨胀时，企业应当采取风险对冲措施，确保将损失降到最低。再投资风险是指由于发生市场整体利率下降等情况，导致的企业无法通过再投资实现预期收益的可能性。根据流动性偏好理论，长期证券投资的报酬率应当高于短期证券投资的报酬率。这是因为投资期限越长，收益的不确定性就越大。投资者一般更喜欢短期证券投资，虽然报酬率较低，但较易收回本金。而证券发行者一般较为喜欢发行长期证券来筹集长期资金而不必经常面临资金短缺的困境。投资者投资短期证券可以避免利率上升但无法避免市场利率下降的再投资风险。

2.投资风险的防范与控制

（1）加强投资方案的可行性研究

企业如果能够在投资之前对未来收益情况进行合理预测，将风险高而收益低的方案排除在外，只将资金投向那些切实可行的方案，就会对防范与控制投资风险具有十分重要的作用。

（2）运用投资组合理论，合理进行投资组合

根据投资组合理论，在其他条件不变的情况下，不同投资项目收益率的相关系数越小，投资组合降低总体投资风险的能力越大。因此，为达到分散投资风险的目的，在进行投资决策时要注意分析投资项目之间的相关性。企业进行证券投资时，可购买不同行业的证券以降低相关系数；如果购买同一行业内的证券，应尽量避免全部购买同一家公司的证券。企业进行项目投资时，在突出主业的情况下，也应注意多种经营，使多种产业和多种产品在利润和时间上相互补充，以最大限度地分散投资风险。

（三）收益分配风险

收益分配是企业经营活动的成果再分配环节，也是资金的再分配环节。不同的收益分配方案往往会产生不同的影响。收益分配风险是指不恰当的收益分配方案可能会给企业带来的不利影响。

1.收益分配风险的成因

（1）收益确认的风险

受客观环境的影响和会计政策、估计变更的影响，有可能使得收益的计算结果不正确，可能偏高也可能偏低。如果在通货膨胀较为严重的时期，企业资产按照历史成本计价原则则会使得成本偏低，虚增利润。

（2）收益分配形式、金额、时间的不恰当所产生的风险

若企业经营状况良好，但经常以股票股利代替现金股利使用，就会挫伤投资者的积极性，不利于吸引潜在投资者。若企业经营状况一般，且在资金紧缺时分配数额较大的现金股利，则很有可能造成资金短缺，增加企业负担。因此，企业必须根据自身经营状况和未来的发展计划，制定合理的收益分配政策。既不能过分强调投资者的利益而忽视企业的长远发展，也不能过分强调企业经营发展而忽视投资者的利益。合理的收益分配政策必须要保持二者之间的相对平衡。

2.收益分配风险的控制

收益分配风险是客观存在的，他既源于人们认识的局限性，又源于客观事实未来变化的不确定性，因此它是不可避免的，但人们又能够根据收益分配风险的一些客观规律，采取特定的措施，对其实施有效控制。

（1）改进会计方法，提升会计反映企业真实财务状况的能力

企业会计收益计量的不准确性是造成企业收益分配中过度分配的一个主要诱因，在采

用传统会计记账时，要注意各种可选择方法的适用范围，尽量选择能真实反映企业客观收益情况的会计处理方法，引入通货膨胀会计等会计学界的最新研究成果，在计算会计收益的同时，注重企业收益质量，现金流量的分析，选用合适的收益分配形式。

（2）准确编制投资预算，外部筹资预算

准确预测投资所需资金，时间，外部筹资可获得的资金数量。资金风险，是正确编制内部收益分配预算的前提条件，依据投资预算和外部筹资预算编制收益分配预算时，要注意预算编制的弹性及外部环境可能出现的变化情况。

（3）统筹企业的资金安排

综合考虑企业外部筹资风险和收益分配风险，力争使总的筹资风险在合理控制范围内，注意安排好企业的流动资金，确保企业能及时偿还到期债务，不因企业收益分配影响到期债务的偿还。

（4）注意收益分配过程中的信号传递作用

在资本市场环境中，收益分配的方式、时间和稳定性往往向投资者传递着某种信息，影响企业未来的筹资，因此企业在决定收益分配政策时，除要考虑影响收益分配因素外，还要考虑收益分配向资本市场所传递的信号及资本市场可能做出的反应，考虑对企业未来筹资的影响。

（5）兼顾相关利益者的长期利益和短期利益

注意做好与股东员工等员工的协调沟通，兼顾相关利益者的长期利益和短期利益。收益分配中的一个重要风险是来自于不能正确处理财务关系所带来的财务风险，当不能有效处理这种关系时可能会造成企业未来向股东筹资困难，员工积极性不高等问题。因此，在收益分配的风险控制上应积极的与其进行沟通，既要考虑到短期利益，也要考虑到长期利益，充分调动起他们的积极性，促进企业未来发展。

（四）资金回收风险

1. 资金回收风险的内容

资金回收风险主要是指应收账款的回收在时间上和金额上的不确定所导致的风险。一是时间上的不确定性，表现为拖欠风险，即客户超过规定的信用期限付款的风险。企业的资金运动的一般过程是：货币资金——生产资金——结算资金——货币资金。应收账款的拖欠风险使上述资金循环的第三个链条发生中断，造成企业结算资金不能及时回收和再生产资金相对不足。二是金额上的不确定性，是指应收账款无法收回，形成坏账的风险。显而易见，如果应收账款无法收回而成为坏账，必然对企业的现金流量产生直接的损失。此外，由于这部分坏账的已纳税款也不能退回，从而使企业蒙受更大的损失。

2. 资金回收风险的成因

企业资金回收风险的产生受内因和外因的影响。外因表现为企业所处的大环境，即国家宏观经济政策和财政金融政策的影响。在市场经济下，出于更多地占有市场和扩大销售的竞争需要，信用被广泛采用。信用可以说是一把双刃剑，一方面为企业发展提供了机遇；另一方面加大了企业的资金回收风险，加大了坏账的可能。另外在财政金融双紧缩时期，整个市场疲软，产品销售困难，企业间三角债严重，资金回收困难。企业资金回收风险产生的内因取决于企业决策和管理水平的高低。这种风险，是企业可调整控制的因素，只要企业制定相应的控制管理对策，就能在扩大销售的同时，降低回收风险。

3. 资金回收风险的规避

企业资金回收风险产生于成品资金向结算资金的转化和结算资金向货币的转化过程，加强资金这两个转化过程的管理，是规避企业资金回收风险的根本措施。

（1）加强成品资金向结算资金转化过程的管理

成品资金向结算资金转化过程是由企业综合素质决定的。首先，要生产适销对路的产品。企业要做好市场调查，及时分析市场行情及走势，关注国家宏观政策，选准朝阳产业。其次，产品应优质优价。生产企业要加强生产环节的成本控制，严把质量关，营造卖方市场；商业企业要力争实现规模经营，连锁经营，以降低采购和销售成本。再有，配合广告宣传、做好售后服务。企业应严格履行承诺，做好售后的维护、维修和退换工作，树立良好的企业形象，成为客户信赖的朋友。

（2）加强结算资金向货币转化的管理

结算资金向货币转化，这个转化能否顺利实现是对财务部门管理的一个重要考验。

在激烈竞争的市场经济条件下，商业信用，作为一种有效的促销手段，被广泛应用，这是因为资金的回收和产品销售的实现，都要经过结算资金这个环节。产品销售过程中的信用手段，通俗地讲就是赊销商品。赊销的实质是企业为了促销，除了向客户提供其所需要的商品以外，还在一定时间内向客户提供了资金，因而对客户具有很强的吸引力。赊销的结果，企业减少了库存，扩大了销售，但同时也使企业产生大量应收账款，出现坏账损失，加大了企业资金回收风险，所以在结算资金向货币资金的转化过程中要着重放在对应收账款的管理，具体的做法是通过事前预防、事中监控、事后收账，对应收账款进行全过程、全方位管理。

①事前预防

首先，开展信用调查、确定对每一客户的信用政策。应收账款作为一种商业信用，具有很大的风险，为避免风险，在购销业务之前，先对企业信用状况和偿债能力进行调查评估，确定客户的信用程度，决定商业信用及赊销限额，从信用期间、信用标准、和现金折扣三方面正确制定信用政策。其次，建立赊销审批制度和销售责任制度。规定企业销售人员、销售负责人拥有的赊销权限，销售部门权限以外的赊销，需报请总经理批准。这样既可减少销售过程中的随意性，保证赊销的实现，又降低了赊销所引发的风险。再次，加强合同的管理和审查。和客户商谈业务的情况应及时以书面合同、协议形式记录下来，以制约少数客户的赖账和为日后的诉讼提供法律凭据。最后，对销售合同的审查，应对合同双方签约者身份合法性进行审查；随后审查销售合同条款，主要是合同标的是否完整、正确，价格和结算方式是否合理，违约责任是否明确；并且进行销售合同履行的审查，以判断双方履行合同的能力。

②事中监控

财务部门必须对每一信用客户建立主要情况档案表；建立经常性的对账制度；编制账龄分析表，对信用期内的欠款继续跟踪，对信用期以外的欠款，及时催讨，对超过信用期较长的欠款要考虑产生坏账的可能性，及时修订对其信用政策。至于结算方式，对于盈利能力较强、资信度较好的客户，可采用委托收款、托收承付等方式；而对于盈利能力较弱、资信度较差的客户，企业则应该选择支票或银行承兑汇票。

③事后管理

根据账龄分析表，确定收账政策，对不同时期的应收账款采取不同的催收方式，进行催讨工作，防止应收账款账龄超过两年的时效；客户确实遇到困难，无力偿还欠款的，要及时同对方达成清算协议，重新安排债务关系，把坏账损失降到最低限度。

另外，建立内部销售责任制，对应收账款的回收，规定谁经办、谁负责，对销售人员实行销售量与货款回笼双向考核；建立催收账款的奖励制度。

五、企业财务风险的危害及控制意义

（一）企业财务风险的危害

财务风险存在于企业经营的全过程，各个环节引发的财务风险，都可能对企业造成严重冲击。

1. 筹资环节

企业在筹资环节通过合法手续，采取有偿使用的方式，从外部取得资金用于经营。其目标是借用外来资源，扩充自我实力，但这种经营模式也存在一定的风险。一是如果债务规模过大，不仅要按期支付固定本金和利息，而且时间限定很严格，预期罚息很重，这就给企业造成一定的财务压力。在这种情况下，一旦资金链出现问题，将给企业带来巨大风险，甚至使公司倒闭。二是一旦出现财务不稳定，不能按期偿还本金和利息，企业不得不想法渡过难关，有可能缩减规模、减少生产品种、裁员、变卖动产和不动产，影响企业的后继经营。三是在整体经济环境不景气资金需求大于供应时，资金利率上升，加大公司负债成本，投资回报率小于负债利率时，企业净利润将缩减，在企业盈余不足以偿还债务利息情况下，企业处于赔本经营状态，长此以往，破产倒闭也将为期不远了。

2. 投资环节

在投资环节，当公司投资于长期资产，如长期证券和固定资产等。此类较大的投资项目一般需要大额资本，时间横跨数年甚至几十年用于去实行规划和部署设施，由于此项目具有投资资金数额大，时间跨度长，投资项目未来报酬具是不确定性，对公司的未来发展具有决定性的作用，稍有不慎，将带来巨大风险。再次，在资金运营环节。企业运营资金一般用于货币资金、存货、应收账款等项目中。在货币资金的管理方面，企业的生产经营时刻离不开货币资金，对企业具有重要影响。货币资金情况直接体现在现金流量表上，一旦管理不善，资金链断裂，将造成重大财务风险。企业存货的管理对资金运营结果影响较大，目前企业存货表现的问题主要有占用资金多、周转率低和管理费用高等方面，另外还有存货跌价损失风险，如果不妥善处理将引发财务风险。应收账款坏账的发生一般是业务管理人员在处理赊销业务时，缺乏市场了解，对客户调查不够，造成应收账款无法收回的财务风险。

3. 利润分配环节

在利润分配环节，留存收益高，股息分配就低，股东预期利益得不到满足，容易引发股价波动。而股利分派水平过高，将流失大量货币资金，对一个成长中的企业影响尤甚，所以此种股利分配政策，虽然实现了股东近期获利的期望，但给企业长期发展带来财务风险。这只是在企业经营过程中较为突出的财务风险，在其他领域还有一些无法预测的财务风险存在，可见财务风险对企业的生存发展危害巨大。

（二）控制财务风险的意义

基于以上对财务风险危害的分析，可以看到财务风险对企业经营的影响重大。考虑到财务风险具有不确定性和激励性，风险发生的时间和结果都具有不确定性。没有确切时间限定，它可能随时发生也可能不发生。结果的不确定性表现在，可能是机会也可能是危机。面对财务风险，企业积极采取措施，可以变被动为主动，变危机为盈利。企业管理人员应该加强管理，积极防范财务风险的危害，提高企业资产安全性，增进企业经济效益。有效地控制财务风险，对企业的实现预期目标具有决定性作用，因此，有效地控制财务风险具有重要意义。

第二节　财务风险管理概述

一、财务风险管理概念

财务风险管理是企业风险管理的重要组成部分，同时也是一种有效的企业管理手段，对于公司的治理能够起到至关重要的作用并且对企业的经营发展有着指导意义。财务风险管理是指经营主体企业主体对其生产经营过程中各个环节存在的财务风险进行识别、度量、评价和应对的全部过程。财务风险管理同时要求企业以合理可行的方式进行，确保企业正常的经营活动不受影响并保证投资者的利益不受影响。财务风险的度量是财务风险管理的重要内容同时也是核心部分。财务风险管理降低和减少财务风险为最终目标，以财务管理制度为工作基础、以指标分析等多种分析手法为主要手段来保障工作的顺利进行，同时也要兼顾企业的经营效率。因此企业本末倒置，为了规避风险而缩手缩脚，措施发展良机。应该从最经济的方式对风险加以处置。

人们对财务风险管理也有着不同的看法。Markowitz 在进行了证券投资组合问题的研究之后，对财务风险进行计算，并给出了系统风险和非系统风险的概念和在投资风险最小化条件下的最佳投资组合计算方法。并且此方法能够兼顾企业的期望收益率水平。这项研究改变了以往只能通过定性分析方法识别财务风险的做法，推动了财务风险管理理论的发展。

徐婧（2014）在《我国企业集团财务公司全面风险管理问题探析》一文中，不仅指出了以往财务风险管理在方法上存在的不足之处。由于传统的财务风险管理方法只关注了已经表现出的风险，并不能做到从根本上防治风险，缺少系统、全面的防治措施。企业各个部门以及各业务活动缺乏有效的信息沟通，导致财务风险往往不被发现或者忽视，不能被及时处理。这不利于控制企业生产经营成本，并会在一定程度上影响企业收益。所以，现阶段需要对企业的财务风险进行全面的识别和评价，防止财务风险的连锁反应。

李胜（2005）在《全面财务风险管理研究》一文中指出为了达到较好的风险控制效果，企业有必要运用一系列财务评估指标进行监控。具体针对筹资内容、投资内容、资金的回收和收益分配活动等进行财务风险评价体系的建立，制定财务风险控制制度。

胡翠萍（2012）企业可以通过加强财务管控制度控制的建立、风险识别方法的运用来降低财务风险的发生概率从而提高资产使用效率。可以通过投资组合适用性的鉴别，增加企业投资成功的概率，提高收益，避免投资风险。除此之外，还可以通过风险的转嫁消除财务风险；通过选择恰当的筹资方式，合理控制筹资成本；适当负债经营，利用财务杠杆。争取政府资金支持，降低企业整体财务负担。

胡小燕（2005）在《企业财务风险管理中的危机预警系统研究》一文中指出："经营活动现金流量对企业发展至关重要，对财务风险的反应程度较为灵敏，可以财务预警的一个分析值。企业能否生存经营下并不完全取决于企业的盈利状况和水平，而是取决于是企业的经营是否有充足的现金流。"另一方面，不能从表面上认为企业的固定资产等实物资产、现金资产的增加对企业而言均具有正面影响作用，而应分析其中优质资产的比例成分，因为这其中可能包含具有潜在风险的资产，无形之中会加大经营风险。当年末销售业绩不理想时，为了粉饰业绩，一些企业往往会大放松赊销商品的条件，产生大量应收账款。加大了企业的坏账风险，并且造成优质资产被债务人占用，无法投入到下一轮生产经营过程中去。一些企业在预付账款和应收账款管理方面并没有建立完善的客户信用评价体系，没有及时催促客户付款或者缺乏促使客户付款的商业手段如：现金折扣。企业应当对客户的信用等级及时调整，针对不同客户采取不同的信用支付和收款措施，确保企业正常经营现金流的持续。

美国学者 Ohlson 于 1980 年开始了正常公司和非正常公司之间财务指标的差异研究，通过对同一报表期间内财务指标的对比分析，发现财务正常公司和非正常公司（ST 公司）之间存在显著差异，而这种差异恰好可以通过财务指标的差异反映出来，这就为财务风险的防治提供了线索。在接下来的研究中，通过 38 家公司的财务指标分析进一步验证了之前的结论是正确的，具有实用价值。

美国纽约大学学者 Altman（1968）提出了 Z 值模型即多元线性评价模型，建立多元函数公式：$Z=1.2×1+1.4×2+3.3×3+0.6×4+0.99×5$。对可以判断财务状况的各项指标进行加权汇总计算，并将最终的评分称为 Z 值，据以判断某企业发生财务风险的可能性及风险大小。此项研究将财务风险进行了量化，不仅丰富了财务风险管理的理论，更给出了具体的财务风险判别方法，促进了财务风险管理理论和技术的创新与发展。

张延波、彭淑雄在《财务风险监测与危机预警》一文中提出企业可以运用财务指标对财务风险进行监控。白帆认为企业应抓住经营的最终目标，在容易出现财务风险的环节进行控制，建立起完整的财务风险管理链条。认为通过指标分析能够准确评价财务风险。

罗险峰、胡华夏（2000）在进行了实证分析后，对财务风险的形成原因进行总结，发现由于企业经营管理失误而导致的经营风险占较大比重，随后构建了风险评估指标体系和模型分析体系，为企业财务风险评估提供了借鉴。

陈红和俄召娣（2009）对我国高技术企业财务风险预警理论进行研究。用我国沪深两市 A 股中的高新技术企业为研究样本，运用 Z 值模型进行分析，之后结合专家评分法等定性分析方法，构建了适用于我国制造业企业的财务风险评价模型。

综上所述，国外的财务风险管理经历了 19 世纪末到 20 世纪 50 年代以筹资风险管理为主的发展阶段。这一时期的主要研究成果有资本结构理论、资本成本理论等。20 世纪 60 年代以来，财务风险管理的重心回归到资产风险管理上来，最具代表性的理论成果首推 MM 理论。70 年代以后，财务风险管理的主要理论有：投资风险管理理论、资产组合理论、APT 模型等。国外的财务风险管理较为先进，并且对我国影响深远，具有重大的参考价值。目前我国的财务风险管理理论成果较少。我国的财务风险管理主要的发展阶段有：20 世纪 80 年代以介绍风险管理和系统安全为主的探索阶段；80 年代中期财务风险管理理论开始运用于经济建设、环境保护工程和地质勘探工程；21 世纪以来，我国财务风险管理理论应用比较广泛的领域主要在金融行业，在国外学者研究的基础上建立具有代表性的财务风险管理理论和实证分析模型。

二、财务风险管理的原则

企业财务风险管理能力的优劣决定了企业的兴衰成败。曾经连创佳绩、风光无限的最大民营企业德隆集团，没几年便陷入了严重财务危机；而新希望集团通过实施风险管理的"三否定"战略决策模式，推行严格的财务风险管理制度，多年来使新希望成为妇孺皆知的品牌之一。面对激烈的市场竞争，民营企业要摆脱不利境地，避免被淘汰和倒闭萎缩，确保继续发展壮大，只有适应市场竞争法则，规避风险，保生存，保发展，持续获得收益利润。所以，进行财务风险管理对企业具有重要意义。财务风险管理应遵循三个原则，分别为融合战略目标原则、适度承担风险原则及风险与收益匹配原则。其中，融合战略目标原则是指在企业的战略规划过程中，将财务风险管理贯穿于整个战略目标实施的全过程；适度承担风险原则是指为促成战略目标的实现，企业通过承担最小风险实现既定财务目标进而实现战略目标。企业适度承担风险的胆量与风险管理能力和盈利能力相适应；风险与收益匹配原则是指企业在风险管理中应当处理好成本与收益关系，对不同的风险实施不同的风险管理。

三、财务风险管理的一般程序

由于企业的财务风险始终存在于企业财务活动、经营活动的全部过程之中，以至于企业应当进行连续、动态的财务风险管理活动。主要包括风险识别、评估、应对等程序。

（一）财务风险识别

风险识别是企业风险管理最为关键也最为困难的一环。企业通过对自身所面临内部和外部环境等因素进行认识和评估，通常采用 SWOT 分析法，从优势、劣势、机会和威胁四个方面对企业的处境进行评估，寻找影响企业经营目标的、容易引起风险事故和损失的风险因素。风险识别贵在全面，力争找出所有可能的风险因素；并考虑风险的相互依赖性，综合运用多种方法对风险因素进行分类，便于分析和处理。除此之外，财务风险识别方法还包括德尔菲法、财务风险结构性质识别矩阵、报表分析法等。

1. 德尔菲法（Delp-Method）

又称专家意见调查法，是 1964 年由兰德公司的达尔基（Dalkey）和赫尔墨（Heliner）正式提出的。它采用一定的程序，通过专家对企业内部和外部环境的分析，综合反馈直至得出一致的结论。分析企业是否存在导致财务风险出现的主导因素和环境，并推断财务风险发生的可能性大小，并以此作为预测依据。这种方法具有反馈性和普遍的适用性。同时过程比较复杂，耗时较多。

2. 财务风险结构性质识别矩阵

将财务风险的发生概率分为零、很小、一般、很大、　定。将财务风险对企业的影响分为轻微、小、中、大、危机五个档次。将企业所有可能发生的财务风险对号入座并分为低、中、明显、高四个层次。用风险估计矩阵来表示每一种财务风险相对应的结构性质。那么企业应当着重关注与应对的是发生概率较大且对企业财务影响较大的风险类型。

3. 报表分析法

企业财务报表综合反映了企业的财务状况、经营成果、现金流量的情况。企业财务人员根据国家标准、行业标准等对企业的资产负债表、利润表、现金流量表以及所有者权益变动表的相互对比分析，可以熟悉公司资本结构，有利于充分发挥财务杠杆的作用，降低融资成本，有利于了解企业资金的分布状况和使用效率，对于判断企业应对风险能力的大小有所帮助。通过对财务报表的横向比较，我们可以准确评价企业的盈利状况和稳定性，为财务风险诊断打下基础。通过对财务报表的环比分析，我们可以发现一些报表项目的增减变化情况，如果这种变化幅度超出了正常范围，则需要逆向调查追踪，找出导致这种变化的原因，从根本上杜绝其发展为较大财务风险。报表分析法适用于企业活动的各个阶段，分析方法简单易行，具有普遍的适用性。

（二）财务风险评估

是在识别自身风险因素的基础上，有针对性地对风险发生的可能性和影响程度进行估计和计算，通过有效的风险衡量和风险评价为此后的风险应对策略的制定提供基础和依据。对风险的估计与评价有以下三种方法：

（1）财务指标分析法

指标分析法是企业财务人员根据财务信息以及市场调查信息等，进行相关指标的计算分析，从而识别企业财务风险的一种方法。指标分析法一般同报表分析法结合使用。二者都需要用到企业的财务报表等相关数据。准确的指标分析不仅对企业某一年的数据进行分析，往往还要对近几年的数据进行对比分析。指标分析法往往计算简单，在评估企业财务风险时往往会选取若干重要指标进行单独分析，无法衡量企业的全部状况，这也是指标分析法的缺陷。指标分析法包含：偿债能力分析、营运能力分析和盈利能力分析。对偿债能力进行分析，有助于了解企业资产流动性水平、资产负债水平和偿债能力大小，便于对企业财务状况和风险进行准确预判，并且能够为管理层、投资人、债权人等提供相关可使用信息。

（2）概率估测法

主要适用于对项目风险和非系统性风险的估测。它通过预测各种可能的结果及其相应的概率，并计算相关收益的期望值、标准差和变异系数来衡量财务风险。

（3）财务诊断法

它是利用企业经验数据，选择一些比较敏感的财务指标建立预警模型来对企业面临的财务风险进行预警分析，进而进行有效管理和化解财务风险。财务诊断法有单变量分析和多变量分析。

（三）财务风险应对

企业财务风险的应对建立在财务风险的识别与评估之上，贯穿于财务风险管理的全过程。企业管理层应根据往年财务数据分析结论，结合经济政策的变化，对财务风险进行合理的预防，从而保障企业本年度经营目标。如果发现了风险诱导因素，则需迅速判断，对相关活动进行纠偏。若财务风险已经发生，则应找出风险发生的原因，纠正错误，补亏止损。同时应当调整企业相关经营决策，防止风险复发。应对财务风险要求企业经营者与财务人员具有高度的敏感性，有及时处理财务风险和消除财务风险诱因的能力。财务风险的应对策略一般包括：风险保留、风险降低、风险转移、风险规避、风险预防。企业应根据自身的风险承受能力，和经营管理的有效性合理取舍，最大限度保证企业的经营效益。

1. 风险保留

就是将能够承受或不可避免的财务风险承受下来。同时采取必要的措施加以控制，以降低不可避免的风险，从而减少风险带来的不良后果。如过降低风险的成本过大，则不宜使用。使财务活动朝有利于企业经营的方向发展。企业应当预留一部分资金对此类财务风险进行应对。比如合理计提坏账准备，定期对计提比例进行调整、加强应收账款的管理减少坏账的发生。风险保留是企业财务风险管理的被动措施，相对薄弱，一定要结合其他风险应对措施使用。

2. 风险降低

风险降低是指企业将自身可能遭受的损失或承担不确定性的后果转嫁给他人的风险处理方法。风险转移可通过保险、外包、和出售等方式来实现。

3. 风险转移

将即将面临的财务风险转移至可承受部门或者其他经济主体。财务风险的转移并不会降低风险的程度。比如说对企业的重要资产进行投保、利用其他经济主体对本企业的活动进行担保，或通过联营投资的方法将一部分风险转移至其他投资方、适当通过发行股票的方式进行融资。

4. 风险规避

首先，保持企业资产的流动性。制造业企业还应加速存货的周转、降低库存量，以保持良好的变现能力。其次，保证收入的稳步增长，在保证产品质量的情况下合理配置生产，降低生产成本。第三，不断开拓新市场，提高产品质量，提升企业形象。第四，应根据企业发展的不同时期，充分考虑财务杠杆、市场营销、金融市场情况，选择综合资本成本最低的融资策略，使财务风险降到最低。

5. 风险预防

财务风险的预防是积极的财务风险应对策略。有利于将财务风险在萌芽阶段消除。企业可以：第一，加强风险教育，树立管理层的风险防范意识，从根本上杜绝财务风险；第二，加大资本运营力度，提高资本利用率，可建立财务风险准备金，分期进行摊销；第三，加强客户管理，建立客户信用评级制度。有利于对应收项目进行管理。

第三节　企业财务风险管理措施

一、建立财务风险预警系统

财务风险预警机制具有其自身特色，它是运用数据化格式设置企业的风险预警机制，分析企业内外部环境中存在的风险因素，及其可能引发的危机。同时针对企业财务风险特质，寻求有效的风险预警途径，包括，财务风险形成的条件，促成因素，风险可能引发的危害，风险防范措施等。可以从两个层面防范风险，其一是企业预警机制，从企业整体出发，设置全面预警机制，对物资生产销售等相关部门设置风险预警指标。其二是财务预警机制，针对财务指标设置预警机制。双管齐下，点面结合，组成一个严密的体系，以期望有效的防范企业风险。风险预警体系如下：

（一）设置财务风险预警指标

从企业全局出发，设置长期风险预警指标。对物资生产销售等相关部门设置风险预警指标，分别从获利能力、偿债能力、经济效率、企业发展潜力、财务弹性、盈利能力、举债经营的财务风险等方面设置财务风险预警指标。并根据企业特色设置这些指标的预警值。

（二）从企业财务出发，根据现金流量情况，预测财务风险

日常工作中对财务正常运转影响最大的当属现金流量，即使在账面盈利的情况下，如果企业流动资产全部由存货和应收账款组成，那么，企业是很难运转的。从现金流量出发，对企业进行动态监控，可以预测企业潜在的财务风险。当企业流动资产数额较大，但现金流较小时，需要分析是应收账款占用资金过多，还是由存货过多引起的。当应收账款过多时，说明企业的赊销管理方面存在问题，进一步分析是客户方面原因引起，还是企业的催收政策执行不到位，发现问题，及时落实，防范这个环节的财务风险。如果是存货过多引起的，可能是存货周转出现问题，分析是销售环节遇到问题，还是进货渠道监管不严，脱离实际大批量进货引起。大量库存的挤压，不但占用大量资金，而且市场行情瞬息万变，随时有跌价坏账的可能发生，将给企业带来巨大财务风险。应查清原因，及时妥当处理，杜绝此环节的风险。企业应当根据自身情况，设置现金流量预警体系，以同行业和企业往年状况做参照，对比企业未来发展规划，制定现金流量预测表，以有效地防范财务风险的发生。

（三）加强资产管理保障企业正常的盈利能力

企业流动资产的状况是现金流量的保障，决定企业的短期偿债能力。长期资产的状况决定企业的发展基础，是长期负债的保障，加强资产管理是企业正常盈利能力的保障。盈

利是企业存在和发展的目标，企业作为一个经营实体，存在的价值就是运用现有资源，创造更多利益。从企业的发展轨迹看，盈利是企业发展的动力和根本原因，如果一个行业失去发展潜力，无盈利空间，这行的企业都将面临转行。企业获得盈利的本钱是企业资产，企业应该加强资产管理，从资本结构、权益乘数、负债压力等多方面，合理调整资产结构，稳固企业基础，增强盈利能力。

二、完善企业财务风险防范与控制措施

（一）加强自身建设，适应客观环境变化

企业所处的外界经济、法律、政治等客观环境是不断变化的，不同时期对企业有不同的要求，企业只有调整好自身建设，适应环境的要求，才能取得长足的发展。所以企业在谋求自身发展时，要根据环境的要求，建立健全自身财务管理控制体系，具有先进的专业技术，配备专业胜任的人力资源，科学完善的操作流程，严密组织体系等，保证企业在适应客观环境发展要求的情况下，有效地规避财务风险，取得进步发展。

（二）全员树立财务风险意识

企业财务风险不只是针对某个人或某些人，它关系到整个企业的利益，关系到每个人的切身利益。财务工作贯穿于企业活动的各个领域，涉及各个岗位，上到领导下到基层工作者，工作内容都与财务相关。特别是一些关键岗位，更是应该划定财务风险界限，让相关人员时刻警惕财务风险的发生。如营销人员在处理赊销业务时，就要有应收账款可能坏账的意识，对相关赊销业务人员实行责任追究制，应收账款回款情况直接与其业绩挂钩，让业务经办人员在处理业务时就有财务风险的概念，从根源上有效地避免财务风险的发生。

（三）加强预警指标的管理，密切关注异常情况

企业针对自身的具体情况设置预警指标是预防财务风险的有效方法，但指标的设立只是工作的第一步，如何使它发挥实际作用则是关键的内容。当预警指标报警时，企业应有专业人员负责处理，找到异常的原因，对企业的财务影响的大小，采取妥善的处理方法，防范财务风险。当流动比率出现异常，预示着流动资产管理出现了问题，流动比率过速，预示着资产管理收益偏低，大量流动资产闲置，没有实现预期利益。如果流动资产比率过低，则资金周转出现问题，资金断链将给企业带来巨大财务风险。当权益乘数或资产负债率出现问题，则预示着企业的资本结构不合理，如果权益乘数或资产负债率指数偏高，说明企业的负债比率过高，企业负有到期还本付息的义务，当资产收益率小于资本利息率的情况下，财务入不敷出，将引起严重财务危机。当权益乘数或资产负债率指数偏低，则说明企业在运用自有资产经营，在有效的经营政策情况下，当资产收益率大于资本利息率时，限制了企业的发展速度，减少了预期收益。

（四）完善企业内部控制制度

企业要取得长远的发展，首先要从完善自身做起，只有内部强大了，才有向外部发展的力量。企业内部控制涉及各个方面，从企业经营到财务管理，从生产到销售，从市场到客户，从购料到售货，从人力资源的管理到财务能力的监控等。完善企业内部控制制度，从企业操作规程、管理细则等对企业进行严格督导。企业内部审计准则是企业内部控制制度的保障，通过企业内部审计控制，能有效地预防财务风险的发生。内部审计部门是独立的一个机构，对企业决策层负责，以专业人员的身份，置身事外，对企业运营管理进行监督。如企业内部财务审计，独立于财务部门，对财务进行审计，就审计中遇到的问题妥善处理，将相关财务风险消灭在萌芽状态。

（五）确保财务决策的准确率

排除了制度方面引发的财务风险，还要确保财务决策阶段的正确率。有众多的财务方案需要决策，比如财务预算方案、工程决算结算方案、企业利润分配方案、注册资本变动方案等。在财务决策阶段，要排除经验主义态度和主观主义态度。经验主义是指在财务决策时，凭以往的经验为指南，沿着老路走，认为这种方式少走弯路少碰壁，特别是在以往的运营中有过成功的先例，更是助长了这种风气。参照以往的经验是有可取之处，但不能仅凭经验来应对未知事项，时过境迁，条件和环境早已发生了变化，如过去是生产经济时代，卖什么买什么，但现在是营销时代，买什么卖什么。如果不认清形势，仅凭经验走路，势必遭受重大损失，带来账务风险。主观主义态度是指以主观能动性为核心，以自我为中心，凭个人认识决定企业发展方向。主观主义态度带有深厚的个人主见，缺乏科学性实践性，很容易决策失误，在企业财务决策阶段，要发挥科学决策的思路，以科技为依据，以实践为标尺，让事实说话，抛弃经验主义和主观主义态度，发挥科学决策的精神，确保在财务决策阶段，控制财务风险的发生。如在决策时，在有多套方案可供选择时，要有充分支持方案的理由，比如，在选择某一投资方案时，要建立在可靠的市场调研基础上，公司的资金状况，资金来源，现金流量，具有详细的可行性报告，及领导的决策意见汇总等必备资料，采用科学的方法选择投资方案。

（六）实行经营业务负责制，做到权责利的高度统一

每个部门每个岗位，都有具体的岗位职责，部门权责。在组织机构框架内，要做到凡事有人管，凡责有人扛的局面。不能遇事推诿，相互扯皮。要做到这一点，需要从以下几方面做起。企业财务风险隐藏于各个部门岗位，首先，设置符合企业特色的组织机构，涵盖企业经营的各个领域，不留业务空白地带。其次，在部门之间，要有详细的职责权限范围，在权力交叉领域，由共同的管理部门负责，相关部门负有连带责任。再次，在利益分割阶段，兼顾各方利益，培养对组织的信任感，对工作的积极性。最后，实行责任追究制度，哪里出现问题，追究哪里责任。通过一系列的举措，目的在于实行权责利分明，财务

关系清晰，防范财务风险的发生。

（七）合理调整资本结构，控制财务风险

企业经营需要资本，资本来源渠道决定着企业的资本结构，决定着企业的偿债能力和经营风险。企业为了增强盈利能力，一般自身资本难以满足要求，需要求助于外力，采取负债经营。适当的负债水平对企业是有利的，它可以让企业抓住机会加快发展，不因资金的缺乏而坐失良机。但过犹不及，负债比例过高，将带来巨大财务风险。特别是当企业经营利润率小于资本成本率时，将产生亏损，陷入恶性循环。再一个从自有资本经营和借入负债经营的区别来看，自有资本无到期还本付息的压力，来自外界的威胁较小，但负债经营则不同，必须保证经营利润大于资本成本且达到预期收益的情况下，才算是经营得当。如果达不到预期收益水平或者实际收益趋于零，那么企业负债经营的举措是失败的。比如现在的房地产市场，负债比率较高，基本上是靠负债经营，银行贷款用于购地开发，预售商品房归还贷款，在高额利润空间的情况下，能得以维持，一旦市场不景气，预售商品房不顺，或价格利润空间缩小，依靠贷款度日的房地产企业将举步维艰，资金链一断，大规模的企业将难以维系。如2008年的金融危机，货币市场紧张，资金缺口严重，温州等房地产开发领先市场，相继破产倒闭，引发全国房地产危机。所以企业想要取得长远发展，可以经过合理渠道取得适当比例负债，提高经营效率，但要把握财务风险的度量，避免企业陷入财务危机。

（八）完善企业法人治理结构

所谓企业法人治理结构简单说是指企业权利在股东会、董事会、监事会和经理阶层之间的分配模式。股东提供企业的经营资本，是企业的所有者，但当企业发展到一定规模，管理也要提高到一定层次。企业所有者已经分身乏术，无法满足直接经营管理的需要。我们把这种所有者和经营者分离的经营模式称为企业法人治理结构。企业法人治理结构有其优越性，专业团队做专业的事，节约能源提高经营效率。但也要防范其不利的一面，表现在企业所有者与经营者的经营目标不同，企业所有者的目标是用最小的成本，获得更大的收益，而经营者的目标是更丰厚的待遇，更多悠闲的休闲空间。在调整目标利益的节点上，需要兼顾各方利益，尽可能合作共赢。在实现预期利益的过程中，规避财务风险，争取更大利益。企业所有者可以采取相关的激励措施，调动经营者的积极性，获取企业利润。激励措施可以是提高薪金待遇、精神奖励、给予经营者股票期权等。

（九）加强资金管理

加强企业资金管理，保证资金安全。在资金管理方面，银行存款做到每日报账，使直接领导知晓每日银行存款收入支出方向及金额，掌握银行存款动向。对库存现金做到日清日结，出纳每日核对账实相符，杜绝白条抵库，保证现金的安全。根据企业日常业务货币资金的使用规模，合理留存现金，既能满足业务需要，又不造成浪费，库存现金适度，避

免资金丢失风险。对应付账款提前做好预算，在到期还本付息或者分红时，及时调度资金，以避免出现无力支付的情况。在应收账款管理方面，细化应收账款管理，掌握客户的信誉资格，经营状况，应收账款规模，加强应收账款的后期跟踪管理，有利于确保信用政策的全面落实。可以从以下几个方面着手，加强应收账款管理。第一，对不同的客户建立档案管理，制定赊销额度。细化市场管理，预防财务风险；第二，做好账龄分析。这样有助于明确目前的收账重点和程序，从而提高应收账款的收现效率；第三，加强对坏账的管理。对应收账款制定跟踪管理责任追究制度，严格监管坏账发生的全过程，对发生的坏账，实行责任追究，列入业绩考察。

（十）实施债务重组

实施债务重组这种模式是在债务人陷入财务危机，无法清偿到期债务的情况下发生的。在债务人陷入账务危机，有两个方案可供选择，对债务人债权人双方有两种不同的结果。第一种方案是暂缓偿债，进行债务重组。对债务人一方，此方案可以暂缓困难，有个喘息的机会，债权人做出的让步，减轻了其还偿的压力。留出时间寻求筹资渠道，寻找机会走出财务危机。对债权人一方，允许债务人暂缓偿债，进行债务重组。因为债务人暂时的财务困难并不一定会使财务状况继续恶化，如果给其缓解压力的机会，减轻其一部分压力，有可能会让其恢复财务能力，有利于收回债权。但这样做对债权人来说也是有风险的，一旦债务人财务状况继续恶化，将造成更大财务损失。另一种方案是，要求债务人立即偿还债务。在这种方案下，债务人本来紧张的财务偿债能力会进一步恶化，甚至导致破产倒闭。对债权人来说，其追回的债权也只是一部分。这一方案，加快财务风险的发生，在是否做出债务重组的选择时，权衡利弊大小，根据企业及客户的具体情况，选财务风险最小的方案。

第五章　会计基础工作及其规范化

第一节　会计基础工作概述

一、会计基础工作的概念

会计工作是管理工作的重要组成部分，而会计基础工作是会计工作的基础性环节。会计基础工作是指对会计核算和监督起管理服务作用的基础性工作的统称，其本质是为会计主体提供所需要的财务信息，满足企事业单位经营管理的需要。会计基础工作所包含的内容非常广泛，主要包括会计凭证的填制、会计账簿的登记，财务报告的编制等。甚至有的将指标考核、定额管理、计量管理等这些管理学中的重要概念也纳入会计基础工作的范畴，这足以说明会计基础工作所包含内容的广泛性。当然，会计基础工作的概念也是不断发展完善的，会计基础工作的范围会随着社会的发展和会计职能的扩充而不断的扩展。各个单位还要结合本单位经营管理工作的需要以及会计职能的发展来定义会计基础工作的内涵和外延，从而逐步提升会计基础工作的管理水平。

二、会计基础工作的内容

会计基础工作是指涉及会计和与会计相关的各方面、各环节的基础性工作，内容十分广泛。是从填制会计凭证，到登记会计账簿，最后到编制会计报表的整个过程。会计基础工作的具体内容主要包括：填制和审核各类原始凭证；填制和审核各类记账凭证；按照规定的会计科目设置总分类账户和明细分类账户；根据记账凭证或原始凭证登记记账和明细分类账；根据记账凭证汇总表登记总分类账；清理和核对各项项目；清查和盘点各项财产物资、货币资金和有价证券；按照规定的比例和范围提取各项专项资金；按照规定的方法摊销和预提费用，计入收入、成本、费用和财务成果；编制和报送各类财务报表；整理和妥善保管各类会计档案。

三、会计基础的工作范围

（一）会计核算依据的基本要求

会计核算必须以实际发生的经济业务事项为依据。实际发生的经济业务事项是指各单位在生产经营或预算执行过程中发生的包括引起或未引起资金增减变化的经济活动：以实际发生的经济业务事项为依据进行会计核算，是会计核算的重要前提，是填制会计凭证、登记会计账簿、编制财务会计报告的基础，是保证会计资料质量的关键。而以虚假的经济业务事项或资料进行会计核算，是一种严重的违法行为。以不真实甚至虚假的经济业务事项为核算对象，会计核算就没有规范和约束，据此提供的会计资料不仅没有可信度，相反会误导使用者，侵害利益相关者的利益，扰乱社会经济秩序。

（二）会计资料的基本要求

会计资料必须符合国家统一的会计制度的规定。会计资料是在会计核算过程中形成的记录和反映实际发生的经济业务事项的资料，包括会计凭证、会计账簿、财务会计报告和其他会计资料。会计资料所记录和提供的信息也是一种重要的社会资源。

1. 会计凭证

会计凭证是记录经济业务事项的发生和完成情况，明确经济责任，并作为记账依据的书面证明，是会计核算的重要会计资料。如何填制、审核会计凭证是会计核算工作的首要环节，对会计核算过程、会计资料质量都起着至关重要的作用。会计凭证包括原始凭证和记账凭证。及时填制或取得原始凭证是会计核算工作得以正常进行的前提条件。对原始凭证进行审核，是确保会计资料质量的重要措施之一，也是会计机构、会计人员的重要职责。记账凭证的编制，必须以经过审核无误的原始凭证及有关资料为依据，以保证记账凭证的质量。

2. 会计账簿

会计账簿是指以会计凭证为依据，由一定格式并相互联系的账页所组成的，对单位全部的经济业务进行全面分类、系统序时地登记和反映的簿籍，是会计资料的主要载体之一，也是会计资料的重要组成部分。依法设置会计账簿，是单位进行会计核算的最基本的要求。以经过审核的会计凭证为依据登记会计账簿，是保证会计资料记录真实，完整的重要基础。

3. 财务会计报告

财务会计报告是企业和其他单位向有关各方面及国家有关部门提供财务状况和经营成果的书面文件。财务会计报告的编制应当符合法定要求。财务会计报告的编制，包括编制依据、编制要求、提供对象、提供期限等，是会计核算工作的重要环节。财务会计报告不仅是一个单位会计工作的最终成果，更是一个单位财务状况和经营成果的全面总结和综合体现。

4. 其他会计资料

其他会计资料包括会计人员岗责任制度、财务处理程序制度、内部牵制制度、稽核制度、原始记录管理制度，定额管理制度、计量验收制度、财产清查制度、财务收支审批制度、成本核算制度、财务会计分析制度等。它们也是会计资料不可缺少的部分。

（三）会计电算化的基本要求

会计电算化是以电子计算机为主的当代电子和信息技术应用于会计工作中的简称，是采用电子计算机替代手工记账、算账、报账以及对会计资料电子化分析和利用的现代记账手段。实现会计电算化，是现代化管理和会计自身改革与发展的客观需要，是现代科技发展的必然。对实现会计核算手段现代化和提高会计参与经营管理的能力具有十分重要的意义。用电子计算机进行会计核算的单位，使用的会计软件必须符合国家统一的会计制度的规定。会计软件是会计电算化的重要手段和工具，会计软件是否符合国家统一的会计制度规定的核算要求，是保证会计资料质量和会计工作正常进行的重要前提。

四、会计基础工作面临的新发展形势

《规范》的颁布使许多单位认识到会计基础工作规范化的重要性，把会计基础工作与改善企业管理，建立现代企业制度结合起来，努力做好会计基础工作的规范化，提高会计工作的水平，使会计基础工作在企业经营管理中发挥日渐重要的作用。但是随着企业经营管理方式的变化，尤其是经济、法规、信息技术的发展，使会计基础工作受到很大的影响，这无疑给会计基础工作的规范化提出新的挑战。

（一）经济管理环境的新变化

经济环境是会计工作产生和发展的土壤，经济环境的变化对会计工作产生着根本性的影响，不但影响着会计模式、会计方法的发展，而且不断推动着会计理论及会计实务的发展及变化。因此我们要根据经济活动的变化完善会计基础工作，但是我国的市场经济发展还不成熟，我国的经济体制仍处于计划经济向市场经济转型的过渡时期，这一时期经济发展呈现很多特点。

首先，经济体制改革已初见成效，经济规模及发展水平有了很大提高。改革开放以来我国的经济环境发生了翻天覆地的变化，由原来的计划经济体制转变为市场经济体制，原来的计划经济体制下的会计模式已经不能适应新形势的要求。随着企业规模和经济活动的不断扩大，各种经济关系变得更加复杂，经济内容不断丰富，从而需要更加全面的会计工作提供更加全面的会计信息。经济现象的复杂化，需要会计基础工作丰富更多的内容，对不同的经济现象进行记录和报告，为宏观经济管理和微观的经营管理提供有用的信息。

其次，企业组织形式多样化，发展水平参差不齐。现在的经济结构是以公有制为主体，多种所有制经济共同发展，企业的组织形式多种多样。不同的企业组织形式要求的会计核算形式和内容不同，从而要求的会计基础工作内容不同。这就要求会计基础工作随之变化发展。使会计基础工作规范化面临新的挑战。

最后，随着全球经济一体化的进程不断加快，会计工作日趋国际化，对会计信息披露的要求也有了提高，由于我国目前市场经济制度还不够完善，因此使用者对会计信息的关注与发达国家存在一定差别。如何真实可靠地反映企业财务状况、经营成果和现金流量的信息，满足投资人和债权人的需求，这也是我国会计基础工作面临的一大挑战。

（二）法律制度环境的新变化

要维护社会秩序正常运行，离不开法律体系的监督和强制作用，会计界也不例外。制定会计准则，规范会计行为是保障国家经济在正常轨道上发展的有力措施。但是随着会计环境的变化，会计实务的变化是发展的、无限的、具体的、分散的，因此法律法规准则制度的内容并不能揽尽所有会计实务的规范，不能完全有效地对应于所有的会计实务，所以法规制度本身要根据会计实务的不断发展而发展、补充和完善，以更好地指导会计工作。会计规范体系和会计实务并不是孤立的，而是一个系统的相互促进的两个方面。1996年颁布的《会计基础工作规范》是在总结1993年修改的《会计法》、1984年颁布的《会计人员工作规则》及其他会计基础工作规章制度实施情况的基础上制定的。但随着法规制度环境的变迁，《规范》的修改和完善势在必行。由于经济环境的需要1999年再次修改《会计法》，《会计法》的修订不仅对会计基础工作提出了更高的要求，而且也为会计人员更好地做好本职工作提供了法律上的指引和保障。随着《会计法》的修订，《规范》的内容也应该在《会计法》的指导下做出相应的修改，以期更好地指导全国的会计基础工作。

（三）信息系统的新变化

1981年8月在长春召开的"财务、会计、成本应用电子计算机专题讨论会"上，把计算机在会计工作中的应用简称为"会计电算化"。计算机会计信息系统是随着计算机的应用而发展起来的，早期的会计信息系统即我们通常所指的会计电算化。会计电算化把人们从繁重的手工劳动中解脱出来，使会计核算的效率更高，为整个管理信息系统的现代化奠定了基础。20世纪70年代，我国将计算机应用于会计工作，实现了会计数据处理的电算化。我国的会计信息系统经历了漫长的发展历程，早期的会计电算化，只是将计算机应用于单个的会计业务处理上，处理程序非常简单，没有专门的数据库。

会计信息系统是一个不断发展和完善的系统。随着经济环境的发展，很多单位的业务形式发生了变化，新的业务形式对会计信息系统提出新的要求。随着计算机技术的发展，使会计电算化向更高程度发展提供了技术保障。会计电算化开始向系统化的方向发展，出现的各种数据库系统可以对会计信息进行系统的分类和分析，输出对管理者有用的会计信息，为管理者提供决策方案。早期的会计信息系统主要用于提高财务部门的工作水平，是独立于其他信息系统的，属于部门级的会计信息系统。由于财务部门在企业中的特殊地位，要实现企业整体信息化必须打破会计信息系统的独立性，实现会计信息共享。使会计信息系统与企业其他业务系统紧密结合，形成企业级的会计信息系统。经济环境及技术环境的发展使企业间的联系更加紧密，业务往来更加频繁，面向企业内部的会计信息化已不能适应经济环境的发展，互联网技术的发展使面向企业间的会计信息化成为可能。

虽然我国的会计信息化整体已经实现了面向企业间的会计信息系统阶段，但是由于各个企业的发展程度参差不齐，每个单位会计信息化所处的阶段也不一样。不同阶段的会计信息化对会计基础工作的要求也不一样，我国的会计基础工作规范应该考虑到这一实际情况，对每一阶段的会计基础工作有区别性的规范，不能一概而论。

第二节　会计基础工作与环境的关系

环境与会计基础工作的关系是：会计基础工作与环境密不可分性。会计基础工作受制于环境的发展又服务于环境，并随着环境变化不断深入而得以完善。只有不断改善会计基础工作，使之与环境相适应，才能充分发挥会计的作用。其具体体现如下：

一、政治环境与会计基础工作的关系

政治环境与会计基础工作的关系不是直接的，而是间接的。这种关系体现在以下几点：第一，任何一种政治制度下的统治阶层，都需要利用会计工作处理经济利益关系，这就必然使会计工作带有一定的政治色彩和社会属性；第二，作为上层建筑的政治体制，对经济体制的改革和发展具有推动或阻碍作用，政治体制的改革，势必会引起会计赖以生存的经济环境发生变化，进而使会计工作发生相应变化；第三，不同政治环境下的民主理财程度不同，群众监督制度不同，对会计信息公开程度的要求也不同。

二、经济环境与会计基础工作的关系

经济环境对会计基础工作具有指导作用。从经济体制来看，不同的经济体制形成了不同的会计目标、管理方式、会计规范、会计监督等模式，而不同的会计目标、管理方式、会计监督等模式对会计工作的要求不同。从经济发展水平来看，会计的认识对会计实践领域的宽窄、理论研究的深浅、规范体系的完善等都有不同影响。一般地讲，经济发展水平越高，会计的认识就越加科学，会计的各方面工作就越加完善。从经济调控方式看，经济调控方式取决于政治体制与法律体系，在高度集权的政治与法律体系下，经济调控方式一般也采纳集权方式，要求会计工作规范的制定和实施、会计及其人员的管理及会计信息的质量都比较强硬与统一；市场化程度高的经济体制下，宏观经济调控力度一般较弱，主要依靠市场这只看不见的手实现各种调控，政府的干预较小，要求会计工作规范制定与管理呈协会型，鼓励企业自行选择会计政策，会计工作的主要服务对象定位于会计信息使用者。

三、法律法规、制度环境与会计基础工作的关系

法律法规、制度环境使会计基础工作既受到保护又受到制约。法律法规、制度环境指会计工作所处于国内外各种法律法规、制度的境况。如：会计法、公司法、证券交易法、税法、国际商法、会计准则、会计基础工作规范等。法律法规、制度环境既为会计工作提供了准绳，同时又对会计工作提出了严格的要求。

四、教育和文化环境与会计基础工作的关系

教育和文化环境与会计基础工作相互促进相互制约。

文化是人类创造的物质文明和精神文明之和，它包含了价值观、道德规范、风俗习惯、语言文字、理想和信念等。任何一个国家的会计发展都不可能脱离其文化环境的氛围，任何一个国家的会计工作都会以其特有的价值观念和思维方式形成会计思想、会计理论，指导会计行为。

会计工作由于其特有的技术性，要求从事会计工作的人员必须具有一定的文化知识、会计专业知识和职业道德素质，一个会计人员的专业水平和职业道德直接制约着其会计工作的实施程度。因此，教育能提高我们的文化水平和会计专业知识，文化水平和会计专业知识又影响我们对会计的认识、影响我们的会计行为，进而影响到会计法规执行的深度。

五、科学技术环境与会计基础工作的关系

科学技术环境是会计基础工作发挥作用的物质条件。科学技术的应用，一方面能使得会计工作运作能够通过及时、有效的信息传递，实时把握市场需求；使得会计工作的重心、方法、手段和方式发生改变，如电子计算机在会计领域的应用，使会计核算手段由手工操作发展到全面机械化和电子化，使会计信息系统变得更加灵敏、会计信息传递更加及时和准确。另一方面能促进会计不断吸收新的科学技术成果，使会计学科不断地向新的领域开拓，进而使会计工作的地位不断巩固和提高。

六、管理环境与会计基础工作的关系

管理环境与会计基础工作的关系不仅是直接的、重要的，而且是日益突出的。

单位领导对会计工作的重视程度是实现会计基础工作规范化的重要保障。一个单位的会计工作组织机构是否完备，会计管理制度是否健全，会计工作人员是否有地位与独立性，与领导重视的程度密切相关。一般来说，会计人员在单位中的地位越高，会计人员工作的独立性越强，说明该单位领导的重视程度就越高。

单位会计人员的素质高低是实现会计基础工作规范化的重要基础。企业会计人员素质是影响企业会计行为效果的最终因素，包括政治和职业素质、业务和技术素质、组织和协调素质。由于会计行为主体是会计在经济管理中能否发挥作用的关键，会计人员素质的高低影响着企业会计作用的真正发挥，影响着会计管理水平的提高。如果会计人员素质低下，即使有再好的会计制度，再先进的专业技术，企业的经营管理效果也不可能是最佳的。

健全的内部控制实现会计基础工作规范化的重要条件。一方面，作为一个由制衡机制、激励和约束机制、管理控制机制、信息披露机制、外部监管机制共同组成系统的内部控制，涵盖了单位内部涉及会计工作的各项经济业务及相关岗位。为了确保不同机构和岗位之间权责分明、相互制约、相互监督，坚持不相容职务相互分离原则，对业务处理过程中的关键控制点和涉及会计工作的所有人员，合理设置了职责、权限，使单位的会计基础工作受到约束。另一方面，会计基础工作不规范致使内部控制失控，产生内部控制风险，进而连锁产生经营管理的其他风险。会计环境对会计有着直接的影响，而会计的发展对会计环境又起着一定的反作用。影响一个国家会计的因素主要包括上述的经济、政治、法律与教育诸方面。而这些因素中每一种因素的变化又会影响其会计实务。所以，分析一个国家的会计，必须考虑上述各方面的因素。

第三节　会计基础工作规范化概述

一、会计基础工作规范化的内容

会计基础工作规范化就是将会计基础工作按照一定的标准予以程序化、标准化、模式化。会计基础工作规范化就是将会计工作标准化和程序化，主要包括以下几方面内容：

（一）对会计机构和会计人员的规范

为了顺利开展会计工作，完成会计任务，各单位应当根据《规范》的相关内容和本单位制定的内部会计控制制度的相关规定对本单位会计机构的设置和会计人员的配备进行明确的规范，按要求设置合理的会计机构，配备合格的会计人员。

1. 对会计机构的规范

会计机构是各单位根据经济业务需要设置的从事会计工作、办理会计事项的内部职能部门。会计机构一般称为财务（会计）部（处、科、室）。企业应当根据经济业务的需要，并且按照《规范》的要求设置会计机构，根据经营管理的需要在业务、生产等部门配备会计人员。行政事业单位中不管会计机构的设置还是会计人员的配备，都应符合国家统一的行政事业单位会计制度的相关规定。

根据经济业务需要合理地设置会计机构，是正确组织会计核算工作的一个重要环节，是保证做好会计工作和发挥会计作用的重要条件。各企业的情况千差万别，如何做到合理地设置会计机构，目前没有统一的规定。

一般地说，年营业收入额在 100 万元以上、专职经营人员 20 人以上的企业，应当设置单独的会计机构；年营业收入额在 50 万元以上、专职经营人员 10 人以上的企业，可根据会计业务量的需要设置单独的会计机构，或者在相关机构中设置会计工作人员并应指定会计主管人员；年营业收入额在 50 万元以下、专职经营人员 10 人以下的企业，可以根据会计业务量的需要设置单独的会计机构或者在有关机构中设置会计人员并指定会计主管人员；也可以只在有关机构中设置 1 名出纳员，其会计核算与监督的职能委托经批准设立的从事会计代理记账业务的机构代理行使。

企业各部门地域分散不宜集中统一核算的，或供应、储运、生产、销售业务量大而难以集中审核的，一般可在相关部门配备会计人员，进行二级核算。例如在供应部门设置负责材料物资核算的财产物资会计，在生产部门设置负责成本核算的成本费用会计，在销售部门设置负责销售核算的财产物资会计等。

2. 对会计人员的规范

会计人员是指依法取得会计从业资格证书并在会计岗位直接从事会计工作的人员。具体包括总会计师、会计机构负责人（会计主管人员）和一般会计人员。

企业配备会计人员应当遵循精简高效和内部牵制的原则。精简高效原则是指在保证会计信息质量和有效会计监督的前提下，以求用最少的人力、财力、物力和时间消耗，圆满地完成会计工作任务。内部牵制原则是指会计人员间的分工应当建立相互监督、相互制约关系。会计人员应当保持相对稳定，不得随意调换。会计人员应当依法履行其基本职责权限。会计人员的基本职责权限包括：一是按照国家相关会计法律、法规及企业内部会计制度进行会计核算和会计监督；二是审核原始凭证的合法性，对于弄虚作假的的原始凭证不予接受，并报告单位负责人；三是对于记载不准确、不完整的原始凭证及时退回，并要求经办人员按规定进行更正、补充；四是拒绝办理或者利用职权纠正违反法律、法规和国家统一的会计制度规定的会计事项等；五是拟定或与有关部门拟定并完善本企业的内部会计控制制度；六是当发生工作调动或离职时应当按规定进行会计工作交接；七是按规定妥善保管会计档案；八是对违反《会计法》和国家统一的会计制度的行为应及时向有关部门进行检举；九是法律、法规和国家统一的会计制度等规定赋予的其他职责权限。

从《规范》总则第四条规定看，对会计人员的基本管理机制，为双层管理机制。也就是说，会计人员既要接受本级企业的领导和管理，还要接受上级单位的检查、监督、指导和培训。

（二）对会计核算的规范

会计核算是会计工作中记账、算账、报账的总称。会计核算的目的是通过连续、系统、全面地确认、计量、记录和报告，向管理者和有关各方及时提供合法、真实、准确、完整的会计信息。会计核算是会计工作的核心环节，这一环节如果出现问题，将严重影响整个会计工作。

为实现会计核算的目的，企业应当以《企业会计准则》《会计基础工作规范》和国家统一的会计制度等规定为准绳，规范会计核算的基础工作，运用恰当的方法进行会计核算。

1. 对会计核算内容的规范

会计核算是会计工作的核心环节。会计核算的内容，是一切需要办理会计手续、进行会计核算的事项。款项的收付、财产的收发、债权债务的发生、资金的增减、收入成本利润的计算、财务成果的核算等都属于会计核算的内容。款项的收付是一个单位发生最频繁的业务，有些单位款项的发生额还比较大，所以款项收付是一个单位会计核算中最容易出问题的环节。所以必须要加强对款项收付的规范，建立健全内部控制及管理制度。财产是一个单位进行生产经营活动的实物载体，包括办公家具、机器设备等固定资产及原材料、低值易耗品等流动资产。财产物资在一个单位的总资产中占的比重比较大，财产的收发、增减是一个单位经常发生的活动。所以对财产收发、增减的规范可以减少财产物资的损失，保证资产的安全。一个单位在经营的活动中不可避免的会产生一些债权债务，债权是收取款项的权利、债务是偿还款项的义务，债权债务的核算涉及单位与其他单位的利益。如果不能及时正确的核算债权债务可能会损害自身的经济利益或信誉。资本也称为所有者权益，法律对资本的增减规定得比较明确。实际工作中虚报费用，乱摊成本的现象比较严重，所以要对这部分工作有明确的规范。财务成果即财务工作所取得的成果，对财务成果的核算涉及所有者和债权人的利益，避免利润虚增或故意隐瞒利润。

2. 会计核算的原则

会计核算应该遵守真实性、可比性、一致性原则。真实性原则要求会计核算以实际发生的经济业务为依据。如果会计核算不以真实发生的业务为依据，会计工作就失去了意义，产生的会计信息就会误导管理者的决策。可比性原则要求会计核算按照统一的会计处理方法进行，由于企业所处的地域和行业不同，会计处理方法可能有很大的差异，不利于企业之间的比较和国家政策的执行。一致性原则要求同一企业在不同的会计期间都采用相同的会计处理方法。但是由于经济环境的变化，会计处理方法不可能不发生变化，发生变化时需要按照一定的会计制度在财务报告中加以说明。

（三）对会计凭证、会计账簿、财务报告的规范

1. 对会计凭证的规范

会计凭证是记录经济业务、明确经济责任的书面证明，也是登记会计账簿的依据，任何企事业单位为了保证会计信息的客观真实对每发生的一笔经济业务都要求经办人员填制和取得会计凭证，记录经济业务的具有内容，并在凭证上签名盖章，以明确经济责任。会计凭证有很多种，按照填制程序和用途可分为原始凭证和记账凭证。

原始凭证是在经济业务发生时填制或取得的，证明经济业务发生和完成情况，并作为记账依据的凭证。《规范》对原始凭证的填制做了详细的规定。原始凭证反映的经济业务

必须真实合法；原始凭证的数字和内容要填写明确不得遗漏和省略；从外部单位取得的原始凭证必须有单位的签章，从个人处取得的原始凭证须有个人签字，对外开出的原始凭证需加盖本单位公章。凭证书写要规范、大小写数字正确规范。

记账凭证是为确定经济业务应借应贷的会计科目和金额而填制的，是登记账簿的直接依据。会计人员应该根据审核无误的原始凭证填制记账凭证。记账凭证的填写应该内容完整、编号连续，有制单人员、记账人员、稽核人员及单位负责人的签章，涉及现金收付的业务应该还有出纳人员的签名或盖章。对于实行会计电算化的单位，机制记账凭证应该符合记账凭证的一般要求。

2．对会计账簿的规范

《规范》对会计账簿的设置、登记、修改做了规范。会计人员根据法规制度的规定，结合本单位的经济业务情况设置会计账簿。会计账簿可以把大量分散的会计资料汇集起来生成需要的会计信息，设置账簿是会计核算的必要手段。会计人员应该根据审核无误的记账凭证登记会计账簿，登记会计账簿时应当按要求把会计凭证里的一些内容都登记到会计账簿中，登记完成后在已经登记的记账凭证上签字或盖章，并注明已登记的符号，避免重复入账。在登记会计账簿时如果发现错误，要根据规定按要求修改，不能随意涂改。为了保证会计账簿所记录的内容真实完整，应当定期进行对账。会计工作中完成的各类会计账簿是重要的会计档案，必须按照规定的保管年限进行保管，保管期满后按规定的程序销毁。实行会计电算化的企业应该定期打印总账和明细账，并在发生收付款业务的当天打印现金日记账和银行存款日记账，与现金余额核对。

3．对财务报告的规范

财务报告是反映企业一定时期财务状况、经营成果和现金流量的文件。会计报告必须按照规定的格式和内容编制。会计报表是反映企业一段时间经营情况的报告，所以会计报表的数字必须真实、正确，与会计账簿的内容一致。会计报告要按照国家规定的期限报送和编制，不能及时报送的会计报表会丧失它应有的价值。

（四）对会计电算化的规范

会计电算化是会计基础工作的一项重要内容，会计电算化的开展和普及使会计工作发生了很大的变化。《规范》对会计电算化工作做了一些规定，《规范》颁布以后为了进一步规范会计电算化工作，财政部于1996年颁布了《会计电算化工作规范》。实施会计电算化首先要具备相应的计算机软件和硬件环境，选择合适的计算机运行环境是会计电算化的前提，选择适合的计算机软件是会计电算化的基础。

在选择会计软件时，要结合单位自身情况选择开发还是外部购买取得。如果选择从外部购买，需要对会计软件进行分析考察。首先考察会计软件所需要的计算机软硬件环境是否与本单位的实际情况相符。其次要对会计软件的功能进行考察，《会计核算软件基本功能规范》对会计软件的功能做了要求，《会计电算化管理办法》规定在中国境内销售的会计电算化软件必须经过评审，所以一定要选择经过评审的会计软件。但是每个单位经济业务不同，对会计软件的核算功能要求也不一样，所以要根据本单位所在行业的特点和对会计核算的要求选择适合的会计软件。除此之外还要考虑会计软件的操作性和售后服务。

有了适合会计电算化的软硬件环境并不意味着实现了会计电算化。会计电算化是一项技术性很强的工作，实行会计电算化要对会计人员进行相关培训，设置会计电算化岗位。《会计电算化工作规范》指出，实行会计电算化的单位应该建立岗位责任制，把会计岗位分为基础会计岗位和电算化会计岗位。基础岗位与手工环境下的会计岗位相一致，会计电算化岗位是直接管理和操作会计软件系统的岗位。

二、会计基础工作规范化存在的问题

社会主义市场经济的快速有序发展，离不开会计工作的积极参与，会计基础工作的规范化是会计工作发挥良好作用的关键所在。但是大多数企业不重视会计基础工作，在会计基础工作规范化方面存在严重问题，造成会计账目混乱、会计信息失真、会计制度不健全等诸多问题，严重影响了社会经济的健康发展。主要表现为：

（一）会计机构的设置不健全、会计人员的配备不合理

根据《规范》的规定，各单位应当根据会计业务需要设置会计机构和配备持有会计证的会计人员。一般来说，凡是独立核算的大中型企业，会计业务较多、财务核算金额较大的企事业单位，都要设置单独的会计机构，并配备所需要的会计人员。在会计机构内部和会计人员中建立岗位责任制，明确分工、各司其职，实现会计工作的程序化、规范化，从而提高工作效率和工作质量。会计工作岗位可以是一人一岗，一人多岗，一岗多人，但是会计工作岗位要实行定期轮岗制度，而且会计人员的配备要实现内部牵制的作用。

但是从实际的调查情况来看，会计机构的设置和会计人员的配备方面不规范的情况普遍存在，有些应当设置会计机构的单位，不设置单独的会计机构，仅把会计机构挂靠到总务或行政等其他部门。有的单位虽然设置了会计机构，但是没有指定会计主管，职责不够分明，没有主要负责人，造成会计机构的一些工作没人负责，会计人员进行调动或离职时无人负责交接工作，经常出现差错，工作秩序混乱。有的单位在会计工作岗位的设置中，比较重视纵向间的权利和义务关系，对于横向间的协调不够重视，导致部门内或部门间的工作协调性差，信息传递不够灵活。有些单位没有配备足够的会计人员，会计岗位的设置不遵循内部牵制的原则，出现记账凭证的制单、记账、复核同为一人，会计账簿中会计主管，记账，复核也同为一人的现象。有的单位任用单位负责人或会计主管人员的亲属担任出纳，任人唯亲，违背内部监督的原则。有的单位，出纳人员同时兼任稽核或会计档案的保管，甚至兼任收入费用、债权债务的账务登记工作，给舞弊贪污行为以可乘之机。有的单位，会计人员的工作岗位一成不变，没有实行定期轮换制度，使会计人员只能接触某一模块的工作，不能对会计工作有全局的认识，从而影响了会计核算工作，不能发挥会计的

经营管理职能。有的单位任用的会计人员素质不高，学历达不到岗位要求，不具备必要的专业知识和业务技能，造成会计工作质量低下，不能对企业经营管理发挥应有的作用。

（二）会计核算不规范

会计核算是会计工作的基本职能之一，其作用不仅仅是进行事后反映，还包括事前预测，事中核算，是会计工作的核心环节。但是在很多单位存在会计核算不规范的问题，中小企业表现尤其突出。有些企业由于业务规模比较小，组织结构不够健全，管理者只注重经营业绩，忽略会计工作的管理，造成不按规定设置账户、登记账簿、结账对账，造成账账、账实、账表不相符，直接影响会计资料的真实性。主要表现在：

1. 会计核算跨期入账问题

会计核算跨期入账问题突出，会计核算不以实际发生的业务为依据，为了美化财务报表，虚列或者隐瞒收入，推迟或提前确认收入；随意改变费用、成本的确认计量方法，虚列、多列、不列或少列费用、成本，费用列支渠道不明晰，核算内容前后各期没有可比性。

2. 会计核算未按照相关制度和准则进行

会计核算未按照国家统一的会计制度、会计准则的规定进行。有的单位随意改变资产、负债、所有者权益的确认标准、计量方法，虚列、多列、不列或少列资产、负债、所有者权益；有的单位随意改变收入、成本、费用核算标准，随意调整利润的计算、分配方法，编造虚假利润。

3. 原始凭证虚假填写

原始凭证填写不真实、不完整，各项原始凭证要素的填写存在漏填、少填、不填、虚填现象：一是会计原始凭证填写的经济业务项目与实际发生的项目内容不符；二是经济项目内容与发票使用范围、经营范围不符；三是使用过期作废发票及收费收据等；四是违规编制虚假的自制原始凭证。虚假经济业务产生虚假原始凭据，虚假原始凭据产生虚假会计信息。

4. 会计凭证的填写缺乏规范性

填制的会计凭证不符合规定，有些单位的会计记账凭证不符合会计制度的基本要求，记账凭证的内容不完整且不连续编号，打印出的机制记账凭证没有制单人员、审核人员、记账人员及会计机构负责人、会计主管人员印章或签字。

5. 会计账簿不按照规定设置

有的单位未按照国家统一会计制度的规定和会计业务的需要设置会计账簿，账外设账。有的单位随意启用会计账簿，且记录的有关数字与库存实物、货币资金、往来账项不符；不按期在结账后打印日记账、明细账、科目余额表；登记有误的账簿未按照国家统一规定的方法进行更正。各种账簿的登记不规范，账簿记录摘要不清；不按时记账；不结账、转账等等。

6. 编制的财务报告不符合会计法规的要求

会计报表之间、会计报表各项目之间的数字相互不一致；对财务报表所依据的会计记录或相关文件记录的操纵、伪造或篡改；对交易、事项或其他重要信息在财务报表中的不真实表达或故意遗漏；对与确认、计量、分类或列报有关的会计政策和会计估计的故意误用；隐瞒可能影响财务报表金额的事实；构造复杂的交易以歪曲财务状况或经营成果。

7. 会计电算化数据问题

会计电算化会计软件生成的会计凭证、会计账簿、会计报表和其他会计资料不符合公司关于会计电算化的有关规定。对财务软件的数据差异不进行原因分析，随意调整后台会计数据，致使财务软件系统失去控制效力。

（三）会计档案管理不符合规定

会计档案主要包括会计凭证、会计账簿、会计报告等会计核算资料，会计档案是记录和反映各单位经济活动的重要资料。通过会计档案可以了解一个单位具体的经济活动，可以检查一个单位是否遵守相关法律法规，有无违法乱纪的现象。会计档案还可以为单位制定经营决策及为国家制定相关的经济政策提供参考。我国《规范》对会计档案的保管做了明确规定，但是有些单位还是存在会计档案保管不规范的现象。主要表现在：

有些单位的会计档案没有及时移交档案部门保管，而是由财会人员自行保管，也没有编制会计档案保管清册和移交清册；有的单位会计档案保管到期没有及时销毁，造成新档案无处放置的现象。有的单位只重视会计凭证、财务会计报告、工资发放表等会计资料的管理，忽视了合同、票据存根及各种附表等会计资料的管理。甚至有的单位会计人员隐藏会计资料、销毁会计资料，没有按照会计档案保管年限的规定保管会计资料，有很多近期的会计资料不知去向，结果造成审查账目追溯到以前的会计资料时却查无根据。

（四）会计管理制度不健全

要想加强会计基础工作的管理，必须要建立健全单位内部的会计管理制度，但是在实际工作当中制度的建立和完善往往会被忽视。有些单位以每年来所发布的文件代替管理制度；有些单位以内部财务管理制度来代替会计管理制度；有些单位仍然延用以前年度制定的老制度。有些单位虽然按照会计规范化考核标准的要求建立了相应的会计管理制度，但却太过简单。具体表现为：

没有明确单位领导人的具体职责，没有明确财务部门与其他职能部门的关系；在会计人员岗位责任制中，没有对会计人员的考核、轮换等做出明确规定；在账务处理程序制度中，没有流程图示；在内部控制制度中，对相关职务的分离没做出明确规定，特别是很少提及对出纳岗位的限制性条件和财务部门与其他各部门间的相互联系；稽核制度和原始记录管理制度中，对有关人员的责任没有明确；财务收支审批制度未能明确财务收支的审批人、审批程序和审批权限、审批人的责任；经费支出（或成本费用）的控制措施更是很少涉及；在财产管理制度中，财产清查制度没有或者不完善，而具体操作也不严格，没有对财产尤其是固定资产进行定期盘点。

我国现行的会计基础工作规范是 1996 年颁布的，体现了当时会计主管部门对会计基础工作的基本要求，自实施以来对会计基础工作的规范起到了积极作用。但是近年来我国经济环境飞速发展，科学技术不断进步，使本《规范》的一些规定已不能适应新形势的需要。随着会计相关技术，尤其是计算机技术的不断发展，会计手段、环境、流程及角色分工发生了很大变化，这就对原来依据手工记账环境制定的《规范》提出了挑战。

三、会计基础工作规范化问题的原因分析

（一）对会计基础工作缺乏重视，会计人员素质参差不齐

不管是会计理论的研究者还是会计工作的实践工作者，都认为会计基础工作是一个再简单不过的问题，他们的目光往往集中在会计信息的质量上，殊不知会计基础工作是会计信息产生的基础所在。由于会计理论研究者对会计基础工作的研究比较少，导致现在会计基础工作系统化的研究成果很少，会计基础工作研究成了会计界上不得台面的研究问题。缺乏重视间接导致了会计基础工作的研究无法深入，从而更无法使人们意识到会计基础工作的重要性。由此，这一过程形成了恶性循环，使会计基础工作被遗忘在角落里。

对于实践工作者来说，单位负责人要对本单位会计工作负责，但是单位负责人往往不懂财务工作。把主要精力放在提高经济效益、扩大市场份额上，单纯地追求经济效益最大化，忽视了财务会计工作在经济管理中的重要地位，打击了会计工作人员的积极性。他们认为会计基础工作做得好坏，最终都要看经济指标完成情况，不考虑企业的长远发展。单位负责人不重视会计管理制度的建设，把会计核算工作当作是为应付财政税务等相关部门检查的工具；不重视会计人员的技能水平和会计知识的更新，认为会计工作只是简单地收付计算。

我国许多单位存在会计人员素质不高的问题。一个合格的会计人员首先应该遵守职业道德，但是很多企业在选用会计人员的时候往往忽视了对这方面的考察。造成会计人员在工作中弄虚作假，贪污舞弊，损害单位和国家利益。这些缺乏职业道德的行为，将严重的影响企业的长期可持续发展。一个合格的会计人员还需要具备较高的业务水平，但是我国会计人员现在存在着两个极端的现象。一部分是传统的会计人员，他们具有一定的业务能力，但是文化水平比较低，跟不上企业快速信息化的发展，在工作中经常按照自己的习惯进行账务处理。另一部分是具有较高的学历水平，但是缺少实际工作经验的大学毕业生，他们掌握更多的理论知识，但不能很快地把理论知识与实际工作相结合。会计人员的素质不高就很难实现会计基础工作的规范化。

（二）内部监督力度不够

会计监督是会计的一项重要职能，内部监督是会计监督体系的重要组成部分。有力的内部监督需要健全的内部控制制度来保证。但是不管大企业还是中小企业都存在内部控制制度不健全的现象。大企业由于内部机构庞杂，各部门之间关系不能很好地协调及会计部门对其他部门的了解不够深入，内部控制制度的制定和修改是一个工程庞大的工程，所以很多大单位的内部控制很多年都没有变动，跟不上经营管理和经济业务的发展变化。基于陈旧的控制制度上的会计监督工作当然达不到应有的效果。内部监督力度的不够就使会计基础工作中存在的问题凸显出来。会计部门仅仅依靠自己的力量无法实现对会计基础工作的规范。对于一些中小企业来说，由于会计机构的设置不健全、会计人员的配备不完善，就会造成不相容职务由一个人来担当，会计监督的作用发挥不出来，会计基础工作的规范更谈不上。

（三）外部监督力度不够

会计监督体系包括内部监督和外部监督，外部监督包括国家监督和社会监督两部分。在国家监督方面，存在的主要问题是执法不严、监督无力。这些单位的会计基础工作是否规范，会计管理制度是否健全、会计核算程序是否符合规定等，都没有相关部门监督。这些单位会计基础工作的好与坏，完全取决于会计人员的职业道德素质和业务能力水平。政府部门监督不力，执法部门之间职责不分，相互推诿或者重复检查；处罚措施没有定量规定，"三乱"现象时有发生；以权代法，有章不循，违法不究；总是事后监督，而不能做到事前预防。

目前社会监督的工作主要由会计师事务所来担任，但在实际工作中，有一些会计师事务所为了自身利益，不能坚持应有的独立公正的客观立场，对查出的重大问题未进行披露。一些素质差的中介机构为了招揽业务，采取不正当竞争的手段，有的依靠上级主管部门进行行政干预，有的为迎合企业需要，同流合污，弄虚作假，更有甚者不按规定工作程序操作，没有履行其应有的职责，最终误导了广大投资者及债权人。会计师事务所的不负责任，使单位放松了对会计基础工作的管理，认为即使在审计过程中被查出某一方面存在问题，会计师事务所为了招揽业务也会帮其隐瞒过去。

（四）相关规章制度不健全或制度执行不到位

健全的内部管理制度是加强会计基础工作的重要手段，但许多单位存在内部各项制度不健全的现象，如内部控制制度、审批制度、出入库管理制度、资产清查制度等缺失，或者虽然制度健全，但是执行力度不够，将这些制度束之高阁成为摆设，只为应付相关部门的检查等。其实有些管理者可能已经认识到了这些问题，但是管理者及工作人员的素质有限，无法根据本单位的实际情况制定出适合的管理制度。尤其是内控制度的不健全将会给企业带很多负面影响，这种情况既会损害企业自身的经济利益，如造成企业资产流失、资源浪费、经营管理秩序混乱，也会增加外部监督的难度。规范的会计基础需要一定的规章制度来保障，不完善的管理制度给会计基础工作的不规范以可乘之机。

（五）现代化会计手段不能有效地利用

随着信息技术的发展，计算机广泛应用于经营管理工作。企业信息化的发展使会计核算的工具和流程发生了很大的变化，实现了会计信息化。会计信息化使人们从繁重的手工数据录入、手工账务处理的工作中解脱出来。但是一些企业尤其是中小企业仍然沿用传统的账务处理方式，财会人员仍然被繁重的手工劳动所累，不能把更多的精力用于企业经营管理的分析中。一些单位虽然给财务部门配备了信息化处理设备，但是由于会计人员的知识陈旧、没有经过系统的培训，不能充分利用会计软件的更多功能。使得会计信息化进程还停留在会计电算化水平，仅仅是以计算机代替原来的手工记账，所形成的财务信息不能直接用于决策分析和监督控制，直接影响会计信息的质量。会计信息技术不有效利用，很难实现会计信息化环境下的会计基础工作规范化。

四、新形势下规范会计基础工作的意义

我国现行的会计基础工作规范是 1996 年颁布的，体现了当时会计主管部门对会计基础工作的基本要求，自实施以来对会计基础工作的规范起到了积极作用。但是近年来我国经济环境飞速发展，科学技术不断进步，使本《规范》的一些规定已不能适应新形势的需要。随着会计相关技术，尤其是计算机技术的不断发展，会计手段、环境、流程及角色分工发生了很大变化，这就对原来依据手工记账环境制定的《规范》提出了挑战。

（一）新经济环境的要求

会计环境是指影响会计工作的政治、经济、法律、技术等因素。会计基础工作都是在一定的会计环境下进行的，会计环境的变化对会计基础工作会产生很大的影响。近年来，会计工作所面临的环境发生了很大的变化，主要表现在经济环境、法律环境和信息技术环境上。其中经济环境对会计工作的影响最为显著。

新的经济环境下，世界经济一体化进程不断加快，我国与世界各国的经济交往日益频繁，国际资本市场要求企业提供更加真实、可靠、有用的会计信息。会计基础工作是会计信息产生的基础，会计基础工作不规范将导致所产生的会计信息质量下降，影响我国在国际贸易中的地位。据报道国外企业举报我国企业的反倾销调查中，我国一些企业因为会计基础工作不规范，提供的会计信息不准确，不能提供令人信服的成本核算信息，而被定为反倾销行为，这大大影响了我国在国际市场中的地位。所以世界经济一体化的趋势要求我国加强对会计基础工作的管理，实现会计基础工作的规范化。

同时，新的经济环境下经济业务错综复杂，企业中各利益相关者对会计工作有不同的要求。从投资者角度来说，由于经营权和管理权的分离出现了会计信息不对称的问题，投

资者迫切要求解决会计信息失真的问题，以便做出合理的投资决策。因为会计信息来源于会计基础工作，会计基础工作不规范是会计信息失真的一个重要原因，所以投资者非常重视会计基础工作的规范化。

从管理者的角度来说，为了实现企业经营管理的目标，管理者不但要求会计基础工作的规范化，还要求会计基础工作有一定的灵活性。从政府角度来说，为达到对社会经济的宏观调控，保证经济秩序的有序运行，必须对会计基础工作进行干预。从社会监督机构的角度来讲，为了顺利开展审计工作、快速得出审计结论、降低审计风险，希望被审单位会计资料规范、完整。所以说不同的主体站在不同的角度，对会计基础工作的规范化有不同的要求。

（二）新社会环境的要求

改革开放以来，我国社会环境发生了巨大变迁，从公众对社会的保障制度、会计职业道德的社会评价到公众对企业经营情况等的关注程度都有了明显的提升，这在无形中对会计基础工作提出了更高的要求。过去，对会计从业人员的考核比较宽松，很少有接受专业知识的会计人员上岗从事会计工作，结果导致会计人员缺乏基本的业务素质，对会计准则、会计制度也知之甚少，不能适应不断变化的新形势和新情况。在各种物质利益的诱惑下，丧失了基本的职业准则，损害了国家和集体的利益，导致公众对会计人员的职业道德评价极差。在市场经济体制下，会计人员的人事、劳动工资制度与过去相比有了彻底的改变，会计人员仅仅是单位内部的会计从业人员，是受聘、受雇于所在单位的工作人员，而且对会计人员的聘用要求较为严格。在公司经营情况披露方面，我国会计文化的特征是规避不确定性意识较强，一般表现出较强的稳健主义和保密倾向。这点在非上市公司表现尤为明显，但上市公司的年报以及各类法定披露信息必须公开、透明，而且随着社会公众教育水平的不断提升，对这方面的需求也日渐强烈，这导致我国会计信息保密程度存在"两极"情况。因此说，社会环境的极大变化给会计基础工作提出了更高的要求。

（三）新法律环境的要求

根据企业经营环境的不断变换，有众多的法规进行了修订与补充，其中有很多都涉及行业与企业会计的具体执行方面。如1999年全国人大常委会对《会计法》进行修订，修改后的《会计法》对规范会计行为，保证会计资料真实完整，充分发挥会计工作在加强经济管理、提高经济效益、维护社会主义经济秩序中的作用，都有十分重要的意义；2000年颁布《企业财务会计报告条例》，2006年2月15日颁布执行新会计准则体系，并实行与IFRS的动态趋同，是我国会计工作步入了法制化、国际化轨道；2005年10月27日，十届全国人大常委会第十八次会议通过了修订后的公司法，新公司法于2006年1月1日起施行；修改后的《证券法》于2006年1月1日起正式施行，新《证券法》条款的主要变化有经营冲击证券业、拓展了合规资金入市的渠道、券商融资融券建立做空机制、对短期走势没有利好效应等；2007 年 3 月 16 日通过的《企业所得税法》结束了内、外资企业所得税 "制度不统一" 的历史；我国于 2007 年实施了新的会计准则，新准则界定了金融资产、投资性房地产、生物资产、预计负债、资产减值损失等项目的可算规则；财政部等五部门于 2008 年 6 月 28 日发布了《企业内部控制基本规范》，2010 年 4 月 26 日发布了《企业内部控制应用指引》，这标志着我国企业内部控制制度的初步建成及完善。

众多法律条款的颁布、修订与补充是新的法律环境对会计基础工作提出的现实挑战，对于这些新业务，如何按照《会计基础工作规范》的要求，去对规范、有效的原始凭证，进行精准高效的核算，提供有用的内部会计信息，是会计基础工作执行者必须要考虑的问题。

（四）提高会计信息质量的需求

会计信息是指对会计资料加工整理所产生的经济信息。会计信息是经营管理者决策的依据，是政府进行宏观调控的信息来源，是投资者保证自身利益的必备资料。所以会计信息的质量如何不仅直接影响到企业的经营管理，还会影响到国家的宏观经济政策以及投资者、债权人、国家及社会公众的利益。虚假的会计信息可能会导致国家财产的损失，干扰社会主义市场经济秩序，损害投资者的利益。会计信息失真是国际上长久以来存在的问题，任何一个国家和企业都存在一定程度的会计信息失真问题，我国会计信息失真问题尤为严重。会计信息失真的原因是多种多样的，像法律制度不健全、管理制度不完善等，其中会计基础工作不规范可能是其中重要的原因之一。因此，进一步加强会计基础工作管理是提高会计信息质量的基础。会计基础工作做得好，会计工作的各个环节就会很少出问题，会计资料就会比较完备，内部控制制度就会比较健全，这就使会计信息的质量有了一定的保证。

（五）推进会计信息化发展的要求

20 世纪 80 年代以来，信息技术以前所未有的速度持续发展。互联网、数据库、数据挖掘技术渗透到人类生活的各个方面，大大提高了生产力的发展。会计工作作为一种对经济活动起反映和监督作用的活动，必然会受到计算机信息化的影响，会计信息系统将成为企业信息系统的一个重要组成部分。

会计信息化有以下一些特征：一是全面性和复杂性，从范围上看，会计信息化包括会计理论与方法，会计实务与工作，会计教育等所有会计领域；从功能上看，会计信息化包括会计核算，会计监督、预测与决算。二是开放性，会计信息化条件下，由于采用现代信息技术，数据处理高度自动化，会计信息资源高度共享，会计信息系统日益开放。三是智能性，会计信息化不仅具有核算功能，还具有控制和管理功能。会计信息系统涉及会计基础工作的方方面面，只有实现会计基础工作的信息化才能实现会计工作的信息化。会计信息系统的发展对会计处理程序产生了深刻的影响，与传统的手工会计相比有很大的差别，但是现阶段企业信息化的发展程度参差不齐，目前大多数中小企业正处于会计信息化的初级阶段。会计基础工作的规范化是实现更多企业的会计信息化向更高阶段发展的有力保障。

第四节　会计基础工作的规范化措施

会计基础工作在整个会计工作及经济管理中的重要作用，要求我们必须采取措施改变会计基础工作不规范的现状。针对前面章节对会计基础工作存在问题及问题产生原因的分析，规范会计基础工作应该主要采取以下措施：

一、加强各方面对会计基础工作的重视

要做好会计基础工作，首先要对会计基础工作有足够的重视。一方面，要求会计人员要从思想上重视会计工作，认识到会计基础工作是一切会计工作的基础环节。在具体工作中保持认真谨慎的态度，认识到一点小小的疏忽就可能导致会计工作所生成的会计资料和会计信息失真，从而影响单位的经营决策，带来严重的经济损失。另一方面，引起其他部门对会计工作的重视。虽然会计工作主要由会计人员来承担，但会计部门与其他部门有着不可割舍的关系，从会计人员的管理机制图中我们可以看到，会计人员的资格审查权由人事部门掌握，管理任免权由单位领导来掌握。会计工作核算的内容涉及会计主体经营管理的全过程，最原始的会计资料——原始凭证，来自各部门的业务人员。其他各部门的重视，会使原始凭证的取得更加规范，传递更加及时，这样可以提高会计工作的效率和质量水平。

我国《会计法》第四条就单位负责人对会计工作的义务有明确的规定，单位负责人对本单位会计资料的真实性和合法性负责。所以单位负责人应该增强法制意识，认识到自己对会计工作所承担的法律责任，以法律为准绳，保证本单位的会计资料真实完整。规模较大的企业大部分实现了经营权和管理权的分离，企业管理者可能不是单位负责人，但是管理者直接对本单位的经营业绩负责。所以管理者应该认识到会计工作在经营管理中的作用，加强对本单位财务会计工作的管理，让会计工作更好地服务于企业运营。

因此，解决会计基础工作在规范化方面存在的问题，应首先从思想上重视会计基础工作，按照《规范》对会计基础工作的要求设置会计机构、配备会计人员完善会计制度等。

二、提高会计人员的综合素质

会计工作是一门技术含量比较高的工作，所以对会计人员的专业素质有比较高的要求。要想提高本单位会计人员的专业素质，首先要严把入职关，对入职的会计人员进行严格的专业素质考核和资格审查。为在职会计人员提供会计业务培训，保证会计人员每年有一定的时间参加在职培训，提高专业素质、了解最新会计法律法规。这是与单位的根本利益相一致的。

提高会计人员的综合素质不仅要提高专业素质，还要提高会计人员的职业道德素质。

职业道德是由一定社会的经济基础所决定的，用于调整人与人之间以及人与社会之间关系的行为准则和规范。会计职业道德是指会计人员在工作中应当遵守的与其职业活动相适应的行为规范。会计职业的特殊性要求会计人员具备较高的职业道德素质。会计人员由于工作性质的原因，很容易了解到本单位的商业机密，比如说重要客户资料、合同文件、生产工艺等。这些资料一旦泄露很可能给单位造成严重的经济损失。要提高会计人员的综合素质首先在招聘会计人员的时候要注重对其道德品质的考察，其次要在工作的过程中加强思想道德教育。

三、规范内部控制制度，强化内部会计监督

实现会计基础工作的规范化离不开定期或不定期的监督检查，所以要建立、完善内部检查和监督制度，及时纠正工作中的错误，完善会计基础工作。为了更好地发挥内部审计职能，必须督促相关部门建立健全内部控制制度。内部控制是指为了提高经营管理效率，充分有效的利用各种资源，达到有效地管理目标，在组织内部实施的各种方法和程序。

内部控制包括内部管理控制和内部会计控制，内部会计控制是利用会计程序和会计方法对内部财务会计工作及有关经济活动进行控制。实践证明，健全的内部会计控制制度是保证会计工作有序进行的重要方法，是企业管理制度体系的重要组成部分，是规范会计基础工作的重要手段。会计控制制度主要有：不相容职务相互分离制度、稽核制度、财务收支审批制度、财产保全控制制度、预算控制制度等。为更好地执行内部审计制度，需要设立专门的内部审计机构。内部审计部门应当帮助单位管理层监督内部控制的执行情况。内部审计制度的制定需要结合本单位的实际情况，旨在解决本单位存在的问题。

四、加强外部会计监督

要实现会计基础工作的规范化，除了依靠内部控制制度，还要加强外部监督力度。外部会计监督是指通过组织外部的力量对组织所从事的经济活动进行监督和控制，主要包括政府监督和社会监督。

（一）政府监督

政府要督促各单位按照《会计法》《规范》等相关法律、法规的要求建立健全会计体系，一旦发现不符合相关规定的会计活动要及时督促改正，对于违法违纪活动要严肃处理。政府监督的方式主要是：财政监督、国家审计监督、税务监督、证券监督、保险监督、银行监督、公检法监督等。政府不但要对各单位的会计活动监督还要对会计人员的任职资格和后续教育监督管理。

（二）社会监督

社会监督由民间审计监督和社会舆论监督两部分组成，民间审计监督又被称为注册会

计师监督，是社会监督的重要组成部分，注册会计师应该以被审单位的资产负债表和损益表为中心对全部会计报表及相关资料进行审计，出具客观真实地审计报告，揭露各种舞弊行为。而社会舆论监督主要是依靠社会道德、信仰、文化品德等精神因素来影响会计专业人员的行为举止，建设一种会计监督控制的环境背景。社会舆论监督实质上可归结为诚信文化建设，违反诚信原则是所有舞弊、欺诈的根源，是企业失败的重要原因，所以企业要重视诚信文化建设。

五、重视信息化建设，使会计电算化向会计信息化发展

会计信息系统是企业管理信息系统的重要组成部分。20 世纪 70 年代，我国将计算机技术应用于会计工作，实现了会计电算化。会计电算化大大改变了会计人员的工作方式，使会计人员从繁重的手工劳动中解脱出来，提高了会计工作的效率和质量。随着信息技术的发展和企业信息化水平的提高，对会计信息系统的要求也逐渐提高。由于人们对信息技术应用于会计工作的认识进一步扩展和深化，会计信息系统正由会计电算化向会计信息化方向发展。

由于会计工作是以货币价值的形式反应和监督一个单位的经营管理活动，所以会计信息系统反映的内容涉及供产销的各个环节，会计信息系统的特点决定了其在企业管理信息系统中的重要地位。随着社会信息化的发展，企业实现计算机在会计领域的应用以后，必然要求对会计业务进行系统化、信息化的管理。会计信息化不仅具有会计核算功能，还具有控制和管理功能，会计信息化的发展将会对企业业务流程及会计处理程序产生深刻的影响。会计信息化的发展将会大大提高会计工作质量和效率，实现新形势下会计基础工作的规范化。

六、完善相应的规章制度

《规范》为各单位和会计人员开展会计基础工作提出了要求和示范，使会计基础工作有了明确的目标和水准，同时，为各级管理部门指导、监督检查各单位的会计基础工作，提供了依据和标准，为促进会计基础规范打下了良好的基础。但是，新形势下会计基础工作面对的环境发生了很大的变化，使得《规范》的一些内容已经不能适应新形势的需要。所以要对《规范》的一些内容加以完善和修订。例如，现在的会计信息化是在原来会计电算化的基础上发展起来的，它不仅包含了电算化的内容而且与信息化紧密相关，在内容上更加丰富，并随着社会及企业信息化的发展而不断发展。因此，为了反映时代的特点建议将会计电算化改为会计信息化。

因此，要解决会计基础工作存在的问题，应从具体的会计工作中总结经验，结合新形势下会计基础工作面临的新环境，总结《规范》中不能适应新形势的内容，给有关部门修订《规范》提出合理化的意见。

第六章　审计基础概述

第一节　国家审计的发展历程

一、萌芽阶段（约公元前 4500 年——公元 1130 年）

经济责任的出现催生了国家审计的思想。从奴隶制政权建立开始，统治者就在政治上自觉或不自觉地利用国家审计为巩固其统治地位服务。至公元前 3500 年左右，古埃及的奴隶主开始考虑任命官员，创设机构，对各级官吏进行管理，于是一些忠诚可靠的亲信被委以重任，负责对各机构和官吏是否忠实地履行受托事项，财政收支记录是否准确无误进行全面的经济监督。其中"记录监督官"就负责对作为政府会计官的记录官和其他各类官吏编制的会计账簿和收支计算书进行严格的审查。"夏商西周时期，是中国审计的萌芽和产生阶段"。我国西周时期，据《周礼·天官·宰夫》称"宰夫之职，掌治朝之法，以正王及三公、六卿、大夫群吏之位。掌其禁令，叙群吏之治。"又具体规定宰夫"掌治法，以考百官府郡都县鄙之治，乘财用之出入。凡失财用物辟名者，以官刑诏冢宰而诛之，其足用长财善物者，赏之。"古罗马、古希腊等也都设置了监督官从事审计之职。但这一时期的监督官，不仅从事审计监督，而且还承担监察、行政监督等，职责并不专属且责任不明确，同时并未设置单独的审计部门和配备专门名称，因此审计的产生尚处于萌芽状态。这种状况一直维系到公元 1130 年左右，据现存英格兰和苏格兰国库文件记载，公元 1130 年，专属审计人员对英格兰及苏格兰大区收支进行审计，现代意义的审计概念开始出现。在萌芽阶段开始有官员兼职从事审计业务，即对各级官吏掌管的财物收支情况进行审查，并以此作为对其奖惩的依据，开始履行审计的经济监督职能。

二、财务审计阶段（公元 1130 年——19 世纪末 20 世纪初）

经济基础决定上层建筑。统治阶级清醒地意识到只有牢牢把握住国家的经济命脉，攫取最大利益，以收抵支后获得盈余，才能强化国家机器，维护自己的政治统治。因此，对国家财政收支的真实性审计成为国家审计的起点。

古罗马时期，审计官员主要监督元老院在萨特尼金库和神圣金库的收支真实性，此外，更一度核实私人金融家的日记账、现金出纳账以及顾客总账，以审查其纳税的真实性，保证国家财政收入的足额和及时上缴；封建德国普鲁士的国家审计机构——总会计院的主要任务便是发现差错、检查账目的内容和形式、注意杂乱无章的会计账目，改善收入、限制支出；我国开创于三国两晋南北朝的比部这一国家审计机构，经过隋朝的整理和总结，"比部郎中，员外郎各一人，掌勾诸司百僚俸料，调剑，逋欠，因知内外之经费"，至唐代，开始步入其自身固有的财务审计轨道。随着国家审计财务纠错能力的加强，统治阶级越来越意识到这种方式的进步性，1318 年，法国的菲力普·勒·隆五世更在蓬图瓦兹颁布法令，规定"我命令所有的账目必须每年审查一次。"至此，开创了年度财务审计的先河。

从 14、15 世纪开始，随着民主政治的勃兴，人们开始向窒息人类精神的封建专制制度发起猛烈的进攻。洛克、孟德斯鸠等人创造性地提出了立法权、行政权和联盟权三权分立的思想，卢梭更在《社会契约论》中第一次完整地抛出了人民主权学说。在资产阶级启蒙思想家民主思想的宣召下，17、18 世纪，以英、美、法为代表相继建立了资产阶级民主国家。1792 年法国资产阶级颁布了根据人民主权和三权分立的原则制定的新宪法，1807 年根据新宪法，法国建立了第一个现代国家审计机构——审计法院。1866 年英国议会颁布了《国库和审计部法案》，建立了国库审计部这一国家审计机关，同时还规定，政府的一切收支，应由代表议会、独立于政府之外的主计审计长实施审查，主计审计长有权随时查阅会计部门的账簿和其他文件，并要求对经济业务进行详细审计。1921 年，美国《预算和会计法案》颁布，根据该法案，美国成立会计总署，它独立于行政部门之外，负责对政府的会计资料进行检查、监督和审计，并就联邦政府的运转情况，向国会报告。法案规定：主计长或经他授权的职员雇员都有权接近和查阅任何会计账簿、凭证以及这些部门和机构的记录。美国著名的国家审计学者查德·布朗教授曾指出："根据 1921 年《预算和会计法案》建立的美国会计总署，作为国家的公共审计机构，是两百多年来对公共审计必要性的一贯考虑的明显结果和具体体现。"至此，在民主政治强有力的推动下，国家审计职能自财政部移至行政权以外的超然独立机关，直接向国会负责，英美先后走上了发展立法模式的国家审计的道路。同一时期，各国在经历了民主政治的大潮后，几乎不约而同地推出了具有独立性和权威性的国家审计制度，形成了盎格鲁撒克逊模式、拉丁模式、日耳曼模式、斯堪的纳维亚模式、拉美模式等。因此，在财务审计阶段，国家审计的内容是对政府收支以及公共部门账目进行真实性和合法性的监督、审核，审计全面履行经济监督职能。

三、财务审计与绩效审计并行阶段（19 世纪末 20 世纪初—21 世纪初）

绩效审计始于英国的货币价值审计，确立于美国 1945 年的《政府公司控制法案》以及日本 1947 年的《会计检查院法》。在英国，1866 年的《国库和审计部法案》和 1921 年的法案修正案都没有授权主计审计长进行绩效审计。但从 19 世纪末开始，英国主计审计长在向议会提交的审计报告中，开始有意识地反映审计过程中发现的损失浪费问题，如大量采购造成的库存积压，合同定价太高等，获得了议会公共账目委员会的充分肯定，并鼓励他在审计报告中继续反映审计过程中发现的管理不善的问题。但在当时，人们只把绩效审计作为是财务审计的副产品，直到第一次世界大战期间，绩效审计在英国才从财务审计中分离出来，成为一种独立的审计方式。在美国，第二次世界大战期间，美国公营公司缺乏财务控制和效率低下成为突出的问题。针对这一情况，国会于1945年颁布《政府公司控制法案》，要求会计总署聘请职业会计师，运用民间审计技术，对公营公司进行年度审计。此后，主计审计长沃伦迅速成立公司审计部，对公营部门的审计工作进行设计，并在评价财务管理和内部控制效率方面，做了许多有益的工作。至此，美国会计总署不仅成功地扩大了审计范围，而且实现了预期目的，因此，该法案也成为一个重要的里程碑，预示着美国国家审计工作的重点开始转向经济性、效率性和综合审计，从而开创了财务审计与绩效审计相结合的道路。

1947年，日本颁布的《会计检查院法》也确立了绩效审计的思想。该法案规定，"会计检查院应从准确性、合规性、经济性、效率、效果以及其他必要的角度开展审计。"此外，英国1921年的《国库和审计部法修正案》以及1950年美国的《预算和会计程序法》都先后取消了关于主计审计长应检查所有凭证的条款，并以法律的形式引入了测试审计以及抽样审计的概念，从而为审计机关有效地平衡财务审计业务与绩效审计业务，更好地发展绩效审计提供了法律保障。从20世纪50年代开始，作为起步晚，但发展快、成熟早的现代审计立法模式的国家——美国，又一次强有力地推动了绩效审计的发展。美国国会为了有效遏止防务费以及社会福利系统开支的日益扩大，开始对项目效果评估表现出极大的关注。

1967年，美国国会发出第一个要求会计总署对项目效果进行评估的指令。同时，时任会计总署的主计长埃默·B·斯塔茨也将自己在预算总局任职中所积累的工作经验开始运用到审计中，因此，会计总署开始将其努力方向转向项目效果审计，即国家审计不仅检查财政收支的完整性、真实性和管理的效率性，而且应审查确定项目是否正在接近预期结果或效益，是否考虑了以较低成本达到预期效果的其他可供选择的方案。至此，绩效审计的"三E"性即经济性、效率性、效果性在美国得到了充分的彰显，审计也从单纯的事后审查发展到了事中和事后相结合、审计内容从财务审计阶段向财务审计与绩效审计相结合的阶段。

1983年，英国议会通过了《国家审计法》，规定主计审计长有权对政府部门和公共机构进行绩效审计，货币价值审计（绩效审计）在英国重新受到关注。至此，在20世纪七八十年代，绩效审计在欧美等国获得长足发展，占总审计业务的份额普遍达到60%以上，其中，美国的绩效审计业务更高达90%左右。最高审计机关国际组织始终关注各国绩效审计的发展，1977年第九届大会发表著名的《利马宣言》，其审计规则指南总则中第一次规定了绩效审计的范围；1986年悉尼召开的第十二届会议上，在《关于绩效审计、公营企业审计和审计质量的总声明》中，明确提出了"绩效审计"的称谓，并对绩效审计的定义做出了如下描述："除了合规性审计，还有另外一种类型的审计，它涉及对公营部门管理的经济性、效率性和效果性的评价，这就是绩效审计。"

由此可以看出，在财务审计与绩效审计并行阶段，国家审计不仅继续对政府财政收支以及公营部门财务收支的合法性、真实性进行审查外，还对收支的绩效全面关注，绩效审计开始成为实质性业务，审计的职能从经济监督向经济评价延伸，审计的结果初具建设性。

四、问责审计阶段（21世纪初——至今）

美国是典型的资本主义民主制国家，民主的价值观和原则在美国的政治制度和政治实践中主要体现为三权分立、代议制、政党政治、利益集团政治、新闻自由和公民权利等。长期以来，这种三权分立的权力制衡方式在美国的政治生活中发挥了积极作用，但其权力分散的多元民主政治带来的决策效率低下也使得美国政府工作长期招致广泛批评。同时，在经历了20世纪90年代长达10年的经济繁荣以后，美国经济于2001年开始经历了战后第十轮经济衰退。虽然本次衰退只持续了8个月，于2001年结束，是战后美国经济周期史上持续时间最短的衰退之一，但此后开始的复苏进程却几经波折（甚至一度不少学者认为美国经济有可能出现W型的双谷衰退），直至2003年年中复苏进程才加快，开始出现快速增长，并由此开始美国新一轮的经济扩张。

为了在新一轮经济扩张中更好地顺应民众要求，适应政府再造和政府改革大潮，根据2004年美国审计总署人力资源改革法案修正案，2004年起，美国审计总署（以下简称GAO）正式变更为政府问责署。美国审计总署更名后强调首要任务是提高联邦政府的工作绩效，同时，更名后，GAO法定的工作范围包括了联邦政府在世界各地正在开展或将要开展的所有行动，内容涉及广泛的政府项目和行动，工作领域不仅涉及联邦资金是否适当使用的问题，而且扩展到了联邦项目和政策是否达到了目标，关注部门和机构使用纳税人的钱的结果。此外，GAO还报告联邦运作良好的项目和政策，并说明有关的进展和提高。GAO还将对一些即将出现的具有全国性影响的问题在尚未形成危机前向政策制定者和公众做出风险警示，如社会保障、医疗卫生、反恐战争。作为政府运作的真实和透明的有力提倡者，GAO还负有保证安然和世通这样的责任失误不会在公共部门再发生的责任。至此，政府问责署全面关注美国政府所履行责任的经济性、效率性和效果性，保证联邦政府能够对议会和美国公众尽责任。美国审计总署提出美国联邦政府需要从完成"所做的工作"向注重"做工作的方式"两方面的转变，强调要关注政府责任，从而形成了审计方式上的事前、事中、事后相结合，审计职能上的审计监督、审计服务相融合，审计内容上的政府责任监督、责任评价以及责任追究为一体的格局。我们将这种审计称为问责审计，同时认为它必将在责任政府的框架下引领各国审计，成为政府审计发展的新阶段和必然方向。

我国早在20世纪80年代中期开展的经济责任审计，即具有问责审计的雏形。随着这一中国特色审计类别的深入开展，必将成为我国问责审计的重要方式之一。

第二节　审计的概念、特征及构成要素

一、审计的概念

经过漫长的发展审计已经日益完善，目前审计已经形成了一套较为系统的科学体系。人们对审计的概念也进行了深入的探讨与研究，其中最具代表性的就是美国会计学会（AAA）审计基本概念委员会发表于 1973 年的《基本审计概念说明》，该说明涵盖了审计的过程与目标，将审计定义为："审计是一个系统化过程，即通过客观地获取和评价有关经济活动与经济事项认定的证据，以证实这些认定与既定标准的符合程度，并将结果传达给有关使用者。"这个概念主要强调了五部分的内容：

第一，由财务报表编制者的管理层对财务报表的审计对象进行具体的认定；第二，审计工作主要是为了对与被审计经济活动及经济事项有关的认定形成审计意见，审计意见要将认定与标准之间的符合程度清晰的表述出来；第三，在进行审计工作的过程中，审计人员要根据审计证据对被审计单位的财务情况进行客观的评判；第四，在整个审计过程中，审计人员必须全面考虑可能发生的所有问题并提前准备好解决对策，为实现审计目标做好铺垫；第五，审计报告的形成标志着审计工作已经完结，审计报告对整个审计过程以及审计结果进行了详细的阐述，审计报告的使用者，包括公司的股东、投资者、债权人等，都需要使用审计报告进行决策。

二、审计的基本特征

审计与经济管理活动、非经济监督活动以及其他专业性经济监督活动相比较，主要具有以下几方面的基本特征。

（一）独立性特征

独立性是审计的本质特征，也是保证审计工作顺利进行的必要条件。根据国内外审计实践经验表明，审计在组织上、人员上、工作上、经费上均具有独立性。为确保审计机构独立地行使审计监督权，审计机构必须是独立的专职机构，应单独设置，与被审计单位没有组织上的隶属关系。

为确保审计人员能够实事求是地检查、客观公正地评价与报告，审计人员与被审计单位应当不存在任何经济利益关系，不参与被审计单位的经营管理活动；如果审计人员与被审计单位或者审计事项有利害关系，应当回避。审计人员依法行使审计职权应当受到国家法律保护。审计机构和审计人员应依法独立行使审计监督权，必须按照规定的审计目标、审计内容、审计程序，并严格地遵循审计准则、审计标准的要求，进行证明资料的收集，做出审计判断，表达审计意见，提出审计报告。审计机构和审计人员应保持职业中精神上的独立性，不受其他行政机关、社会团体或个人的干涉。

审计机构应有自己专门的经费来源或一定的经济收入，以保证有足够的经费独立自主地进行审计工作，不受被审计单位的牵制。审计对象或审计监督的内容，一般是指被审计单位的经济活动和经济资料。着眼点在于评价经济责任。因此，审计监督是一种经济监督，并不同于行政监督或司法监督。行政监督的对象是国家行政机关实施的行政管理活动（包括经济活动）；行政监督不是以第三者身份，通过授权或委托进行监督，其执行主体本身就具有管理权和处罚权。法律监督的客体是法律关系，其依据是法律。法律监督的最高机关是全国人民代表大会及其常委会，有权监督宪法的贯彻实施。实行法律监督的主体是法院和检察院，其监督要按照法律程序进行。审计虽然也是依法监督，但除法律为其依据外，还有国家的方针、政策、计划、规章、标准、法规等，依法审计，并不等于就是法律监督。

审计监督虽说也是经济监督，但又不同于其他专业经济监督。审计监督是专设的部门所实行的监督，审计部门无任何经济管理职能，不参与被审计人及审计委托人任何管理活动，具有超脱性；审计监督内容取决于授权人或委托人的需要，具有广泛性；审计监督代表国家实施监督，被审计单位不得阻挠；审计监督不仅可以对所有的经济活动进行监督，而且还可以对其他经济监督部门以及它们监督过的内容进行再监督。如会计、财政、税务、银行等可以实行经济监督，但它们不是独立的经济监督部门，而主要是经济管理部门，经济监督是其经济管理的附带职能，监督是为其管理服务的，监督的内容总是与其管理的范围相一致。

（二）权威性特征

审计的权威性，是保证有效行使审计权的必要条件。审计的权威性总是与独立性相关，它离不开审计组织的独立地位与审计人员的独立执业。各国国家法律对实行审计制度、建立审计机关以及审计机构的地位和权力都做了明确规定，这样使审计组织具有法律的权威性。我国实行审计监督制度在宪法中做了明文规定，审计法中又进一步规定：国家实行审计监督制度。国务院和县级以上地方人民政府设立审计机关。审计机关依照法律规定的职权和程序，进行审计监督。

审计人员依法执行职务，受法律保护。任何组织和个人不得拒绝、阻碍审计人员依法执行职务，不得打击报复审计人员。审计机关负责人在没有违法失职或者其他不符合任职条件的情况下，不得随意撤换。审计机关有要求报送资料权，检查权，调查取证权，采取临时强制措施权，建议主管部门纠正其有关规定权，通报、公布审计结果权，对被审计单位拒绝、阻碍审计工作的处理、处罚权，对被审计单位违反预算或者其他违反国家规定的财政收支行为的处理权，对被审计单位违反国家规定的财务收支行为的处理、处罚权，给予被审计单位有关责任人员行政处分的建议权等。我国审计人员依法行使独立审计权时受法律保护，如被审计单位拒绝、阻碍审计时，或有违反国家规定的财政财务收支行为时，审计机关有权做出处理、处罚的决定或建议，这更加体现了我国审计的权威性。审计人员应当具备与其从事的审计工作相适应的专业知识和业务能力。审计人员应当执行回避制度和负有保密的义务，审计人员办理审计事项应当客观公正、实事求是、廉洁奉公、保守秘密。审计人员滥用职权、徇私舞弊、玩忽职守，构成犯罪的，依法追究刑事责任；不构成犯罪的，给予行政处分。这样不仅有利于保证审计执业的独立性、准确性和科学性，而且有利于提高审计报告与结论的权威性。

根据我国审计法规的要求，被审计单位应当坚决执行审计决定，如将非法所得及罚款按期缴入审计机关指定的专门账户。对被审计单位和协助执行单位未按规定期限和要求执行审计决定的，应当采取措施责令其执行；对拒不执行审计决定的，申请法院强制执行，并可依法追究其责任。由此可见，我国政府审计机关的审计决定具有法律效力，可以强制执行，这也充分地显示了我国审计的权威性。

我国社会审计组织，也是经过有关部门批准、登记注册的法人组织，依照法律规定独立承办审计查账验证和咨询服务业务，其审计报告对外具有法律效力，这也充分体现它们同样具有法定地位和权威性。我国内部审计机构也是根据法律规定设置的，在单位内部具有较高的地位和相对的独立性，因此也具有一定的权威性。各国为了保障审计的权威性，分别通过《公司法》《证券交易法》《商法》《破产法》等，从法律上赋予审计超脱的地位及监督、评价、鉴证职能。一些国际性的组织为了提高审计的权威性，也通过协调各国的审计制度、准则以及制定统一的标准，使审计成为一项世界性的权威的专业服务。

（三）公正性特征

与权威性密切相关的是审计的公正性。从某种意义上说，没有公正性，也就不存在权威性。审计的公正性，反映了审计工作的基本要求。审计人员理应站在第三者的立场上，进行实事求是的检查，做出不带任何偏见的、符合客观实际的判断，并做出公正的评价和进行公正的处理，以正确地确定或解除被审计人的经济责任，审计人员只有同时保持独立性、公正性，才能取信于审计授权者或委托者以及社会公众，才能真正树立审计权威的形象。

三、审计的构成要素

（一）审计主体

首先，政府审计组织和人员。政府审计组织是代表政府行使审计监督权的行政机关。政府审计组织在我国称为国家审计机关，分为审计署、地方审计机关和民间审计组织。其中，审计署是我国最高级别的审计机关，直接接受国务院的领导。审计署的主要职能是：组织、领导国内的审计工作，审计监督国务院、地方政府部门等的财政收支；地方审计机关受到本级人民政府以及上一级审计机关的共同领导，其中上一级审计机关主要负责地方审计机关业务方面的工作。地方审计机关的主要职能是对管理范围内的所有财务工作进行审计，对领导部门负责；民间审计组织指的是符合法律规定与国家承认的会计师事务所。

一般会计师事务所有四种形式，即独资、普通合伙、有限责任、有限责任合伙。我国的《注册会计师法》对民间审计组织进行了明确的定义，并且规定我国的会计师事务所可以有两种形式，一种是合伙的形式，另一种是有限责任公司的形式。其中合伙形式需要有两名以上拥有资质的合伙人，这两名合伙人签订相关协议，共同出资和执业，如果事务所出现重大审计问题需要进行赔偿，则要求合伙人用自己的财产承担。有限责任会计师事务所是由注册会计师发起并承办的，有限责任会计师事务所以其全部资产对其债务承担责任。作为民间审计组织，会计师事务所还必须接受中国注册会计师协会的行业自律和管理。

（二）审计对象

审计对象是审计实践活动的对象，是审计工作指向的根本目标的客体。审计对象一般是指被审计单位的经济活动，是对被审计单位及审计的范围所做的理论概括，具体可以从被审单位的范围和审计内容两个方面来理解。

1. 被审单位的范围

被审单位的范围，在《中华人民共和国宪法》和《审计条例》中都有明确规定，主要指国务院各部门、地方各级人民政府和财政金融机构，全民所有制企事业单位和基本建设单位，中国人民解放军，人民团体以及有国家资产的中外合资经营企业、中外合作经营企业、全民所有制与其他所有制联营企业等。在接受委托的条件下，末指定的集体所有制企业、外资企业等，也可列为被审单位。

2. 审计的内容

首先是被审单位的财政财务收支活动，具体包括：财政预算的执行情况和决算结果，信贷计划、财务收支计划的执行情况及其结果，预算外资金的收支及国有资产管理情况，与财政财务收支有关的各项经济活动及其经济效益，严重侵占国家资产、严重损失浪费等损害国家经济利益的行为等；其次是被审单位的有关经济活动，主要有以下两个方面：

一是构成审计对象的经济活动，必须是与被审计单位经营管理和财产物资有关的经济活动，凡不与被审计单位经营管理和财产物资有关的经济活动，不是被审计单位的经济活动。二是指具有一定载体的经济活动，即是通过会计、统计和业务核算记录等记载反映的经济活动。也就是说，凡是客观存在于被审计单位，无论是已经发生，正在进行，还是将要发生或遗漏、隐匿的经济活动，都是审计的对象。明确审计的范围和内容，有助于按照审计的职能，指导审计工作实践，有效地发挥审计的监督作用。

（三）审计标准

审计标准指的是注册会计师进行审计工作时所采用的依据，标准的合理性对审计结果有重要的影响，因此，注册会计师在进行审计工作时，务必要对审计标准的合理性进行考量。一般说来，合理的审计标准都具有一些共性，这些共性如下：

1. 合理的审计标准都具有相关性

具有相关性的标准使注册会计师能够更加简单的得出结论，审计报告的预期使用者也能更加方便的做出决策。

2. 合理的审计标准都具有可靠性

假定两个知识储备与工作经验都不相上下的注册会计师在同样的审计环境下工作，那么利用具有可靠性的审计标准，他们所得出的审计结果也应该是一致的。

3. 合理的审计标准具有中立性

合理的审计标准应该具有中立性，只有依据中立的审计标准，注册会计师才能够得到公允的审计结果。

4. 合理的审计标准都具有可理解性

易于理解的审计标准不会让注册会计产生不同的理解，进而帮助注册会计师得出正确的结论，保障被审计单位的合法权益。需要注意的是，注册会计师自身的经验并不能当作审计标准。

（四）审计目标

在特定的环境中，审计机构通过审计行为而得到的结果就是审计目标。我国《审计法》对国家审计目标进行了详细的规定，国家审计要以真实、合法、效益性为基础，目前会计信息失真比较严重，国家审计目标更加侧重于真实性；其次，根据有关法律的规定，真实性与效益性也是内部审计的目标；最后，我国注册会计师审计准则规定了民间审计的目标为合法性与公允性。这里指的合法性是审计时限内被审计单位由于财务活动产生所有报表的编制符合我国相关法律的要求，而公允性指的是这些报表能够公平的反映被审计单位的实际财务活动情况。

第三节　审计的主要分类

可以从不同的角度对审计加以考察，从而做出不同的分类。对审计进行合理分类，有利于加深对审计的认识，从而有效地组织各类审计活动，充分发挥审计的积极作用。

一、按审计执行主体分类

按审计活动执行主体的性质分类，审计可分为政府审计、独立审计和内部审计三种。

（一）政府审计（governmental audit）

政府审计是由政府审计机关依法进行的审计，在我国一般称为国家审计。我国国家审计机关包括国务院设置的审计署及其派出机构和地方各级人民政府设置的审计厅（局）两个层次。国家审计机关依法独立行使审计监督权，对国务院各部门和地方人民政府、国家财政金融机构、国有企事业单位以及其他有国有资产的单位的财政、财务收支及其经济效益进行审计监督。各国政府审计都具有法律所赋予的履行审计监督职责的强制性。

（二）独立审计（independent audit）

独立审计，即由注册会计师受托有偿进行的审计活动，也称为民间审计。我国注册会计师协会（CICPA）在发布的《独立审计基本准则》中指出："独立审计是指注册会计师依法接受委托，对被审计单位的会计报表及其相关资料进行独立审查并发表审计意见。"独立审计的风险高，责任重，因此审计理论的产生、发展及审计方法的变革都基本上是围绕独立审计展开的。

（三）内部审计（internal audit）

内部审计是指由本单位内部专门的审计机构和人员对本单位财务收支和经济活动实施的独立审查和评价，审计结果向本单位主要负责人报告。这种审计具有显著的建设性和内向服务性，其目的在于帮助本单位健全内部控制，改善经营管理，提高经济效益。在西方国家，内部审计被普遍认为是企业总经理的耳目、助手和顾问。1999年，国际内部审计师协会（IIA）理事会通过了新的内部审计定义，指出："内部审计是一项独立、客观的保证和咨询顾问服务。它以增加价值和改善营运为目标，通过系统、规范的手段来评估风险、改进风险的控制和组织的治理结构，以达到组织的既定目标。"

二、按财务审计分类

按照财务审计进行分类，可以分为运作审计、履行审计、财务报表审计和信息科技审计四类。其中，运作审计（作业审计）用于检讨组织的运作程序及方法以评估其效率及效益；履行审计（遵行审计）的作用是评估组织是否遵守由更高权力机构所订的程序、守则或规条；财务报表审计用于评估企业或团体的财务报表是否根据公认会计准则编制，一般由独立会计师进行；信息科技审计用于评估企业或机构的信息系统的安全性，完整性、系统可靠性及一致性。

三、按审计基本内容分类

按审计内容分类，我国一般将审计分为财政财务审计和经济效益审计。

（一）财政财务审计（financial audit）

财政财务审计是指对被审计单位财政财务收支的真实性和合法合规性进行审查，旨在纠正错误、防止舞弊。具体来说，财政审计又包括财政预算执行审计（即由审计机关对本级和下级政府的组织财政收入、分配财政资金的活动进行审计监督）、财政决算审计（即由审计机关对下级政府财政收支决算的真实性、合规性进行审计监督）和其他财政收支审计（即由审计机关对预算外资金的收取和使用进行审计监督）。财务审计则是指对企事业单位的资产、负债和损益的真实性和合法合规性进行审查。由于企业的财务状况、经营成果和现金流量是以会计报表为媒介集中反映的，因而财务审计时常又表现为会计报表审计。

财政财务审计在审计产生以后的很长一段时期都居于主导地位，因此可以说是一种传统的审计；又因为这种审计主要是依照国家法律和各种财经方针政策、管理规程进行的，故又称为依法审计。我国审计机关在开展财政财务审计的过程中，如果发现被审单位和人员存在严重违反国家财经法规、侵占国家资财、损害国家利益的行为，往往会立专案进行深入审查，以查清违法违纪事实，做出相应处罚。这种专案审计一般称为财经法纪审计，它实质上只是财政财务审计的深化。

（二）经济效益审计（economic effectivity audit）

经济效益审计是指对被审计单位经济活动的效率、效果和效益状况进行审查、评价，目的是促进被审计单位提高人财物等各种资源的利用效率，增强盈利能力，实现经营目标。在西方国家，经济效益审计也称为"3E"（efficiency，effectivity，economy）审计。最高审计机关国际组织（INTOSAI）则将政府审计机关开展的经济效益审计统一称为"绩效审计"（performance audit）。西方国家又将企业内部审计机构从事的经济效益审计活动概括为"经营审计"（operational audit）。

四、按审计实施时间分类

按审计实施时间相对于被审单位经济业务发生的前后分类，审计可分为事前审计、事中审计和事后审计。

（一）事前审计

事前审计是指审计机构的专职人员在被审计单位的财政、财务收支活动及其他经济活动发生之前所进行的审计。这实质上是对计划、预算、预测和决策进行审计，如国家审计机关对财政预算编制的合理性、重大投资项目的可行性等进行的审查；会计师事务所对企业盈利预测文件的审核，内部审计组织对本企业生产经营决策和计划的科学性与经济性、经济合同的完备性进行的评价等。

开展事前审计，有利于被审单位进行科学决策和管理，保证未来经济活动的有效性，避免因决策失误而遭受重大损失。一般认为，内部审计组织最适合从事事前审计，因为内部审计强调建设性和预防性，能够通过审计活动充当单位领导进行决策和控制的参谋、助手和顾问。而且内部审计结论只作用于本单位，不存在对已审计划或预算的执行结果承担责任的问题，审计人员无开展事前审计的后顾之忧。同时，内部审计组织熟悉本单位的活动，掌握的资料比较充分，且易于联系各种专业技术人员，有条件对各种决策、计划等方案进行事前分析比较，做出评价结论，提出改进意见。

（二）事中审计

事中审计是指在被审单位经济业务执行过程中进行的审计。例如，对费用预算、经济合同的执行情况进行审查。通过这种审计，能够及时发现和反馈问题，尽早纠正偏差，从而保证经济活动按预期目标合法合理和有效地进行。

（三）事后审计

事后审计是指在被审单位经济业务完成之后进行的审计。大多数审计活动都属于事后审计。事后审计的目标是监督经济活动的合法合规性，鉴证企业会计报表的真实公允性，评价经济活动的效果和效益状况。

按实施的周期性分类，审计还可分为定期审计和不定期审计。定期审计是按照预定的间隔周期进行的审计，如注册会计师对股票上市公司年度会计报表进行的每年一次审计、国家审计机关每隔几年对行政事业单位进行的财务收支审计等。而不定期审计是出于需要而临时安排进行的审计，如国家审计机关对被审单位存在的严重违反财经法规行为突击进行的财经法纪专案审计；会计师事务所接受企业委托对拟收购公司的会计报表进行的审计；内部审计机构接受总经理指派对某分支机构经理人员存在的舞弊行为进行审查等。

五、按审计技术模式分类

按采用的技术模式，审计可以分为账项基础审计、系统基础审计和风险基础审计三种。这三种审计代表着审计技术的不同发展阶段，但即使在审计技术十分先进的国家也往往同时采用。而且，无论采用何种审计技术模式，在会计报表审计中最终都要用到许多共同的方法来检查报表项目金额的真实、公允性。

（一）账项基础审计

账项基础审计是审计技术发展的第一阶段，它是指顺着或逆着会计报表的生成过程，通过对会计账簿和凭证进行详细审阅，对会计账表之间的勾稽关系进行逐一核实，来检查是否存在会计舞弊行为或技术性措施。在进行财务报表审计，特别是专门的舞弊审计时，采用这种技术有利于做出可靠的审计结论。

（二）系统基础审计

系统基础审计是审计技术发展的第二阶段，它建立在健全的内部控制系统可以提高会计信息质量的基础上。即首先进行内部控制系统的测试和评价，当评价结果表明被审单位的内部控制系统健全且运行有效、值得信赖时，可以在随后对报表项目的实质性测试工作中仅抽取小部分样本进行审查；相反，则需扩大实质性测试的范围。这样能够提高审计的效率，有利于保证抽样审计的质量。

（三）风险基础审计

风险基础审计是审计技术的最新发展阶段。采用这种审计技术时，审计人员一般从对被审单位委托审计的动机、经营环境、财务状况等方面进行全面的风险评估出发，利用审计风险模型，规划审计工作，积极运用分析性复核，力争将审计风险控制在可以接受的水平上。

除上述分类外，审计还可按执行地点分为报送审计和就地审计。前者是指审计机构对被审单位依法定期报送的计划、预算和会计报表及有关账证等资料进行的审计，主要适用于国家审计机关对规模较小的事业单位进行的财务审计；后者是指审计机构委派审计人员到被审单位进行现场审计，以全面调查和掌握被审单位的情况，做出准确的审计结论。

六、按照执行地点分类

按执行的地点可以分为报送审计和就地审计。

（一）报送审计

报送审计又称送达审计，是指被审计单位按照审计机关的要求，将需要审查的全部资料送到审计机关所在地就地进行的审计。他是政府审计机关进行审计的重要方式。这种审计方法的优点是省时、省力；缺点是不易发现被审计单位的实际问题，不便于用观察的方法或盘点的方法进一步审查取证，从而使审计的质量受到一定的影响。

（二）就地审计

就地审计又称现场审计，是审计机构派出审计小组和专职人员到被审计单位现场进行的审计。它是国家审计机关、民间审计组织和内部审计部门进行审计的主要类型。审计对企业来说，产品生产成本的核算是确定企业应纳税所得额的关键。由于企业的生产过程涉及大量的对内、对外业务，并且有一定的专业技术包含其中，因此往往成为企业所得税审计的难点，也是审计人员最感头痛之处。所以，我们在审计过程中，首先应该了解企业有关生产成本控制的内部管理体系是否合理。包括了解企业是否有专职会计进行成本核算；内部凭证制度是否健全，凭证的种类、内容、编号是否符合会计处理要求；簿记和报表的记录和制定是否及时完整；凭证、账册、报表三者之间有无严格的核对制度；资产盘点制度是否按期完成；另外还应了解企业成本核算的流程。通过上述一系列的调查摸底，确定企业成本核算的可信赖度，然后根据可信赖度的不同，搭配审计人员，组成不同的审计小组进行审查。

七、按审计对象分类

（一）财政收支审计

财政收支是指政府依法取得的各种收入，如税收、收费、举债、罚款等和政府依据立法机关批准的预算而发生的各种开支，如公共经费、公共工程投资、社会救助支出、社会保障支出以及预算外的各种收支等。对政府财政收支的真实性、合法性、效益性、公平性、安全性、环境友好性等实施的审计叫作财政收支审计，简称财政审计，它通常只能由政府审计机关来实施，是政府审计的核心业务。根据我国现行财政审计体制的安排，某一级政府审计机关执行的财政审计内容通常包括：对本级政府财政预算执行情况的审计，对下一级政府财政预算执行情况和决算的审计，对本级政府及其各部门预算外资金收支的审计等。

（二）财务收支审计

财务收支是指行政单位的拨款收入、经费支出等；事业单位的拨款收入、经营收入、经费支出、经营支出等；企业单位的资产、负债、损益等财务收入和财务支出。对单位财务收支的真实性、合法性和效益性实施的审计叫作财务收支审计，简称财务审计。由于各单位的性质不同，所以不同性质的单位，其财务收支执行的主体往往不同，如国有单位财务收支的外部审计通常应由政府审计机关执行，非国有单位财务收支的外部审计通常应由会计师事务所进行，所有单位财务收支的内部审计都应由本单位的内部审计机构来进行。

（三）其他经济活动审计

这里提到的其他经济活动是指与财政财务收支有关的其他经济活动，如环保、公益或爱心捐助等。对这些经济活动也需要进行审计，如环境审计、社会责任审计等，其审计主体应根据所使用资金的性质而定。

第四节　审计的职能与作用

一、审计的职能

任何一个事物之所以会产生并不断发展，它能够存续下来的原因就是它具有一定功能，并且这种功能是其他事物无可取代的。审计的职能就是指审计本身所固有的内在功能，是审计本质的客观反映，是随着审计目的的演进而不断发展变化的。目前普遍认为，审计具有经济监督、经济评价和经济鉴证三大基本职能。

（一）经济监督职能

审计的经济监督职能指的是对被审计单位在经济活动中行为进行审查，包括被审计单位是否按照授权或者既定目标履行经济责任，在这一过程中是否有违法、浪费等行为。如果在审计过程中发现了被审计单位的不当行为，审计组织有督促其采取措施进行改进的义务。监督具有监察和督促的含义，因此，我国目前行使的制度、法律是审计监督的主要评价依据。通过对被审计单位的财务收支、投资等经济活动进行全面的检查、评价，进而对其会计资料的真实性进行考察，判断被审计单位的财政、财务收支及其相关的经济活动是否符合法律规定，检查被审计单位是否履行了经济责任，企业在经营过程中是否存在违反法纪的行为，对其所承担的经济责任进行追究或者解除，纠错防弊，使被审计单位能够时刻遵守财经纪律，不断改进自身的经营管理模式，提高企业的经济效益。无论是传统审计，还是现代审计，经济监督都是其最基本的职能。

（二）内部审计具有经济评价的职能

经济评价指的是审计人员通过对被审计单位的财政政务收支及其相关的经济活动进行审核，对被审计单位现行的经济政策、经济计划是否合理进行判断，对于经济政策的执行情况以及企业的经济效益进行严密的评价，并为此提供相应的决策信息。只有充分了解被审计单位的经济活动情况，才能按照有关标准对其进行对比分析，进而形成专业的经济评价意见。经济评价的整个过程，也是肯定被审计单位所取得的成绩，发现被审计单位存在的问题的过程，因此，经济评级是现代审计尤其是民间审计与内部审计的重要职能之一。

（三）内部审计具有经济鉴证职能

经济鉴证也被称为审计公正，指的是通过审核鉴定，判断被审计单位财务报表以及相关的经济资料是否是真事企业可以信赖的，鉴定完毕后出具书面证明，以供报表使用人决策使用。经济鉴证职能是在现代审计发展到一定阶段下产生的，随着人们对审计工作的重视，经济鉴证的职能日益强化，其地位也越来越重要。

综上所述，不同类型的审计都具备这三项职能，只是侧重有所不同。政府审计、民间审计、内部审计都同时具有经济监督、经济评价和经济鉴证职能。而政府审计更突出的是经济监督职能，民间审计更多地表现出的是经济鉴证职能，内部审计则主要是表现出经济评价的职能。

二、审计的作用

审计的作用，是指通过运用审计的内在功能完成审计任务后，客观上所产生的效果。审计作用的发挥受到审计职能的制约，而审计任务完成的好坏，又决定着审计作用的大小。审计的具体作用也在不断地发展变化，可以因审计类别的不同而有多种，但归纳起来主要是防护作用、证明作用和促进作用。

（一）审计的防护作用

审计的防护性作用也被称为审计的保护性作用或审计的制约作用，是指完成审计工作对社会财产和经济建设所起到的维护、保护、保障作用。其主要表现如下：

1. 揭露错误和舞弊

审计主体通过对被审计单位的财务收支及其他经济活动的审查，对其中的错误和舞弊予以揭露，使其能够得到及时和应有的处理。可以有效地遏制经济活动中的贪污舞弊和违法乱纪行为，维护国家和企业的财产安全，保护所有者的利益，制约被审计单位及有关人员的行为，有利于保障社会经济健康发展。

2. 维护财经纪律

审计主体通过对被审计单位的经济活动和会计资料，及其他有关资料的监督和鉴证，对于其中发现的违反财会制度和相关法规的情况予以揭露和纠正，从而有效地制止违纪违法行为，维护财经纪律和市场秩序。比如，若通过审计发现被审计单位存在弄虚作假、偷税漏税、乱挤占成本、行贿受贿及损失浪费等违法行为，就要及时追究责任，以保证国家和企业财产的安全完整。

（二）审计的证明作用

审计的证明作用是与审计的鉴证职能相联系的作用。审计报告可对被审计单位的财务报表及相关资料的合法性和公允性，对被审计单位的经营管理活动的真实性、合法性、合规性等，做出比较权威而客观的公证，起到证明的作用，以资财务信息的预期使用人做出适当的决策。

（三）审计的促进作用

审计促进性作用也被称为审计的建设作用，是指审计工作完成后，对于被审计单位存在的问题，提出意见和建议，对宏观和微观经济管理起到的改善、加强和促进作用。其主要体现如下：

1. 科学的审计工作能够提高企业的经济管理水平与经济效益

审计能够发现影响企业经济效益的不利因素，并且根据这些不利因素提出相应的改进方法，便于被审计单位进行改进，进而挖掘出被审计单位的经济潜力，提高被审计单位的经济效益。

2. 审计工作能够促进被审计单位内部控制制度的建设与完善

审计工作能够对企业内部的控制制度进行审计和评价，进而发现制度本身的完善程度、制度的完善情况以及责任归属，并且将这些问题反馈给有关部门，有关部门再根据这些反馈进一步完善内部控制制度。

3. 审计工作能够促进社会经济秩序的健康运行

审计过程中，审计主体通过微观审计与宏观调查，能够发现社会经济生活中的各种违法乱纪现象和不良行为，审计组织有向相关管理部门如实反映的义务以及提出处理意见、整改措施的权利，有利于维护经济秩序，使国民经济能够朝着积极、健康的方向发展。

4. 审计工作促进政府、企业及个人正确处理经济利益关系

在实际的审计过程中，会发现在处理国家、地区、集体、个人之间经济利益关系方面存在的问题。审计通过信息反馈和提出一些改进意见，有利于协调各方面的经济利益关系，使责、权、利更加密切地结合，有助于微观经济中有关矛盾的解决和宏观调控工作的加强。

第五节　审计的基本程序与方法

一、审计的基本程序

审计程序为完成审计工作所需详细步骤的审计程序，亦指出在审计底稿中证据的位置。审计程序对审计人员而言，就好像地图对旅行者，没有审计程序，审计人员可能查核方向错误或没有使用最快最好的查核方法，以致浪费时间和成本。以下为审计程序的 8 种类型。

（一）检查记录或文件

检查记录或文件是指注册会计师对被审计单位内部或外部生成的，以纸质、电子或其他介质形式存在的记录或文件进行审查。检查记录或文件的目的是对财务报表所包含或应包含的信息进行验证。

（二）检查有形资产

检查有形资产是指注册会计师对资产实物进行审查。检查有形资产程序主要适用于存货和现金，也适用于有价证券、应收票据和固定资产等。检查有形资产可为其存在性提供可靠的审计证据，但不一定能够为权利和义务或计价认定提供可靠的审计证据。

（三）观察

观察是指注册会计师查看相关人员正在从事的活动或执行的程序。例如，对客户执行的存货盘点或控制活动进行观察。观察提供的审计证据仅限于观察发生的时点，并且在相关人员已知被观察时，相关人员从事活动或执行程序可能与日常的做法不同，从而会影响注册会计师对真实情况的了解。因此，注册会计师有必要获取其他类型的佐证证据。

（四）询问

询问是指注册会计师以书面或口头方式，向被审计单位内部或外部的知情人员获取财

务信息和非财务信息，并对答复进行评价的过程。询问本身不足以发现认定层次存在的重大错报，也不足以测试内部控制运行的有效性，注册会计师还应当实施其他审计程序以获取充分、适当的审计证据。

（五）函证

函证是指注册会计师为了获取影响财务报表或相关披露认定的项目的信息，通过直接来自第三方的对有关信息和现存状况的声明，获取和评价审计证据的过程。例如对应收账款余额或银行存款的函证。通过函证获取的证据可靠性较高，因此，函证是受到高度重视并经常被使用的一种重要程序。

（六）重新计算

重新计算是指注册会计师以人工方式或使用计算机辅助审计技术，对记录或文件中的数据计算的准确性进行核对。重新计算通常包括计算销售发票和存货的总金额，加总日记账和明细账，检查折旧费用和预付费用的计算，检查应纳税额的计算等。

（七）重新执行

重新执行是指注册会计师以人工方式或使用计算机辅助审计技术，重新独立执行作为被审计单位内部控制组成部分的程序或控制。例如，注册会计师利用被审计单位的银行存款日记账和银行对账单，重新编制银行存款余额调节表，并与被审计单位编制的银行存款余额调节表进行比较。

（八）分析程序

分析程序是指注册会计师通过研究不同财务数据之间以及财务数据与非财务数据之间的内在关系，对财务信息做出评价。分析程序还包括调查识别出的、与其他相关信息不一致或与预期数据严重偏离的波动和关系。

二、审计的方法

注册会计师完成审计工作过程和审计工作任务应当在审计过程中选用恰当的审计方法以提高审计效果和审计效率，审计方法有总体审计方法和具体审计方法两种。审计是一个系统化的过程，是在审计目标的指引下通过制订、执行审计计划，有组织地采用科学的程序收集和评价审计证据，完成审计计划，提交审计报告，最终实现审计目标。

审计方法是审计人员检查和分析审计对象，收集审计证据，据以编写审计报告，形成审计结论和意见的各种专门手段的总称。随着审计方法的不断演变，现代审计已超越了传统的事后查账技术，逐渐发展到能够成熟运用审计调查、分析，内部控制制度审计及抽样审计等技术方法，在日趋多样化的过程中形成了完成的审计方法体系。

（一）审计方法的发展过程

在审计发展模式的角度看来，审计方法经历了三个阶段，分别为账项基础审计、制度基础审计和风险导向审计。

1.账项基础审计

在审计产生的初期阶段，企业的组织结构较为简单，其业务性质也相对单一，当时的审计主要是为了满足财产所有者对会计核算进行独立监督的要求，促使受托责任人在授权经营过程中诚实敬业。审计的主要目的是发展企业财务中的错误和舞弊，审查工作的重点是审计资料，审计的方法是对会计资料进行详细检查，这种以检查会计事项为主线的审计方法就是账项基础审计模式，审计的起点是检查账证表。

2.制度基础审计

随着审计方法的不断进步，审计的目的也发生了变化，此时审计的目的已经不再是简单的差错防弊，报表的使用者越来越多地将注意力转向了企业的经营管理，这就要求审计人员对企业的内部控制系统有比较全面的认识。审计工作的目标转移到验证财务报表是否公允地反映了企业的财务状况和经营成果上。为了使审计效率有所提高，审计人员开始采用审计抽样技术，让有限的审计资源能够集中在内部控制薄弱的环节，这种以控制测试为基础的抽样审计就是账项基础审计模式，审计的起点是内部控制测试。

3.风险导向审计

20世纪80年代左右，审计风险成为审计人员面临的首要问题。形成审计风险的因素很多，被审计单位的环境、性质、业绩等都可能形成审计的风险因素，降低审计风险已成为审计的头等大事。审计风险模型的出现，从理论上解决了制度基础审计在审计抽样上的随意性，也解决了审计资源不合理的分配问题，这种以审计风险模型为基础进行的审计被称为风险导向审计模式，审计的起点是风险评估，要求将审计资源分配到最容易导致财务报表出现重大错报的领域。

（二）总体审计方法

1.顺查法

顺查法也叫作正查法，顾名思义，顺查法就是按照正常的核算程序进行审查。其审计步骤为：第一，对原始凭证进行核对，以查明原始凭证是否真实、合法、合规；其次审查记账凭证并与原始凭证核对，以查明会计分录是否正确，数据的计算是否正确，是否与原始凭证相符合；第二，审查会计账簿（日记账、明细账、总账等），并进行账证、账账核对，以查明日记账、明细账、总账等记录是否正确无误，账账之间是否相符，与记账凭证是否相符；第三，审查和分析财务报表，并进行表账、表表核对，以查明财务报表的各个项目是否正确、完整、合规，与账簿记录是否相符。此外，还应抽查盘点实物资产和核对债权债务，以验证财物是否完整，债权债务是否正确。

顺查法的优点是：简便易行，审计工作细致、全面，不容易发生遗漏，容易查出错误和舞弊，审计结果比较可靠。其缺点是：工作量大，费时费力，审计成本高，审计重点不突出，审计效率低。顺查法主要适用以下情况：规模小、业务量少的单位；内部控制很差的单位；特别严重的项目；贪污、舞弊的专案审计。

2. 逆查法

逆差法是与顺查法完全相反的审计方法，也称倒查法，是相对于顺查法而言的。逆查法是指按照经济业务发生的先后顺序，从终点往起点审计的一种方法。在内部审计过程中，根据审计项目的总目标追溯到分目标，从结果追溯到原因的过程，是与会计核算程序相反顺序审查的一种方法。逆查法适用于贪污舞弊审计项目、专项审计项目资料查找，检查会计凭证资料等范围。逆查法的操作步骤如下：第一步，选择并确定需要审查的事项；第二步，查阅该事项的操作流程及相关制度，确定操作的先后顺序及相关的资料依据；第三步，从流程或业务的终点进行审计，依照程序或流程的逆反顺序，对相应操作细节、重点环节、关键控制点进行核对，对每个环节的具体控制标准进行检查；第四步，记录审查发现与存在的问题。对每个环节审查过后，对其中发现的问题、差错和遗漏进行相应的记录，整理成审计工作底稿。

逆查法的优点是，从会计报表审查入手，根据发现的线索进行分析审查，溯因撷果，重点突出，审查业务量小、省时省力。缺点是对未发现线索的问题容易疏漏，所查问题不够全面、详尽，往往重大失小。

3. 详查法

详查法，又称精查法。详查法针对的是审计期间内的全部资料，对这些资料进行全面的、详细地检查。对于经济业务比较简单、内部控制比较混乱以及可能存在重大违法违规行为的被审计机构，可考虑采用详查法。详查法的优点是：能收集到全面完整的证据，保证审计质量。缺点是：详查法需要审计大量的资料，需要耗费的时间较长。在这里需要明确一点：详查法与全面审查是不同的，全面审查是审查工作的一个分类，是按审查范围大小对审查进行的具体分类，与其对应的是专项审查；详查法是审计方法的一种，与之对应的是抽查法。而且，在全面审查中的某些审查项目，根据需要既可以进行详查，也可以进行抽查。

4. 账表基础审计法

账表基础审计法又称账表导向审计法。在审计发展的早期（20世纪40年代以前），当时企业的业务种类少，企业结构简单，此时审计主要围绕会计账簿、财务报表的编制过程进行详细审计，通过对账表上的数字进行详细核实来判断是否存在舞弊行为或技术性的错误。从方法论的角度上讲，这种审计方法就是账表基础审计方法。账表基础审计法主要缺点是：成本高，效率低。

5. 制度基础审计法

制度基础审计法，是以内部控制制度为重心，强调对内部控制制度的评价，对内部控制评价的结果直接影响实质性程序工作量的大小，当评价结果证明内部控制可以信赖时，在实施实质性程序时只需抽取少量样本就可以得出审计结论；而当评价结果认为内部控制不可靠时，在实施实质性程序时要根据具体情况扩大审查范围。制度基础审计法是审计方法发展过程中的一个重要阶段，但仍需运用账表基础审计的技术方法。

6. 风险基础审计法

自20世纪80年代以来，为适应高度风险社会的需要（20世纪70年代，西方国家出现诉讼浪潮），在以美国为代表的西方国家，产生了一种名为"风险基础审计"的审计方法，并在会计师事务所广泛采用。风险基础审计法，又称风险导向审计法，它是指注册会计师以审计风险的分析、评价和控制为基础，据以确定审计的重点、范围，并综合运用各种审计技术收集审计证据，形成审计意见的一种审计方法。风险基础审计法对现代审计的发展所产生的影响是重大的，它迫使现代审计从关注内部控制转向审计风险。目前，风险基础审计代表了现代审计方法发展的最新趋势。

（三）具体的审计方法

1. 审阅法

审阅法指的是对被审计单位所有经济活动产生的会计账表进行细致的阅读与观察，通过这种方式取得审计证据。审阅法中的"阅读"与人们平时所说的"阅读"并不是同一种含义，审阅法中的"阅读"指的是根据有关法规、政策理论、方法等查账标准或依据对书面资料进行审阅，借以鉴别资料本身所反映的经济活动是否真实、正确、合理、合理及有效。除了通过审计法获得直接证据外，有时还能够通过审计法找到一些能够加以利用的间接证据，例如在使用审阅法进行审计的过程中找出一些疑点，为下一步的审查工作提供必要的线索。

（1）原始凭证的审阅

在对原始凭证进行审阅时，需要注意下面几点：原始凭证所反映的经济业务是否具有合法性、合理性；原始凭证的格式是否规范，是否经过统一的工商登记和税务登记；开出凭证的单位名称和地址是否注明，凭证的编号是否连续，有无单位的公章和经手人的签章；原始凭证的项目，包括抬头、日期、数量、单价、金额等是否填写齐全，数字计算是否正确，字迹有无涂改。利用原始凭证进行作假的方法很多，以下几点为常见的作假办法：第一，更改原始凭证的内容。通过涂、改、刮、擦及使用化学药品等手段，更改原始凭证的内容，如篡改原始凭证的日期、抬头、金额，增添原始凭证的内容等；第二，冒充签字的原始凭证。如模仿领导笔迹签字冒领；第三，无抬头或抬头不符合、无摘要、无品名或摘要、品名含糊的原始凭证；第四，"大头小尾"的原始凭证，主要是指"大头小尾"的发票。所谓"大头小尾"的发票，是指出具发票方在开具手写发票时，所开具的发票的正式发票联数额大，而存根联数额小的一种现象。大头小尾的发票是在手工开具发票的情况下，一式多联的发票分次开具产生的；第五，"买东开西"的原始凭证。主要是指"买东开西"的发票。所谓"买东开西"的发票，是出具发票方在开具手写发票时所开具的发票所反映内容不真实的发票。如个人购买服装，开票时要求商场开购买办公用品的发票，以便今后在单位报销；第六，变相报销或违规报销的原始凭证。如将个人旅游费作为出差费报销；第七，虚假的原始凭证。虚假的原始凭证有三种情况：一是假票真开，即发票是虚假的，但所反映经济内容是真实的；二是真票假开，即发票是真实、合规的，但所反映经济内容是虚假的；三是假票假开，即发票是虚假的，所反映经济内容也是虚假的。

（2）记账凭证的审阅

记账凭证是会计人员根据审核无误的原始凭证按照经济业务事项的内容加以归类，并据以确定会计分录后所填制的会计凭证，其主要作用都在于对原始凭证进行分类、整理，按照复式记账的要求，运用会计科目，编制会计分录，据以登记账簿。记账凭证的形式审阅，主要审查记账凭证填列要素是否齐全完整、编号是否连续，有无更改、伪造痕迹等。记账凭证必须具备以下基本内容：第一，记账凭证的名称及填制单位名称；第二，填制记账凭证的日期；第三，记账凭证的编号；第四，经济业务事项的内容摘要；第五，经济业务事项所涉及的会计科目及其记账方向；第六，经济业务事项的金额；第七，记账标记；第八，所附原始凭证张数；第九，会计主管、记账、审核、出纳、制单等有关人员的签章。再对记账凭证的内容进行审阅时，需要注意被审计单位这一段时间的所有账目是否是在我国有关规定允许范围之内的，尤其是要重点审查账目是否如实反映了被审计单位的经济活动，将审阅过的原始凭证同记账凭证上的会计科目、明细科目、金额对照观察，看是不是存在错误，有没有为了隐瞒实际情况进行了恶意掩饰的情况，记账凭证上编制、复核、记账、批准等签字是否齐全。

（3）账簿的审阅

账簿的审阅，即审阅总账、明细账、日记账和各种辅助账簿等，其中，以审阅明细账和日记账为重点。审阅账簿时，应注意：第一，账簿体系的设计是否符合企业会计准则的规定，其记录是否以记账凭证为依据，账户的运用是否恰当，成本核算是否符合企业会计准则的规定等；第二，各种明细账、日记账与总账的有关记录是否相符，有无重登和漏登的情况。重点观察报表上月初与月终资金的流动是否在可以接受的范围内，如果出现了异常情况，审计人员就需要对被审计单位这一时间段的经验情况进行详细审查，看是否有舞弊现象发生；第三，被审计单位在日常经济活动中进行账簿登记时，如果出现了错误则需要审计人员留意其是否使用正确的方式将错误改正过来；第四，在使用新账簿时，有的企业会更改结转金额，以实现作假的目的，审计人员要重点关注这一问题；第五，根据摘要中的内容，对账簿中登记的经济业务进行审阅，如果在审阅过程中发现疑问，则需要进一步核对凭证。

（4）会计报表的审阅

会计报表的审阅，首先要对会计报表进行整体浏览，包括观察所有报表是否为一个统一的整体，这些报表是否符合国家相关规定的要求，各报表中有关项目是否对应相符，资产总额与负债及所有者权益总额是否相符，固定资产净值是否等于固定资产原值减累计折旧的差额等。审阅表与表之间的有关项目是否一致。更重要的是依据审计目的，对会计报表的实质内容进行审阅。此外，会计报表附注也是审计人员需要重点审阅的部分，有时审计报表附注中藏有重要的审计线索。审计报表中的最需要关注的地方是，在被审计的这一时间段内产生的重大问题是否在附注中进行了详细的披露，若没有，则需要审计人员详究根源，查出其中存在的问题。

实践中，国家审计机关审计人员还应当充分利用国家审计与注册会计师财务报表审计不同审计目的，有意识地通过审阅已经注册会计师审计后的会计报表获得有关审计证据。当然，审计人员在审阅会计报表时，更多的应当是利用分析程序对会计报表有关内容进行分析，以发现疑点线索，确定审计重点，这些内容将在分析性程序中说明审计人员在审阅会计记录及其他会计资料时，应注意审查各种书面文件是否一致，书面资料之间的勾稽关系是否存在。由于会计资料是根据复式记账的原理记录的，因此，许多资料之间都存在一种对应关系，即勾稽关系。审阅时，应注意这些勾稽关系是否存在，是否存在不符合会计常规的异常现象，若有关联的账户勾稽关系不存在，或是有存在不符合会计常规的异常，如在建工程大量增加，但与此同时长期借款迅速较少等，则说明会计核算存在错误和舞弊的可能，审计人员应当予以重点关注。

（5）其他文件资料的审阅

除上述审阅的内容外，注册会计师还可以通过审阅其他文件资料，如计划资料、合同和其他有关经济活动资料等，进一步获取审计证据。例如，审阅银行借款合同可以确定银行借款的真实性。其他资料通常包括：有关法规文件、内部规章制度、计划预算资料、经济合同、协议书、委托书、考勤记录、生产记录、各种消耗定额、出车记录等。

2. 核对法

核对法是指将书面资料的相关记录之间或者将书面资料的记录与实物之间进行相互对照检查，以获取审计证据的方法。通过核对，能验证被审计单位会计记录的正确性和真实性。核对的内容包括：证证、账证、账账、账表、表表、账实的核对。

（1）证证核对

进行证证核对的报表有：原始凭证与相关原始凭证进行核对，原始凭证与原始凭证汇总表进行核对，记账凭证与原始凭证进行核对，记账凭证与汇总凭证进行核对。核对的内容为各要素的内容、数量、日期、单价、金额、借贷方向等是否相符。

（2）账证核对

根据记账凭证或汇总凭证核对总分类账、明细分类账，看其内容、日期、金额、科目名称、借贷方向等是否相符。会计账簿是根据会计凭证登记的，所以，二者在金额、业务内容、所用科目等方面都应相符，被查单位在账簿中如有多记、少记、重复记账、漏记和错记等会计错弊，通过账证核对便可发现其疑点。

（3）账账核对

主要核对总分类账期末余额与所属明细账期末余额之和是否相等，总分类账本期发生额、期初余额与其所属明细分类账本期发生额之和、期初余额之和是否分别相等，财会部门财产物资明细账与财产物资保管人员明细账是否相符，以及将总分类账与明细分类账、日记账有关记录核对。

（4）账表核对

账表核对是指将财务报表各项目的数据与有关的账簿相核对，以判断报表各项目的数据是否存在差错，报表是否如实地反映了被审计单位的财务状况、经营成果和现金流量。

（5）表表核对

财务报表中的各个项目并不是独立的，而是一个整体，并且两两报表之间都会存在一些勾稽关系，进行表表核对的目的就是核对存在勾稽关系的账目的数据是否是一致的。

（6）账实核对

账实核对是指将各种财产物资和债权债务的账面余额与实存数进行核对，包括账款核对（现金日记账的账面余额与库存现金实存数核对）、账单核对（银行存款日记账的账面余额与开户银行的对账单核对）、账物核对（各种财产物资明细分类账的账面余额与财产物资的实存数核对）、账人核对（各种应收、应付款明细分类账的账面余额与有关的债权、债务人核对），以查证账存数与实存数是否相符。如果不符，应查明原因，并按照有关规定，以实存数为准来调整账存数。

通过核对法进行审计能够较为快速、便捷的发现账目中存在的问题，而且得出的审计证据可信度也很高，在现代审计过程中，核对法是使用最为广泛的方法之一。在核对中如发现不相符，应引起重视，并进一步查明原因。

3. 验算法

验算法又称重算法、复算法，是指对被审计单位书面资料的有关数据在审阅、核对的基础上进行重新计算，以验证原计算结果是否正确的一种方法。验算法可以取得书面证据，是审计中常用的方法之一。被审计项目中需要验算的内容很多，主要包括对会计凭证、会计账簿、财务报表中的有关项目的小计、合计、总计、累计、差额、乘积等进行重新计算；对某些业务如固定资产折旧、投资收益、汇兑损益、应交税金等进行重新计算，以验证原计算结果是否正确；对有关成本、费用归集和分配的结果进行验算，以验证成本、费用的分配标准和方法是否正确等。当然，验算法的应用需要审计人员具备专业知识，熟悉会计、统计和各种分析方法，以确保计算结果正确。

4. 监盘法

监盘法，即监督盘点法，它是指注册会计师现场监督被审计单位有关实物的盘点工作，以证实书面记录与实物是否相符合的方法。常用于检查固定资产、在产品、产成品和其他财产物资等，也可用于检查现金、有价证券等。理解监盘法应注意以下几点：第一，在监盘过程中，注册会计师只负责监督被审计单位的盘点工作，不亲自参与盘点工作；第二，在监盘中，注册会计师如发现被审计单位的盘点工作存在问题，可要求复盘；第三，注册会计师认为必要时，可进行抽查复点，以保证盘点结果的准确性。采用监盘法是为了确定被审计单位实物资产是否账实相符，查明有无短缺、毁损及贪污等问题。监盘法可为其存在性提供可靠的审计证据，但不一定能够为权利和义务或计价认定提供可靠的审计证据。

第六节　审计抽样

随着市场经济的不断发展，企业的经营规模逐渐扩大，企业内部的财务账目种类繁多、数目庞大，将所有的账目全部审计既费时、又费力。为了提高现代审计工作的效率，人们发明了审计抽样。审计抽样旨在帮助注册会计师确定实施审计程序的范围，以获取充分、适当的审计证据，得出合理的结论，作为形成审计意见的基础。

一、审计抽样的定义

所谓审计抽样，是指审计人员在实施审计程序时，从审计对象总体中选取一定数量的样本进行测试，并根据测试结果，推断总体特征的一种方法。为正确理解该定义，必须明确以下几点：

第一，审计抽样与详细审计具有很大的区别。详细审计指的是对审计对象中的所有项目进行细致的审查，并根据审计结果得出审计意见。因此，审计抽样与详细审计并不相同。但需要注意的是，从审计对象总体中选取部分项目或有特殊重要性的全部项目进行审计，并对所选项目本身发表审计意见的方法则不属于审计抽样。第二，审计抽样不能完全等同于抽查。广义的抽查作为一种技术，可以用来了解情况，确定审计重点，获取审计证据，其在使用中并无严格要求。审计抽样作为一种方法，需要运用抽查技术，但更重要的是要根据审计目标及环境要求做出科学的抽样决策，并严格按照规定的程序和抽样方法进行。审计抽样的基本目标是在有限的审计资源条件下，收集充分、适当的审计证据，以形成和支持审计结论。第三，审计抽样主要运用于控制测试和实质性程序，但它并不是对这些测试中的所有审计程序都适用。通常审计抽样在顺查、逆查等审计程序中广泛运用，但不宜用于询问、观察、分析程序。

二、审计抽样的种类

（一）统计抽样和非统计抽样

非统计抽样指的是注册会计师主观地在总体中选取一部分样本进行审查，通过这部分样本的审计结果推断出总体特征的方法。在抽样技术发展过程中，非统计抽样出现了两种抽象形式，分别为判断抽样与任意抽样。在使用任意抽样时，样本的规模、内容等都是随机的，这样没有任何规律的抽取样本使得审查结果不具备科学性，审计结果并没有多大的说服力。取而代之的是判断抽样审计方法，它是注册会计师根据其经验判断，有重点、有针对性地从总体中抽取一些样本进行审查测试，并以样本的测试结果来推断总体的一种审计抽样方法。这种方法克服了任意抽样法的缺点，但由于该方法是审计人员在总结自身经验的基础上形成的，因此，其成效取决于审计人员的经验和判断能力，审计过程中注册会计师的主观因素对审计结果和质量构成决定性影响。

统计抽样是指以概率论和数理统计为理论基础，将数理统计的方法与审计工作相结合而产生的一种审计抽样方法。这种方法主要是运用数理统计方法来确定样本的数量与构成分布，进而随机抽取有效样本进行审查，并对所抽取的样本结果进行统计评价，最后以样本的审查结果来推断总体特征。运用统计抽样技术可以使总体中每一单位都有被抽选的机会，使样本的特征尽可能接近总体的特征。但是，统计抽样法要求审计人员具有较高的数学水平。此外，对于资料残缺不全的被审计单位或揭露各种舞弊的财经法纪审计则不适用此法。

（二）属性抽样与变量抽样

若要计算在整体中某一事件发生的概率，可以采用属性抽样的方法进行统计。在审计过程中，经常使用属性抽样的方法计算某一设定控制的偏差率，以支持注册会计师评估的控制有效性。在属性抽样中，设定控制的每一次发生或偏离都被赋予同样的权重，而不管交易的金额大小。例如，将由于内部控制缺陷导致的 100 万元的错报与 1 万元的错报同等看待，可能会遗漏某些重大错报。变量抽样是一种用来对总体金额得出结论的统计抽样方法。变量抽样通常回答下列问题：金额是多少？账户是否存在错报？因此，在审计时使用变量抽样对一些小细节进行测试，进而判断账目中记录数据的正确性。一般说来，进行属性抽样的结果与总体发生率有关，变量抽样的结果与总体金额有关。但需要注意的是，有一个例外的情况，即统计抽样中的概率比例规模抽样（PPS 抽样），却运用属性抽样的原理得出以金额表示的结论。

三、审计抽样的步骤

（一）样本的设计

审计人员运用审计抽样方法需要在科学、具体的规划指导下进行。在抽样之前，首先要进行样本设计。所谓样本设计，是指审计人员围绕样本的性质、样本量、抽样组织方式及抽样工作质量要求等方面所进行的计划工作。审计人员在设计样本时，应当考虑以下基本因素：

1. 审计目标

如要进行科学的样本审计，则需要确立具体的审计目标。审计人员在设计样本时，应当根据具体审计目标，考虑其所要获取审计证据的特征及构成误差的条件，以正确地界定误差和审计对象总体，并确定采用何种审计抽样方法。这里，最为关键的是要根据具体审计目标界定"误差"。一段来说，在控制测试中，误差是指审计人员认为使控制程序失去效能的所有控制失效事件，通常将其界定为会计记录的虚假账户、经济业务的记录未进行复核、审批手续不全等各类差错。而在实质性程序中，通常将误差界定为误报货币金额的绝对值或相对比率。

2.定义总体

总体是指注册会计师从中选取样本并期望据此得出结论的整个数据集合。注册会计师在界定总体时，应当确保总体的适当性和完整性。首先，总体应适合于特定的审计目标。例如，要测试现金支付授权控制是否有效运行，如果从已得到授权的项目中抽取样本，注册会计师不能发现控制偏差，因为该总体不包合那些已支付但未得到授权的项目。在定义总体时，还必须考虑总体的同质性，即总体中的所有项目应该具有同样的特征。例如，如果被审计单位的出口和内销业务的处理方式不同，注册会计师应该分别对他们的控制进行评价，因而将之划分为两个独立的总体。

3.确定样本规模

在总体中选出的样本项目的总体数量被称为样本规模，影响样本规模的因素有如下几点：

（1）总体规模会影响样本规模

抽样总体中包含抽样单元（个体项目）数的多少称之为总体规模或总体容量。注册会计师通常将抽样单元超过5000个的总体视为大规模总体，而将抽样单元小于5000个的总体视为小规模总体。抽样单元如果是大规模总体，那么总体规模如果产生变化，样本变量并不会受到过大的影响，抽样单元如果是小规模总体，理论上讲样本规模的大小与总规模成正向关系，总体规模越大，所需要的样本量则越多；相反，所需要的样本量就越少。但实际上对小规模总体实施审计抽样比其他测试项目方法的效率低。所以，除非对小规模总体系用抽样技术，一般情况下在确定样本规模时不考虑总体规模。

（2）可接受的抽样风险

可接受的抽样风险与样本规模成反比例关系。可接受的抽样风险越低，所需要的样本规模越大；相反，所需要的样本规模越小。

（3）可容忍误差

可容忍误差是指注册会计师在认为测试目标已实现的情况下准备接受的总体最大误差。在控制测试中，可容忍误差表现为可容忍偏差率，即注册会计师设定的偏离规定的内部控制程序的比率。如果偏差率超过这个设定的比率，则注册会计师会减少或取消对内部控制程序的信赖。在细节性测试中，可容忍误差表现为可容忍错报，即注册会计师设定的错报的货币金额。如果错报金额达到或超过这一金额，则注册会计师会认为总体存在重大错报。可容忍错报实际上是实际执行的重要性概念在特定抽样程序中的运用，它一般等于或低于实际执行的重要性水平。可容忍误差与样本规模成反比例关系。可容忍误差越低（小），则所需要的样本规模越大。可容忍误差设定的是高（大）还是低（小）取决于审计专业判断。

（4）预计总体误差

在控制测试中，总体误差表现为预计总体偏差率。预计总体误差是指注册会计师根据以前对被审计单位的经验或实施风险评估程序的结果而估计总体中可能存在的误差。预计总体误差越大，可容忍误差也应当越大；但预计总体误差不应超过可容忍误差。在既定的可容忍误差下，当预计总体误差增加时，所需的样本规模越大。注册会计师可以将去年的测试结果以及控制环境等因素作为预计总体偏差率的依据。在考虑上年测试结果时，应考虑被审计单位内部控制和人员的变化。如果不能取得去年的审计结果，或者去年的审计结果并不可靠，那么注册会计师可以在抽样总体中选择一个小型的初始样本，将这个初始样本的偏差率用作总体偏差率的估计值。如果获得的预期总体偏差率值过高，则表示控制有效性很低，此时一般情况下注册会计师会不再实施控制测试，而是进行更多的实质性程序。

（5）总体变异性

在控制测试中，确定样本规模时一般不考虑总体变异性。在细节测试中，确定样本规模时则要考虑总体的变异性。总体项目的变异性与样本规模成正向关系，总体变异性越高，所需要的样本规模通常就越大。这可以通过分层，将总体分为相对同质的组，以尽可能降低每一组中变异性的影响，从而减小样本规模。未分层的总体具有高度变异性，通常需要很大的样本规模。

5. 定义误差构成条件

注册会计师必须事先准确定义构成误差的条件，否则执行审计程序时就没有识别误差的标准。在控制测试中，误差是指控制偏差，注册会计师要仔细定义所要测试的控制及可能出现偏差的情况，在细节测试中，误差是指错报，注册会计师要确定哪些情况构成错报。注册会计师定义误差构成条件时要考虑审计程序的目标。例如，在对应收账款存在性的细节测试中（如函证），客户在函证日之前支付、被审计单位在函证日之后不久收到的款项（即未达账项）不构成误差。而且，被审计单位在不同客户之间误登明细账也不构成误差，因其并不影响应收账款账户的总额。即使这种情况可能对审计的其他方面（如对舞弊的可能性或坏账准备的适当性的评估）产生重要影响，在评价该审计程序的样本结果时将其判定为误差也是不适当的。

6. 确定审计程序

注册会计师必须确定能够最好地实现调试目标的审计程序组合。例如，如果注册会计师的审计目标是通过测试其一阶段的适当授权证实交易的有效性，审计程序就是检查特定人员已在某文件上签字以示授权的书面证据。注册会计师预计样本中每一张该文件上都有适当的签名。

（二）样本的选取

1. 样本选取的基本要求

审计人员在选取样本时，应使审计对象总体内所有项目均有被选取的机会，以使样本能够代表总体。只有这样，才能保证由抽样结果所推断出的总体特征具有合理性和可靠性。如果审计人员有意识地选择总体中某些具有特殊特征的项目而对其他项目不予考虑，就无法保证其所选样本的代表性。审计人员可以采用统计抽样或非统计抽样方法选择样本，只要运用得当，均可以获得充分、适当的审计证据。

2.样本选取的基本方法

（1）随机数选样

随机数选样就是使用随机数表或计算机辅助审计技术选样。使用随机数选样需以总体中的每一项目都有不同的编号为前提。注册会计师可以使用计算机生成的随机数，如电子表格程序、随机数码生成程序、通用审计软件程序等计算机程序产生的随机数，也可以使用随机数表获得所需的随机数。随机数是一组出现概率相同的数码，并且不会产生可识别的模式。随机数表也称乱数表，它是由随机生成的从 0 ～ 9 共 10 个数字所组成的数表，每个数字在表中出现的次数是大致相同的，它们出现在表上的顺序是随机的。现举例说明随机数表的使用方式。例如审计人员对某公司连续编号为 0001 ～ 4000 的现金支票进行随机选样，拟从支票中选取一组样本量为 20 的样本。首先，审计人员确定只用随机数表所列数字的前 4 位数来与现金支票号码一一对应。其次，确定第 1 行第 9 行为起点，选号路线为自上至下、从左到右依次进行。最后，按照规定的一一对应关系和起点及选号路线，选出 20 个数码：1181、0593、3172、1434、2179、1796、0683、2216、1135、1675、2867、0141、3255、0023、3516、2693、0897、3815、3490、0152。凡前 4 位数在 4000 以上的，因为支票号码没有一一对应关系，均不入选。选出 20 个数码后，按此数码选取编号与其对应的 20 张支票作为选定样本进行审查。

（2）系统选样

系统选样也称等距选样，是指按照相同的间隔从审计对象总体中等距离地选取样本的一种选样方法。采用系统选样法，首先要计算选样间距，确定选样起止，然后再根据间距按顺序选取样本。选样间距的计算公式如下：选样间距＝总体规模 ÷ 样本规模

例如，如果销售发票的总体范围是 652 ～ 3151，设定的样本量是 125，那么选样间距为 20[（3152—652）/125]。注册会计师必须从 0 ～ 19 中选取一个随机数作为抽样起点。如果随机选择的数码是 9，那么第一个样本项目是发票号码为 661（652 ＋ 9）的那一张，其余的 124 个项目是 681（661 ＋ 20），701（681 ＋ 20），依此类推，直至第 3141 号。

系统选样方便快捷，并可以在无限总体中应用。在使用系统选样时，需要注意没有必要对总体中的项目进行编号，在进行选样时只需要数出每一个间距。而且系统选样要求总体必须是随机排列的，否则，容易发生较大的偏差，造成非随机的、不具代表性的样本。如果测试项目的特征在总体内的分布具有某种规律性，则选择样本的代表性就可能较差。例如，应收账款明细表每页的记录均以账龄的长短按先后次序排列，则选中的 200 个样本可能多数是账龄相同的记录。为克服系统选样法的这一缺点，可采用两种办法：一是增加

随机起点的个数；定选样方法之前对总体特征的分布进行观察。如发现总体特征的分布呈随机分布，统选样法；否则，可考虑使用其他选样方法。系统选样可以在非统计抽样中使用，在总体随机分布时也可适用于统计抽样。

（3）随意选样

进行随意选样时，不需要考虑任何因素，以完全随意的方式对样本进行选择。美国注册会计师协会在其《审计抽样》指南中将随意选样描述为：随意选样即在没有任何人为偏差的情况下选取样本。也就是说，没有任何特殊理由来决定样本项目在样本中的去留；随意选样并不意味着用不注意的方式来选样，而是所选取的样本对总体来说期望具有代表性。所以，随意选样并不是该名词"随意"本身的含义。使用随意选样时，审计人员要避免由于项目性质、大小、外观和位置不同引起的偏差。随意选样的缺点是很难完全无偏见地选取样本项目，其结果有时缺乏合理性与可靠性。

3. 样本结果的评价

（1）分析样本误差

无论是统计抽样还是非统计抽样，对样本结果的定性评估和定量评估一样重要。即使样本的统计评价结果在可以接受的范围内，注册会计师也应对样本的所有误差（包括控制测试中的控制偏差和细节测试中的金额错报）进行定性分析。

（2）推断总体误差

在进行控制测试时，样本偏差率是样本中发现的偏差数量与样本规模的比值。因为样本误差本就是总体的推断误差率，那么注册会计师就不需要再次推断总体误差率。在进行细节测试时，注册会计师要根据样本中发现的误差金额对整体的误差金额进行推断，并注意推断误差对待定审计目标及审计的其他方面的影响。

（3）形成审计结论

①控制测试中的样本结果评价

在控制测试的统计抽样中，注册会计师通常使用表格或计算机程序计算误差上限。误差上限是按照抽样结果计算出来的最大误差率，它是抽样发现的实际误差率和设定的可接受审计风险（抽样风险）的函数。若估计的误差最大值依旧小于可容忍偏差率，那么该总体是可以接受的，如果估计的误差最大值大于或者与可容忍偏差率相等，那么该总体是不能接受的。此时，注册会计师需要对重大错报风险评估水平进行修正，并提高实质性程序在其中所占的比例。注册会计师也可以对影响重大错报风险评估水平的其他控制进行测试，以支持计划的重大错报风险评估水平。如果估计的误差上限低于但接近可容忍偏差率，注册会计师应当结合其他审计程序的结果，考虑是否接受总体，并考虑是否需要扩大测试范围，以进一步证实计划评估的控制有效性和重大错报风险水平。在控制测试的非统计抽样中，抽样风险无法直接计量。注册会计师通常将样本的误差率（即估计的总体误差率）与可容忍误差率相比较，以判断总体是否可以接受。如果样本误差率超出可容忍误差率，则可以得出总体不可接受的结论。如果样本误差率低于可容忍误差率，注册会计师要考虑总体实际误差率高于可容忍误差率可能出现这种结果的风险。如果样本误差率大大低于总体的可容忍误差率，注册会计师通常认为总体可以接受。如果样本误差率虽然低于总体的可容忍误差率，但两者很接近，注册会计师通常认为总体实际误差率高于可容忍误差率的抽样风险很高，因而总体不可接受。如果样本误差率与可容忍误差率之间的差额不是很大也不是很小，以至于不能认定总体是否可以接受时，注册会计师则要考虑扩大样本规模，以进一步收集证据。

②细节测试中样本结果评价

在进行细节测试时，注册会计师要勒令被审计单位将样本中发现的问题加以调整，并且将调整后的推断总体错报和该类交易或者账户余额的可容忍误差进行对比，需要注意的是，在这个过程中，需要将抽样风险考虑在内。在进行统计抽样时，最常规的办法就是使用计算机程序或者数学公式计算出总体错报上限。总体错报上限是调整后的推断总体错报与设定的可接受审计风险（抽样风险）的函数。如果计算的总体错报上限低于可容忍错报，则总体可以接受。如果计算的总体错报上限大于或等于可容忍错报，则总体不能接受。在评价财务报表整体是否存在重大错报时，注册会计师应将该类交易或账户余额的错报与其他证据一起考虑。在非统计抽样中，如果调整后的总体错报大于可容忍错报，或虽小于可容忍错报但两者很接近，注册会计师通常做出总体实际错报大于可容忍错报的结论，也就是说，总体不能接受。如果调整后的总体错报远远小于可容忍错报，注册会计师可以做出总体实际错报小于可容忍错报的结论，也就是说，总体可以接受。如果调整后的总体错报虽然小于可容忍错报但两者之间的差距很接近（既不很小又不很大），注册会计师必须特别仔细地考虑，总体实际错报超过可容忍错报的风险是否能够接受，并考虑是否需要扩大细节测试的范围，以获取进一步的证据。

四、审计抽样技术在控制测试中的应用

在控制测试中运用的统计抽样技术，主要是属性抽样技术。所谓属性是指审计对象总体的质量特征，即被审计业务或被审计内部控制是否遵循了既定的标准以及其存在的误差水平。属性抽样是指在精确度和可靠程度一定的条件下，为了测定总体特征的发生频率而采用的一种方法。属性抽样中，抽样结果只有两种，"对"与"错"，或"是"与"不是"。属性抽样技术主要有三种：固定样本量抽样、停—走抽样和发现抽样。

（一）固定样本抽样

1. 确定测试目标

假定注册会计师计划对甲企业购货业务的内部控制进行测试，测试的目的是检查该企业是否只有在将验收单据与购货发票核对相符后，才核准支付采购货款。根据这一目标，注册会计师将只会对该程序操作的准确性，以及购货发票与验收单据相核对的控制程序是否正常运行感兴趣，并按照该目标展开审计抽样。

2. 界定总体和抽样单元

在控制测试中，界定抽样总体，须考虑总体的同质性，即总体中的所有项目应该具有同样的特征。比如购货业务和销售业务的处理方式不同，就不能作为一个总体，而应该成为两个独立的总体。同时，还应该确保总体的适当性和完整性。比如，把销货发票作为抽样单元构成总体，就不符合上述对甲企业核准支付采购货款的内部控制进行测试所确定的审计目标。把验收单存根作为抽样单元构成总体，也不合适。因为可能存在未经验收仅凭发票付款的情况。

3. 确定可信赖程度、审计风险和可容忍误差

可信赖程度是指样本性质能够代表总体性质的可靠性程度。风险与可信赖程度是互补的关系，也就是风险加上可信赖程度的结果是1。在进行控制测试的过程中，被审计单位的内部控制水平决定了其可信赖程度，一般情况下，最小的可信赖程度为90%，但是如果内容控制不完善或者项目属性相对于其他项目是重要的，那么此时的可信赖程度可以上调到95%～99%。在控制测试中，可容忍误差是指审计人员可以接受的、内部控制实际运行中偏离于规定的控制要求的最大比率。可容忍误差的确定，应能确保总体误差超过可容忍误差时使审计人员降低对内部控制的可信赖程度。

4. 选取样本并实施审计程序

在控制测试中使用统计抽样方法时，注册会计师须使用随机数选样或系统选样方法选取样本。因为这两种方法能够产生随机样本，而其他方法虽然也能提供代表性样本，但却不是随机的。然后，对所选取的样本实施相应的审计程序。

（二）停—走抽样

停—走抽样是以预期总体误差为零开始，通过边抽样边评价来完成抽样审计工作的一种属性抽样方法。停—走抽样是固定样本量抽样的一种特殊抽样形式，在使用固定样本抽样时，如果预期总体误差大大高于实际误差，其结果将是选取了过多的样本，降低了审计工作效率。而停—走抽样方法能够较为有效地提高工作效率，降低审计成本。下面具体说明停—走抽样的应用。运用停—走抽样，一般要进行以下三个步骤：第一，确定可容忍误差和风险水平。假定审计人员确定的可容忍误差为4%，风险水平为10%；第二，确定初始样本量。根据上步骤的要求，查停—走抽样初始样本量表可确定初始样本量为60。第三，进行停—走抽样决策。决策过程如下：如果审计人员在60个初始样本中找出了一个误差（即错误数为1），则可通过查停—走抽样样本量扩展及总体误差评估表，得到相应的风险系数3.9，再将该系数除以样本量，可推断出在10%的风险水平下的总体误差为6.5%（即3.9÷60），这比可容忍误差4%大，因此，审计人员需要增加样本量。为了使总体误差不超过可容忍误差，在风险系数既定的情况下，将风险系数与可容忍误差相比较，则可计算出所需的适当样本量为98个（即3.9÷4%）。也就是说，审计人员需增加38个样本（98-60）。

如果对增加的 38 个样本进行审计后没有发现误差，则审计人员可有 90% 的把握确信总体误差不超过 4%。

（三）发现抽样

发现抽样是在既定的可信赖程度下，在假定误差以既定的误差率存在于总体之中的情况下，至少查出一个误差的抽样方法。发现抽样是属性抽样的一种特殊形式，主要被用在重大舞弊事件的查找过程中。它能够以极高的可信赖程度（如 99.5% 以上）确保查出误差率仅在 0.5%～1% 之间的误差。在预期误差率很低，且审计人员又想得到某个样本以证明有误差存在时，该种方法最为适宜。使用发现抽样时，审计人员需确定可信赖程度及可容忍误差，并将预期总体误差率设为 0。然后，参阅适当的属性抽样表，即可得出所需的样本量并加以审查。在这过程中，如果审计人员发现了重大误差，那么审计人员就不应该再使用抽样的方法，而是对总体进行详细、彻底的检查。如果在这一过程中审计人员并没有发现任何问题，那么审计人员可以得出在既定的误差率范围内没有发生重大误差的结论。使用发现抽样的前提是审计人员怀疑被审计单位可能存在一种或多种问题。假如审计人员怀疑被审计单位存在其职员伪造请购单、验收报告及进货发票，以虚构进货业务而达到套取现金的舞弊行为。为了证明这种舞弊行为存在或者是不存在，审计人员必须在已付凭单中找出一组不实的单据。假设审计人员设定总体项目中若含有 1% 或 1% 以上的欺诈性项目，那么在 95% 的可信赖程度下，样本将显示出不实的凭单。通过查表，审计人员发现在预期总体误差为 0 及可容忍误差为 1% 时，所需的样本量为 218 个。经审计人员选取并审查 218 张凭单后，未发现有不实情况，则审计人员有 95% 的把握确信总体项目中的不实凭单不超过 1%。

第七章　内部审计业务

内部审计业务不同于国家审计和社会审计，它是基于企业自我完善的内因，从保护投资方权益的角度，对企业进行全方位的"体检"，促进企业健康可持续发展。内部审计属于企业治理结构的一部分，其目标是实现企业价值增加，与企业经营目标是一致的。因此，内部审计业务更专注于全领域全流程审计，对审计人员的要求也更综合全面。

本章节选择了五类在实际工作中运用程度比较高的内部审计业务，从基本定义与构成、理论依据、审计程序与方法、审计案例分析等几方面，结合当前上市公司的管理模式和运作机制，客观务实讲解了五类审计业务。

一个地区的 GDP 构成中，工程项目投资占有举足轻重的位置，项目实施过程繁复，风险点多而杂，舞弊发生的机会和概率都比较高，在章节设计时，我们首先选取了工程项目审计作为本章的基本组成部分；物资采购业务在各类型企事业单位都会或多或少的存在，也是容易发生舞弊事件的业务领域，物资采购审计也成为本章节重要的组成部分；一般的，舞弊事件可能发生在运营领域、可能发生在销售环节、也可能发生在行政综合领域等等。但是，其落脚点基本是在财务领域，隐藏在会计凭证和原始单据中，财务收支审计从来都是国家审计和社会审计的重点，也是内部审计的基本构成；经济责任审计是改革开放以来，从国有企事业单位领导人员的离任审计开始的，逐步扩展延伸到经营班子任期经济责任审计，是评价经营业绩和经济责任的审计业务；良好的内部控制是企业自我保健和可持续发展的基础，越来越受到管理者的重视，从内部控制自我评价到审计评价，成为现代企业常规审计业务。

内部审计师不具体从事生产经营，也不能成为企业价值的主要创造者。但是通过内部审计师的有效工作，深入业务，也能帮助企业追求价值。在实践中通过发现管控漏洞和缺陷，提出整改建议，帮助企业管控风险，规避损失，实现价值增值。

第一节　建设项目审计

随着社会经济的发展，建设项目投资必须保持与经济发展相匹配的规模，建设项目投资数额大、周期长，其结果直接影响和决定国民经济和社会发展各方面的比例关系及社会生产技术水平。管好、用好这笔巨额投资，用最少的投入获取最大的利益，是建设项目审计的目的，是审计监督工作的重要组成部分，也是国家对固定资产投资活动与监督管理的重要手段。

一、释义

建设项目就是按照甲方的总体设计要求，在一个或几个场地上进行建设的所有工程项目之和，通常以一个企事业单位或一个独立工程为一个建设项目。就是说，只要在一个设计范围内，既包括主体工程也包括相应的配套工程，一个建设项目可以有若干个相互关联的单项工程，这些单项工程可以跨年度或分期分批建设；一个建设项目可以是一个投资主体，也可以是若干个投资主体。

建设项目审计的主体由政府审计机关、社会审计组织、内部审计机构等三部分组成。其中，政府审计机关重点审计以国家投资或融资为主的基础性项目和公益性项目，社会审计组织以接受被审计单位或审计机关委托的方式对受托审计的项目实施审计，内部审计机构则重点审计在本单位或本系统内投资建设的所有建设项目。建设项目审计对象是项目建设过程中的技术经济活动内容，包括开工前、在建期和竣工验收阶段的所有工作；建设项目审计对象从实体上看，主要是指建设项目的主管部门、各地方或国家的政府机关、建设单位、设计单位、施工单位、监理单位、材料等设备的供应商以及参与项目建设与管理的其他部门和单位。

建设项目内部审计的目的是为了促进建设项目实现"质量、速度、效益"三项目标，质量目标是指工程实体质量和工作质量达到要求，速度目标是指工程进度和工作效率达到要求，效益目标是指工程成本及项目效益达到要求。建设项目内部审计的内容包括对建设项目投资立项、设计（勘察）管理、招投标、合同管理、设备和材料采购、工程管理、工程造价、竣工验收、财务管理、后评价等过程的审查和评价。

二、政策依据

（一）法律法规

法律法规是建设项目审计的基本依据，包括《中华人民共和国审计法》《中华人民共和国建筑法》《中华人民共和国合同法》《中华人民共和国招标投标法》《中华人民共和国价格法》《中华人民共和国税法》《中华人民共和国土地法》以及国家、地方和各行业适用的相关文件规定。同时，国家在一定时期颁发的与国民经济发展有关的宏观调控政策、产业政策和一定时期的发展规划等，也是建设项目审计的宏观性与指导性的重要依据。

（二）与建设项目相关的技术经济指标

主要指造价审计中所依据的概算定额、概算指标、预算定额以及建设项目效益审计时所依据的有关技术经济分析参数指标等。

建设项目审计的依据不是一成不变的，上述依据也仅仅是指建设项目审计中直接使用的主要依据，审计人员在使用这些依据时应注意新制度、新原则、新规定，并及时更新。

三、审计程序和方法

开展项目建设审计时，应遵循事前审计、事中审计和事后审计相结合，技术审查、项目过程审查与财务审计相结合，项目各专业管理部门密切配合的原则。一个完整的建设项目审计包含投资立项审计、设计（勘察）管理审计、招投标审计、合同管理审计、设备和材料采购审计、工程管理审计、工程造价审计、竣工验收审计、财务管理审计、后续评价审计等十项内容的审查和评价。

（一）投资立项审计

投资立项审计是指对已立项建设项目的决策程序和可行性研究报告的真实性、完整性和科学性进行的审查与评价，包括以下四项内容：

1. 可行性研究过程的完整性和报告的真实性

应检查项目报批资料是否完整、审批部门是否具有相关资质和合法证照，审批手续是否完善；项目调查报告是否经过论证，论证程序是否合理有效，是否留存了论证过程资料。

核查可行性研究报告的真实性，应采取定性分析和定量分析结合、静态分析和动态分析结合、宏观分析微观分析结合的方法，对项目建设条件、建设环境以及项目在技术和经济上的可行性程度进行分析，尽量减少人为因素的干扰。

对可行性研究报告内容的完整性进行审计，即报告内容是否符合行业标准的规定，项目目的、工艺技术、项目规模、原材料供应、市场销售条件、技术装备水平、成本收益等是否合理匹配；建设地点是否符合环保约束条件，是否说明投资项目何时开始投资、何时建成投产、何时收回投资；是否说明项目建设的资金筹措方式等。

可行性研究报告的科学性，专家团队的构成和专业资格，投资方案、投资规模、生产规模、布局选址、技术、设备、环保等方面的资料来源，原材料、燃料、动力供应和交通及公用配套设施是否满足项目要求，是否在多方案比较选择的基础上进行决策，技术经济指标和投资预算是否合理，工程设计是否符合国家环境保护的法律法规的有关政策，需要配套的环境治理项目是否编制并与建设项目同步进行等。

2. 可行性研究报告的投资估算和筹资审计

即投资估算和资金筹措的安排是否合理，可通过财务内部收益率、投资回收期、投资利税率、固定资产借款偿还期、经济内部收益率等财务指标评价；也可通过现值法或终值法测试投资估算是否准确。

3. 可行性研究报告的财务评价

即检查项目投产后的成本和利润、借款的偿还能力、投资回收期等的计算方法是否科学适当，检查计算结果是否正确。财务评价的指标包括，财务盈利能力、清偿能力、财务外汇平衡能力。

4．决策程序的审计

检查决策方案是否经过适当的程序，是否包含分析、选择、实施、控制等过程，决策是否符合国家宏观政策及组织的发展战略，推荐方案描述是否客观，是否包含了优缺点描述，有无主要争论与分歧意见的说明，判断是否存在违反决策程序及决策失误的情况。

投资立项审计的方法一般采取审阅法和对比分析法。

（二）设计（勘察）管理审计

设计（勘察）管理审计是指对项目建设过程中勘察、设计环节各项管理工作质量及绩效进行的审查和评价。设计管理审计的目标有三个，一是审查和评价设计（勘察）环节的内部控制及风险管理的适当性、合法性和有效性；二是勘察、设计资料依据的充分性和可靠性；三是委托设计（勘察）、初步设计、施工图设计等各项管理活动的真实性、合法性和效益性。

1．设计（勘察）管理审计时应提取的资料

审计（勘察）审计内容包括，委托设计（勘察）管理制度，经批准的可行性研究报告及估算，设计所需的气象资料、水文资料、地质资料、技术方案、建设条件批准文件、设计界面划分文件、能源介质管网资料、环保资料概预算编制原则、计价依据等基础资料；勘察和设计招标资料；勘察和设计合同；初步设计审查及批准制度；初步设计审查会议纪要等相关文件；组织管理部门与勘察、设计商往来函件；经批准的初步设计文件及概算；修正概算审批制度；施工图设计管理制度；施工图交底和会审会议纪要；经会审的施工图设计文件及施工图预算；设计变更管理制度及变更文件；设计资料管理制度等。

2．设计（勘察）管理审计内容

设计（勘察）过程一般包括初步设计管理、施工图审计管理、设计变更管理、设计资料管理等四部分。

（1）初步设计管理审计

需要重点检查是否建立、健全初步设计审查和批准的内部控制，看其执行是否有效；检查是否及时对国内外初步设计进行协调；检查初步设计完成的时间及其对建设进度的影响；检查是否及时对初步设计进行审查，并进行多种方案的比较和选择；检查报经批准的初步设计方案和概算是否符合经批准的可行性研究报告及估算；检查初步设计方案及概算的修改情况；检查初步设计深度是否符合规定，有无因设计深度不足而造成投资失控的风险；检查概算及修正概算的编制依据是否有效、内容是否完整、数据是否准确；检查修正概算审批制度的执行是否有效；检查是否采取限额设计、方案优化等控制工程造价的措施，限额设计是否与类似工程进行比较和优化论证，是否采用价值工程等分析方法；检查初步设计文件是否规范、完整。

（2）施工图设计管理审计

这一阶段需要检查是否建立、健全施工图设计的内部控制，看其执行是否有效；检查施工图设计完成的时间及其对建设进度的影响，有无因设计图纸拖延交付而导致的进度风险；检查施工图设计深度是否符合规定，有无因设计深度不足而造成投资失控的风险；检查施工图交底、施工图会审的情况以及施工图会审后的修改情况；检查施工图设计的内容及施工图预算是否符合经批准的初步设计方案、概算及标准；检查施工图预算的编制依据是否有效、内容是否完整、数据是否准确；检查施工图设计文件是否规范、完整；检查设计商提供的现场服务是否全面、及时，是否存在影响工程进度和质量的风险。

（3）设计变更管理的审计

这一阶段需要检查是否建立、健全设计变更的内部控制，有无针对因过失而造成设计变更的责任追究制度以及该制度的执行是否有效；检查是否采取提高工作效率、加强设计接口部位的管理与协调措施；检查是否及时签发与审批设计变更通知单，是否存在影响建设进度的风险；检查设计变更的内容是否符合经批准的初步设计方案；检查设计变更对工程造价和建设进度的影响，是否存在工程量只增不减从而提高工程造价的风险；检查设计变更的文件是否规范、完整。

（4）设计资料管理的审计

应重视检查是否建立、健全设计资料的内部控制，看其执行是否有效；并注意检查施工图、竣工图和其他设计资料的归档是否规范、完整。设计管理审计采用的方法一般包括分析性复核法、复算法、文字描述法、现场核查法等方法。

（三）招投标审计

招投标审计是指对建设项目的勘察设计、施工等各方面的招标和工程承发包的质量及绩效进行的审查和评价。招投标审计的目标主要包括，一是审查和评价招投标环节的内部控制及风险管理的适当性、合法性和有效性；二是招投标资料依据的充分性和可靠性；三是招投标程序及其结果的真实性、合法性和公正性，以及工程发包的合法性和有效性等。

1. 招投标审计依据的资料

招投标审计依据的资料包括，招标管理制度、招标文件、招标答疑文件、标底文件、投标保函、投标人资质证明文件、投标文件、投标澄清文件、开标记录、开标鉴证文件、评标记录、定标记录、中标通知书、专项合同等。

第十八条招投标审计主要包括以下内容：

2. 招投标前准备工作的审计

需要检查是否建立了招投标的内部控制制度，并按制度执行；检查招标项目是否具备相关法规和制度中规定的必要条件；检查是否存在人为肢解工程项目、规避招投标等违规操作风险；检查招投标的程序和方式是否符合有关法规和制度的规定，采用邀请招投标方式时，是否有三个以上投标人参加投标；检查标段的划分是否适当，是否符合专业要求和施工界面衔接需要，是否存在标段划分过细，增加工程成本和管理成本的问题；检查是否公开发布招标公告、招标公告中的信息是否全面、准确；检查是否存在因有意违反招投标程序的时间规定而导致的串标风险。

3. 招投标文件及标底文件的审计

需要检查招标文件的内容是否合法、合规，是否全面、准确地表述招标项目的实际状况；检查招标文件是否全面、准确的表述招标人的实质性要求；检查采取工程量清单报价方式招标时，其标底是否按《建设工程工程量清单计价规范》的规定填制；检查施工现场的实际状况是否符合招标文件的规定；检查投标保函的额度和送达时间是否符合招标文件的规定；检查投标文件的送达时间是否符合招标文件的规定、法人代表签章是否齐全，有无存在将废标作为有效标的问题。

4. 开标、评标、定标的审计

需要检查是否建立、健全违规行为处罚制度，是否按制度对违规行为进行处罚；检查开标的程序是否符合相关法规的规定；检查评标标准是否公正，是否存在对某一投标人有利而对其他投标人不利的条款；检查是否对投标策略进行评估，是否考虑投标人在类似项目及其他项目上的投标报价水平；检查各投标人的投标文件，对低于标底的报价的合理性进行评价；检查中标人承诺采用的新材料、新技术、新工艺是否先进，是否有利于保证质量、加快速度和降低投资水平；检查对于投标价低于标底的标书是否进行答辩和澄清，以及答辩和澄清的内容是否真实、合理；检查定标的程序及结果是否符合规定；检查中标价是否异常接近标底，是否有可能发生泄漏标底的情况；检查与中标人签订的合同是否有悖于招标文件的实质性内容。

招投标审计主要采用观察法、询问法、分析性复核法、文字描述法、现场核查法等方法。

（四）合同管理审计

合同管理审计是指对项目建设过程中各专项合同内容及各项管理工作质量及绩效进行的审查和评价。合同管理审计的目标主要包括，一是审查和评价合同管理环节的内部控制及风险管理的适当性、合法性和有效性；二是合同管理资料依据的充分性和可靠性；三是合同的签订、履行、变更、终止的真实性、合法性以及合同对整个项目投资的效益性。

1. 合同管理审计的依据

合同管理审计应依据的资料包括，合同当事人的法人资质资料、合同管理的内部控制、专项合同书、专项合同的各项支撑材料等。

2. 合同管理审计的主要内容

（1）合同管理制度的审计

一是检查组织是否设置专门的合同管理机构及人员，合同管理人员是否具备合同管理资格；二是检查组织是否建立了适当的合同管理制度；三是检查合同管理机构是否建立健全防范重大设计变更、不可抗力、政策变动等的风险管理体系。

（2）专项合同通用内容的审计

一是检查合同当事人的法人资质、合同内容是否符合相关法律和法规的要求；二是检查合同双方是否具有资金、技术及管理等方面履行合同的能力；三是检查合同的内容是否与招标文件的要求相符合；四是检查合同条款是否全面、合理，有无遗漏关键性内容，有无不合理的限制性条件，法律手续是否完备；五是检查合同是否明确规定甲乙双方的权利和义务；六是检查合同是否存在损害国家、集体或第三者利益等导致合同无效的风险；七是检查合同是否有过错方承担缔约过失责任的规定；八是检查合同是否有按优先解释顺序执行合同的规定。

（3）勘察设计合同审计的内容

勘察设计合同审计应检查合同是否明确规定建设项目的名称、规模、投资额、建设地点，具体包括以下内容：检查合同是否明确规定勘察设计的基础资料、设计文件及其提供期限；检查合同是否明确规定勘察设计的工作范围、进度、质量和勘察设计文件份数；检查勘察设计费的计费依据、收费标准及支付方式是否符合有关规定；检查合同是否明确规定双方的权利和义务；检查合同是否明确规定协作条款和违约责任条款。

（4）施工合同的审计的内容

施工合同审计时应检查合同是否明确规定工程范围，工程范围是否包括工程地址、建筑物数量、结构、建筑面积、工程批准文号等；检查合同是否明确规定工期，以及总工期及各单项工程的工期能否保证项目工期目标的实现；检查合同的工程质量标准是否符合有关规定；检查合同工程造价计算原则、计费标准及其确定办法是否合理；检查合同是否明确规定设备和材料供应的责任及其质量标准、检验方法；检查所规定的付款和结算方式是否合适；检查隐蔽工程的工程量的确认程序及有关内部控制是否健全，有无防范价格风险的措施；检查中间验收的内部控制是否健全，交工验收是否以有关规定、施工图纸、施工说明和施工技术文件为依据；检查质量保证期是否符合有关建设工程质量管理的规定，是否有履约保函；检查合同所规定的双方权利和义务是否对等，有无明确的协作条款和违约责任；检查采用工程量清单计价的合同，是否符合《建设工程工程量清单计价规范》的有关规定。

（5）委托监理合同审计的内容

委托监理合同审计时应检查监理公司的监理资质与建设项目的建设规模是否相符；检查合同是否明确所监理的建设项目的名称、规模、投资额、建设地点；检查监理的业务范围和责任是否明确；检查所提供的工程资料及时间要求是否明确；检查监理报酬的计算方法和支付方式是否符合有关规定；检查合同有无规定对违约责任的追究条款。

（6）合同变更审计的内容

合同变更审计的内容包括，检查合同变更的原因，以及是否存在合同变更的相关内部控制；检查合同变更程序执行的有效性及索赔处理的真实性、合理性；检查合同变更的原因以及变更对成本、工期及其他合同条款的影响的处理是否合理；检查合同变更后的文件处理工作，有无影响合同继续生效的漏洞。

（7）合同履行审计的内容

合同履行审计的内容包括，检查是否全面、真实地履行合同；检查合同履行中的差异及产生差异的原因；检查有无违约行为及其处理结果是否符合有关规定。

（8）终止合同的审计

终止合同审计的内容包括，检查终止合同的报收和验收情况；检查最终合同费用及其支付情况；检查索赔与反索赔的合规性和合理性；严格检查合同资料的归档和保管，包括在合同签订、履行分析、跟踪监督以及合同变更、索赔等一系列资料的收集和保管是否完整。

合同管理审计主要采用审阅法、核对法、重点追踪审计法等方法。

（五）设备和材料审计

设备和材料采购审计是指对项目建设过程中设备和材料采购环节各项管理工作质量及绩效进行的审查和评价。设备和材料采购审计的目标主要包括，一是审查和评价采购环节的内部控制及风险管理的适当性、合法性和有效性；二是采购资料依据的充分性与可靠性；三是审计采购环节各项经营管理活动的真实性、合法性和有效性等。

1. 设备和材料采购审计应依据的资料

主要包括采购计划、采购计划批准书；采购招投标文件、中标通知书、专项合同书、采购、收发和保管等的内部控制制度，相关会计凭证和会计账簿等。

2. 设备和材料采购审计的内容

（1）设备和材料采购环节的审计

首先，设备和材料采购计划的审计，包括检查建设单位采购计划所订购的各种设备、材料是否符合已报经批准的设计文件和基本建设计划；检查所拟定的采购地点是否合理；检查采购程序是否规范；检查采购的批准权与采购权等不相容职务分离及相关内部控制是否健全、有效。

其次，设备和材料采购合同的审计，包括检查采购是否按照公平竞争、择优择廉的原则来确定供应方；检查设备和材料的规格、品种、质量、数量、单价、包装方式、结算方式、运输方式、交货地点、期限、总价和违约责任等条款规定是否齐全；检查对新型设备、新材料的采购是否进行实地考察、资质审查、价格合理性分析及专利权真实性审查；检查采购合同与财务结算、计划、设计、施工、工程造价等各个环节衔接部位的管理情况，是否存在因脱节而造成的资产流失问题。

再次，设备和材料验收、入库、保管及维护制度的审计，包括检查购进设备和材料是否按合同签订的质量进行验收，是否有健全的验收、入库和保管制度，检查验收记录的真实性、完整性和有效性；检查验收合格的设备和材料是否全部入库，有无少收、漏收、错收以及涂改凭证等问题；检查设备和材料的存放、保管工作是否规范，安全保卫工作是否得力，保管措施是否有效；

最后，各项采购费用及会计核算的审计，包括检查货款的支付是否按照合同的有关条款执行；检查代理采购中代理费用的计算和提取方法是否合理；检查有无任意提高采购费用和开支标准的问题；检查会计核算资料是否真实可靠；检查会计科目设置是否合规及其是否满足管理需要；检查采购成本计算是否准确、合理。

（2）设备和材料领用的审计

设备和材料领用的审计内容包括，检查设备和材料领用的内部控制是否健全，领用手续是否完备；检查设备和材料的质量、数量、规格型号是否正确，有无擅自挪用、以次充好等问题。

（3）设备和材料售出的审计

设备和材料售出的审计时应关注建设项目剩余或不适用的设备和材料以及废料的销售情况。

（4）盘盈盘亏审计

盘盈盘亏审计时应关注盘点制度及其执行情况、盈亏状况以及对盘点结果的处理措施。

设备、材料采购审计主要采用审阅法、网上比价审计法、跟踪审计法、分析性复核法、现场观察法、实地清查法等方法。

（六）工程管理审计

工程管理审计是指对建设项目实施过程中的工作进度、施工质量、工程监理和投资控制所进行的审查和评价。工程管理审计的目标主要包括，一是审查和评价建设项目工程管理环节内部控制及风险管理的适当性、合法性和有效性；二是工程管理资料依据的充分性和可靠性；三是建设项目工程进度、质量和投资控制的真实性、合法性和有效性等。

工程管理审计应依据的资料包括，施工图纸、与工程相关的专项合同、网络图、业主指令、设计变更通知单、相关会议纪要等。

1. 工程管理审计的内容

（1）工程进度控制的审计

检查施工许可证、建设及临时占用许可证的办理是否及时，是否影响工程按时开工；检查现场的原建筑物拆除、场地平整、文物保护、相邻建筑物保护、降水措施及道路疏通是否影响工程的正常开工；检查是否有对设计变更、材料和设备等因素影响施工进度采取控制措施；检查进度计划（网络计划）的制定、批准和执行情况，网络动态管理的批准是否及时、适当，网络计划是否能保证工程总进度；检查是否建立了进度拖延的原因分析和处理程序，对进度拖延的责任划分是否明确、合理（是否符合合同约定），处理措施是否适当；检查有无因不当管理造成的返工、窝工情况；检查对索赔的确认是否依据网络图排除了对非关键线路延迟时间的索赔。

（2）工程质量控制的审计

工程质量控制审计的内容包括，检查有无工程质量保证体系；检查是否组织设计交底和图纸会审工作，对会审所提出的问题是否严格进行落实；检查是否按规范组织了隐蔽工程的验收，对不合格项的处理是否适当；检查是否对进入现场的成品、半成品进行验收，对不合格品的控制是否有效，对不合格工程和工程质量事故的原因是否进行分析，其责任划分是否明确、适当，是否进行返工或加固修补；检查工程资料是否与工程同步，资料的管理是否规范；检查评定的优良品、合格品是否符合施工验收规范，有无不实情况；检查中标人的往来账目或通过核实现场施工人员的身份，分析、判断中标人是否存在转包、分包及再分包的行为；检查工程监理执行情况是否受项目法人委托对施工承包合同的执行、工程质量、进度费用等方面进行监督与管理，是否按照有关法律、法规、规章、技术规范设计文件的要求进行工程监理。

（3）工程投资控制的审计

工程投资控制审计包括，检查是否建立健全设计变更管理程序、工程计量程序、资金计划及支付程序、索赔管理程序和合同管理程序，看其执行是否有效；检查支付预付备料款、进度款是否符合施工合同的规定，金额是否准确，手续是否齐全；检查设计变更对投资的影响；检查是否建立现场签证和隐蔽工程管理制度，看其执行是否有效。

合同管理审计主要采用关键线路跟踪审计法、技术经济分析法、质量鉴定法、现场核定法等方法。

（七）工程造价的审计

工程造价审计是指对建设项目全部成本的真实性、合法性进行的审查和评价。工程造价审计的目标主要包括，检查工程价格结算与实际完成的投资额的真实性、合法性；检查是否存在虚列工程、套取资金、弄虚作假、高估冒算的行为等。

1．工程造价审计依据资料

工程造价审计依据的主要资料主要有：经工程造价管理部门（或咨询部门）审核过的概算（含修正概算）和预算；有关设计图纸和设备清单；工程招投标文件；合同文本；工程价款支付文件；工作变更文件；工程索赔文件等。

2．工程造价审计主要包括以下内容：

（1）设计概算的审计

设计概算的审计包括检查工程造价管理部门向设计单位提供的计价依据的合规性；检查建设项目管理部门组织的初步设计及概算审查情况，包括概算文件、概算的项目与初步设计方案的一致性、项目总概算与单项工程综合概算的费用构成的正确性；检查概算编制依据的合法性等。

检查概算具体内容包括设计单位向工程造价管理部门提供的总概算表、综合概算表、单位工程概算表和有关初步设计图纸的完整性；组织概算会审的情况，重点检查总概算中各项综合指标和单项指标与同类工程技术经济指标对比是否合理。

（2）施工图预算的审计

施工图预算审计时，应检查施工图预算的量、价、费计算是否正确，计算依据是否合理。施工图预算审计包括直接费用审计、间接费用审计、计划利润和税金审计等内容。

直接费用审计包括工程量计算、单价套用的正确性等方面的审查和评价。工程量计算审计，采用工程量清单报价的，要检查其符合性。在设计变更，发生新增工程量时，应检查工程造价管理部门与工程管理部门的确认情况。单价套用审计。检查是否套用规定的预算定额、有无高套和重套现象；检查定额换算的合法性和准确性；检查新技术、新材料、新工艺出现后的材料和设备价格的调整情况，检查市场价的采用情况。

其他直接费用审计包括检查预算定额、取费基数、费率计取是否正确。

间接费用审计包括检查各项取费基数、取费标准的计取套用的正确性。

计划利润和税金计取审计时，重点关注其合理性。

（3）合同价的审计

即检查合同价的合法性与合理性，包括固定总价合同的审计、可调合同价的审计、成本加酬金合同的审计。检查合同价的开口范围是否合适，若实际发生开口部分，应检查其真实性和计取的正确性。

（4）工程量清单计价的审计

包括，检查实行清单计价工程的合规性；检查招标过程中，对招标人或其委托的中介机构编制的工程实体消耗和措施消耗的工程量清单的准确性、完整性；检查工程量清单计价是否符合国家清单计价规范要求的"四统一"，即统一项目编码、统一项目名称、统一计量单位和统一工程量计算规则；检查由投标人编制的工程量清单报价目文件是否响应招标文件；检查标底的编制是否符合国家清单计价规范。

（5）工程结算的审计

工程结算审计时，应检查与合同价不同的部分，其工程量、单价、取费标准是否与现场、施工图和合同相符；检查工程量清单项目中的清单费用与清单外费用是否合理；检查前期、中期、后期结算的方式是否能合理地控制工程造价。

工程造价审计主要采用重点审计法、现场检查法、对比审计法等方法。重点审计法即选择建设项目中工程量大、单价高，对造价有较大影响的单位工程、分部工程进行重点审查的方法。该方法主要用于审查材料用量、单价是否正确、工资单价、机械台班是否合理。现场检查法是指对施工现场直接考察的方法，以观察现场工作人员及管理活动，检查工程量、工程进度，所用材料质量是否与设计相符。

（八）竣工验收的审计

竣工验收审计是指对已完工建设项目的验收情况、试运行情况及合同履行情况进行的检查和评价活动。

1. 竣工验收审计依据资料

竣工验收审计应依据的资料包括：经批准的可行性研究报告，竣工图，施工图设计及变更洽谈记录，国家颁发的各种标准和现行的施工验收规范，有关管理部门审批、修改、调整的文件，施工合同，技术资料和技术设备说明书，竣工决算财务资料，现场签证，隐蔽工程记录，设计变更通知单，会议纪要，工程档案结算资料清单等。

2. 竣工验收审计内容

竣工验收审计主要包括以下内容：检查竣工验收小组的人员组成、专业结构和分工；检查建设项目验收过程是否符合现行规范，包括环境验收规范、防火验收规范等；对于委托工程监理的建设项目，应检查监理机构对工程质量进行监理的有关资料；检查承包商是否按照规定提供齐全有效的施工技术资料；检查对隐蔽工程和特殊环节的验收是否按规定作了严格的检验；检查建设项目验收的手续和资料是否齐全有效；检查保修费用是否按合同和有关规定合理确定和控制；检查验收过程有无弄虚作假行为。

3. 试运行情况的审计

检查建设项目完工后所进行的试运行情况，对运行中暴露出的问题是否采取了补救措施；检查试生产产品收入是否冲减了建设成本。

4. 合同履行结果的审计

即检查业主、承包商因对方未履行合同条款或建设期间发生意外而产生的索赔与反索赔问题，核查其是否合法、合理，是否存在串通作弊现象，赔偿的法律依据是否充分。

竣工验收审计主要采用现场检查法、设计图与竣工图循环审查法等方法。设计图与竣工图循环审查法是指通过分析设计图与竣工图之间的差异来分析评价相关变更、签证等的真实性与合理性的方法。

（九）财务管理审计

财务管理审计是指对建设项目资金筹措、资金使用及其账务处理的真实性、合规性进行的监督和评价。

1. 财务管理审计应依据以下主要资料

筹资论证材料及审批文件；财务预算；相关会计凭证、账簿、报表；设计概算；竣工决算资料；资产交付资料等。

2. 建设资金筹措的审计

检查筹资备选方案论证的充分性，决策方案选择的可靠性、合理性及审批程序的合法性、合规性；检查筹资方式的合法性、合理性、效益性；检查筹资数额的合理性，分析所筹资金的偿还能力；评价筹资环节的内部控制。

3. 资金支付及账务处理的审计

检查、评价建设项目会计核算制度的健全性、有效性及其执行情况；检查建设项目税收优惠政策是否充分运用；检查"工程物资"科目。其中，检查"工程物资"科目主要包括以下内容：

检查"专用材料""专用设备"明细科目中的材料和设备是否与设计文件相符，有无盲目采购的情况；检查"预付大型设备款"明细科目所预付的款项是否按照合同支付，有无违规多付的情况；检查据以付款的原始凭证是否按规定进行了审批，是否合法、齐全；检查支付物资结算款时是否按合同规定扣除了质量保证期间的保证金；检查工程完工后剩余工程物资的盘盈、盘亏、报废、毁损等是否做出了正确的账务处理。

（4）检查"在建工程"科目，主要包括以下内容：

检查"在建工程—建筑安装工程"科目累计发生额的真实性。包括是否存在设计概算外其他工程项目的支出；是否将生产领用的备件、材料列入建设成本；据以付款的原始凭证是否按规定进行了审批，是否合法、齐全；是否按合同规定支付预付工程款、备料款、进度款；支付工程结算款时，是否按合同规定扣除了预付工程款、备料款和质量保证期间的保证金。

检查"在建工程—在安装设备"科目累计发生额的真实性。主要包括以下内容：是否将设计概算外的其他工程或生产领用的仪器、仪表等列入本科目；是否在本科目中列入了不需要安装的设备、为生产准备的工具器具、购入的无形资产及其他不属于本科目工程支出的费用。

检查"在建工程—其他支出"科目累计发生额的真实性、合法性、合理性。主要包括以下内容：工程管理费、征地费、可行性研究费、临时设施费、公证费、监理费等各项费用支出是否存在扩大开支范围、提高开支标准以及将建设资金用于集资或提供赞助而列入其他支出的问题；是否存在以试生产为由，有意拖延不办固定资产交付手续，从而增大负荷联合试车费用的问题；是否存在截留负荷联合试车期间发生的收入，不将其冲减试车费用的问题；试生产产品出售价格是否合理；是否存在将应由生产承担的递延费用列入本科目的问题；投资借款利息资本化计算的正确性，有无将应由生产承担的财务费用列入本科目的问题；本科目累计发生额摊销标准与摊销比例是否适当、正确；是否设置了"在建工程其他支出备查簿"，登记按照建设项目概算内容购置的不需要安装设备、现成房屋、无形资产以及发生的递延费用等，登记内容是否完整、准确，有无弄虚作假、随意扩大开支范围及舞弊迹象。

4. 竣工决算的审计

检查所编制的竣工决算是否符合建设项目实施程序，有无将未经审批立项、可行性研究、初步设计等环节而自行建设的项目编制竣工工程决算的问题；检查竣工决算编制方法的可靠性。有无造成交付使用的固定资产价值不实的问题；检查有无将不具备竣工决算编制条件的建设项目提前或强行编制竣工决算的情况；检查"竣工工程概况表"中的各项投资支出，并分别与设计概算数相比较，分析节约或超支情况；检查"交付使用资产明细表"，将各项资产的实际支出与设计概算数进行比较，以确定各项资产的节约或超支数额；分析投资支出偏离设计概算的主要原因；检查建设项目结余资金及剩余设备材料等物资的真实性和处置情况,包括:检查建设项目"工程物资盘存表",核实库存设备、专用材料账实是否相符;检查建设项目现金结余的真实性;检查应收、应付款项的真实性,关注是否按合同规定预留了承包商在工程质量保证期间的保证金。

财务管理审计主要采用调查法、分析性复核法、抽查法等方法。

(十)后评价审计

后评价审计是指对建设项目交付使用经过试运行后有关经济指标和技术指标是否达到预期目标的审查和评价。后评价审计的目标是:对后评价工作的全面性、可靠性和有效性进行审查。

1. 后评价审计依据资料

后评价审计应依据以下主要资料:后评价人员的简历、学历、专业、职务、技术职称等基本情况表;建设项目概算、竣工资料;后评价所采用的经济技术指标;相关的统计、会计报表;后评价所采用的方法;后评价结论性资料。

2. 后评价审计主要内容

后评价审计主要包括以下内容:检查后评价组成人员的专业结构、技术素质和业务水平的合理性;检查所评估的经济技术指标的全面性和适当性;检查产品主要指标完成情况的真实性、效益性;检查建设项目法人履行经济责任后评价的真实性;检查所使用后评价方法的适当性和先进性;检查后评价结果的全面性、可靠性和有效性。后评价审计主要采用文字描述法、对比分析法、现场核查法等方法。

四、审计案例

(一)建设项目设计审计

A 设计公司承揽 B 学校的建筑设计任务,为了保证学校按计划投入使用,装修公司在建设期的主要工作是完成教学楼的建造,计算机房、实验室、音乐房、会议室、办公室的装修,所需设备物料配齐。按照投资计划,上述三项内容的投资计划为:教学楼建造投资 2000 万元,计算机房等各学科教室装修费 1500 万元,设备购买及安装费 300 万元。三项合计为 3800 万元。设计单位计算得出的设计费总额为 38000000 × 2%=760000(元)

审计师首先调阅了建设单位与设计单位签订的《建筑设计合同》,合同约定:"设计单位按照该项目建筑投资的 2% 收取设计费"。从上述三项投资分析,设计费的取费基数是应为教学楼投资额 2000 万元,而校方却将装修费和设备安装费一并计入取费基数,形成多支付设计费 18000000 × 2%=360000(元)。

(二)财务管理审计

专项建设费用未按规定项目和用途使用、过程控制不严格、项目资料不完整,建设项目投入费用被挤占挪用。

A公司在用的办公楼为1991年建成，已使用22年，办公室内部陈旧，水房、洗手间屡次出现水管锈蚀、顶部渗水，地面砖裂缝等情况。2013年1月A公司向上级部门申请办公楼整体改造，并提交了办公楼改造建议书、设计施工图纸、工程预算报告等资料，建设项目预计需投入500万元。上级主管部门经过调研、评审，并结合A公司的固定资产折旧摊提及维修基金使用情况，最终批复办公楼维修改造专项资金350万，资金须按照专款专用的原则用于办公楼改造；预先拨付100万元作为启动资金，后续按照实报实销的方式拨付，工期控制在180天内。

招投标环节，审计人员调阅了项目招标资料、标底文件、评标记录、定标记录、中标通知书等资料，发现该项目的投标单位仅为X、Y两个，未见招标文件及招标邀请函等过程资料，不符合三个以上投标人参加投标的规定。经进一步核实，X、Y实为同一投资方控股的两家子公司，投标标书和报价接近，不具有实际对比意义。A公司最终确定Y方为中标方进行旧办公楼改造。

审计组在对材料采购费用使用环节审计时发现，采购物料发生的96万元费用未全部用于办公楼改建项目。审计人员将工程《材料采购清单》与《工程概算表》核对发现，《工程概算表》上所发生的物料实际支出为65万元，与物料费财务报销款相差30万元。进一步调阅相关会计凭证发现，8份会计凭证12张M公司广告费发票合计30万元，核算会计将其计入"在建工程—旧办公楼改造"科目，审计人员随即访谈了旧楼改造项目负责人，并以"M公司"作为关键字、对近三年的《银行存款明细账》贷方发生额和《广告宣传费明细账》借方发生额进行了筛选，发现A公司从2011年1月—2012年12月份5次支付M公司广告宣传费190万元；调阅《广告制作协议》显示，M公司为A公司在全市重点街区的两个写字楼上制作了灯箱广告，并约定2011年1月1日—2012年12月31日两年的时间内，每晚19：00—次日6：00保持霓虹灯光效果，A公司应在2013年1月付清尾款30万元。受市场环境影响，A公司2012年经营亏损，考核费用减半，无费用额度支付30万的剩余广告款。经A公司党委会决定，将广告费余款30万元摊销在今年在旧办公楼改造项目中。

审计组认为，A公司的行为构成虚增旧楼改造建设项目费用，造成该项目造价虚增，并将影响后期的固定资产折旧费用计提金额。建议A公司对相关会计凭证进行红字冲回，按照正确的金额进行旧楼改建项目记账核算。灯箱广告期限已终止，A公司应按照权责发生制的原则进行广告费的记账和核算。

（三）招投标审计

审计小组在对发电厂3号机组建设项目审计时发现，2013年8月，C公司通过公告的形式发布招标书，拟对3号机组进行扩建，D公司以5000万元的价格中标。签订合同之前，C公司向D公司提出按照中标价95折签订合同的要求，即5000万元×95%=4750万元，

D公司最终同意C公司的要求，以4750万元承揽了这一项目，并签订了建设施工合同。

审计人员调阅了《关于对3号机组扩建的招标书》，招标书中明确"……按照中标金额签订建设施工合同……"。上述让利内容属于发电厂单方提出，违反招标书约定，对于D公司有失公平。审计期间，此项目已完工并投入使用。

对于上述未按照招标书约定执行的情况，审计建议，按照客观公正的原则，合同当时双方按照规定程序签订补充合同，对上述未执行招标书规定的内容进行整改。

（四）建设施工合同审计

审计小组在对F市第五建设公司实施建设项目审计时，随机调取了编号为002014089号的施工合同，合同签订日期为2014年7月，施工项目为，F市玩具厂新厂房，施工期间为2014年10月至2015年9月，中标价为2000万元。建设施工合同第三款第10条规定，"甲乙双方在对工程款结算时做出如下约定：'此项目按照中标价一次包定，但设计图纸之外的设计变更、材料价差在工程决算时据实调整'"。

审计组认为，在这一合同条款中，"设计图纸之外的设计变更"一词难以理解，容易引起歧义。"设计图纸之外"存在三种意思，一是原来图纸中没有考虑而在实际建设中增加的项目部分，在这样理解下，就算只能调整增加项目，而不调整减少项目；二是"设计图纸之外"是指主体工程之外的附属工程部分，即附属工程部分据实调整，原设计范围内的工作量不再改变；三是"设计图纸之外"是指室内地面以下的工程部位，……究竟怎样理解是正确的呢，审计人员认为，第二种理解更合理一点，但仍存在问题，主体工程之外的附属部位在图纸中没有考虑，那么又从何而来设计变更呢，变更应是相对于设计而言的一个事实。所以，这份合同关于这一条款的规定使模糊的。按照惯例，我们约定"设计变更"，不会讲"设计图纸之外"。

建设项目审计是一项专业性和复杂性较强的审计，中国内部审计协会出台的第一号实务指南就是建设项目内部审计，也显示了其重要性和紧迫性。建设项目审计的发展经历了基建项目预算审计、项目管理审计、项目全过程审计几个阶段。建设项目审计有利于发挥内部审计客观性、独立性的特点，通过监督与服务职能的运用，使企业达到控制造价、确保质量、保障进度、合规合法的目的。本节仅就建设项目审计的内容和程序进行了阐述，未深入详细。

第二节　物资采购审计

随着市场经济的发展和竞争加剧，物资品类齐全多样，可选择性逐步加大，多数商品从卖方市场转向买方市场。物资采购是组织需要发生的一项基本业务，因其所具有的上述特点，采购环节常常会成为腐败滋生的地方，采购业务的内部管理是否有效，关键控制环节是否执行到位，成为内部审计的关注点。采购业务具有全面和广泛的特点，如何有效降低、化解企业在采购领域所面临的风险，物资采购审计逐步受国家审计和内部审计的重视。

一、释义

采购，是指企业购买物资（或接受劳务）及支付款项等相关活动。其中，物资主要包括产品生产、基本建设和专项工程中所使用的主要原材料、辅助材料、燃料、动力、工具、配件和设备等。采购是企业生产经营的起点，既是企业的"实物流"的重要组成部分，又与"资金流"密切关联。众所周知，采购物资的质量和价格、供应商的选择、采购合同的订立、物资的运输、验收等供应链状况，在很大程度上决定了企业的生存与可持续发展。采购流程的环节虽不很复杂，但蕴藏的风险却是巨大的。物资采购审计是指组织内部审计机构及人员依据有关法律、法规、政策及相关标准，按照一定的程序和方法，对物资采购各部门和环节的经营活动和内部控制等所进行的独立监督和评价活动。物资采购审计是为了改善物资采购质量，降低采购费用，维护组织的合法权益，促进组织价值的增加及目标的实现。对物资采购全过程实施的监督和评价，是财务审计与管理审计的融合。

物资采购审计的主要内容包括物资采购内部控制、采购计划、采购合同、采购招标、供货商选择、采购数量、采购价格、采购质量、物资保管、结算付款以及物资采购期后事项等。

二、政策依据

1999 年 4 月，原国家经贸委颁发《国有工业企业物资采购管理暂行办法》是企业购买原材料、燃料、辅料、零部件、设备、配件、办公用品、劳动保护用品以及其他物资过程中的决策、价格监督、质量检验等行为的基本规范。办法从决策管理、比质比价采购、价格监督、质量检验监督、责任与奖惩等章节对各类型企业物资采购过程主要环节进行了规定。办法第二十七条明确本办法适用于国有交通运输、建筑安装、地质勘探、商业、外贸、邮电、水利、科技等企业。

同年，国家经贸委、监察部、审计署联合下发关于贯彻执行《国有工业企业物资采购管理暂行规定》有关问题的通知，通知进一步明确了办法的重要地位，通知中明确要求国有企业物资采购要加强审计监督，强化和完善企业内部审计功能，支持企业价格监督职能部门独立地履行职责。同时，审计过程中，要注重对企业物资采购价格的审计监督，严格审计执法，防止国有资产流失。

2005 年 1 月，中国内部审计协会颁发了《内部审计实务指南第 2 号—物资采购审计》，从物资采购的前期审计、采购过程审计、物资采购后续审计等三个章节，分阶段、按照采购流程，对物资采购审计实施要求、审计方法、需要准备的审计资料进行了详细的规定。

三、审计程序与方法

根据组织的管理模式和要求、物资采购业务量的大小、内部审计机构资源等的不同，物资采购审计可以采取项目管理式审计和过程参与式审计两种模式。项目管理式审计是有重点、有目的地将某物资采购部门、环节或物资品种纳入年度审计计划，形成特定审计项目，并实施相应审计程序的审计模式。大、中型规模的组织适合采用该模式。过程参与式审计是由专职内部审计人员参与监督物资采购的全过程或者部分重要过程，实现物资采购审计的日常化。小规模组织可以采用该模式。本文将按照物资采购前期审计、采购过程审计、采购后续审计的程序进行讲述。

（一）物资采购前期审计

物资采购前期审计是从制订年度审计计划开始到具体实施物资采购审计程序之前对各项审计工作做出的安排。

1. 编制年度审计计划，确定审计对象

内部审计人员应综合考虑以下各种因素：

（1）重要性

选择采购数量较大、采购次数频繁、采购价格较高、采购价格变化频繁、质量问题突出、长期积压或短缺、在 ABC 分类管理法下的 A 类和 B 类物资、群众反映普遍、领导关注、内部控制薄弱和出现错弊概率较高的部门、环节或物资类别等。

（2）物资采购方案、内部控制的重大变化

内部审计应根据外部环境和内部条件的变化，适时审查新的物资采购方案和内部控制的适当性、合法性和有效性，将其列入审计计划。

（3）改进空间

根据成本效益原则，内部审计人员应将工作改进空间较大、在增值性方面有潜力的物资采购部门、环节或物资类别确定为审计项目。

（4）风险因素

风险因素可能来自组织内部或外部。组织规模、经济业务性质、账户余额大小、出现错弊概率、物价变动幅度、技术变化速度、管理人员素质和能力、业务量大小等都是潜在的风险因素。一般而言，风险大的项目应优先做出审计安排。

2. 获取与研究相关资料，制订项目审计计划和审计方案

相关资料包括：物资采购目标和计划；前期物资采购审计工作底稿；组织资料，例如组织结构图和工作说明、政策和程序手册以及重大的组织系统变化等；财务会计资料；相关制度规定，例如采购政策、采购程序制度、授权审批制度、供货商管理制度、财产接触制度、合同或协议签订制度、凭证管理制度和定价策略等；外部信息资料，例如同行业相关资料、物价水平和变化幅度、技术变化程度和供货商资料等；法律性文件。内部审计人

员应通过审阅资料、咨询技术专家、进行分析性复核、现场观察物资采购流程、询问等方法，研究相关背景资料，初步评价重要性和审计风险，进而制定适合本组织实际情况的物资采购项目审计计划及审计方案。经适当管理层批准后，向被审计单位发出物资采购审计通知书。

3. 审查、评价内部控制

物资采购内部控制包括控制环境、风险管理、控制活动、信息与沟通以及监督五个要素。

（1）采购控制环境

采购控制环境包括以下内容：董事会成员的知识和经验丰富程度、独立性地位、独立董事所占比例、审计委员会的设置情况；管理者对待物资采购内部控制的重视程度、采取的经营理念和管理模式；企业文化所塑造的员工基本信念、价值观念、思维和行为方式；组织结构的适当性、权责划分的明确性、奖惩的分明性、岗位设置的合理性、人员素质的适当性；组织人力资源政策的适当性等。

（2）采购风险管理

采购风险管理包括物资采购风险识别、风险评估和风险应对策略。风险识别包括检查外部因素（如竞争、技术和经济变化等）和内部因素（如员工素质、组织活动性质、信息系统处理特点等）；风险评估包括估计风险的严重程度、评价风险发生的可能性；风险应对策略包括根据风险评估结果做出的回避、接受、降低或分担等风险应对措施等。

（3）采购控制活动

物资采购控制活动包括以下内容：业务授权、职责分离、质量验收控制、物资采购招标控制、凭证和记录控制、资产接触和记录使用控制、独立检查、物价信息控制。

（4）采购信息与沟通

物资采购相关信息除了涉及财务信息外，还涉及非财务信息，如物价变动信息、市场需求信息、经济政策信息、技术信息、供应渠道变化信息、业务流程再造信息等。信息沟通方式包括政策手册、财务报告手册、备查簿、口头交流、例外情况报告和管理事例等。

（5）采购监督

采取的方式包括物资采购内部控制自我评估、内部审计报告、内部控制例外情况报告、操作人员反馈以及顾客投诉等。

（二）物资采购过程审计

物资采购过程审计是根据采购内部控制评审结果，确定采购计划、价格、合同、执行等方面的测试范围、重点和方法，以收集审计证据。

1. 采购计划审计

采购计划审计是对采购计划中所列物资价格、数量、质量、采购方式和供货商选择等的真实性、合理性和有效性等进行的审计。在进行采购计划审计前，需要获得相关的资料，分别包括采购政策、采购计划、物资储备定额补库计划、销售计划、产品产量计划、技术措施计划、生产作业计划、在制品期初存量和期末预计存量、新产品试制计划、物资工艺消耗定额、生产设备大中小修理计划、技术改造计划和物资价格供应状况等。

（1）采购计划审计的风险领域

在采购计划审计过程中，需要重视其相关风险领域，如采购计划程序失控、采购计划依据不当、采购计划分解不到位、采购计划执行不彻底、采购计划与其他计划不协调等。

（2）采购计划审计的内容

①采购计划编制依据的可靠性

内部审计人员应审查采购计划的编制是否依据经过批准的物资采购申请单，在 MRP 环境下，采购计划的编制是否依据主生产计划、主产品结构文件、库存文件和各种零部件的生产时间或订货时间精确计算；采购计划是否与生产计划、销售计划、物资库存控制计划和资金供应计划等相协调；是否符合组织的存货政策、采购政策和资金管理政策。

②采购计划审批程序的合规性

审查各物资使用部门是否根据本期生产计划和物资消耗定额确定物资实际需要量，据以填具物资采购申请单；物资管理部门是否每月根据物资实际库存和储备需要填具物资储备定额补库计划表，提交补库申请单；各部门负责人是否按职责分工和授权范围对提交的采购申请单进行分类初审、对口把关；计划部门有无会同物资管理部门核实物资库存；最终下达的《月份物资采购计划》有无报经组织分管领导审批；对不符合规定的采购申请，有无要求请购部门或人员调整采购内容或拒绝批准；重要的和技术性较强的物资采购，是否执行特别授权审批程序，是否组织专家进行论证，实行集体决策和审批；对生产急需和突发性的紧急物资采购，是否以适当形式事先通知价格信息部门，并于规定时日内补齐办妥有关手续。在过程参与式物资采购审计模式下，采购计划在报经组织分管领导审批前，可首先提交内部审计人员审核。

③采购计划所列价格的合理性

对于重复购置的物资，如价格未发生变化，则以上次成交价格为依据，将高出确定标准的计划价作为重点审计对象；如价格已发生变化，应掌握最新市场公允价作为审计标准。审计物资采购计划价格时，应将新购物资作为审计的重点。当产品降价时，基于价值链管理的思想，应考虑供货商有无对供应物资协同降价的可能。在过程参与式物资采购审计模式下，经内部审计人员审核后的物资采购计划价格的处理有两种方式，一种是只作为编制采购计划和内部经济核算的价格依据，而不作为实际采购时的价格控制标准，实际采购之前采购部门需重新报送《价格申报单》；另一种是在编制采购计划之前，采购部门需事先提报《价格申报单》，经审查后作为编制采购计划的依据，并同时作为实际采购时的价格控制标准。

④采购计划所列物资数量的合理性

审查计划部门对申请单是否做了最有效的归类；物资采购数量是否考虑了经济批量；是否与生产计划和物资库存相适应。

⑤采购方式选择的合理性

物资的取得方式有定点进货和非定点进货，具体包括市场选购、电子商务采购、招标采购、委托加工、互惠购买、融资租赁和企业自制等方式。内部审计人员应审查采购方式的确定是否综合考虑了下列因素：现有资源的充分利用、物资的重要性程度、资金的贴现幅度、供货商的信誉和各种价格构成要素等。采用招标方式，应具体审查如下内容：

首先，确认监督招标过程和招标标准是否符合"公开选购、公平竞争、公正交易"的原则，确定在招标、开标、评标和定标过程中有无违反规定程序、私自与供货商串通、泄露招标信息等情况。

其次，审查有关招标文书的内容是否完整、严密，有关条款规定是否得到切实遵守。

再次，监督招标方式的选择是否合理。采用公开招标方式的，审查对外发布的招标信息是否全面、准确，发布范围是否具有广泛性，参与招标的投标人是否合格；采用邀请招标的，审查接受邀请的投标单位是否具有良好信誉、资质和财务状况，是否邀请至少三个以上投标人参加；采用议标采购方式的，审查所采购的物资是否确实没有供方投标、没有合格投标者、因技术复杂或性质特殊不能详细确定规格或具体要求、采用招标所需时间不能满足各组织紧急需要、不能预先计算出价格等，参加议标的单位是否在两家以上。

最后，审查招标采购的价格是否合理。复验标底价格，对编制标底的工作底稿所载明的物资数量、价格、人工耗费、各项其他费用及税金等进行复核、验算；审查最高采购限价的合理性和公允性；对于不能编制标底的招标物资或采用议标方式招标的，可根据市场行情对标的进行合理的价位判断。

⑥供货商选择的合理性

根据供货商与组织的业务稳定性，供货商区分为定点供货商和非定点供货商。内部审计人员应重点审查组织对定点供货商选择的合理性，包括供货商选择评价程序是否规范；有无明确的供货商选择目标和评价标准；有无建立供货商评价小组，小组人员组成是否合理；有无完整、真实的供货商资料；供货商资料筛选、排序和审批是否流于形式；是否经集体决策进行供货商优选并形成供货商名单；是否根据供货商和本组织的实际情况采用实地考察、书面调查、样品检验或试用的方式确定供货商；有无过度依赖特定供货商，是否设立了备选供货商团队；有无对供货商档案进行规范管理，建立《合格供货方目录》，定期组织对供货商调查和复审；修改供货商档案是否经过特定授权并进行有效信息沟通等。

（3）采购计划审计方法

采购计划审计主要采用分析法、复算法、复核法、检查法、源头审计法、全面审计法、简单审计法和重点审计法等方法。

①源头审计法

源头审计法是始终把握问题的根源而不被表象所左右。如一般物资采购的公允价格信息源是市场，在招标采购审计中，内部审计人员不仅要审查是否履行了规范的招标程序，还应关注招标与市场价的差异，关注结算价与中标价之间的差异，关注中标人的实质性运作。

②全面审计法

全面审计法是对物资采购涉及的每一个环节、每一项资料和资料的每一个方面进行全面审计的一种方法。优点是细致、审核质量高，缺点是效率低、成本高。

③简单审计法

简单审计法是在审计力量不足或者有特殊要求时，仅针对物资采购价格或者物资采购的其他某一方面实施审计的方法。

④重点审计法

重点审计法是针对重点物资（如采购数量大、单价高）、敏感性物资、问题较多物资的采购进行重点审查。

2．采购申报价格审计

采购申报价格审计是对采购价格申报内容的完整性、价格标准确定的合理性和申报程序的规范性等方面所进行的审计。进行采购申报价格审计，需要获取相关资料，如组织的物资价格制定政策、物资采购价格申报单、价格标准、物价变动信息、市场需求信息、经济政策信息、技术信息、供应渠道变化信息和业务流程再造信息。

（1）采购申报价格审计风险领域

在采购申报价格审计的过程中，其风险领域主要包括价格标准失控、价格信息系统无效和低效、采购效率降低、价格审查形式化、价格组成内容单一化和串通作弊风险。

（2）采购申报价格审计内容

①《价格申报单》填列的完整性

采购部门应在比质比价的基础上，初步确定物资采购意向，填制《价格申报单》，经采购部门负责人签章后，送交价格信息部门进行价格核定。内部审计人员应审查《价格申报单》是否包括物资品名、规格、型号、数量、单价、金额、使用部门、技术要求、供货单位、货比三家情况等栏目。

②价格标准确定的合理性

价格标准是否合理，需要从几个方面确定。

首先。需要确定审查价格信息收集渠道的广泛性和使用的有效性。可供采用的价格收集渠道有网络、报纸、杂志、电视、广播、行业公报、供货商提供和竞争对手披露等。内部审计人员应审查采购部门和价格信息部门是否充分利用了各种价格来源渠道，建立起容量丰富的价格信息资料库；对于获取的各种信息源，是否按照本组织的物资种类进行了适当分类以提高检索能力，发挥信息使用效率；是否在各部门之间进行了信息共享。

其次，需要确定审查价格信息资料收集的准确性和及时性。审查价格来源渠道是否正规，是否根据环境的变化适时地更换价格信息，能否综合各种信息源较准确地预测未来的价格变化趋势，为组织实施战略物资管理提供价格导向。

再次，需要确定审查价格标准确定方法的适当性和计算结果的正确性。物资采购价格标准的确定方法有：分别询价法、交叉询价法、调查法、信息资料查询法、历史资料评价法、测算法、专家评估辅助法、集中询价法、公开招标法、提供佐证法、限价法。

最后，需要确定审查价格标准构成内容的全面性。物资采购价格包括采购物资的买价、运杂费、保险费、途中损耗、入库前的整理挑选费用、大宗材料的市内运输费、采购资金利息和其他相关费用。其中买价和运费是物资采购价格的主要影响因素。

③采购申报价的合理性

采购申报价的合理性的主要内容包括：审查是否根据不同的物资采购方式确定申报价；审查申报单中所列物资品种是否在采购计划范围内，是否列入采购预算；审查采购申报价有无高估虚报问题；审查采购申报价的构成是否齐全，是否进行了综合比价；审查采购部门有无随意压价而忽视物资质量的现象；对于重复购置的物资，审查申报价是否超过最高限价，最高限价有无根据市场价格变动及时进行相应调整；审查采购部门是否进行比质比价。

④申报价格核定程序的规范性

审查价格信息部门是否根据确定的价格标准，在测算评估、对比分析的基础上，确定采购部门报价和相关费用的合理性和公允性，并提出核定意见。对违反规定或报价不合理的，价格信息部门具有否决权，提出重新询价的建议或者核定一个最高控制价格。采购部门应参照核定意见，在核定的价格控制标准范围内进行采购。

（3）审计方法

采购申报价格审计主要采用价格比较法、复算法、复核法、检查法、源头审计法、重点审计法和简单审计法等方法。

3. 采购合同审计

采购合同审计是对采购合同的合法性、完整性和有效性等所进行的审计。采购合同审计应获取的相关资料包括合同法、组织内部有关合同制度、合同正文和副本以及供货商资料等。

（1）采购合同审计的风险领域

采购合同审计应关注的风险领域包括盲目签订采购合同风险、合同无效风险、合同条款不利风险、合同违约风险和合同档案管理混乱风险等。

（2）审计内容

①采购合同签订的合规合法性

采购合同签订合规合法性的主要内容包括：检查审查供货商是否具有签约资格以及确定审查合同的签订程序是否合规。合同的签订需经市场调查、业务洽谈、合同起草、合同评审、合同执行以及合同变更、解除或终止等过程。内部审计人员应审查在市场调查阶段是否按"货比三家"的原则进行市场调查，是否取得了供货商完整的档案资料以确认供货商的信誉和履约能力，必要时是否对供货商进行现场考察；参与业务洽谈的代表的业务能力和技术水平是否具备，是否由两人以上参与谈判；合同起草是否使用了正规的合同版本；草签的合同是否经过组织法律部门、财会部门评审；是否根据组织授权要求报经有关领导审批，有无履行分级授权审批手续；是否办理了必要的公证手续；合同变更、解除或终止的理由是否充分，是否签署了书面变更协议并履行了审批手续，对于发现的将严重损害组织利益的已签署合同，是否及时采取了纠正措施。

②采购合同条款的完备性和合同内容的合法性

采购合同应包含如下基本内容：合同标的；数量和质量；价格和结算方式；运输方式；履约期限、地点和方式；违约责任等。内部审计人员首先应审查合同中是否包含上述内容，有关规定是否明确、具体。其次，应审查签约双方的权利和义务是否明确并具有对等性。再次，应审查确定有无利用合同从事非法行为的可能性。最后，应审查合同条款规定是否为组织争取到最大的财务利益，如充分考虑付款条件和资金优势，选择合理的货款支付方式等。

③采购合同的执行结果

审查合同内容是否得到全面、严格地履行；审查有无合同违约、违约的原因及违约处理结果，如对方违约，是否及时组织索赔。如本方违约，责任人是否向分管领导提交书面报告，经审批后办理赔偿手续，并追究相关责任；协商不成的合同纠纷是否及时上报上级领导和法律部门，通过申请仲裁或向人民法院起诉解决合同纠纷。

④审查合同的管理是否规范

审查合同的管理是否规范，需要确定两个方面的内容。一是，审查组织有无设置专门的合同管理机构，合同管理人员是否具备相应资格，合同管理制度是否完善，有无重大合同变更的应对防范措施。二是，审查合同的归档和保管是否完整。审查合同是否按序编号；台账登记是否清晰完整；支持性文件是否齐全，是否包括采购合同正本、合同补充协议、技术协议、采购订单、合同评审表及其他合同附件。

（3）审计方法

采购合同审计主要采用检查法、函证法、询问法和重点审计法等方法。

4.物资采购计划执行情况审计

物资采购计划执行情况审计是指在采购物资运达组织后，对物资验收、入库、计量、价格和货款支付等业务执行的适当性、合法性和有效性等所进行的审查和评价。物资采购计划执行情况审计应获取的相关资料包括物资采购申请单、采购计划、采购合同、价格申报单、采购发票、运费单、检验报告单、入库单、退货单、付款凭证、转账凭证、应付账款明细账、材料采购明细账和对账单等。

（1）物资采购计划执行情况审计的风险领域

包括采购方式和供货商改变、价格失控、质量检验失控、计量不实、保管低效、票据失真、付款提前或滞后、付款不实和违规结算风险等。

（2）审计内容

①采购方式执行情况审计

审查采购部门是否按照采购计划、采购申报单确定的采购方式和供货商进行采购。如物资采购执行的是定点供货制度，内部审计人员应取得《物资定点供货目录》作为审计标准，据以确定采购部门是否在合格供货商目录中选择供货商，如有改变，其改变的原因和批准手续是否合理。对于发现的供货商供货问题，采购人员是否及时填写《供货商供货问题信息反馈单》交价格信息部门，价格信息部门是否及时发出《纠正／预防措施通知单》，限期整改并追踪整改结果；整改无效者，是否暂停其供货或取消合格供货商资格。

②质量控制执行情况审计

质量控制执行情况审计的主要内容包括七点。第一，审查是否设置独立的质量检验部门组织物资验收，有无采取适当措施防止采购人员、质检人员与保管人员串通舞弊；第二，审查物资验收是否根据货运单、发票和经过批准的采购合同副本、采购价格申报单、采购计划进行；第三，审查物资验收是否签署顺序编号的验收报告；第四，审查超过采购合同的进货数量和提前到货的采购是否经过适当批准；第五，审查短缺物资和不符合质量要求的物资是否查明了原因，有无根据不同情况及时组织索赔，是否每月编制退货报告，以供采购和质检部门进行审查、分析和考核供货商表现等；第六，审查对逾期未交货者，有无按合同规定给予罚款或没收违约金；第七，审查对大型或数额较大的物资采购，有无取得供货商合格的检验证明，合同中是否规定了必要的质保内容；物资验收是否严格，有无存在由于验收不严造成以次充好、以劣充优、不合格物资入库等问题。

③计量执行情况审计

计量执行情况审计的主要内容包括三点。第一，审查计量器具。包括计量器具是否经过国家法定检验机构的检验并出具了书面证明；内部计量部门是否定期检查和校对计量器具；计量器具的操作是否正确合规；抽查计量记录并核对实物数量，验证计量的准确性。第二，审查采购物资途中损耗。其内容包括是否制订了合理的路耗标准；实际损耗是否控制在标准范围之内；损耗的处理是否合理。第三，审查质量检验对计量结果的影响。对于化工、石油、煤炭、矿山等行业的物资采购，应注意审查是否运用质量检验结果对采购物资的数量进行适当的调整。

④价格执行情况审计

价格执行情况审计的主要内容有两个方面。一是审查物资采购是否按批准价格执行。审查发票、货运单、验收单等原始资料上载明的价格是否与价格申报单、采购计划、采购合同一致，价格的变动是否经过核准。二是审查运费的组成和数额是否合理。应根据确定的运费价格标准审查物资采购运费，保证实际运费控制在标准范围之内。包括：运输方式的选择、运输里程的确定、运输商的选择、运价组成等。

⑤仓储保管情况审计

仓储保管情况审计的主要内容包括六点。一是审查仓库的位置与内部空间的布置。审查仓库位置的设置是否有利于组织内物资流动的经济性、合理性；仓库内部空间的布置是否有利于利用仓库的有效面积和提高仓库的作业效率。二是审查仓库面积利用率。通过计算和比较"仓库面积利用率"指标，确定仓库利用效率高低和利用潜力的大小。三是审查仓库存放保管工作。物资是否按分区及编号有序排放；物资包装、标示是否符合规范；易燃、易爆、剧毒等危险物资是否隔离存放；库房防火、防盗、防潮等措施是否到位。四是审查物资保管账卡档案是否建立健全并定期与相关资料、账簿核对。五是审查物资分类保管情况。审查物资保管是否按照物资的重要程度、消耗数量、价值大小等区别对待，实施ABC分类管理法。六是审查物资储备定额制定是否合理。审查物资最高储备、经常储备、保险储备和季节性储备等定额是否经济合理，是否做到既满足生产需要，又最大限度地压缩库存。

⑥采购票据审计

采购票据审计的主要内容包括三点。一是审查物资采购的票据是否齐全，是否按照采购业务发生的先后顺序编号。二是审查各种票据载明的采购数量、单价、金额、品种、规格、产地、型号等是否真实，数量、单价、金额等计算是否正确，各种票据相关内容是否一致。三是审查票据的填写是否合规，手续是否齐全，来源渠道是否正规，保管、领用和注销措施是否完善，传递程序是否合规等。

⑦采购负债确认及付款执行情况审计

采购负债确认及付款执行情况审计的主要内容包括五点。

一是审查负债的确认是否正确。审查采购部门是否在物资采购申请单、验收单、供货商发票等核对无误的基础上出具付款申请单，并及时通知财会部门；财会部门是否在进一步审核的基础上，编制记账凭证，登记付款凭单登记簿或应付账款明细账，确认负债。

二是审查应付账款的登记是否正确。审查应付账款登记和管理是否由独立于请购、采购、验收、付款以外的职员执行；是否根据不同供货商设置明细账进行明细分类核算；是否根据审核无误的原始凭证和记账凭证及时登记账簿记录，有无遗漏、隐瞒负债情况；是否定期将应付账款明细账余额与供货商寄回的对账单相核对，与应付账款总账相核对，与采购部门台账相核对，对存在的差异是否及时妥善处理；对享有折扣的交易，是否以扣除折扣后的货款净额登记应付账款，以防止在付款时贪污折扣。

三是审查付款处理是否合规。审查付款是否符合资金结算制度的要求；付款是否在会计人员审核的基础上，经过授权人审批；是否按确定的付款方式付给指定的收款人；核实付款金额和收款人是否正确；有无使用空白支票；已付货款是否在发票上加盖"付讫"戳记等。

四是审查预付账款处理是否合规。审查预付账款是否经过申请、审批；收到采购物资后，是否根据供应商发票及时冲减预付账款；是否与供货商定期对账。

五是审查应付账款余额的整体合理性。审查财会部门是否定期编制应付账款账龄分析表、物资已收发票未到情况汇总表；是否每月计算主要业绩指标据以监控应付账款状况；采用分析性复核方法，通过比较本期与上期各应付账款明细账户余额、相关比率和相关费用账户金额，确定应付账款有无异常变动。

（3）审计方法

物资采购计划执行情况审计可以采用检查法、复核法、分析法、复算法、盘点法、鉴证法、抽样法、观察法、函询法和询问法等方法。

（四）物资采购后续审计

物资采购后续审计是内部审计人员在提交了物资采购审计报告后，针对报告中所涉及的审计发现和审计建议所进行的跟踪审计，目的是确定被审计单位对于审计报告中所揭示的问题和偏差的纠正和改进情况以及产生的实际效果。物资采购后续审计应关注的风险领域。包括物资超储积压或储备不足风险、物资使用质量低劣风险、物资价格失控风险、资信低的供货商定点供货风险和审计建议无效风险等。物资采购后续审计应获取的相关资料主要包括审计报告、审计回复、定点供货目录、价格申报单、采购计划和物资质量标准等。

2. 取得被审计单位的反馈意见并进行合理分析

内部审计人员应关注如下事项：被审计单位不做反馈和反馈不充分的事项；被审计单位有异议或误解的事项；反馈意见中说明不采取纠正措施的事项等。内部审计人员应逐项分析上述事项的具体原因，并且特别注意反馈意见中对于问题原因的分析是否具有针对性，拟采取的措施是否具体。

3. 实施适当的审计程序

首先对重大的审计发现和建议通过现场访问、直接观察、测试和检查文件等方式，随后编制"后续审计面谈结果小结"和"后续审计跟踪记录表"等工作底稿，并评估采纳审计建议所达到的效果，最后提交后续审计报告。

四、审计案例

2010年9月，经过一年的市场调研、土地招投标、项目审批等前期准备，滨海地产集团在南部新区开发建造的大型社区楼盘首期开发正式启动，楼盘占地面积8200亩，首期拟投入资金50亿元，发展土地2000亩，预建900个单位。工程管理部负责楼盘的建造，按照当时的市场价，审算部制定了《工程项目预算》，钢筋2000吨预算为2050万元。次年2月，投资方因资金断裂，没有按期投入资金，造成楼盘停工一年，第三年1月，工程重新启动，并于第四年2月楼盘封顶。

按照审计项目计划，项目封顶的次年3月，审计部派出审计组对滨海集团南部新区楼盘物资采购情况进行了专项审计。

审计人员调阅了物资采购计划，工程预算表，相关事项会议纪要，项目报批资料，财务账目及报表；检查了投标文件，查阅询价比价资料，通过电话咨询、网络搜索等方式，查阅价格及需求信息，以及相关供应商工商证照信息、资质文件及报价资料；访谈了工程部、采购部、审算部的相关人员；综合运用比较分析法、复核法、源头审计法、重点审计法等进行了现场审计。审计结果显示，在钢筋采购过程中，供应商选择、采购价确定、招投标及报价管理、参加单位选择等方面存在内部人操作舞弊情况，导致公司利润受损。详述如下：

（一）入围供应商的准入管理存在漏洞

主要体现在，在供应商比价方面，采购部没有将本市的大型国有供应商企业纳入竞标企业，却选择了外省的小规模经销商进行合作。审计师调阅招投标资料显示，参与投标的4家企业的注册资本分别为10万元、50万元、100万元、50万元。通过网上工商信息查询，上述公司的注册地址均在社区生活区，无相关具体信息和联系方式。滨海市有3家大型钢材经销商，注册资本均超过5000万，年销售钢材在百万吨以上，却未入围。

南部新区建造钢筋采购量超过2000万元，如此大额的物资采购，不选择本地有实力的供应商，却与外省小型中间商合作，存在不合理性。审计人员就此问题与采购部承办人进行了3次访谈，其始终回避不选择本地供应商的原因，且前后解释存在矛盾。之后，在审计师核查供应商资质时发现，A供货商的名字与工程管理中心负责人的名字只差最后一个字，经侧面了解，A供应商法人代表为工程管理中心负责人的亲戚。

（二）参与询价的单位存在围标情况

根据滨海公司采购管理制度，所有采购业务均需公开对外招标，且询价的企业不得少于3家，南部新区楼盘建造材料每批次采购均向上述4家中间商询价，程序符合要求。审计师在核查供应商竞标资料时发现，注册地不同的A、B两家供应商，回复的传真件电话却相同。参与报价的D公司与K公司（中标土建材料）为注册地不同的两家公司，但两家单位的报价单，均从同一个城市发出，且来自同一传真机。再追查C公司的资质文件时，与上述A、B供应商传真号相同。经电话询问，此电话传真为一家塑料制品公司的销售部所有，但其并不了解C公司的存在。从上述信息可以判断，B公司报价单上提供的地址和传真号属冒用他人公司行为，而其与A公司共用一个传真号码，说明双方应为关联单位。在工商局查阅C公司的工商档案时发现，C公司登记的业务经理与A公司传真号码的开户人是同一人。实地到C公司登记的地址查看，其门面招牌为"A公司"，由上述信息基本可以判断，C公司和B公司为关联单位，由此可明确：A公司、B公司和C公司为关联单位。

由此分析，采购部看似从A、B、C、D四家公司询价，由于三家公司的关联关系，存在报价被操控的可能性。与此对应，南部新区的建造过程，从2012年1月—2014年12月期间，共采购钢筋等建筑材料10批次，合计采购额2055万元。其中有8批次均从B公司购入，采购金额高达1560万元。

（三）报价策略存在偏向B供应商的情况

钢筋采购价格高于市场均价，供货方为B公司。经市场调查：合理的价格区间为4500~5300元/吨，而南部新区账务显示，钢筋采购成本价为5500元~6300元；同时通过查询钢筋市场近几个月的价格走势及供求行情发现，从 2010 年 9 月开始，市场钢筋价格急速下跌，终端需求疲软，观望气氛较浓，在这种对买方议价能力极其有利的环境下，南部新区建造采购钢筋价格却高出合理价格水平 1000 元 / 吨属不合理现象。

（四）部分标段邀请的参标单位存在串标现象

报价策略存在舞弊嫌疑，有偏向某一供应商的倾向。查阅询价比价资料显示，在其中一批钢材采购中，B 公司第一次报价时，有两个单项报价比 H 公司（当地大型钢材经销商）高，第二天，采购人员要求 B 公司进行了第二次报价，在其进行第二次报价时，B 公司将此两个单项报价刚好降至了 H 公司以下，最后 B 公司以总价（87.5 万元）低于 H 公司 0.5 万元的微弱优势中标。且我们发现采购人员并未要求 H 公司等其他 5 家单位进行二次报价。

物资采购是组织管理中的重要环节，与组织的经济效益和组织目标的实现息息相关，需要细致、规范、系统和科学的运作和管理。对物资采购环节的良好控制将直接影响组织的生产、销售等运营环节，也是杜绝在物资采购环节发生各种错误和舞弊的重要手段。采购物资的质量和价格、供应商的选择、采购合同的订立、物资的运输、验收等供应链状况，在很大程度上决定了企业的生存与可持续发展。采购流程的环节虽不很复杂，但蕴藏的风险却是巨大的。企业在健全采购业务内部控制时，应当比照健全资金、资产业务内部控制，着力从全面梳理相关流程入手。在此过程中，企业应当对采购业务管理现状进行全面分析与评价，既要对照现有采购管理制度，检查相关管理要求是否落实到位，又要审视相关管理流程是否科学合理、是否能够较好地保证物资和劳务供应顺畅、物资采购是否能够与生产和销售等供应链其他环节紧密衔接。在此基础上，要着力健全各项采购业务管理制度，落实责任制，不断提高制度执行力，确保物资和劳务采购按质按量按时和经济高效地满足生产经营的需求。

第三节　财务收支审计

财务收支审计是企业开展内部审计工作的起源与根基。收入是极具价值的会计信息，收入的获取和实现是企业生存、发展和获利的源泉，也是影响财务报表真实性的敏感而关键的问题。支出则是为了获取收入必然要发生的各种各样的支出；盈利是企业生产经营的基本目标，是财务收支配比的结果。因此，财务收支的确认和计量是否准确合理，是企业判断利润真实性的决定性因素。财务收支审计则是对企业收入和支出的计量、核算、披露是否真实、准确、完整的审计项目，是企业审计项目中最基本和最重要的审计项目之一。

一、释义

（一）财务收支

广义的收入包括主营业务收入、其他业务收入、营业外收入、投资收益和补贴收入；广义的费用有构成产品成本的各种耗费（生产成本）、管理费用、财务费用、产品销售费用、其他业务支出、营业外支出和所得税等，收入抵扣各项费用后的余额，反应一定期间的经营成果即利润。因此财务收支审计的内容具体就包括了上述项目。

（二）财务收支审计的内容

首先是财务收支事项的存在性，即被审计企业计入会计报表及有关账簿的各项收入和各项支出确实发生。二是检查各项收入的完整性，即被审计单位在特定的会计期间发生的各项收入和支出是否全部按规定确认并记入有关账簿；三是检查各项收入与各项支出的准确性，即被审计企业有关收入和支出的交易是否均及时准确的计入相关账户，对发生的销售收入退回、销售折扣和折让、销售成本等按规定进行正确的会计处理；四是合法性，即被审计企业的主营业务、其他业务、营业外收支项目符合法律法规要求，被审计企业当期结转的主营业务成本符合主营业务收入配比原则以及法律法规要求。五是计价，即被审计单位企业会计报表所列主营业务收入的计价方式符合有关规定，且前后期一致。六是截止期，是指被审计企业的各项业务收入和各项业务支出按照会计准则的要求，准确记录于相应的会计期间。七是披露，是指被审计企业财务会计报告及附注，按照国家法律法规以及会计准则规定，恰当披露各项业务收入和各项业务支出的本期发生额和关联方交易等有关信息。

（三）财务收支审计的意义

审计人员通过对被审计单位财务收支及其有关经营活动的审计，可以揭示差错和舞弊，不仅可以纠正核算差错，提高会计工作质量，还可以保护财产安全，堵塞漏洞，防止损失。其次是促进企业改善管理、提高效益，通过审查取证、评价财务收支的效益，指出效益低下的环节，提出改进意见和建议，促进提高经济效益。最后是证明经济效益，审计人员通过对被审计单位会计资料的审核检查，以报告形式确认或解除被审计主体责任，证明经营者的功过。

二、政策依据

《中华人民共和国会计法》是以处理会计事务的各种经济关系为调整对象的法律规范的总称，各类组织必须依照会计法办理会计事务，而财务收支活动是会计事务的基本内容之一；《企业会计准则—基本准则》是规范企业会计确认、计量和报告行为，保证会计信息质量，根据《中华人民共和国会计法》和其他有关法律制定的准则，包括总则、会计信息质量要求、资产、负债、所有者权益、收入、费用、利润、会计计量、财务会计报告、附则等十一章；《会计基础工作规范》是加强会计基础工作，建立规范的会计工作秩序，提高会计工作水平，根据《中华人民共和国会计法》的有关规定，制定的会计工作规范；《企业财务会计报告条例》是为了规范企业财务会计报告，保证财务会计报告的真实、完整，根据《中华人民共和国会计法》制定，条例包含总则、财务会计报告的构成、财务会计报告的编制、财务会计报告的对外提供、法律责任、附则，六章四十六条具体条例，明确了财务会计报告过程中需要遵守的和不得违反的内容。《中华人民共和国会计法》《企业会计准则—基本准则》《会计基础工作规范》《企业财务会计报告条例》是企业进行会计账务处理和财务收支核算必须遵守的律法和规则，也是开展财务收支审计时应参照的基本政策规定。

《中华人民共和国审计法》是调整审计关系的法律规范的总称，是审计工作的基本法律依据，它以法律的形式确定了审计工作的地位、任务和作用，规定了审计工作的基本准则。《中华人民共和国国家审计准则》是为了规范和指导审计机关和审计人员执行审计业务的行为，保证审计质量，防范审计风险，发挥审计保障国家经济和社会健康运行的"免疫系统"功能，根据《中华人民共和国审计法》《中华人民共和国审计法实施条例》和其他有关法律法规制定的，是执行审计业务的职业标准，是评价审计质量的基本尺度。《中国内部审计准则》是内部审计人员在进行内部审计工作时所应遵循的原则，是衡量内部审计工作质量的尺度和准绳，对于提高内部审计工作质量和工作效率、促进内部审计理论与实务的发展具有重要的意义。

三、审计思路和方法

财务收支审计应从财务报表的核查开始，获取收支总体数据和经营结果；应收应付款等短期资产负债科目往往是藏污纳垢的地方，也是财务收支审计的必查支出，并且要查深查透；对资金类科目核查的重点是银行未达账，收入和支出的审计，首先从财务业务数据的一致性核对开始，一般很难完全一致，查找差异的过程也是审计发现问题的过程；最后，运用信息系统形成的大数据，根据审计工作经验和数据特点，分析提取重点数据、异常数据和疑点数据进行详细检查。

（一）财务收支审计的基本思路

开展财务收支审计时，一般采取倒查的方式，先调阅企业财务报表，了解企业在某一特定日期的财务状况和审计期间的经营成果，现金流量等会计信息；通过财务报表列示信息调阅重要会计科目余额表、会计科目明细表等财务数据；筛查特殊数据、疑点数据，按照审计方案要求选取样本量；调取会计凭证、原始凭证，及相关销售资料；结合被审计（单位）行业制度规定，分析数据信息和证据信息的合理性和有效性，发现财务收支过程中的违规违纪行为。

1. 核查财务报表

《资产负债表》《利润表》《现金流量表》《所有者权益变动表》报表附注，构成财务报表的主体部分。《费用表》是按照费用列支科目或按照大类费用情况生成的反映某一会计期间和会计年度各类费用开支情况的财务支出类报表，方便管理者参阅，也将作为财务收支审计必查报表。根据行业性质和管理需要生成的反《所有者权益变动表》是反映构成所有者权益的利得和损失以及资本交易导致的所有者权益变动，本章节不涉及此项内容。

资产负债表是反映企业在一定时期财务状况的静态报表，资产负债表能揭示一个企业资产与权益的全貌，提供企业某一特定日期的资产、负债总额及其结构，说明企业所拥有或控制的经济资源、所承担的现有义务，反映了所有者所拥有的权益、据以判断企业的资本保值、增值的情况以及对负债的保障程度。财务收支审计中，主要关注短期资产类科目和短期负债类科目的发生额及余额的变化情况，例如，应收账款、其他应收款、预付账款、预付手续费等等，这些科目属于往来科目，其挂账内容一般财务收入和财务支出相关，虚增收入和费用挂账往往隐藏在这些科目中，很多企业将其演变成财务收支的调节器。

利润表是反映企业在一定时期内利润或亏损的实现或形式情况的财务报表，是会计信息使用者获取据以决策的会计信息的重要来源。利润表主要反映企业在一定时期内的经营成果，企业的获利能力；将一定时期利润表的各项收入和费用指标按照顺序排列在一起，可以观察企业的业务收入、费用发展变化的趋势。因此，《利润表》是财务收支审计的重点核查内容之一。

现金流量表是以现金流入与流出汇总说明企业在报告期内经营活动、投资活动及筹资活动的动态报表，编制现金流量表的目的是提供企业一定会计期内现金的现金等价物流入和流出的信息，便于报表使用者了解和评价企业获取现金和现金等价物的能力。现金流量表反映的是企业在报告期内的现金流量，在提高财务报表信息的相关性、可靠性方面发挥着重要作用。

财务报表附注是对在资产负债表、利润表、现金流量表中等报表中列示项目的文字描述或明细资料，以及未能在这些报表中列示项目的说明等。附注应当披露财务报表的编制基础，相关信息应当与资产负债表、利润表、现金流量表等报表中列示的项目相互参照。报表附注的目的是在不影响报表明晰性的前提下，披露那些报表本身不能说明或不能详细说明的信息。因此，开展财务收支审计时，将报表附注与财务报表对照核查，对审计人员全面理解会计报表信息有良好的促进作用。

2. 从财务信息系统提取与财务收支相关的会计科目信息

也就是手工记账时代的《会计科目总账》及《会计科目分类账》。一般包括《会计科目汇总表》《重要会计科目余额表》《销售商品成本核算表》等，核查重要会计科目信息的变动情况、会计科目分类汇总信息。例如，通过《会计科目汇总表》查阅各收入类、支出类会计科目的本期借方汇总发生额、本期贷方汇总发生额、本年借方汇总发生额、本年贷方汇总发生额、会计科目余额，查阅各收入类、支出类会计科目的二级科目发生额及余额信息；通过《重要会计科目余额表》查阅应收款、应付款、预收款、预付款、内部往来等各类过渡性会计科目的本期借方发生额、本期贷方发生额、本年借方发生额、本年贷方发生额、会计科目余额等信息；《商品销售核算表》是反映单个商品的成本构成及盈利情况的分析类报表，审计人员可以通过《商品销售核算表》了解单个商品实现毛利情况。

3. 进一步提取会计科目追溯表

在财务信息系统中，《会计科目明细表》是系统根据预设的会计科目信息及记账凭证原始信息归集汇总而成，能反映最低一级会计科目在规定会计期间发生的明细信息，等同于手工记账时代的《会计科目明细账》。审计人员在核查《会计科目汇总表》后，根据审计需要，可进一步调阅《会计科目明细表》，审计人员可以将《会计科目明细表》从会计信息系统输出成 Excel 或 Access 表格便于进一步分析使用，也可使用简单函数，根据行业性质、业务特点，业务结算协议、交易习惯等，结合审计工作经验，分析筛选期初期末当天发生的数据、特殊发生额、发生额存在疑点、发生额最大、发生额最小等类型的财务明细数据，提取会计凭证号，调阅会计凭证详细核实。

4. 调阅会计凭证及原始凭证

会计凭证是记录经济业务发生或完成情况的书面证明，是登记账簿的依据；原始凭证又称单据，是用来明确经济业务事项已经发生或者完成，以明确经济责任并用作记账凭证的原始依据的重要凭证，原始凭证具有记录真实、内容完整、手续完备，不得随意涂改、刮擦、挖补，及时填制等要求。因此，会计凭证是审计工作的基本重要核查内容。

（二）资金审计

资金包含是库存现金、银行存款、其他货币资金等三项内容。作为支付手段，资金可用于购买商品、劳务和其他资产，还可用于清偿债务、支付各项费用等，企业必须保持足够的资金，以保证日常生产经营需要。资金是企业流动性最强的一项资产，应加强对其的控制管理，财务收支的实现一般会使资金增加或者资金减少。

1. 审查资金管理制度的健全合理和有效性

被审计机构是否建立资金管理办法、资金收支结算规定、是否严格执行"收支两条线"规定，资金支付审批制度是否健全、执行是否有效，银行账户管理是否及时，是否做到定期对账、未达账调节是否及时，是否存在长期应收未收、应付未付的银行未达账。

通过抽查银行存款《会计科目明细表》、银行对账单、银行存款余额调节表等资料，核查会计人员是否及时对账、未达账清理工作是否及时、是否存在一个月以上银行未达账；如果存在一个月以上银行未达账，应逐笔核实发生原因，判断是否属于潜在应收应付款项。调阅银行存款原始凭证、费用支付原始单据、费用发票，相关《销售收入确认单》和《销售合同》，《费用支出审批表》等资料，核实挂账原因；挂账时间是否属于业务（或费用）考核期，"企业已收银行未收"未达账项是否已确认收入，"企业已付银行未付"未达账已确认费用，是否对当期考核形成影响，是否属于虚假银行未达账。

抽查银行存款科目明细表，抽查会计凭证，核实"收支两条线"执行情况。检查借方发生额和贷方发生额是否频繁交叉出现，通过"事项说明"判断是否合理，是否属于"坐支收入"，可根据实际情况调阅部分记账凭证和原始单据，核实款项内容，判断是否未执行"收支两条线"规定。

2. 核查资金支付是否建立严格的授权审批制度

审查票据是否有效，审批程序是否完备。从银行存款《科目明细表》中筛选金额较大的 10 笔、随机抽查 10 笔、发生在期初期末的业务（抽样量可根据审计资源等实际情况确定），调阅相关资金收付会计凭证及确认收付事项的原始凭证。需要说明的是，按照权责发生制原则，一项收入业务的实现，在会计信息系统中，通常要经过两步方能完成，第一步是通过往来科目确认收入，"借：应收账款—客户名称，贷：销售收入—产品名称"，第二步是资金到账凭证，"借：银行存款，贷：应收账款—客户名称"，因此，在实施资金收支审计时，应两步同时开展，并关注资金变化和收支确认两份凭证的时间间隔是否合理。同样，一项费用的支付和确认也需要分步实施，在计提费用确认成本时"借：费用支出—明细科目，贷：应付账款—客户名称"，在实际发生资金支付时"借：应付账款—客户名称，贷：银行存款（或其他资金科目）"。

3. 是否存在"小金库"、账外账，有无挪用公款、公款私存现象

提取使用频率高、单笔金额大、使用部门集中的费用科目的《科目明细表》，例如：宣传费、会议费、招待费、车辆费等等，抽查大笔费用的会计凭证，检查《费用申请单》申请审批手续是否齐全，分管领导、申请部门负责人、申请人签字是否齐全，发票内容是否客观、发票日期、发票金额是否合理，是否存在连号发票、开票日期晚于记账日期情况；"宣传费""会议费"支付凭证后是否附有相关合同（协议），其内容是否合情合理，"车辆费"报销凭证后是否注明车牌号，是否属于公司车辆号牌，"宣传费"的报销是否为办公室或市场部等相关部门，有无业务销售部门报销宣传费的情况等等。

检查销售费用报销人是否为销售人员本人，是否存在销售部门内勤人员频繁大额报销销售费用的情况。如果是，则应考虑抽查某一会计期间的费用报销的合理合规情况。从业绩考核系统提取《销售业绩表》，从财务部门取得同口径期间的《销售费用报销明细表》，取得销售费用政策文件，对照核查，销售部门是否存在为了获取高额奖励，拆分、合并业务员销售业绩，由内勤人员统一报销后，重新建账登记、重新分配的情况。

检查费用报销款的支付方式、款项支付对象是否合理。费用报销款是否支付报销人以外的第三方，如果是，则与相关人员访谈，请其协助打印相关账户"银行收支流水账"，核查资金收入及流出情况，费用资金二次分配依据、分配手续及资金收付签收手续是否完善，是否存在套取公司费用不当得利等舞弊情况。

（二）往来账审计

核查应收账款、应付账款，其他应收款、其他应付款，预付账款等往来科目的真实性与合规性。重点核查是否存在长期挂账、潜亏挂账的情况；是否存在其他对外资金拆借；是否经过适当审批；预付账款是否真实存在，是否按协议或合同执行。

提取《往来科目汇总表》，核查往来科目的借方发生额、贷方发生额和科目余额。抽查会计凭证和原始凭证，检查挂账内容是否真实合理，挂账审批手续是否完善。

关注一年以上挂账明细，超过一年的应收账款应作为检查的重点，分析其挂账的真实性和回收的可能性。

逐笔核查挂账时间超过三年的往来账原始凭证，核实挂账原因。可与相关业务部门进行访谈，了解长期未清收的原因，是否属于已收回被内部人挪用、因对方单位破产倒闭等原因形成的呆账，如果是，则应报请上级部门或有关财税部门进行坏账核销；如果做坏账核销的话，则需要冲减当期收入，对当期收益形成影响，这也是很多已形成坏账的应收款项长期挂账未核销的主要原因。

（三）收入审计

收入是指企业在日常活动中形成的、会导致所有者权益增加的、与所有者投入无关的经济利益的总流入。收入的发生相应地增加了企业的资产或减少了企业的负债，收入一般包括销售商品、提供劳务和让渡资产使用权等形成的收入。

1. 审查内部控制制度

需要审查和测试收入内部控制制度是否健全、合理和有效。通过对收入内部控制制度的评审，确定收入审计的范围和重点内容，明确具体业务的审计方向。此项内容可与会计报表的核查情况结合起来实施。

2. 审查收入项目记录和会计处理是否符合规范

审查收入项目的记录和会计处理是否正确、合规，依据会计准则和行业会计制度的规定，审查企业是否正确处理和记录各项收入，使收入的处理合法合规。可结合上述财务收支审计基本思路中的第2、3、4点具体实施。

3. 审查销售计划、合同执行、定期考核等情况

审查销售计划和合同的执行情况，以及定期考核分析的情况。核实企业是否按照权责发生制和配比原则，确认各期收入、并全部入账，有无为了完成责任目标任务或偷漏税款、均衡各期收入、调节利润实现下期"开门红"等目的，而人为转移、隐匿、截留收入或虚构收入的行为。核查这类问题时，应分两步实施。第一步，需要提取三方面的信息资料，一是向销售合同管理部门调取审计期间有效的销售合同，二是从销售业务系统提取审计期间的所有与销售业务相关的数据，包含"销售合同单号、销售产品名称及业务代码、销售合同签订时间、销售合同有效期、销售合同金额、销售部门名称及代码、（或）代理机构名称及代码、销售人员姓名、销售人员代码、销售收入进账日期、销售合同特别约定"等字段，第三是从财务系统提取相同时间段的"销售收入"会计科目汇总表及科目明细表；第二步，在取得上述三项信息资料后，可选取合作金额最大、合作项目最多、合作时间最久的客户，以合作方为主体，纵向核对销售信息记录的正确性和销售收入确认的完整性。

例如，A客户作为与被审计单位合作五年的销售代理商，年销售额占被审计单位总销售额的30%。审计人员应首先调阅A客户《销售合同》，关注《销售合同》有效期、销售产品名称及货号、销售收入结算时间、销售收入结算方式、销售费用结算比例、销售费用结算时间、销售费用结算方式；其次，从提取的审计期间的销售数据中，按照单笔结算金额最大的10笔、考核期初发生的前10笔、考核期末发生的后10笔，核对业务结算单与业务系统数据是否一致、与财务系统"销售收入"科目明细表贷方发生额是否一致，销售合同、销售发票、发货运单等原始单据是否齐全、金额是否一致，是否存在虚假销售或销售收入未全额入账等情况。

4.审查所有收入的减项的处理是否适当

审查退货、折让、折扣等收入减项是否合理，其会计处理是否恰当、合规，有无人为任意调减及其他舞弊行为。从预先提取好的业务数据中筛选"负数"信息，重新造表，形成《负数销售清单》；从预先提取好的财务数据中筛选"销售收入"借方发生额或贷方负数发生额的《科目明细表》，转换为Excel或Access表格，形成《负数销售收入科目明细表》备用；《负数销售清单》与《负数销售收入科目明细表》比对，首先核对总额，如果财务数据和业务数据完全一致，表明审计期间所发生的退货、折扣、折让等收入减项真实有效。如果《负数销售清单》与《负数销售收入科目明细表》总额存在差异，则分析差异原因，是否属于业务系统已经进行销售退回处理、而财务系统延迟至次月进行账务处理，是会计人员工作疏忽导致销售收入跨期延迟入账，还是其他原因；根据发生频率和发生金额确定下一步审计计划，如果属于少数个别情况但金额较大，则调阅业务结算资料和会计凭证原始资料逐笔核查原因；如果每月都有此类情况发生，则分析其是否存在规律性，是否违反权责发生制的核算原则，是否与KPI指标考核相关、是否与销售激励活动费用政策差异相关、是否存在利税优惠政策等等；核查此类问题时，必须建立在对相关政策熟悉的基础上，对照差异数据、结合政策、换位思考，分析这样做可能带来的经济利益或间接利益，必要的话，可对相关销售人员或财务核算人员进行访谈，多措并举，把问题查清查透。

5.审查产品销售收入与其他业务收取的情况

审查产品销售收入与其他业务收入是否存在核算不清、相互混淆的问题。核查此项内容仍需以业务系统数据和"其他业务收入"会计科目明细数据为基础，如果其他业务收入科目发生笔数较少或者发生金额较小的话，可以直接调阅其他业务收入《会计科目明细表》，逐笔核查记账凭证及原始凭证，核实其会计科目使用的正确性；如果"其他业务收入"发生笔数多、金额大的话，则采取抽样检查的方式，抽取其中金额较大的10笔（根据审计资源情况可扩大或缩小样本量）、特殊的客户名称、特殊的金额等等，调阅会计凭证核查原始单据，判断科目使用是否得当，会计核算是否正确。

当然，对于审计技术配备强、信息化程度高的企业，可以利用"大数据"审计、实现远程审计和疑点数据提取先期审计。大数据审计需具备几个条件，一是有完备的审计信息系统；二是审计部门拥有数据沙箱资源，能够定期获取完整业务数据和财务数据；三是专业的远程审计团队。根据业务审计人员提出的问题数据需求，远程审计人员准确写出计算机语言脚本，从数据沙箱中抓取问题数据。写脚本时应做到准确描述、完整提取，"准确描述"是指业务术语代码要准确，"销售合同单号、销售产品名称及业务代码、销售合同签订时间、销售合同有效期、销售合同金额、销售部门名称及代码、（或）代理机构名称及代码、销售人员姓名、销售人员代码、销售收入进账日期、销售合同特别约定"等是销售收入相关信息，审计技术人员应能够用计算机语言准确表述上述信息代码，如果代码错误，提取到的信息必然错误，就成为垃圾数据；"完整提取"是指数据的完整性，基础是沙箱数据是完整的。

（四）费用审计

费用是指企业在日常经济活动中发生的、会导致所有者权益减少的、与向所有者分配利润无关的经济利益的总流出及财务支出。如果因非经常性的业务的发生而产生的净支出被称作损失，不在本费用范围。符合费用定义的交易或事项只有在经济利益很可能流出从而导致企业资产减少或者负债增加、且经济利益的流出额能够可靠计量时才能予以确认。

1. 审查和测试成本和费用内部控制系统的健全、合理和有效性

通过检查成本费用支出手续制度和分配系统中存在的各种漏洞和缺陷，以及相应导致的各项成本费用管理中所产生的差错和弊端，评价企业成本和费用内部控制系统的可依赖程度，从而提出改进建议。

费用管控制度应包含但不限于，各类费用控制办法、各类费用使用及管理细则、各类费用控制标准，明确费用的类别、各类费用归属、费用计提规则、费用分摊规则、费用结转规则；是否建立严格的费用授权审批、预算、核算制度；是否存在重大波动和异常的费用；大额费用支出是否执行"三重一大"规定程序、是否真实、原始凭证是否齐全，是否存在甲货乙票的情况，是否存在开票单位与付款单位不一致的情况，开票业务内容是否真实，是否与报销事项一致。

2. 审查费用计算是否合理、支出是否真实，分配是否正确

检查成本和费用支出是否来源可靠、内容真实、原始单据完整；成本计算数据是否有合理的资料来源，并能够支持企业成本费用的计算和分配准确合理；各项成本和费用是否遵守了规定的开支标准、开支范围，是否存在乱挤乱摊成本和任意转移成本调节利润以及违纪列支情况。

根据《费用支出报表》所显示的费用类别，提取各项销售费用、管理费用、财务费用《科目汇总表》和各费用科目的《会计科目明细表》；通过《商品销售核算规则》了解被审计单位主营业务的商品类别销售成本构成；选取销量最大的 5 类商品、成本最高的 5 类商品、存量最大的 5 类商品，作为详细核查对象；对照《商品销售成本核算规则》，通过《销售成本核算表》核查上述商品的成本计算方法是否正确、费用分配是否合理。根据上述 15 类商品的销售成本构成，明确具体科目归属，结合《费用科目汇总表》和《会计科目明细表》，筛选出相关会计科目《费用支出明细表》，应包含凭证编号、凭证日期、事项说明、借方发生额（或贷方发生额）、费用归属、凭证编制人、凭证审核人、凭证生成日期等信息；根据凭证号调阅会计凭证和原始凭证，核查会计凭证制作的规范性，《费用核算单》《商品费用摊提表》等是否填制完整、审批手续是否齐全，原始单据是否合理有效。

通过上述审计动作，如果商品成本核算符合《商品销售成本核算规则》规定，商品销售成本归集和分配符合规定、《费用核算单》和《产品费用摊提表》计算正确、审批程序合规、审批过程完整，原始单据合理有效，则可认为，此项支出真实、手续完备。

四、审计报告

财务收支审计报告应至少包含审计概况及审计依据、被审计单位基本情况、审计情况和审计发现问题描述、审计结论及建议四部分。

审计概况和审计依据，是说明审计立项依据、审计内容和重点，审计时间，以及审计工作所依据的政策法规等；被审计单位基本情况，需包括被审计单位的财务收支状况及主要 KPI 指标情况；审计情况和审计发现问题描述，可以按照资产、负债、收入、费用区分章节描述，应描述与审计事项有关的事实，对违反规定的财务收支情况的揭示，采取的审计方法和有关情况的说明；审计结论及建议，是对被审计单位财务收支情况的概括性表述，结合审计方案确定的重点，围绕财务收支真实性、合法性、效益性，对被审计单位的财务收支管理状况及应负的经济责任进行评价。

审计判例：

G 公司 2013 年财务收支审计报告

根据年度审计工作计划（文号），审计小组于 20×× 年 ×× 月 ×× 日至 ×× 月 ×× 日对 G 公司进行了 2013 年度财务收支审计，审计组调阅了财务报表、重要账簿、会计凭证以及业务资料，并从业务系统、财务系统查阅了相关数据。审计结果如下：

（一）基本情况

G 公司成立于 2003 年，总经理室 3 人，内设行政人事部、财务会计部、市场开发部、信息技术部、销售管理部等五个职能部门，采购一部、采购二部、采购三部、销售一部、销售二部、销售三部、销售四部等个业务部门，管理序列合同制员工 68 人，销售序列合同制员工 56 人、聘用制 75 人。

内部管理方面，G 公司采取财务、业务、人事集中的矩阵式的经营管理模式，会计核算、业务审批和行政付款、行政印章用印、费用审批全部集中在公司相关职能部门，采购和销售部门为完全业务部门。

费用控制方面，按照行业盈利模式和费用政策，G公司对业务机构的费用管理实现A、B、C三类的差异化政策，G公司承担业务部门人员工资和固定日常费用（固定费用：房租、水电、物业、折旧、办公费、行政招待费、差旅费、车辆菲、邮电费、小额耗材），并给予与A、B、C类机构不同的业务费用比例。G公司通过日常费用的额度控制、费用比例、项目报批等来实现对业务机构费用的日常控制。

1. 财务收支及预算执行情况

截至2013年12月31日，G公司累计实现主营业务收入38465万元（其中应收账款16452.14万元）；其他业务收入60.02万；综合成本率94%，其中，销售成本率66.5%，综合费用率27.5%；报表净利润931万元。

表7-1

项目	2013年
销售收入	38465
销售成本	2557966.5%
销售毛利	1288533.5%
营业成本	1057727.5%
营业利润	23086%
利息费用	5421.41%
所得税	8302.16%
净利润	9312.42%

2. 收入、支出核查情况

审计人员从调阅了2013年6月和12月的半年度决算报表和年度决算报表，资产负债表、利润表、费用表、现金流量表；从财务系统提取了重要科目汇总表；从业务系统提取了2013年1-12月各部门销售收入及销售成本数据、从业务系统提取了各产品采购数据；从费用系统提取了2013年1—12月各销售部门销售产品及手续费数据；从财务系统提取了银行存款明细账、销售收入明细账、采购支出明细账、应收账款明细账、应付账款明细账。

表7-2 2013年1-12月，甲、乙、丙、丁、戊、卯各类产品产销存情况（单位：件）

	甲产品	乙产品	丙产品	丁产品	戊产品	卯产品	合计
上期转入	500	1000	300	200	20	50	2070
采购数量	5000	8000	2000	2000	300	200	17500
销售数量	5200	8000	2200	2100	300	220	18020
结存	300	1000	100	100	20	30	1550

（1）销售收入核查

G 公司销售六类产品，2013 年实现销售收入 38465 万元，各部门销售收入及成本情况如下：单位：万元

表 7-3

项目		销售收入	销售成本
销售一部	合计	13036	8668
	甲产品	7754	5156
	乙产品	3521	2341
	丙产品	798	531
	丁产品	963	640
销售二部	合计	5264	3500
	甲产品	1543	1026
	乙产品	2298	1528
	戊产品	321	213
	卯产品	1102	732
销售三部	合计	18223	12118
	甲产品	7587	5045
	乙产品	5534	3680
	丙产品	5102	3392
销售四部	合计	1942	1291
	甲产品	1457	969
	乙产品	334	222
	丙产品	151	100
合计		38465	25579

在上述已取得数据基础上，审计人员根据销售合作商的合作时间和销售产品数量，选择调阅了销售一部和销售三部合作 5 年以上销售合作协议，销售二部销售最大的 3 个销售商和销售四部合作时间最久的 5 个销售商合作协议，通过数据核查、比对、计算、分析，核实销售协议规定的销售产品与实际销售产品是否一致、实际支付的手续费与协议规定的手续费率是否一致、是否存在未签订合同而开展销售业务的情况。

①提前确认销售收入 310 元，影响相关年度利润的情况

销售三部 2013 年 12 月 2 日与 J 公司签订《产品销售合同》销售收入 620 万元，合同约定付款方式为，首付 50%，余款于 2014 年分三期付清，手续费在支付货款后的 10 日内

支付。因当年任务缺口较大，G公司财务将620万一次性计入当年"销售收入"，未收回款项在"应收账款"挂账。

②应确认未确认的销售退回495万元

2013年11月，因产品型号不符合要求，K公司向销售三部退回丙产品180件，金额495万元；为了不减少当年收入，G公司将此销售退回延迟至2014年1月进行财务处理，虚增当年销售收入，影响2014年销售收入的准确性。

（2）采购支出核查

从业务系统提取2013年1—12月采购数据，包含供应商名称及代码、采购合同签订时间、采购数量及采购金额、采购人员、采购支付货款时间、采购手续费收入等信息，随机调阅了采购合同、访谈了五名资深的采购业务员。2013年各项采购业务均能按权责发生制的原则进行账务处理，未发现多计、少计情况，未发现采购手续费收入未按规定入账情况。

（3）费用支出

G公司通过日常费用的额度控制、费用比例、项目报批等措施实现费用的日常控制，销售部门费用的报销，除了要符合费用比例外，还需要有事前的项目报批。审计人员提取了手续费、营业费用、人力资源费会计科目明细账，并重点核查了招待费、会议费、宣传费、办公用品费、车辆费用，调阅了大额费用、2013年1月、6月、12月大额费用凭证详查。

2013年各销售部费用支出情况如下：单位：万元

表7-4

部门	费用支出
手续费支出	2600
营业费支出	6923
人力资源费支出	1054
合计	10577

①未遵守合同约定多支付手续费12.98万元

销售一部存在未遵守合同约定多支付手续费情况，调阅销售一部与H公司签订的《产品销售合同》发现，《产品销售合同》中约定手续费率为6%，实际支付手续费为7.5%，经核查，2013年1—12月销售一部向H公司销售甲产品578万、乙产品234万、丙产品53万，销售一部分应支付其手续费51.9万元，实际支付64.87万元，多支付12.98万元。

②将已支付手续费37万元在往来科目挂账，影响相关年度利润

而将此项收入延迟至2014年1月确认，当年已向J公司支付手续费37万元，在"其他应收款"挂账，至审计日此项挂账仍未结转支出科目。

③假发票报账6万元虚增费用

抽查招待费、会议费时，审计人员通过税务局发票核查系统查询，发现定额假发票

13 张，其中招待费 10 张，单张金额 100 元 20 张合计 2000 元、单张金额 50 元 40 张合计 2000 元；会议费发票 3 张合计金额 16000 元；宣传费发票 2 张合计金额 40000 元。

④套开发票报账，形成虚增费用 5 万元

销售三部通过套开发票方式需报会议费、宣传费、办公费合计 50000 元，由内勤报销后存放于内勤个人开户的银行卡上，用于业务拓展，审计日核查，此账户余额 3000 元，经核查个人账户辅助明细账及相关票据，上述 47000 元全部用于业务拓展、均有销售三部负责人签批。

（4）往来账项核查

提取 2013 年 12 月《重要科目汇总表》，提取 2013 年 1—12 月应收账款、应付账款、其他应收款、其他应付款、预收账款、预提费用、待摊费用等会计科目明细账，核查各往来科目余额构成、账龄分析，调阅会计凭证及原始单据逐项核查账龄超过三年的挂账事项。

审计发现，其他应收款科目借方挂账 300000 元，为 2006 年销售二部向 L 公司销售甲产品余款，因 L 公司已于 2012 年破产，余款无法收回。

（5）资金、帐户核查情况

提取 2013 年银行存款明细账和银行对账单，抽查 2013 年 1 月、6 月、9 月、12 月银行对账单，收入账户和支出账户使用规范，未发现收支账户混用情况，未发现一个月以上未达账。

盘点行政出纳现金库和业务出纳现金库，未发现白条抵库或坐支现金的情况。

3．审计结论

审计认为，G 公司在 2013 年度存在会计核算不准确、虚增销售收入、跨年度确认费用等影响相关年度利润真实性；存在费用票据造假、违反合同约定支付销售手续费、往来账管理不及时控制缺陷，且数额较大，对相关年度的利润形成影响。

具体为，2013 年提前确认销售收入 310 万元、延迟确认销售退回 495 万元，2013 年应确认未确认手续费 37 万元，2013 年假票据虚增费用 6 万元、逃开发票虚增费用 5 万元。剔除上述影响当年财务收支数据后，G 公司 2013 年实际实现利润 741 万元，较报表利润少 190 万元。

表 7-5

项目	2013 年报表	审计调整	审计后
销售收入	38465	-805	37660
销售成本	2557966.5%	-535	25044
销售毛利	1288533.5%	-270	12615
营业成本	1057727.5%	26	10603
营业利润	23086%	-296	2012
利息费用	5421.41%	-	542

续　表

项目	2013 年报表	审计调整	审计后
所得税	8302.16%	-106	724
净利润	9312.42%	-190	741

4. 审计建议

审计建议包括以下三点。第一，严格执行权责发生制原则和收入成本匹配原则，进行销售收入和销售费用的账务处理，对确保销售利润准确。第二，对假发票及逃开发票情况，按照实际发生费用进行账务调整，对相关责任人进行责任追究；自查 2013 年以来费用凭证，对费用票据造价、费用内容不实的情况进行账务调整。第三，对无法收回的 300000 元应收账款，向财税部门汇报，并进行坏账核销。

财务收支审计小组

2014 年 ×× 月 ×× 日

第四节　经济责任审计

一、经济责任审计概述

（一）经济责任审计的定义与种类

1. 经济责任审计的定义

经济责任审计可以分为广义和狭义两种。广义的经济责任审计是指审计作为独立的第三方，对经济权和管理权两权分离而产生的受托经济责任的受托方的受托责任的合理性、合法性、效益性进行评价的行为。狭义的经济责任审计即审计法第二十五条"审计机关按照国家有关规定，对国家机关和依法属于审计机关审计监督对象的其他单位的主要负责人，在任职期间对本地区、本部门或者本单位的财政收支、财务收支以及有关经济活动应负经济责任的履行情况，进行审计监督。"指出的审计行为。

2. 经济责任审计的种类

一般来说，经济责任审计按种类划分为任前经济责任审计、任中经济责任审计和离任经济责任审计三种。三种类型经济责任审计不同点主要在于结果的运用。任前经济责任的结果将作为组织和人事部门考核和任用干部的参考和依据；任中经济责任是对领导干部任职过程中的经济责任履行情况进行审计和评价，主要起监督作用；离任经济责任审计是对领导干部在任期间的经济责任审计履行情况进行鉴别和总体评价。

（二）经济责任审计的目的与作用

1. 经济责任审计的目标

经济责任审计的主要目标是通过审计，全面评价党政和国有企事业领导干部的"四种能力"，既决策能力、管理能力、执行能力和自我约束能力，促进领导干部提高决策和依法行政的能力水平。

2. 经济责任审计的作用

经济责任审计的作用一是通过审计有利于加强对干部经济行为的监管，查错防弊，促进党风廉政建设，预防腐败现象的发生；二是有助于"摸清家底"，客观的评价部门前任、现任、继任的能力水平；三是通过审计结果报告为组织和人事部门提供干部任免的参考依据。

（三）经济责任审计的对象与内容

1. 经济责任审计的对象

《党政主要领导干部和国有企业领导人员经济责任审计规定实施细则12》（以下简称《细则》）对两办《党政主要领导干部和国有企业领导人员经济责任审计规定13》（中办发〔2010〕32号）第二条进行了解释"所称党政主要领导干部，是指地方各级党委、政府、审判机关、检察机关、中央和地方各级党政工作部门、事业单位和人民团体等单位的党委（含党组、党工委，以下统称党委）正职领导干部和行政正职领导干部，包括主持工作一年以上的副职领导干部14。"根据同级审的原则，省部级领导干部经济责任审计由国家审计机关完成（审计署），地市级的由省审计厅完成，县处级委托地级市审计机关，乡科级交由县区审计机关来完成。下述案例中的 M 经济技术开发区为区属开发区，其主任的行政级别在国家行政序列中属于副处级，因此其经济责任审计就由市审计局来完成。

2. 经济责任审计的内容

《细则》第三章审计内容第十二条规定"审计机关应当根据领导干部职责权限和履行经济责任的情况，结合地区、部门（系统）、单位的实际，依法依规确定审计内容。审计机关在实施审计时，应当充分考虑审计目标、干部管理监督需要、审计资源与审计效果等因素，准确把握审计重点。"根据细则，各省市可根据指导意见制定符合地方情况的审计内容。

（四）经济责任审计的特点

1. 审计对象的双重性

经济责任审计的审计对象是党政和企事业单位领导干部，经济责任审计的对象在主体上包括被审计领导干部本人和其所在的部门或单位。因此经济责任审计对象是双重的，既包括被审计的领导干部经济责任的履行情况，又包括《中华人民共和国国家审计准则》要求的"对领导干部所在单位或部门财政财务收支的真实性、合法性和效益性以及有关经济活动指标完成情况。"

2. 审计内容的全面性

党政领导干部经济责任审计内容既包括对传统财政财务收支的真实性、合法性和效益性审计，又包括对当地经济社会全面发展所承担的包括固定资产投资、招商引资、资源环保等重大经济决策的审计和评价。在审计实施过程中，对部门财政财务收支审计需要用到相关财务知识，对涉及大数据的部门需要计算机审计相关知识，对资产投资和环境项目评估还需要有工程背景的审计人员参加，审计内容相当全面。

3. 审计评价的风险性

由于经济责任审计内容的全面性，要全面的对党政领导干部经济责任履行情况进行评价，就至少要拥有一套科学完善的、建立在财经法纪评价标准、经济效益评价标准、社会可持续发展指标评价标准体系之上的量化评价指标体系，而由于我国当前仍属于社会主义建设期，各项制度都不完善，短期内很难建立起这样一套复杂的、综合性的评价标准，这就导致审计评价具有一定的评价风险。

（五）经济责任审计的理论基础

1. 受托经济责任与审计

受托经济责任关系的存在是审计产生的前提。受托经济责任是一种委托—代理关系，委托人将资源、财产等的经营管理权授予受托人，受托人接受委托后，在委托人与受托人之间便形成的委托—受托关系，这种关系就是受托经济责任关系。由于委托人和受托人之间对于受托资产的利益导向不同，作为委托人为了确保其利益，提出对受托人的受托行为进行监督；作为受托人一方，为了证明自己受托责任履行的真实性继而继续获得委托，也乐于接受这种以受托经济责任履行情况的审查的行为。而审计作为独立于受托和委托关系的第三方，可以公正、客观的接受和开展这种对受托方经济责任履行情况的审计。审计与受托经济责任之间就构成了一种受托经济责任是审计存在的条件，而审计又是维持受托经济责任正常运转的相互依存关系。

2. 公共受托责任与领导干部经济责任审计

我国公共资源的委托—受托关系表现为四个层次。第一，全体公民作为委托人将公民该享有的公共资源委托给人民代表大会；第二，人民代表大会作为委托人将公共资源委托给政府；第三，政府作为委托人将公共资源委托给政府下设的各个部门、国有企、事业单位；第四，各个部门、国有企、事业单位作为委托人将公共资源委托给政府下设的各个部门、国有企、事业单位的领导或主要负责人。为评价作为公共资源最终受托人的政府各个部门、国有企、事业单位的领导是否切实履行了公共受托经济责任，由政府审计部门作为独立的第三方对领导干部的公共受托责任进行审计。因此，经济责任审计的诞生是维护和保障我国特色社会主义市场经济的需要。

二、审计程序与方法

（一）经济责任审计的程序

1. 审计计划

领导干部任期经济责任审计应当按照计划进行，每年年底前，干部管理部门提出下年度任期经济责任审计的建议，与审计机关协商确定经济责任审计的项目计划，列入审计机关的年度审计项目计划。因工作需要，需要增加审计项目的，组织人事部门、纪检监察机关应与审计机关协商提出意见，报请本级党委或人民政府批准后实施。在实施领导干部任期经济责任审计前，组织人事部门、纪检监察机关，以书面形式向审计机关出具委托书。

企业领导干部任期经济责任审计也应当按计划进行，每年年底前，企业领导人员管理机关提出下年度任期经济责任审计的建议，与审计机关协商，列入审计机关年度审计项目计划。在审计项目计划之外需增加的审计项目，应由企业管理机关与审计机关共同协商，审计机关依据具体情况再做安排。企业管理机关应当以书面形式出具委托书。

经济责任审计政策性强、内容广、风险高、责任大，为确保审计质量，审计机关自接到审计委托书起，要针对被审计领导干部及所在单位的具体情况，对审计内容、步骤、方法等方面做全面考虑，制定科学可行的审计方案和工作安排。在确定审计内容时应考虑以下几方面因素：搜集被审计领导干部任职期间单位接受国家审计、社会审计及内部审计的审计结论；单位经营方案、重大决策、内控制度的制定及变动情况；被审计单位资产质量、经营状况；潜亏问题和对外担保等情况。

2. 审计准备

审计机关在决定对某个项目实施审计前，应由负责此项目的审计人员做好审前准备工作。成立审计组，确定工作目标。审计机关接到干部管理部门的委托书后，应安排审计人员组成审计组，指定审计组长，实行审计组长负责制。根据项目工作量的大小，配备一定数量的专业审计人员，并遵循审计回避制度。每个审计人员按照各自分工，做好开展审计项目的准备工作。

搜集和调查审计单位有关资料。审计人员应充分利用现有的审计资源，搜集被审计单位的档案资料、办公会议纪要、内控制度、领导干部任职期间的财务报告，调查了解被审计单位的经营状况，询问被审单位有关人员等，全面了解被审计单位的经营状况、存在的问题、管理上的薄弱环节，被审计领导干部的领导能力和管理能力。为客观评价被审计领导干部的经济责任做好基础工作。

研究制定审计方案。在做好调查研究工作的基础上，审计组要制定切实可行的审计方案。审计方案是审计工作的总体安排，是保证审计工作按期完成的有效措施。审计方案主要包括以下几方面：审计依据，审计对象基本情况，审计目的，审计指导思想，审计范围，审计的主要内容和重点，审计评价的内容和指标，重要性的确定和审计风险的评估，工作进度和时间安排，审计组织与分工。

编写审计通知书，通知被审计单位和被审计领导人。审计机关应按规定下发审计通知书，审计通知书的内容主要包括：被审计领导姓名及所在单位名称，审计事项，审计依据，审计范围和期间，审计组组长和成员姓名，对被审计领导干部及所在单位提出的工作要求等，在实施审计三天前，将审计通知书送达被审计领导干部所在单位，抄送被审计领导干部本人。领导干部和所在单位应对所提供的全部资料的真实性、完整性做出书面承诺。被审计单位接到审计书，应按照审计组提出的要求提供全部资料；被审计领导干部接到审计通知书后，应及时向审计组提交述职报告。

3. 审计实施

审计组紧紧围绕审计目标，审查测试内部控制制度，审计财务会计资料，审阅与审计事项有关的文件，检查实物，调查取证，为评价被审计领导干部经济责任打下基础。任期经济责任审计实施阶段应重点做好以下几项工作：

调查研究，进一步确定审计重点。审计组到审计现场实施审计时，应召集被审计单位法人及有关人员，向他们说明此次审计的目的、范围、内容与要求，充分听取他们的意见，审计组注意搜集取证材料，以全面掌握被审计单位的经营管理等情况。条件许可的情况下，审计组应到被审计单位的主要经营活动场所进行实地考察，验证文字资料反映经济活动的误差性。根据调查研究，适当调整审计方案，报请审计机关领导批准后，开展审计工作。

评价内部控制制度主要包括：被审计单位有哪些内部控制制度，内部控制制度执行情况，内部控制制度对单位各项经营活动的制约结果如何。通过评价内部控制制度，找出被审计单位经营管理活动中的薄弱环节，帮助审计人员确定审计重点环节。

进行实质性测试。审计人员依据调查的各种资料，分析被审计单位的经营活动情况，将审计重点确定在重要的、发生频率较高、经营期较长的经营活动上。分析被审计单位各年财务报表，对比分析主要经济指标增减情况。搞好单位资产盘查情况。为审计人员发现问题、分析原因、分清责任者等工作打下基础。

4. 编制审计工作底稿并起草审计报告

审计人员依据工作中形成的审计工作记录，编制审计工作底稿，审计组长汇总审计工作底稿，起草审计报告征求意见稿。

5. 出具审计结论：结果报告、审计意见书和审计决定书

任期经济责任审计结果报告是审计机关接受委托，对被审计领导干部实施审计后，向上级（或同级）出具的书面材料。经济责任审计结果报告的要素主要包括：标题，主送单位，正文，附件，审计结果的报告机关，报告日期，抄送单位等。其中：正文一般分为导语、基本情况、审计结果（包括审计结果及发现的问题）、审计评价四部分。

审计意见书是以审计报告为基础，向被审计单位下达审计结果及其评价意见，提出需自行纠正和改进建议。审计意见书基本要素：标题，主送单位，审计意见书的内容，审计机关，审计意见书下达日期，抄送单位等。

（二）经济责任审计方法

1. 经济责任审计常规方法

经济责任审计技术方法与财务收支审计方法一样，也采取检查、监盘、观察、查询及函证、计算、分析性复核等方法，收集审计证据，完成审计任务。因经济责任审计政策性强、覆盖业务内容多、审计期间长、风险高、责任大，审计人员不能局限于对财务账面的分析测试和检查，更要注重在对被审计单位内部控制制度进行测试的基础上，对被审计单位的业务内容进行实质性的测试，找出存在的问题及原因，即制度基础审计方法，制度基础审计包括内部控制评价和真实性审计两个部分。

对内部控制制度进行检查后，对其健全性和有效性进行评价，决定内部控制可以信赖的程度。如评价内部控制制度是否完善，能否保证单位按期完成任务；内部控制制度是否有利于有效使用单位现有资源，是否能保证提供真实有效的信息；内部控制制度在单位重大经营决策活动等方面是否发挥了制约机制作用等。通过评价，审计人员可以进一步修订审计方案，对单位控制制度较强的地方可以减少审计力量，对单位控制制度不健全和不力的地方要加大审计力度。

真实性审计，是根据内部控制制度评价结果，对单位会计资料所反映的经济活动进行实质性的测试，检查的重点是内部控制制度不健全的经营环节和未有效执行内部控制制度的地方。

制度基础审计方法主要包括制度调查、健全性测试、符合性测试、综合性评价和实质性测试等过程，在此不详细赘述。

2. 经济责任审计责任取证方法

在经济责任审计方法中，要注意"责任取证"方法。所谓"责任取证"是指审计机关和审计人员在经济责任审计中，收集和获取用以说明审计事项责任归属和责任性质的真相，形成经济责任审计结论基础的证明材料的行为。当前对"责任取证"方法研究不够，一定程度影响经济责任审计项目的质量。"责任"两字是经济责任审计区别于其他门类审计的一个重要特征，如果不在一般审计基础上特别注重领导者对财政、财务收支及有关经济决策管理等重大问题的责任关系调查取证，经济责任审计就丧失特征，难以发挥其作用。因此，在经济责任审计方法中，要加强"责任取证"方法。首先，要澄清模糊认识，明确经济责任审计中责任取证的重要意义。要改变以前习惯、擅长从报表、账册、凭证获取证据，而对领导层的相关决策、管理行为涉及不多，对谈话记录、多方查询方法不熟悉的现状。其次，要坚持重点问题必须进行责任取证的要求。审计中要对重大问题的证据来源、证据间相互关系、拒绝签章的证据是否影响事实存在等，对总体结论是否成立要关注。第三，要注意领导干部职责设定和运作重大决策规范程序。若企业这方面内容不规范，审计部门可以从内控制度方面加以责任追究，以促进被审计单位规范经济决策、经济管理、经济支配等方面权力运作，促进领导干部重责慎权、依法用权。

三、审计案例

根据《中华人民共和国审计法》第二十四条的规定和市审计局 2010 年度审计工作计划安排，市审计局派出审计组，自 2010 年 6 月至同年 10 月，M 经济开发区管理委员会主任 N 同志 2011 年 1 月至 2013 年 12 月履行经济责任和廉政情况进行了送达审计。审计工作得到了该开发区和 N 同志的积极配合，工作进展顺利。M 经济开发区对所提供的与审计相关的财务会计资料和其他证明材料的真实性和完整性负责，并对此做出了书面承诺。市审计局的责任是依法独立实施审计并出具审计报告。

（一）基本情况

1.N 同志基本情况

N 同志，为 M 经济开发区党工委书记、主任（副县级），负责开发区的全面工作。

2.M 经济开发区基本情况

被审计单位（M 经济开发区）为 2009 年 11 月正式由该省省政府批准设立的省级经济开发区，并列入国家发改委全国开发区目录。开发区规划面积约为 7.51 平方公里，辐射面积 50.57 平方公里，内现有人口约 3 万人。同时，M 经济开发区下设办公室、财政、招商、规划、土地及部分部门和单位，人员编制 40 人，实际在编 32 人。

2011 年 M 经济开发区财政拨款 22323 万元，财政一般预算支出 22017 万元，当年净结余 306 万元。2011 年末资产 13986 万元，负债 13891 万元，净资产 95 万元。

2012 年 M 经济开发区财政拨款 4369 万元，财政一般预算支出 4243 万元，上年结转 306 万元，当年结余 126 万元，滚存结余 432 万元。2012 年末资产 14068 万元，负债 13838 万元，净资产 230 万元。

2013 年 M 经济开发区财政拨款 9811 万元，财政一般预算支出 9930 万元，上年结转 432 万元，当年超支 119 万元，滚存结余 313 万元。2013 年末资产 13963 万元，负债 13838 万元，净资产 125 万元。

根据《该市党政领导干部任期经济责任审计暂行规定》，本次经济责任审计范围是 M 经济开发区 2011—2013 年度的财政财务收支、资产负债及 N 同志任职期间履行经济职责及遵守国家有关廉政规定等情况。

在审计过程中，审计组根据《党政主要领导干部和国有企业领导人员经济责任审计规定实施细则》第三章第十四条"地方各级政府主要领导干部经济责任审计的主要内容"所列的十五项审计要求和省审计厅对经济责任审计提出的必查规定，采取了组织召开中层以上干部座谈会与个别谈话相结合方式，听取了对 N 同志任职期间履行经济职责和廉政情况的评价，审计组运用了审计与审计调查相结合的方法，审查了会计决算报表及会计账目；审查了相关的内控制度；调阅了 M 经济开发区会议纪要、记录及重要工作报告、总结等。由于时间所限，以及全国性的土地管理利用情况专项审计正在进行，本次对 M 经济开发区基础设施建设项目及征地拆迁情况未予审计。由于该市审计局在 2012 年 M 经济开发区所在区财政决算审计过程中，对 M 经济开发区进行了全面的审计，故本次对 2012 年的财政财务收支情况没有进行审计。

（二）审计评价

根据 M 经济开发区提供的会计账表及有关资料，经审计和审计调查，我们认为，长阳经开发区提供的会计资料比较真实地反映了该单位的财务收支状况，基本符合会计制度和财务规则。

在完成目标任务方面，N 同志 2011—2013 年能够认真履行职责，坚持以科学发展观为指导，以招商引资、项目建设为主线，以土地收储为重点，真正做到了具体工作有新举措，重点工作有新突破，整体工作有新形象，较好地完成了所在区下达的各项工作目标。

多年来，实现了经济运行质量的稳步提升，强化了骨干企业运行项目跟踪服务。2011 年，全区实现国内生产总值 30.27 亿元，同比增长 23%；固定资产投资达 44 亿元，同比增长 10%；2012 年，全区实现国内生产总值 40.52 亿元，同比增长 17.55%；固定资产投资达 55 亿元，同比增长 27.15%；2013 年开发区国内生产产值完成 49 亿元，同比增长 20.94%；固定资产投资完成 58.5 亿元，同比增长 6.36%；到 2013 年末，开发区内入驻企业共 650 家，其中规模以上企业为 60 家，工业企业 200 家，有 3 户外资企业和 4 户高科技企业。现已逐步建成为一个商贸物流繁荣、都市工业发达、基础设施完善、服务管理一流的综合性经济开发区。

在廉政建设方面，审计过程中，我们未收到有关 N 同志个人经济问题的举报；从所提供的现有资料中未发现 N 同志在任职期间有违反财经法纪的问题，和因个人经济决策失误而造成经济损失或负面影响的问题，未发现有违反民主决策程序或因个人擅自决策造成重大经济损失或不良后果的问题；在座谈会上及与有关人员谈话中，没有对 N 同志个人经济方面提出意见。

1. 审计发现的问题

在审计过程中发现，M 经济开发区在建设过程中招待费超支 153.67 万元，扩大支出范围 88.05 万元，存在各种费用过大，耗材无验收和领用台账，费用核算不规范，执行不严格的现象；在土地开发支出及支持中小企业发展基金支出中列支返还土地出让金 8302 万元（含土地成本）；存在违规出借资金 1900 万元；违规返还土地出让金 10400 万元；固定资产未及时入账 5638 万元；M 经济开发区下属投资平台企业应缴未缴企业所得税；预付工程款未及时代扣代缴税款 112.7 万元；往来款未在部门决算体现；虚列支出 54.9 万元。

2. 审计建议

对上述审计结果提出三条建议。第一，M 经济开发区的领导应认真遵守财经法规，严格执行各项政策规定，严禁扩大开支范围，使开发区的工作更加规范。第二，领导干部要树立正确的政绩观和科学的发展观，要增强财经法纪观念，保证财政收支的真实性、合法性和效益性，使其充分发挥公共财政职能。第三，应当严肃对待税收征管和财政收支中存在的各项问题。要加强财务管理，加强内控制度的建设，完善财务基础工作。

第五节　内部控制审计

一、内部控制审计概述

（一）内部控制审计的概念

内部控制审计，是指在企业主要负责人的领导下，在其内部设置专门的且独立于其他行政部门的审计机构和配备专职的审计人员，按照相关的法律法规的规定，采用合理的程序和审计方法，对企业的财政、财务收入和费用支出，以及所从事的各项经济业务进行真实性、合法性和效益性检验及评价，最后形成内部控制审计报告的一种经济监督活动。

（二）内部控制审计的作用

1. 监督作用

经济监督职能是内部控制审计最基本的职能。政府审计、市场监督、社会审计以及内部审计形成了健全的市场监督体系也是充满竞争的市场经济的必要要素之一。内部审计的目的除了通常意义上的审查账目和报表，还应包括评价企业的生产经营管理，并及时提出积极、合理审计建议；审计的作用不仅在于揭示差错和弊端、维护财经法纪，还可以改善经营管理，提高经济效益和保护国家和本单位的利益。

2. 鉴证作用

经济鉴证是通过对被审计单位的会计报表等资料的检查验证来确定企业的财务状况和经营成果是否真实、合法，同时出具书面证明，为委托人提供信息资料以取信公众的职能，是经济监督的一种派生职能。

3. 协调作用

内部控制审计工作涉及各个部门间的沟通了解，综合性强，在各部门、各子公司或分支机构之间开展工作时，经常起到沟通协调的作用。另外，内部审计在部门风险管理中，也起着协调作用。不仅各部门有内部风险，而且各管理部门还有共同承担的综合风险，内部审计人员作为独立的第三方，可协调各部门共同管理企业，以防范宏观决策带来的风险。

4. 参谋作用

参谋作用是指内部控制审计通过对经济活动全过程的审查，利用专业知识和深谙企业内部情况的优势，对有关经济指标的对比分析，针对管理和控制中存在的问题，提出富有成效的意见和方案，帮助领导在正确决策时提供依据，促进企业改善经营管理。

5. 经济评价作用

现代社会经济的迅速发展，企业规模的日益壮大，经济评价职能也显得日益重要。企业管理者为了推进企业的迅速发展，加强其竞争力，要求他们必须加强企业经营管理，同时完善企业的内部控制体系，进一步提高经营效率，另外管理者也需要专门的内部审计人员对内部控制进行独立检查和评价，并对经理管理提供一定的咨询工作，保证其经营决策依据。

内部控制审计的程序和方法。

（一）内部控制审计程序

审计人员在进行内部控制审计时，主要是对被审计单位的各项内部控制制度进行测试，特别是针对内部控制制度中包括的各项环节的薄弱部分进行重点检测。所涉及的内部控制制度是指组织规划控制、授权审批控制、文件记录控制、财产保护控制、人员控制、预算控制等。在内部控制审计过程中，审计人员往往采用以下审计程序进行审计：

1. 准备阶段

在准备阶段应该首先对企业内部控制基本情况调查，要求了解被审计单位的基本情况和内部控制的基本状况。被审计单位的基本情况，是开展内部控制审计的必要准备，主要包括企业的性质、企业的组织机构、企业的职能结构、企业规模、生产经营的主营业务、会计和内部审计结构设置等。了解内部控制的基本情况主要包括了解内部控制的基本构架、内部控制的主要业务循环、内部控制环境、内部控制程序与内部控制政策、信息技术在内部控制的应用等；其次设计好审计调查问卷，调查问卷可根据企业的性质、特点、具体情况来有针对性的设计，调查问卷的质量直接影响着审计方案的制定；最后制定切实可行的内部控制审计方案。

2. 实施阶段

（1）对内部控制健全性和有效性进行初步分析与评价

内部控制的初步健全性和有效性分析与评价主要包括了解企业是否对内部控制程序和政策进行了设置，分析企业中哪些经常发生的业务应该进行控制而未设置控制。具体操作步骤可以被描述为：检查企业中各项业务循环、各项事务处理环节是否达到内部控制目标，内部控制程序和内部控制政策是不是也达到了内部控制的目标，企业中的风险管理是否是达到预期的目标。在初步分析的基础上，对检查出的缺陷提出相应的解决意见，并为下一步进行符合性检验做出基础。

如果在初步健全性和有效性分析和评价过程中发现，内部控制是失效的或者很难判断出内部控制是否有效，则不能够进行下一步的符合性检验；如果在初步健全性和有效性分析和评价过程中发现，内部控制所存在的薄弱环节或缺陷可以进行有效的弥补或防止，则可以进行下一步的符合性检验。

（2）符合性检验

在对内部控制进行健全性和有效性初步分析后，就可以启动符合性检验。符合性检验一般包括设计检验和执行检验，设计检验主要是指健全性检验和有效性检验，而执行检验主要是指遵循性检验。

内部控制的设计检验的主要内容包括：进一步地全方位了解单位或组织的内部控制，可利于进行更加准确的健全性检验和有效性检验；获取数据，对内部控制健全性检验和有效性检验初步分析与评价结果的进一步支持。内部控制的执行检验的主要内容包括：企业或组织如何将对业务循环的控制和对关键点的控制适用在实践中；内部控制是否可以一直执行下去；对内部控制执行检验的人是否由规定的人来进行负责。

（3）检查内部控制的薄弱环节及进行风险控制

进行完内部控制符合性检验后，审计人员会对被审计单位的内部控制状况重新做一个判断：单位或组织的内部控制制度是否是健全的，有哪些内部控制制度得到了很好的贯彻与执行，有哪些还存在着不足也就是找出哪些是内部控制的薄弱环节。对于内部控制的薄弱环节，审计人员利用专业的判断对单位或组织的内部控制风险水平进行综合评价和估计。

3．报告阶段

最后，审计人员会对内部控制审计过程中所发现的问题进行整理和汇总，进一步分析内部控制问题所产生的原因以及预测该问题在未来时间所能带来的结果，并提出相关建议进行改进，以报告的形式反映给被审计单位的相关管理部门。并根据上一环节中所得出的综合评价结果形成内部控制审计方案，该方案对内部控制的改进将起到实质性的作用，将作为未来改善企业或组织内部控制的行为规范。

（二）内部控制审计方法

审计人员在进行内部控制审计时，应按照"自上而下"的策略，将企业层面控制和业务层面控制的测试相结合，使用恰当的审计方法，对内部控制做出相应的评价。审计人员在进行具体的内部控制测试和检验时应主要采用以下审计方法：

1．调查问卷法

调查问卷法作为一种较为普遍的方法，主要在于利用一套问卷对企业相关人员进行询问了解企业内部控制状况。对于问卷中的各个问题，评价人员可以依据需要，采用灵活多样的方式进行现场作答。

2．现场访谈法

审计人员到现场了解内部控制体系的相关建设情况，现场访谈可以被看作是收集内部控制信息的重要手段之一，应该在条件允许且适合于被访谈人的方式下进行。在进行现场访谈时，应该选择访谈人正常工作时间和正常工作地点进行，访谈前和访谈后应使访谈人处于轻松的状态，访谈时可通过请被访谈人描述其工作开始，应当避免提出有倾向型答案的问题。

3. 实地观察法

审计人员亲临企业工作现场，实地进行观察被评价单位工作人员实际业务操作过程，以检查其是否执行规定的内部控制措施。实地观察法应用于检测那些不留线索的业务过程，以及测试执行控制的到位程度。

4. 资料检查法

对被审计单位往年所形成的审计工作底稿、审计报告、内部控制相关资料和文件进行分析。检查时可以抽取一定量的账表、凭证等书面资料和其他有关证据，检查是否存在控制措施记录，以及是否按规定的程序和授权进行执行。所抽取的一定数量的证据可以证明被审计单位制定的内部控制规范是否在实际工作中得到了很好的贯彻执行。

5. 穿行测试法

穿行测试又可以称为重复检查，主要是指在所抽取的一定数量的业务中，按照审计单位规定的业务处理程序从头到尾重新执行一次，用以检查这些经济业务是否能够在实际的业务处理过程中按照规定的控制程序进行。一般情况下，穿行测试的整个过程没有必要全部重做，只需要选择一些重要的环节进行定期检查即可。

三、审计案例

（一）公司概况

某客车股份有限公司坐落于风光秀丽的城市，是一个在市场经济激烈竞争中脱颖而出的"国家火炬计划重点高新技术企业"。1998年9月成立，1999年8月公司在上海证券交易所发行上市了6000万A股股票，成功进入中国资本市场。该公司总资产9亿余元，净资产2.8亿余元，员工1600多人，各类专业技术人员400多人，占地81.5万平方米，建筑面积27.7万平方米，下设三个厂、一个销售公司。公司在城间客车、城市客车、旅游团体客车、客车底盘、座椅及关键零部件、特种车辆的开发和生产上具有国内领先的优势。目前拥有两个品牌20多个系列百余个品种，产品覆盖大、中、轻型，高、中、普档客车。公司具备年产各类客车10000辆、客车底盘10000辆、客车座椅30万座的生产能力。公司成立以来已经向社会提供各类客车40000余辆，累计实现销售收入70余亿元，历年的产销量、销售收入等主要经济指标均位于全国客车行业前列。

货币资金的内部控制审计的目标是：保护货币资金安全，防止舞弊行为发生；合理调度货币资金，防止资金周转失灵；保证货币资金业务核算的准确可靠；加快货币资金周转，提高货币资金的使用效率。在本次审计过程中采取了问卷调查法、实地观察法、审阅资料法、核对流程法等方法。通过横向全方位的了解，纵向比较分析，审计其内控制度是否完整，关键控制点是否有效。

（二）审计评价

1. 岗位权责不明

《岗位说明书》中的岗位责任描述还不够清晰，与企业实际分工情况存在一定出入，岗位描述上，出纳的职责存在不相容岗位，如编制银行存款调节表与现金保管、日记账记录没有分离，都是由出纳在做。可能出现舞弊的风险。

2. 职责分工

公司建立了货币资金业务岗位责任制，明确相关岗位的责任与权限。办理货币资金业务不相容岗位基本是相互分离、制约和监督的，主要体现在：一是出纳未兼任稽核、会计档案保管、债权债务的管理、收入、支出、费用的账务登记工作。即货币资金收付的出纳、审核与会计记录是分离的；二是批准支付、编制支付申请与记录付款的职能是分离的；三是办理货币资金业务人员是定期或不定期地进行岗位轮换的。

3. 授权审批

公司建立了《签字规则》，即公司的授权审批制度，明确了授权批准方式、权限。目前公司暂未出现越权审批的现象，办理货币资金支付业务的控制情况良好。

4. 现金与银行存款控制

公司确定的现金开支范围基本符合《现金管理暂行条例》，现金的支付也是有用途和限额控制的。收到的现金与支票是于当日送存银行，现金盘点每天进行，并与日记账进行核对。银行账户的开立是符合国家资金管理规定，银行账户是按月核对，并检查未达账项。现金、银行存款日记账与总账每月进行核对一次。

5. 资金流不稳定以及缺乏相应的监督管理制度

由于公司在行业中的地位还不够突出以及行业背景的限制，目前公司资金回笼的及时性不够，处于弱势地位，导致公司的资金流会受到政府资金流的限制，从而造成公司资金流不太稳定。同时，公司票据管理业务不明晰，未建立票据管理制度，也无支票登记簿。货币资金的监督检查控制不够，未建立监督检查制度。

（三）审计建议

1. 票据

首先，与货币资金相关的票据包括发票、收据、支票、银行汇票和商业汇票等。对票据的管理与控制就是要明确各种票据的购买、保管、领用、背书转让、注销等环节的职责权限和程序，并专设登记簿进行记录，防止空白票据的遗失和盗用；其次，公司因填写、开具失误或者其他原因导致作废的法定票据，按规定予以保存，不得随意处置或销毁。对超过法定保管期限、可以销毁的票据，在履行审核批准手续后进行销毁，建立销毁清册并由授权人员监销；最后，公司设立专门的账簿对票据的转交进行登记；对收取的重要票据，应留有复印件并妥善保管；不得跳号开具票据，不得随意开具印章齐全的空白支票。

2. 资金管控

针对资金流不稳定的问题，时刻关注并分析预测国家对公交行业的政策变化，及时适应外界环境的变化，并制定相应的对策。

针对资金回笼及时性的问题，砍掉不良现金流，即减少不良资信的客户，加强企业客户的信用管理。

针对紧急付款的问题，缩小供应商数量，改善与信誉较好的供应商的关系，并建立长期的战略合作伙伴关系。

3. 授权审批

货币资金的支付的授权审批控制应当严格按照公司的《签字规则》执行。包括差旅费、管理费用、其他日常经营费用等。同时，公司应当建立资金授权制度和审核批准制度，并按照规定的权限和程序办理资金支付业务，具体可遵照公司《签字规则》执行。

4. 在审计部门方面

公司治理结构是一种联系并规范股东（财产所有者）、董事会、高级管理人员权利和义务分配，以及与此有关的聘选、监督等问题的制度框架。简单地说，就是如何在公司内部划分权力。良好的公司治理结构，可解决公司各方利益分配问题，对公司能否高效运转、是否具有竞争力，起到决定性的作用。而客车公司结构最大的缺陷在于未设置内部审计部门，这是不符合国家相关法律规定的。因此有待尽快建立内部审计部门，配备具备相应素质和能力的内部审计人力资源，提高企业的内部控制和监督力度。

第八章 审计风险

第一节 审计风险概述

一、审计风险的概念

审计风险是指审计人员在进行审计实务时，发表的不恰当意见的可能性。国内的相关学者把狭义的审计风险定义为"意见不当论"，而把广义的审计风险定义为"损失可能论"。CPA 发表的不恰当意见的可能性也被认为是狭义的审计风险，这是在 2003 年，中国注册会计师协会（CICPA）在其公布的审计准则中，第 9 号具体准则的内部控制与审计定义的。新的注册会计师准则已于 2010 年 11 月 1 日开始修订，于 2012 年 1 月 1 日施行。新的审计风险准则强调了"重大错报风险"的概念，并认为审计的工作应该是识别和评估被审计单位的重大错报风险为出发点，引导审计人员重点评估审计重大错报风险来设计和实施实质性测试程序，来分配审计资源。

美国注册会计师协会（AICPA）则有不同的看法，他们认为审计风险包括控制风险、固有风险与检查风险。但这是传统的对审计风险的理解，随着审计人员实务操作的发展，传统的审计风险模型的缺陷也逐渐显现。国际会计师事务所联合了学术界全面研究审计方法。国际会计师联合会的国际审计和保证准则委员会为了提高审计实务质量，发布了一系列的新审计准则，包括了国际审计准则第 315 号、第 500 号（已修订），要求审计人员在审计实务中进行更加精确的风险评估，并提出了新的审计风险模型：审计风险 = 重大错报风险 × 检查风险（相对于传统审计风险模型，公认为是现代审计风险模型），该模型将识别、评估重大错报风险作为审计业务的重点。

薛艳（2011）认为，审计人员在进行审计风险评估时，公司内部的审计环境在不断地变化，在审计过程中会遇到许多新的问题，应该加强对审计风险的监督。

结合各个机构与各位学者的观点，可以明显看出狭义审计风险更容易被准则制定机构采纳，而广义审计风险更容易被相关的学者采纳。

二、审计风险的构成要素

（一）重大错报风险

重大错报风险包括财务报表层面的重大错报风险和认定层面的重大错报风险。是审计人员在进行审计实务前可能存在的错报。审计风险模型的公式与审计人员在进行审计实务中的程序相应对。从审计风险模型可以看出，审计过程有两方面，即：财务报表层面的风险评价应对和认定层面风险评价应对。

在审计人员进行审计时，根据审计准则的内容，审计人员应该充分了解到被审计的上市公司的内部环境与外部环境，因而才能科学地、正确地识别与评价财务报表层次的重大错报风险。

（二）检查风险

检查风险是指如果重大错报风险存在，但是并未被评估出来，而且这部分的错报不在可容忍的范围内。根据注册会计师的审计准则，检查风险是指被真实性或者实质性测试出的重大错报风险或者是漏报的风险没有被发现的可能，对于单独的某一账户或者连同其他账户，或者单独的交易类别连同其他交易类别来说。

三、审计风险的基本特征

为了正确认识审计风险，科学控制审计风险从而达到提高审计质量的目的，必须从正确把握其特征开始。审计风险是一种独特的风险类型，既具各风险的一般特征，又具有自身的特点，本文将审计风险的特征归纳如下：

（一）审计风险的客观性

在一定程度上，审计风险可以被认识、计量和控制，但是不能被完全消除。原因是现代审计一般采用抽样技术，不会进行详查，那么必然会存在样本和总体特征有所偏差的风险。由于被审计单位经济业务的复杂、管理人员道德品质、注册会计师闪失等原因，审计结果与客观实际可能会不一致，也就是说受聘的注册会计师通过审查发表不恰当审计意见的可能性是客观存在的。通过审计风险的研究，人们只能认识和控制审计风险，只能在有限的空间和时间内改变风险存在和发生的条件，降低其发生的频率和减少损失的程度，而不能、也不可能完全消除风险。

（二）审计风险的可控性

审计风险的可控性是指审计风险的总水平可以由审计人员的主观努力加以控制。审计风险虽然是客观的、不能消除的，但实际上，理论界和实务界都有一个共识，那就是无论是对于事务所还是对于特定的审计项目，审计人员可以通过制订合理的审计计划，在每一个审计环节、具体的审计领域评估可能面临的审计风险，制定并实施审计程序，在审计中保持职业谨慎态度使审计风险被控制在一定范围内。正确认识审计风险的可控性有两个重要意义，一方面使从业人员不必惧怕审计风险，不必过于谨小慎微而不敢承接业务或降低审计效率另一方面，审计风险的可控性说明审计风险是可以通过努力而降低其水平的，可以促使我们研究其特点和控制，提高审计质量。

（三）审计风险的全过程性和多因素性

审计风险普遍存在于审计过程的每一个阶段，从接受客户关系阶段到审计计划阶段、审计实施阶段、审计完成阶段、直到最后出具审计报告，审计业务的所有阶段都存在影响审计风险的因素。对于各个阶段的每一项具体风险来说又是由多因素构成的，其中既有被审计单位本身方面的因素，例如，内部控制薄弱，管理当局不诚实等，也有来自审计人员的方面的因素，例如审计人员缺乏应有的职业谨慎，审计方法的使用不当或确定审计证据不充分等，还有受到外部环境的影响，例如行业所处的宏观经济环境等，这些都可能不同程度的引发审计风险。

（四）审计风险的不确定性

审计风险的不确定性也叫审计风险的潜在性，是指审计风险给审计主体造成的损失或不利只是一种可能性。如果审计人员发生了偏离客观事实的行为，但没有被发现或即使发现却无人追究审计人员的责任，那么这种风险只停在潜在阶段，而没有转化为现实的风险。所以说，审计风险只是一种可能的风险，审计风险由可能的风险转化为现实的损失是需要有一定条件的（事后发现并受到起诉），它对审计人员构成损失有一个逐渐显现的过程，这一过程因审计风险的内容、审计的法律环境、经济环境以及客户、社会公众对审计风险的认识程度而异。

（五）审计风险损失的严重性

审计风险普遍客观地、潜在地存在于审计过程中，并且总是跟损失相联系，审计风险一旦转化为现实损失，其后果是相当严重的。审计风险损失一旦发生，虽没通过审计业务收入减少蒙受损失，而是通过赔偿减少收入，甚至，巨额的赔偿可能会导致审计组织破产倒闭。

四、审计风险的理论依据

（一）系统论

审计风险模型的发展离不开系统论的贡献。系统论是研究一种有层次的理论体系，该理论体系包括很多等级，每个等级里面的要素都是相互作用的，并且都由一定的原则和规律，而且与外部的环境相联系，根据其理论，系统内部的要素组成相互联系的系统表现出与独立因素的本质存在差异的突变行为。审计人员在审计实务中要根据系统论，研究所要审计公司的内部与外部环境，及与其相关的各个因素之间的联系与规律，才能更好地评估审计时出现的风险。

（二）成本效益论

注册会计师在进行审计实务时，与公司一样，其所在的会计师事务所也要考虑事务所的发展，这也使得会计师事务所具有企业的性质。在进行审计时，在不降低审计效率的基础上降低审计成本。在现在的经济环境下，为了会计师事务所的前途，如果会计师事务所不想提高审计费用，只能利用有效的手段来降低审计成本，因此成本效益论审计人员在审计工作应该考虑的，以最小的成本获得最大的收益是成本效益论的精髓，当然需要不降低审计质量。在进行审计实务是，如何根据收集到的数据，分析公司财务报表，结合被审计的公司内外部环境因素，利用审计风险模型来定制审计程序，并以此来评价审计风险，同时根据审计风险的大小聊调整审计程序，在不降低审计质量的情况下，合理分配资源，降低了审计成本。本文基于重大错报风险的审计风险模型符合成本效益论。

（三）现代风险导向审计理论

由于审计工作中，因为传统风险导向审计技术实用性能偏低，逐渐表现出其不足之处，不能很好地评级审计风险，所以在进一步的研究与探讨下，基于系统论，新的审计风险模型经过战略管理理论的推动下出现了，新的审计风险模型减轻了审计工作的效率，该模型是对传统的风险导向审计的一种补充和完善。因为现代风险导向理论受到战略管理论的影响，又被叫作"战略系统风险基础风险审计法"。现代风险导向审计从公司客户的经营风险出发，结合战略管理论，财务报表的数据分析，这一系列的逻辑联系来进行审计工作，使得评价审计风险更有效率，更加科学。所以现代风险导向审计理论又被叫作可称作"经营风险导向审计法"。现代风险导向审计让注册会计师根据战略管理论来分析与测试公司的审计风险，然后在对审计风险进行评价，决定是否出具审计报告。

（四）战略管理理论

随着由美国管理学家钱德勒在 1962 年出版的《战略与结构：工业企业史的考证》这本书，公司战略问题被逐渐的关注，对公司来说其重要性也越来越大，成为企业发展的不可缺的理论。公司的战略管理论是分析与评估公司的风险，并降低审计风险的开放式系统。因此要把握审计风险，注册会计师就要考虑到公司的内外部环境因素、经营因素、财务因素、法律监管因素等对审计风险的影响，来充分了解公司的风险，并以此来制定公司的发展战略目标。现代审计风险模型的发展离不开战略管理理论，战略管理理论是现代审计风险模型的基础。

（五）重要性原则

审计人员在进行审计实务时，重要性原则会明显地体现出来，重要性原则是成本效益论基于风险理论发展出来的。风险导向审计首先就是对审计风险的评估与控制，而重要性原则就是评判所要审计公司的风险的程度。因此重要性原则是审计风险模型中不可缺的原则，而且成本效益论也需要利用重要性原则对审计风险进行量化，才能定制降低公司审计风险的策略。一般来说，重要性是对一件事物程度的评判，而审计中的重要性原则就是评判所要审计公司的风险的程度。重要性原则对于降低和控制公司的审计风险起着至关重要的作用。根据审计的环境，经营管理的活动，业务的范围，审计人员可以对公司的审计风险分为不同的等级水平，并对其进行定性地、定量地分析，若被审计的公司存在错报或者漏报的可能，注册会计师可以通过重要性原则来判断该风险是否重要。

五、审计风险模型

（一）审计风险模型的含义

我国对审计风险模型的研究相对其他欧美国家也是比较晚的，最初，我国的审计风险模型，是 1987 年由周勤业首先提出的，该模型为：审计风险 = 固有风险 × 控制风险 × 非抽样风险 × 抽样风险，该模型是对传统的审计风险模型的一种完善。

2006 年 2 月，财政部发布了新的注册会计师执业准则体系，并于 2007 年 1 月起施行。其的审计风险准则运用了新的审计风险模型，为：审计风险 = 重大错报风险 × 检查风险。该审计模型中引入了"重大错报风险"这一概念，并且把重大错报风险划分为财务报表层次的重大错报风险和认定层次的重大错报风险。

审计风险模型是各种组成审计风险中的风险要素之间的数学表达式，其对审计风险的程度、审计风险的种类进行识别与评估。在进行审计实务中，通过审计风险模型，注册会计师可以简化审计程序的设计，可以提高审计工作的效率，并且降低与控制审计风险。注册会计师在对公司进行审计时，会了解该公司的内部环境与外部环境，也会分析出该公司的审计风险，而审计风险模型主要就是评估公司中的审计风险。正式地确立审计风险模型标志着审计风险理论的形成。

（二）审计风险模型的基本特征

1. 审计风险模型具有一定的实用性

注册会计师在进行审计工作时，可以根据公司内部与外部的环境，结合实际情况应用审计风险模型，可以提高注册会计师审计工作的效率，并且降低与控制可能出现的审计风险。

2. 审计风险模型具有一定的稳定性

审计风险模型是各种组成审计风险中的风险要素之间的数学表达式，其组成数学表达式中的各个因素是确定的，使得审计风险模型具有稳定性。其中的重大错报风险因素需要根据注册会计师的数据分析判断，对于审计风险的高低，审计风险模型的结构不会轻易地改变。

3. 审计风险模型具有一定的主观性

审计人员在进行审计实务的操作时，在识别与评价审计风险时，没有具体的规定与理论来支持审计风险的评估，就需要审计人员进行主观性的评价，按照审计准则来根据审计人员长期累积的执业经验与审计判断来评估出现的审计风险，依据审计人员自己的主观观念来判断审计风险的大小。

第二节　审计风险的识别

审计风险是指发生的错报或者漏报的可能与结果的结合，是一种不可预知的不确定状态。从公司的角度来看，审计风险来源于公司的内部环境与外部环境。公司的发展必然会受到各种各样的挑战，也会受到内外部环境的影响，但是也是这种挑战和影响，也会提高公司发展的机会。当然，公司的内部控制，公司治理，财务因素，客户经营方面的因素，也会对公司有影响，这时就会产生了风险，面临这种情况的时候，公司就需要清楚的了解其产生的原因，并分析与评价该风险，利用有效地手段去控制其产生。

郭斌（2005）认为，风险识别即风险主体逐渐认识自身存在哪些方面风险的过程，包括感知风险、分析风险两部分。风险识别的目的是：认清存在哪些风险、哪些风险需要考虑、引起风险的原因是什么、风险事故的后果是什么以及风险识别的方法是什么。

李晓慧和孙蔓莉（2012）以风险导向审计、审计风险识别以及业绩归因为理论基础，试图构建通过业绩归因分析评价企业审计风险的应用框架，研究发现业绩归因分析可以作为审计师识别风险和应对风险的一种有效方法，也有助于审计师追踪报表重大错报的根源。

任立君（2011）对经济责任的审计进行了识别与分析，从另外一个角度分析了审计风险，并相应地剔除了如何降低审计风险，合理地控制与预防审计风险。

审计风险可以通过不同的途径来识别审计风险，比如利用如保险公司这种外部的途径来识别审计风险，也可以通过财务报表等内部的途径来识别审计风险，识别审计风险的方法也有很多，如风险因素预先分析法、财务报表分析法、保单对照法等等。

一、风险因素预先分析法

风险因素分析法是指对可能导致风险发生的因素进行评价分析，从而确定风险发生概率大小的风险评估方法。其一般思路是：调查风险源→识别风险转化条件→确定转化条件是否具备→估计风险发生的后果→风险评价。比如，被审计单位所处的外部环境是固有风险的一个风险源，该风险源转化为风险的条件是外部环境恶化，如市场竞争剧烈、有效需求不足或产品生产受到国家政策的限制等。如果被审计单位所处的外部环境变坏，企业发生舞弊、欺诈行为，粉饰财务报表的可能性就加大，固有风险也相应增大。目前，应用风险因素分析法评价固有风险的通常做法是，审计人员在综合考虑上述因素之后，如果各项因素都比较好，出错的可能性比较小时，认定固有风险的水平在 50% 左右为宜；反之，如果有迹象表明有可能存在重大差错，那么审计人员应直接将固有风险水平定为 100%。

二、财务报表分析法

财务报表是指日常在会计核算资料的基础上，严格按照财务报表所规定的格式、内容以及方法来定期进行编制的报表，主要是为了反映企业在一定时期内的经营成果或是财务状况，这些经营成果、现金流量以及相关的书面文件都可以反映了某一特定时期的文件。财务报表的不同使用者对数据分析的内容也不同，通过财务报表分析，企业经营管理者可以了解企业的发展现状，制定适合企业的发展战略；企业的债权人可以了解企业偿债能力，确定是否需要提前收回债务；企业投资者则可以知道企业的获利情况和存在的风险，确定对企业未来的投资计划。财务报表分析的基本方法有趋势分析、结构分析、对比分析、因素分析、比率分析法几种。

（一）趋势分析法

趋势分析法是通过观察连续数期的财务报表，比较各期的有关项目金额，分析某些指标的增减变动情况，在此基础上判断其发展趋势，从而对未来可能出现的结果做出预测的一种分析方法。运用趋势分析法，报表使用者可以了解有关项目变动的基本趋势，判断这种趋势是否有利并对企业的未来发展做出预测。

（二）结构分析法

结构分析法是指将财务报表中某一关键项目的数字作为基数（即为 100%），再计算该项目各个组成部分占总体的百分比，以分析总体构成的变化，揭示出财务报表中各项目的相对地位和总体结构关系。

（三）对比分析法

对比分析法是将财务报表中的某些项目或比率与其他的相关资料对比来确定数量差异，以说明和评价企业的财务状况和经营成绩的一种报表分析方法。

（四）因素分析法

因素分析法是通过分析影响财务指标的各项因素及其对指标的影响程度，说明本期实际与计划或基期相比较发生变动的主要原因以及各变动因素对财务指标变动的影响程度的一种分析方法。

（五）比率分析法

比率分析法是指在同一张财务报表的不同项目或不同类别之间，或在不同财务报表的有关项目之间，用比率来反映它们互相之间的关系，据以评价企业的财务状况和经营业绩，并找出经营中存在的问题和解决办法。

三、保单对照法

保单对照法是由保险公司将其现行出卖的保单种类与风险分析调查表融合改成问卷的表格而成。企业风险经理可依据此表格与企业已拥有的保单，加以对照比较分析而发现存在的风险，这一方法纯以保险的立场由专家们设计出保单对照分析表供企业界应用，它有两个限制，其一为无法发现企业存在的不可保危险；其二为风险管理者如不具备丰富的保险专业知识及缺乏对保单性质和条款的认识则不易胜任。

第三节　审计风险的评估

审计风险的评估是指审计人员接受某审计项目后，在初步了解被审计单位基本情况的基础上，采用一定的审计手段，所评估的该项目可能存在的审计风险。评估审计风险主要与被审计单位本身的各方面情况有关。被审计单位的规模越大、经营性质越复杂、内部控制越弱、管理当局的可信赖程度越低，则评估审计风险也就越高。评估审计风险是导致财务报表产生重大错报和漏报的可能性，是客观的存在，它不受审计人员的影响和控制。

一、风险评估的程序

（一）询问管理层和被审计单位内部其他人员

注册会计师大部分信息都来源于被审计单位的管理层以及相关的内部人员。在对这些人进行询问时，审计人员需要注意以下几点：第一，询问目前公司管理层关注的重点是什么；第二，询问被审计单位最近时期的经营状态与财务状况；第三，询问目前被审计单位是否存在一些可能会对财务报告产生影响的事情；第四，询问被审计单位内部结构是否在短时间内发生了较大的变化。

（二）执行分析程序

分析程序指的是审计人员通过对会计报表中的各种数据进行分析，并且深刻剖析其中可能存在的关联，对财务信息进行整体的评价。分析程序还包括调查识别出的、与其他相关信息不一致或与预期数据严重偏离的波动和关系。分析程序既可用作风险评估程序和实质性程序，也可用于对财务报表的总体复核。注册会计师实施分析程序有助于识别异常的交易或事项，以及对财务报表和审计产生影响的金额、比率和趋势。在进行分析程序的过程中，注册会计师根据预期的正常关系与实际情况对比，如果出现异常情况或者产生了没有预期到的关系，那么在识别重大错报风险这一环节时，审计人员需要重点对这些结果进行比较。

（三）观察和检查

观察和检查程序可以印证对管理层和其他相关人员的询问结果，并可提供有关被审计单位及其环境的信息，在进行观察和检查时，审计人员需要做到以下几点：第一，对审计单位目前的生产经营活动进行仔细的观察；第二，对被审计单位的各种文件和记录进行检查；第三，对被审计单位中管理层以及治理层编制的各种报告进行细致的研究；第四，深入到被审计单位的销售场所以及生产车间进行探访。这样能真正了解被审计单位的主营业务和营业手段；第五，进行穿行测试，追踪被审计单位的财务流程，即财务报告是如何产生又是如何被处理的。而所谓的穿行测试是一种审计程序，能够帮助审计人员了解被审计单位的业务流程。进而审计人员可以根据穿行测试的结果判断被审计单位内部的业务处理流程是否与其他方式获得的结果相符，并确定相关的控制是否真正存在的。

（四）从被审计单位外部获取信息来源

1. 其他审计程序

如果根据职业判断认为从被审计单位外部获取的信息有助于识别重大错报风险，那么审计人员还可以通过寻求其他的方法来获得被审计单位的信息。例如，询问被审计单位聘请的外部法律顾问、专业评估师、投资顾问和财务顾问等。阅读外部信息包括证券分析师、银行、评级机构出具的有关被审计单位及其所处行业的经济或市场环境等状况的报告，贸易与经济方面的报纸杂志，法规或金融出版物，以及相关机构发布的相关数据等，都会对审计人员对审计单位进行了解产生一定的帮助。

2. 其他信息来源

注册会计师应当考虑在客户接受或保持过程中获取的信息是否与识别重大错报风险相关。一般说来，审计人员在获得新的审计任务时，在业务洽谈这一阶段，审计人员就需要对被审计单位及其环境进行全面的探究，在对其有了初步的认知之后，如果审计人员确定自己能够胜任这份工作，那么可以选择承接业务，如果这些工作超出了审计人员自身的能力水平，审计人员最好不要承接这份工作，超过审计人员能力范围之外的工作往往带来的不是收益，而是由于审计工作出现问题而产生的损失。审计人员也会面对连续审计业务，在决定是否续约之前，人员需要对被审计单位去年的审计总体进行评价，进而确定是否与该单位继续合作。注册会计师还应当考虑向被审计单位提供其他服务（如执行中期财务报表审阅业务）所获得的经验是否有助于识别重大错报风险。对于连续审计业务，如果拟利用以往与被审计单位交往的经验和以前审计中实施审计程序获取的信息，注册会计师应当确定被审计单位及其环境自以前审计后是否已发生变化，进而可能影响这些信息对本期审计的相关性。值得注意的是，被审计单位或其环境的变化可能导致此类信息在本期审计中已不具有相关性。在这种情况下，注册会计师需要实施询问和其他适当的审计程序（如穿行测试），以确定该变化是否可能影响此类信息在本期审计中的相关性。

二、风险评估的内容

（一）了解被审计单位及其环境

1. 总体要求

首先，对被审计单位的外部环境进行详细的调查与了解。其中必须要了解的内容有被审计单位从事行业的状况，被审计单位的法律环境与监管环境等；第二，了解被审计单位的内部情况。其中必须要了解的内容有：被审计单位的性质，被审计单位对会计政策的选择和运用，被审计单位的目标、战略以及相关经营风险，被审计单位财务业绩的衡量和评价，被审计单位的内部控制。被审计单位及其环境的各个方面可能会互相影响。例如，被审计单位的行业状况、法律环境与监管环境以及其他外部因素可能影响到被审计单位的目标、战略以及相关经营风险，而被审计单位的性质、目标、战略以及相关经营风险可能影响到被审计单位对会计政策的选择和运用，以及内部控制的设计和执行。因此，除了了解被审计单位内部和外部的诸多因素外，还要对各个因素之间的关系进行探究。

2. 了解被审计单位的外部环境

（1）行业状况

行业状况主要包括：所处行业的市场供求与竞争，生产经营的季节性和周期性，产品生产技术的变化，能源供应与成本，行业的关键指标和统计数据。

（2）法律法规与监管环境

审计人员必须对被审计单位目前的法律环境与监管环境进行调查，主要是因为以下几个方面：首先，被审计单位受法律约束，如果被审计单位不遵守法律监管，会产生严重的后果；其次，法律规定了被审计单位某些方面的责任与任务；最后，某些法律法规或监管要求决定了被审计单位需要遵循的行业惯例和核算要求。因此，注册会计师对法律发挥与监管环境进行必要的了解是很重要的，其需要了解的主要内容有：会计原则和行业特定惯例；受管制行业的法规框架；对被审计单位经营活动产生重大影响的法律法规；税收政策（关于企业所得税和其他税种的政策）；目前对被审计单位开展经营活动产生影响的政府政策，如货币政策（包括外汇管制）、财政政策、财政刺激措施（如政府援助项目）、关税或贸易限制政策等；影响行业和被审计单位经营活动的环保要求。

（3）其他外部因素

其他外部因素主要包括：宏观经济的景气度，利率和资金供求状况，通货膨胀水平及币值变动，国际经济环境和汇率变动。

（4）了解的重点和程度

不同的行业，需要遵守的法律不同，可能产生的重大错报风险也不同，因此在实际的审计过程中，审计人员需要针对不同性质的单位而有不同的审计重点。例如，如果被审计单位的主营业务是计算机硬件的制作，那么审计重点应该放在市场和技术上；如果被审计单位是金融机构，那么被审计单位的经济走势及其相关的经济政策将会是审计的重点；如果被审计单位是化工企业，这种类型的单位容易对环境产生较大的污染，因此审计过程中审计人员需要将审计重点放到环保法规上来；对建筑行业长期合同涉及收入和成本的重大估计，可能导致重大错报风险；对商业银行的资本充足率，银行监管机构有专门规定，不能满足这一监管要求的商业银行可能有操纵财务报表的动机和压力。注册会计师应当考虑将了解的重点放在对被审计单位的经营活动可能产生重要影响的关键外部因素以及与前期相比发生的重大变化上。

3. 了解被审计单位的性质

（1）所有权结构

被审计单位的所有权分布情况能够帮助审计人员全面了解被审计单位的实际情况，进而掌握其实际的决策过程。注册会计师应当了解所有权结构以及所有者与其他人员或单位之间的关系，考虑关联方关系是否已经得到识别，以及关联方交易是否得到恰当核算。例如，注册会计师应当了解被审计单位是属于国有企业、外商投资企业、民营企业还是其他类型的企业，还应当了解其直接控股公司、间接控股公司、最终控股公司和其他股东的构成，以及所有者与其他人员或单位（如控股母公司控制的其他企业）之间的关系等。同时，注册会计师还可能需要对控股母公司的情况做进一步的了解，主要包括：第一，被审计单位与其控股母公司之间的运行是否为相互独立的，是否存在资金占用的情况；第二，控股母公司对于被审计单位的业绩是否有硬性的指标要求等。

（2）治理结构

治理结构也是审计人员需要重点了解的项目，对治理结构进行了解主要是为了考察被审计单位的治理阶层能不能独立的评价被审计单位的各项事务。例如，被审计单位的董事会是否设有独立董事这一职位，是否设有专业的监督部门等。

（3）组织结构

如果被审计单位的组织结构过于复杂，可能会诱发重大错报风险。因此，审计人员其企业的组织结构进行详细的调查是非常有必要的。例如，若被审计单位存在多个分公司，并且拥有联营企业、合营企业等成员机构，这样的企业财务表编制起来非常困难，财务人员一旦疏忽，就有可能出现错误，诱发重大错报风险，因此审计人员要了解被审计单位的组织结构，进行审计工作时能够全面掌控被审计单位的财务报表。

（4）经营活动

了解被审计单位经营活动，有助于注册会计师识别预期在财务报表中反映的主要交易类别、重要账户余额和列报。具体包括以下内容：被审计单位的主营业务、业务的经营情况、是否存在业务外包、企业生产车间地理位置、企业的办公地点、企业原材料的来源、重点销售对象、用于研发的支出、劳工工资支出，等等。

（5）投资活动

企业的投资活动能够反映出企业的主要经营方向，因此审计人员需要对被审计单位的投资活动进行调查，调查的内容如下：第一，短时间内被审计单位将要进行或者已经进行的并购行为和资产处置，这其中包含某些业务的终止或者重组。注册会计师应当了解并购活动如何与被审计单位目前的经营业务相协调，并考虑它们是否会引发进一步的经营风险。例如，近期被审计单位并购了一个业务部门，审计人员需要针对这一业务部门了解三点内容：首先，被审计单位是如何对这一部门进行管理的；其次，被审计单位如何实现并购这一部门的初衷，即对其他部门以及整体业务起到积极的作用；最后，被审计单位如何处理新部门与原部门的企业文化差异。第二，证券投资、委托贷款的发生与处置；第三，资本性投资活动，包括固定资产和无形资产投资、近期或计划发生的变动以及重大的资本承诺等。

（6）筹资活动

了解被审计单位筹资活动有助于注册会计师评估被审计单位在融资方面的压力，并进一步考虑被审计单位在可预见未来的持续经营能力。包括：第一，债务结构和相关条款；第二，主要子公司和联营企业的重要融资安排；第三，关联方融资；第四，实际受益股东；第五，衍生金融工具运用。

4.了解被审计单位对会计政策选择和运用

第一，了解被审计单位针对重要项目时所采用的会计政策；第二，被审计单位在日常的经营过程中遇到了异常情况时会如何处理；第三，被审计单位深入到一个全新的行业或者没有形成统一标准的行业，企业采用了重要会计政策，这一行为对企业产生的影响；第四，会计政策的变更情况；第五，会计政策发生变更以后，本审计单位采用新政策的时间和方式。例如，我国与2007年1月日开始在上市公司中实行新的会计准则，并且鼓励其他非上市的公司也执行这一准则。审计人员需要考虑被审计的上市公司是否已经开始执行新的会计准则，做好其中的衔接工作，并收集执行新会计准则需要的信息资料。除了以上几点，审计人员还需要对被审计单位下列与会计政策运用相关的情况予以关注：第一，被审计单位采用的会计政策是否激进；第二，被审计单位的财务人员是否有能力胜任工作；第三，是否拥有足够的资源支持会计政策的运用，如人力资源及培训、信息技术的采用、数据和信息的采集等。

5.了解被审计单位的目标、战略以及相关经营风险

企业管理层或治理层一般会根据企业经营面临的外部环境和内部各种因素、制定合理可行的经营目标。战略是管理层为实现经营目标采用的方法，为了实现企业的经营目标，一般情况下，企业会制定若干个战略。假如被审计单位希望在短时间内打入一个新的市场，该企业可以实行以下战略：第一，收购该市场的一家企业；第二与该市场的企业合资；第三，独立开发产品打入市场。在企业战略的执行过程中，外部环境会不断发生变化，企业也应该根据外部环境的变化而采取相应的措施。被审计单位在一段时间内的发展目标及其采用的多套战略手段是审计人员需要了解的，进而分析企业在发展过程中可能出现的重大错报风险和经营风险。经营风险的产生是由于被审计单位在实现目标的过程中出现了负面情况或者企业最初制定的目标与战略并不适合于企业的发展。在了解本审计单位的经营风险时，有以下几点是需要审计人员需要注意的：

第一，行业发展的速度越来越快，如果被审计单位没有做好准备，就难以应对行业变化的人力资源和业务专长等风险；第二，如果被审计单位投资资金开始进行新产品的研发，那么可能导致其增加产品责任风险；第三，被审计单位在扩张过程中，如果错误地估计了市场，可能会导致风险的产生；第四，国家或者地区如果颁布了新的会计法规，可能会使得被审计单位目前执行的法规不当或者不完整，增加会计处理的成本；第五，监管要求，可能导致的被审计单位法律责任增加；第六，本期及未来的融资条件，可能会使得被审计单位不符合融资条件，进而使企业失去融资机会，严重时可能使企业面临倒闭风险；第七，目前信息技术已经融入大部分企业当中，但是信息技术有可能导致被审计单位产生信息系统与业务流程难以融合等风险。

6.被审计单位财务业绩的衡量和评价

被审计单位管理层经常会衡量和评价关键业绩指标（包括财务的和非财务的）、预算及差异分析、分部信息和分支机构、部门或其他层次的业绩报告以及与竞争对手的业绩比较。此外，外部机构也会衡量和评价被审计单位的财务业绩，如分析师的报告和信用评级机构的评估。

（1）了解的主要方面

在了解被审计单位财务业绩衡量和评价情况时，注册会计师应当关注下列信息：关键业绩指标，业绩趋势，预测、预算和差异分析，管理层和员工业绩考核与激励性报酬政策，分部信息与不同层次部门的业绩报告，与竞争对手的业绩比较，外部机构提出的报告。

（2）关注内部财务业绩衡量的结果

内部财务业绩衡量的结果可能与之前的预期并不相符。一旦产生与预期不符的结果，审计人员需要关注针对此事被审计单位管理人员出示的调查报告以及实施的措施，并且调查财务报表中是否存在重大错报。

（3）考虑财务业绩衡量指标的可靠性

如果拟利用被审计单位内部信息系统生成的财务业绩衡量指标，注册会计师应当考虑相关信息是否可靠，以及利用这些信息是否足以实现审计目标，许多财务业绩衡量中使用的信息可能由被审计单位的信息系统生成。若是在并没有科学的依据的情况下，被审计单位认为这个结果是合理的，但是实际上这个结果并不合理，那么根据这个信息得到的结果也极有可能是不正确的。在审计过程中，审计人员需要使用财务业绩指标，必须要注意该指标是否是可靠的，如果利用该指标进行审计，那么是否有可能发现报表中的重大错报。

（二）了解被审计单位的内部控制

1. 内部控制的含义

COSO 对内部控制的定义是：内部控制是被审计单位为了合理保证财务报告的可靠性、经营的效率和效果以及对法律法规的遵守，由治理层、管理层和其他人员设计与执行的政策及程序。在借鉴 COSO 关于内部控制概念基础上我国《企业内部控制基本规范》给出的定义是："内部控制是由企业董事会、监事会、经理层和全体员工实施的、旨在合理保证实现企业经营管理合法合规、资产安全、财务报告及相关信息真实完整，提高经营效率和效果，促进企业实现发展战略控制目标的过程。"可以从以下几个角度理解内部控制这一概念：首先，内部控制并不是一成不变的，而是一个不断变化并且越来越完成的过程；内部控制不能由某一个人或者某一部门完成，而是由整个企业的各个阶层共同完成的；第三，内部控制不是孤立的，而是一种相互联系、相互制约的方法；第四，企业进行内部控制的目的是加快企业的发展，实现企业的既定目标。

2. 内部控制的组成元素

（1）控制环境

控制环境是内部控制的重点。控制环境包括治理职能和管理职能，以及治理层和管理层对内部控制及其重要性的态度、认识和措施。控制环境设定了被审计单位的内部控制基调，影响员工对内部控制的认识和态度，良好的控制环境是实施有效内部控制的基础，防止或发现并纠正舞弊和错误是被审计单位治理层和管理层的责任。环境控制对策如下：

首先，在对被审计单位的控制环境进行评价时，审计人员需要注意控制环境中的各个要素是否执行到位。这是由于企业的管理层会建立一套完整的内部控制制度，但是这套制度是否得以执行是不确定的；其次，审计人员通过询问和其他风险评估程序相结合的方式来获得相应的审计证据，进而判断被审计单位的控制环境要素是否真正实行下去。通过对管理人员以及普通工作人员进行询问，审计人员能够得知管理人员如何与基层员工交流具体的工作方式与企业文化，通过深入的观察，审计人员可以了解再被审计单位中是否存在通用的准则，并且员工在日常的工作过程中是否遵守这一准则，如果有员工违反了这一准则，管理人员将采用什么样的方法对员工进行惩罚；再次，控制环境对重大错报风险的评估具有广泛影响，注册会计师应当考虑控制环境的总体优势是否为内部控制的其他要素提供了适当的基础，并且未被控制环境中存在的缺陷所削弱；最后，控制环境本身并不能防止或发现并纠正各类交易、账户余额、列报认定层次的重大错报，注册会计师在评估重大错报风险时，应当将控制环境连同其他内部控制要素产生的影响一并考虑。

（2）被审计单位的风险评估

风险评估是分析和辨认实现企业所定目标和计划的过程中可能发生的不利事件和情况。风险评估包括对风险点进行选择、识别、分析和评估的全过程。第一，在进行审计工作之前首先对可能产生的风险进行评估，了解是何种原因导致了风险，风险又会以什么样的形式产生；第二，被审计单位的每一项活动都具有风险性，风险识别的过程就是将每一项可能产生的风险识别出来；第三，审计人员对风险产生的概率、频率以及一旦风险产生其造成的损失进行识别。进行风险识别的工作，首先要将重要风险要素以及风险控制点全部罗列出来，要深入了解被审计单位可能产生的风险，就要将其内部风险外部风险结合考虑。将静态风险与动态风险结合考虑，将操作风险、政策风险与体制风险结合考虑。评估风险要以企业的目标和计划为依据，评估风险目的是能够在业务开展前，测定出风险指标，并能够在业务发生后对风险进行跟踪监测。在内部控制中，管理层必须建立持续的风险评估机制对风险进行评估，并根据评估结果采取必要的应对措施。

（3）被审计单位的信息系统与沟通

与财务报告相关的信息系统，包括用以生成、记录、处理和报告交易、事项和情况，对相关资产、负债和所有者权益履行经营管理责任的程序和记录。与财务报告相关的信息系统应当与业务流程相适应。业务流程是指被审计单位开发、采购、生产、销售、发送产品和提供服务、保证遵守法律法规、记录信息等一系列活动。与财务报告相关的信息系统所生成信息的质量，对管理层能否做出恰当的经营管理决策以及编制可靠的财务报告具有重大影响。财务部分的沟通指的是让员工能够明白自身在与财务账目有联系的内部控制过程中的工作内容，员工工作内容之间的内在联系，以及当出现一些预想之外的情况时，工作人员该以何种形式向相应的管理人员进行报告。公开的沟通渠道有助于确保例外情况得到报告和处理。沟通可以采用政策手册、会计和财务报告手册及备忘录等形式进行，也可以通过发送电子邮件、口头沟通和管理层的行动来进行。

（4）控制活动

控制活动是指有助于确保管理层的指令得以执行的政策和程序，包括与授权、业绩评价、信息处理、实物控制和职责分离等相关的活动。在了解控制活动时，注册会计师应当重点考虑一项控制活动单独或连同其他控制活动，是否能够以及如何防止或发现并纠正各类交易、账户余额、列报存在的重大错报。注册会计师的工作重点是识别和了解针对重大错报可能发生的领域的控制活动，如果其中不止一项都能够将这一目标变成现实，那么审计人员就没有必要耗费时间对用于实现该目标的所用控制活动都进行了解。审计过程中需要重点关注的是被审计单位的一般控制活动，尤其是信息技术的一般控制。在了解和评估一般控制活动时考虑的主要因素可能包括：被审计单位的主要经营活动是否都有必要的控制政策和程序；管理层在预算、利润和其他财务及经营业绩方面是否都有清晰的目标，在被审计单位内部，是否对这些目标加以清晰的记录和沟通，并且积极地对其进行监控；是否存在计划和报告系统，以识别与目标业绩的差异，并向适当层次的管理层报告该差异；是否由适当层次的管理层对差异进行调查，并及时采取适当的纠正措施等。

（5）对内部控制的监督

建立一套科学的内部控制制度并且使这一制度能够稳定地运行是企业管理人员的一项重要工作，对控制的监督可以实现管理人员的这一目标。对控制的监督的意思是审计人员对特定时间内被审计单位控制程序的运行情况进行评价，在这一过程中，审计人员需要对控制的审计及其实际的运行情况进行科学的评价，当其中发生变故时采取相应的措施对其进行改正。例如，被审计单位的管理人员是否根据要求对编制银行存款余额调节表进行复核，内部审计人员评价销售人员是否遵守公司关于销售合同条款的政策，法律部门定期监控公司的道德规范和商务行为准则是否得以遵循等。

4. 内部控制的局限性

内部控制虽然能够起到重大的作用，但是其所有的作用都只是为实现被审计单位的财务目标奠定基础。内部控制本身存在的固有限制可能会影响内部控制目标的实现，其中内部控制限制主要有以下几点：

第一，决策失误和因人为失误而导致内部控制失效。例如，控制的设计和修改可能存在失误。同样的，控制的运行可能无效，例如，由于负责复核信息的人员不了解复核的目的或没有采取适当的措施，内部控制生成的信息（如例外报告）没有得到有效使用；第二，由于两个或更多的人员串通或管理层凌驾于内部控制之上而使内部控制被规避。例如，管理层可能与客户签订"背后协议"，修改标准的销售合同条款和条件，从而导致不适当的收入确认。再如，软件中的编辑控制旨在识别和报告超过赊销信用额度的交易，但这控制可能被凌驾或不能得到执行；第三，内部控制是一项难度很高的工作，如果内部控制工作的主要负责人工作素质不高，也会使得内部控制难以达到应有的作用；第四，成本效益原则在一定程度上限制了内部控制。成本效益会影响内部控制的作用发挥，如果企业针对某项业务进行内部控制时，进行内部控制所耗费的成本如果高于其产生的效益，那么这样的内部控制制度也就没有实施的必要了；实施内部控制需要对作用目标进行详细的了解，因此通常内部控制应用在经常发生的业务当中，如果出现了没有预计到的业务，那么企业原有的内部控制制度可能就不再适用。

5. 在整体层面与业务流程层面理解内部控制

（1）整体层面

第一，进行了解的人员。对整体层面内部控制的了解是由项目组中对被审计单位情况比较了解且较有经验的成员负责，同时需要项目组其他成员的参与和配合；第二，了解的重点。审计人员可以重点关注整体层面内部控制的变化情况，包括由于被审计单位及其环境的变化而导致内部控制发生的变化以及采取的对策。审计人员还需要特别考虑因舞弊而导致重大错报的可能性及其影响；第三，了解的方法。审计人员可以考虑将询问被审计单位人员、观察特定控制的应用、检查文件和报告以及执行穿行测试等风险评估程序相结合，以获取审计证据。在了解上述内部控制的构成要素时，审计人员需要特别注意这些要素在实际中是否得到执行；第四，了解的内容。在了解内部控制的各构成要素时，审计人员应当对被审计单位整体层面的内部控制的设计进行评价，并确定其是否得到执行；第五，了解的记录。审计人员应当将对被审计单位整体层面内部控制各要素的了解要点和实施的风险评估程序及其结果等形成审计工作记录，并且详细记录可能对整体层面内部控制产生影响的因素；第六，财务报表的层次重大风险极有可能是由于被审计单位的控制环境出现问题导致的。因此，审计人员在对财务报表层次重大错报风险进行评价的过程中，需要结合考虑以下几个内容：被审计单位在整体层面高度下的内部控制工作、被审计单位的外部环境以及被审计单位的性质。

（2）业务流程层面

被审计单位的财务报表可能存在多项重大错报风险，在对审计工作进行计划的过程中，审计人员需要将这些风险及风险账户确定出来。为此，通常采取下列几个步骤：

①分开被审计单位的主要业务与其他业务及交易形式

在实际的审计工作中，将被审计单位的所有经营范围分成若干个业务循环可以使审计人员能够更加清晰明了的观察被审计单位的财务账目，对重要的业务流程进行控制也会更加简便。通常，制造企业可以划分为销售与收款循环、采购与付款循环、存货与生产循环、工资与人员循环、筹资与投资循环等。被审计单位经营活动的性质不同，所划分的业务循环也不同。重要交易类别是指可能对被审计单位财务报表产生重大影响的各类交易。重要交易类别应与相关账户及其认定相联系，如，对一般制造业企业，销售收入和应收账款通常是重大账户，销售和收款都是重要交易类别。

②加强对被审计单位交易流程的了解

交易的类别与重要的业务流程确定以后，注册会计师便可以着手了解每一类交易在信息技术或人工系统中生成、记录、处理及在财务报表中报告的程序，即重要交易流程，这是确定在哪个环节或哪些环节可能发生错报的基础。注册会计师可以通过下列方法获得对重要交易流程的了解：第一，检查被审计单位的手册和其他书面指引；第二，询问被审计单位的适当人员；第三，观察所运用的处理方法和程序；第四，穿行测试。注册会计师要注意记录以下信息：第一，输入信息的来源；第二，所使用的重要数据档案，如客户清单及价格信息记录；第三，重要的处理程序，包括在线输入和更新处理；第四，重要的输出文件、报告和记录；第五，基本的职责划分，即列示各部门所负责的处理程序。

③了解重要交易流程，并记录获得的信息

交易流程通常包括这些工作：输入数据的核准与修订、数据的分类与合并、进行计算、更新账簿资料和客户信息记录、生产信息交易、归集数据、列报数据。与注册会计师了解重要交易相关的流程常包括生成、记录、处理和报告交易等活动。如，在销售循环中，这些活动包括输入销售订单、编制货运单据和发票、更新应收账款信息记录等。相关的处理程序包括通过编制调整分录，修改并再次处理以前被拒绝的交易，以及修改被错误记录的交易。

④了解被审计单位各业务流程的设计和控制情况

注册会计师需要确认和了解被审计单位应在哪些环节设置控制，以防止或发现并纠正各重要业务流程可能发生的错报。尽管不同的被审计单位为确保会计信息的可靠性而对业务流程设计和实施不同的控制，但设计控制的目的是为实现某些控制目标。实际上，这些控制目标与财务报表重大账户的相关认定相联系，但注册会计师在此时通常不考虑列报认定，而在审计财务报告流程时将考虑该认定。

⑤执行穿行测试，证实对交易流程和相关控制的了解

为了解各类重要交易在业务流程中发生、处理和记录的过程，注册会计师常会每年执行穿行测试。执行穿行测试可获得下列方面的证据：第一，确认对业务流程的了解；第二，确认对重要交易的了解是完整的，即在交易流程中所有与财务报表认定相关的可能发生错报的环节都已识别；第三，确认所获取的有关流程中的预防性控制和检查性控制信息的准确性；第四，评估控制设计的有效性；第五，确认控制是否得到执行；第六，确认之前所做的书面记录的准确性。对于重要的业务流程，注册会计师都对整个流程执行穿行测试，涵盖交易从发生到记账的整个过程。当某重要业务流程有显著变化时，注册会计师应当根据变化的性质，及其对相关账户发生重大错报的影响程度，考虑是否需要对变化前后的业务都执行穿行测试。

⑥进行初步评价和风险评估

注册会计师在识别和了解控制后，需要评价控制设计的合理性，并确定其是否得到执行。注册会计师对控制的评价结论可能是：第一，所设计的控制单独或连同其他控制能够止或发现并纠正重大错报，并得到执行；第二，控制本身的设计是合理的，但没有得到执行。控制本身的设计就是无效的或缺乏必要的控制。由于对控制的了解和评价是在穿行测试完成后，但又在测试控制运行有效性之前进行的，因此，上述评价结论只是初步结论，仍可能随控制测试后实施实质性程序的结果而发生变化。注册会计师如果认为被审计单位控制设计合理并得到执行，能够有效防止或发现并纠正重大错报，那么，注册会计师通常可以信赖这些控制，减少拟实施的实质性程序。注册会计师也可能认为控制是无效的，包括控制本身设计不合理，不能实现控制目标，或者尽管控制设计合理，但没有得到执行，在这种情况下，注册会计师不需要测试控制运行的有效性，而可以直接实施实质性程序。

三、评估重大错报风险

（一）财务报表层次和认定层次重大错报风险的识别和评估

1. 重大错报风险识别和评估的审计程序

在识别和评估重大错报风险时，审计人员应当实施下列审计程序：第一，运用各项风险评估程序，在了解被审计单位及其环境的整个过程中识别风险，并将识别的风险与各类交易、账户余额、列报相联系；第二，应将识别的风险与认定层次可能发生错报的领域相联系；第三，考虑识别的风险是否重大，风险是否重大是指风险造成后果的严重程度；第四，考虑识别的风险导致财务报表发生重大错报的可能性。审计人员应当利用实施风险评估程序获取信息，包括在评价控制设计和确定其是否得到执行时获取的审计证据，作为支持风险评估结果的审计证据。注册会计师应当根据风险评估结果，确定实施进一步审计程

序的性质、时间和范围。

2. 识别两个层次的重大错报风险

在对重大错报风险进行识别和评估后，注册会计师应当确定，识别的重大错报风险是与特定的某类交易、账户余额、列报的认定相关，还是与财务报表整体广泛相关，进而影响多项认定。某些重大错报风险可能与特定的某类交易、账户余额、列报的认定相关。例如，被审计单位存在复杂的联营或合资，这一事项表明，长期股权投资账户的认定可能存在重大错报风险。又如，被审计单位存在重大的关联方交易，该事项表明，关联方及关联方交易的披露认定可能存在重大错报风险。某些重大错报风险可能与财务报表整体广泛相关，进而影响多项认定。例如，在经济不稳定的国家和地区开展业务、资产的流动性出现问题、重要客户流失、融资能力受到限制等，可能导致注册会计师对被审计单位的持续经营能力产生重大疑虑。又如，管理层缺乏诚信或承受异常的压力可能引发舞弊风险，这些风险与财务报表整体相关。

（二）需要特别考虑的重大错报风险

特别风险指的是审计人员识别和评估的、根据判断认为需要特别考虑的重大错报风险。作为风险评估的一部分，审计人员应当运用职业判断，确定识别的风险中哪些是需要特别考虑的重大错报风险（简称特别风险）。

1. 确定特别风险时考虑的事项

在判断哪些风险是特别风险时，注册会计师应当至少考虑下列事项：第一，风险是否属于舞弊风险；第二，风险是否与近期经济环境、会计处理方法或其他方面的重大变化相关，因而需要特别关注；第三，交易的复杂程度；第四，风险是否涉及重大的关联方交易；第五，财务信息计量的主观程度，特别是计量结果是否具有高度不确定性；第六，风险是否涉及异常或超出正常经营过程的重大交易。

2. 非常规交易和判断事项导致的特别风险

第一，非常规交易及其导致的特别风险。非常规交易是指由于金额或性质异常而不经常发生的交易。例如，企业购并、债务重组、重大或有事项等。由于非常规交易具有下列特征，与重大非常规交易相关的特别风险可能导致更高的重大错报风险：管理层更多地干预会计处理；数据收集和处理进行更多的人工干预；复杂的计算或会计处理方法；非常规交易的性质可能使被审计单位难以对由此产生的特别风险实施有效控制。第二，由于判断事项导致的风险。判断事项通常是指做出的会计估计，如资产减值准备金额的估计、需要运用复杂估值技术确定的公允价值计量等。与重大判断事项相关的特别风险可能导致更严重的重大错报，这是因为对涉及会计估计、收入确认等方面的会计原则存在不同的理解；所要求的判断可能是主观和复杂的，或需要对未来事项做出假设。

3. 考虑与特别风险相关的控制

了解与特别风险相关的控制，有助于注册会计师制定有效的审计方案予以应对。对特别风险，注册会计师应当评价相关控制的设计情况，并确定其是否已经得到执行。由于与重大非常规交易或判断事项相关的风险很少受到日常控制的约束，注册会计师应当了解被审计单位是否针对该特别风险设计和实施了控制。例如，做出会计估计所依据的假设是否由管理层或专家进行复核，是否建立做出会计估计的正规程序，重大会计估计结果是否由治理层批准等。再如，管理层在收到重大诉讼事项的通知时采取的措施，包括这类事项是否提交适当的专家（如内部或外部的法律顾问）处理、是否对该事项的潜在影响做出评估、是否确定该事项在财务报表中的披露问题以及如何确定等。如果管理层未能实施控制以恰当应对特别风险，注册会计师应当认为内部控制存在重大缺陷，并考虑其对风险评估的影响。在此情况下，注册会计师应当就此类事项与治理层沟通。

4．仅通过实质性程序无法应对的重大错报风险

作为风险评估的一部分，如果认为仅通过实质性程序获取的审计证据无法将认定层次的重大错报风险降至可接受的低水平，注册会计师应当评价被审计单位针对这些风险设计的控制，并确定其执行情况。在被审计单位对日常交易采用高度自动化处理的情况下，审计证据可能仅以电子形式存在，其充分性和适当性通常取决于自动化信息系统相关控制的有效性，注册会计师应当考虑仅通过实施实质性程序不能获取充分、适当审计证据的可能性。

5．对风险评估的修正

注册会计师对认定层次重大错报风险的评估，可能随着审计过程中不断获取审计证据而做出相应的变化。例如，注册会计师对重大错报风险的评估可能基于预期控制运行有效这一判断，即相关控制可以防止或发现并纠正认定层次的重大错报。但在测试控制运行的有效性时，注册会计师获取的证据可能表明相关控制在被审计期间并未有效运行。同样，在实施实质性程序后，注册会计师可能发现错报的金额和频率比在风险评估时预计的金额和频率要高。因此，如果通过实施进一步审计程序获取的审计证据与初始评估获取的审计证据相矛盾，注册会计师应当修正风险评估结果，并相应修改原计划实施的进一步审计程序。因此，评估重大错报风险与了解被审计单位及其环境一样，也是一个连续和动态的收集、更新与分析信息的过程，贯穿于整个审计过程的始终。

第四节　审计风险的应对

一、影响审计风险的因素

（一）审计客体风险因素

审计客体即审计对象，是指被审计单位的经济活动，即被审计单位的财务与非财务情况，是审计师不可改变的事实。从审计客体的角度洞悉审计风险的影响因素，包括经营风险因素、财务状况风险因素、公司治理结构风险因素、会计舞弊风险因素、固有风险因素。

1. 会计舞弊风险因素

（1）会计舞弊风险因素

会计舞弊风险主要是指被审计单位在会计政策的选择和运用方面存在的舞弊风险，它是行为人以获得经济或其他方面为目的，是故意造成的会计过失。主要包括收入舞弊，例如违背收入的确认时间要求，利用债务重组来操纵利润，扩大销售范围虚增收入，利用折旧和摊销年限调节当期损益，利用财务报表合并技术虚增收入等等费用舞弊，例如将收益性支出予以资本化，资产减值准备调节化等等。

（2）会计错误风险因素

会计错误风险主要是指被审计单位在会计政策的选择和运用方面存在的错误风险。主要包括为编制财务报表而收集和处理数据时发生失误由于疏忽和误解有关事实而做出不恰当的会计估计在运用和确认、计量、分类或列报包括披露相关的会计政策时发生错误等。

（二）审计主体风险因素

1. 审计人员职业判断能力

个人专业水平、审计技能及工作经验等因素构成的职业判断能力是制约检查风险的重要依据。审计工作自始至终需要一种很强的职业判断能力，它来自审计人员的综合素质和丰富的实践经验。审计人员的专业水平越高、审计经验越丰富，那么对审计对象的把握能力就越强，所发现虚假信息、挖掘问题的本领就越高，反映到审计主体方面的审计检查风险概率就越低。反之，检查风险概率就越高。

2. 职业道德素质有待提高

审计人员在履行职责中应该遵纪守法，熟悉法规、依法办事，其中良好的职业道德信念和职业道德习惯，是审计人员正确地调整个人和职业，工作服务对象之间的关系，忠实地履行自己的职责，做到依法审计、实事求是，客观公正的处理问题，是保障审计任务顺利完成的重要条件。但在现实情况下，审计人员为了迎合客户的需求，甚至在一些经营者的授意强令和指使下而造成的会计造假现象，导致发布错误的审计报告。审计人员职业道德的不足，会影响到对审计事项的准确评判与把握，影响到审计的质量，使审计结论违背事实，审计风险势必增大。

3. 审计人员有失职业谨慎度

在所有注册会计师的审计过失中，最主要的是由于缺乏认真而谨慎的职业态度。在现实工作中，一些审计人员对工作缺乏应有的兴趣和热情，缺乏敬业精神，在审计项目过程中没有保持认真、谨慎的职业态度，在对企业进行审计时处理简单，没有详密制订审计计划，没有对被审单位的财务资料做仔细检查从而导致发布错误的审计报告。因此，审计人员在执行审计业务时，必须保持职业谨慎性，对审计事项的重要性和审计风险水平进行合理的判断，要制定严密的审计方案，并在工作过程中遵守审计规范，以提高审计意见的可靠性，避免因工作疏忽而遗漏重要审计事项或造成审计结论错误。

4. 审计业务程序操作不规范

（1）审计人员未遵循审计工作准则

如审计工作的不规范，取证不合法或不合规，审计内容忽视遗漏。如审计工作方案考虑不周，往往会使审计存在覆盖间隙、遗漏问题和其他问题组织实施中分工衔接不好，一些审计事项应查未查。审计工作深度不够。如企业审计中对会计报表的异常项目未引起足够重视，往往忽视资产抵押、票据贴现等一些或有负债的审计，从而可能影响评价资产质量、运营状态的准确度。

（2）审计取证可靠性不强

证据的可靠性及证明力如何直接影响审计风险，目前取证问题主要体现在审计证据要素不全、过程不清，引用法规不当重基本证据轻辅助证据忽视签证前审计证据的内部审核和签证后对签证意见的分析，特别是签证意见，对被审单位或明确地表示异议，或含糊其词，如"基本符合""确有差错"等，审计人员对此稍不留意，不及时改正即会引发审计风险。

（三）审计环境风险因素

1. 法律环境

法律是审计工作的依据，如果法律体系不完备或不衔接，审计人员就会失去统一的判断标准，增加风险概率。由于当前我国的法律制度仍处于逐步健全和完善之中，在某些方面存在缺陷与不足之处，一些重要的法律法规及行政规章还未出台，而早出台的一些法律制度已不能适应经济快速发展、经济环境迅速转变的要求，亟待修订和完善。

2. 证券市场及经济环境的影响

随着证券市场的发展，在赋予独立审计任务的同时，也对独立审计提出了更加严格的要求，有关独立审计质量的许多要求的动因均来自证券市场。而且我国目前经济环境日趋复杂化，以及证券市场的不成熟、不规范，都加大了注册会计师的审计风险。

3. 行业环境

首先是行业的竞争程度。与竞争行业相比，在垄断特征比较明显的行业中，审计对象往往凭借其垄断地位容易取得定价权，自主调节生产以实现利润最大化。因此其财务报表出现重大错报漏报特别是蓄意舞弊的可能性明显要比那些充分竞争的行业低。其次是行业的成长性。任何行业的发展历程一般都要经过企业创建、成长、兴盛、衰退的周期过程。处于创建阶段的公司具有较大的粉饰财务报表的动机，因此其重大错报风险较大。至于衰退行业，其经营业绩往往比较差，粉饰财务报表的动机将比较强。

4. 审计期望差距

审计期望差距包括准则差距和业绩差距两部分，准则差距中合理差距的存在可以促使审计准则制定部门修订和完善审计准则，业绩差距中实际业绩缺陷的存在可以促使审计职业界改进工作。但是，准则差距中还存在着公众对审计的不合理期望以及对已实施的审计业绩的不恰当认识和理解，这种不合理期望和不恰当认识与理解，通常情况下无法与审计人员的认识达成一致甚至相差甚远，这就会造成对审计监督过程和结果的消极影响。

二、财务报表层次重大错报风险的应对措施

在财务报表重大错报风险的评估过程中，审计人员应当确定识别的重大错报风险是与特定的某类交易、账户余额、列报的认定相关，还是与财务报表整体广泛相关，进而影响多项认定。如果属于财务报表层次的重大错报风险，审计人员应当针对评估的财务报表层次重大错报风险，运用职业判断确定应对措施。

（一）保持职业怀疑态度

注册会计师对财务报表层次的重大错报风险，应向项目组强调在收集和评价审计证据过程中保持职业怀疑态度的必要性，更具针对性的实施进一步审计程序。

（二）增强项目组专业胜任能力

由于各行业在经营业务、经营风险、财务报告、法规要求等方面具有特殊性，审计人员的专业细分成为一种趋势。审计项目组成员中应有一定比例的人员曾经参与过被审计单位以前年度的审计，或具有被审计单位所处特定行业的相关审计工作经验。必要时，要考虑利用信息技术、税务、评估、精算等方面的专家的工作。所以，对财务报表层次的重大错报风险的识别，会计师事务所应分派更有经验或具有特殊技能的注册会计师，或利用专家的工作。

（三）提供更多的指导和监督

对于财务报表层次重大错报风险较高的审计项目，审计项目组的高级别成员，如项目合伙人、项目经理等经验较丰富的人员，要对其他成员提供更详细、更经常、更及时的指

导和监督，并加强项目质量复核。

（四）防止被审计单位预先了解审计程序

为实现这一目标，可以采取以下方式：首先，对某些未测试过的低于设定的重要性水平或风险较小的账户余额和认定实施实质性程序；其次，调整实施审计程序的时间，使被审计单位不可预期。例如，如果注册会计师在以前年度的大多数审计工作都围绕着12月或在年底前后进行，那么被审计单位就会了解注册会计师这一审计习惯，由此可能会把一些不适当的会计调整放在年度的9月、10月或11月等，以避免引起注册会计师的注意。因此，注册会计师可以考虑调整实施审计程序时测试项目的时间，从测试12月的项目调整到测试9月、10月或11月的项目；再次，采取不同的审计抽样方法，使当期抽取的测试样本与以前有所不同；最后，选取不同的地点实施审计程序，或预先不告知被审计单位所选定的测试地点。例如，在存货监盘程序中，注册会计师可以到未事先通知被审计单位的盘点现场进行监盘，使被审计单位没有机会事先清理现场，隐藏一些不想让注册会计师知道的情况。

（五）对拟实施审计程序的性质、时间安排或范围做出总体修改

财务报表层次的重大错报风险很可能源于薄弱的控制环境。薄弱的控制环境带来的风险可能对财务报表产生广泛影响，难以限于某类交易、账户余额和披露，注册会计师应当采取总体应对措施。相应地，注册会计师对控制环境的了解也影响其对财务报表层次重大错报风险的评估。有效的控制环境可以使注册会计师增强对内部控制和被审计单位内部产生的证据的信赖程度。如果控制环境存在缺陷，注册会计师在对拟实施审计程序的性质、时间安排和范围做出总体修改时应当考虑：首先，在期末而非期中实施更多的审计程序。控制环境的缺陷通常会削弱期中获得的审计证据的可信赖程度；其次，通过实施实质性程序获取更广泛的审计证据。良好的控制环境是其他控制要素发挥作用的基础。控制环境存在缺陷通常会削弱其他控制要素的作用，导致注册会计师可能无法信赖内部控制，而主要依赖实施实质性程序获取审计证据；最后，增加拟纳入审计范围的经营地点的数量。

三、控制测试

（一）控制测试的含义

控制测试指的是测试控制运行的有效性。这一概念需要与"了解内部控制"进行区分。"了解内部控制"包含两层含义：一是评价控制的设计；二是确定控制是否得到执行。测试控制运行的有效性与确定控制是否得到执行所需获取的审计证据是不同的。在实施风险评估程序以获取控制是否得到执行的审计证据时，注册会计师应当确定某项控制是否存在，被审计单位是否正在使用。在测试控制运行的有效性时，注册会计师应当从下列方面获取

关于控制是否有效运行的审计证据：第一，控制在所审计期间的不同时点是如何运行的；第二，控制是否得到一贯执行；第三，控制以何种方式运行（如人工控制或自动化控制）。从这三个方面来看，控制运行的有效性强调的是控制能够在各个不同时点按照既定设计得以一贯执行。因此，在了解控制是否得到执行时，注册会计师只需抽取少量的交易进行检查或观察某几个时点。但在测试控制运行的有效性时，注册会计师需要抽取足够数量的交易进行检查或对多个不同时点进行观察。

（二）控制测试的性质

控制测试的性质是指控制测试所使用的审计程序的类型及其组合。注册会计师应当选择适当类型的审计程序以获取有关控制运行有效性的保证。在计划和实施控制测试时，对控制有效性的信赖程度越高，注册会计师应当获取越有说服力的审计证据。虽然控制测试与了解内部控制的目的不同，但两者采用审计程序的类型通常相同，包括询问、观察、检查和重新执行等。确定控制测试的性质时的要求包括以下三项：第一，考虑特定控制的性质，如某项控制可能存在反映控制运行有效性的文件记录，实施检查文件记录的程序获取证据，若没记录，则可实施询问、观察等程序；第二，考虑测试与认定直接相关和间接相关的控制，如被审单位规定对新客户赊销既要审批还要事后报告，注册会计师不仅要检查审批与报告（与认定直接相关）控制的有效性，还要考虑报告信息准确性（与认定间接相关）控制是否有效运行；第三，对于一项自动化的应用控制，由于信息技术处理过程的内在一贯性，注册会计师可以利用该项控制得以执行的审计证据和信息技术一般控制（特别是对系统变动的控制）运行有效性的审计证据，作为支持该项控制在相关期间运行有效性的重要审计证据。

（三）控制测试的要求

作为进一步审计程序的类型之一，控制测试并非在任何情况下都需要实施。当存在下列情形之一时，注册会计师应当实施控制测试：第一，在评估认定层次重大错报风险时，预期控制的运行是有效的；第二，仅实施实质性程序并不能够提供认定层次充分、适当的审计证据。如果在评估认定层次重大错报风险时预期控制的运行是有效的，注册会计师应当实施控制测试，就控制在相关期间或时点的运行有效性获取充分、适当的审计证据。注册会计师通过实施风险评估程序，可能发现某项控制的设计是存在的，也是合理的，同时得到了执行。在这种情况下，出于成本效益的考虑，注册会计师可能预期，如果相关控制在不同时点都得到了一贯执行，与该项控制有关的财务报表认定发生重大错报的可能性就不会很大，也就不需要实施很多的实质性程序。为此，注册会计师可能会认为值得对相关控制在不同时点是否得到了一贯执行进行测试，即实施控制测试。这种测试主要是出于成本效益的考虑，其前提是注册会计师通过了解内部控制以后认为某项控制存在着被信赖和利用的可能。因此，只有认为控制设计合理、能够防止或发现和纠正认定层次的重大错报，注册会计师才有必要对控制运行的有效性实施测试。

（四）控制测试的时间

控制测试的时间包含两层含义：一是何时实施控制测试；二是测试所针对的控制适用的时点或期间。一个基本的原理是，如果测试特定时点的控制，审计人员可获取控制在该期间有效运行的审计证据。因此，审计人员应当根据控制测试的目的确定控制测试的时间，并确定拟信赖的相关控制的时点或期间。

（五）控制测试的范围

控制测试的范围，主要是指某项控制活动的测试次数。注册会计师在确定某项控制的测试范围时，通常考虑的一系列因素有：第一，在拟信赖的期间，被审计单位执行控制的频率。控制执行的频率越高，控制测试的范围越大；第二，在所审计期间，注册会计师拟信赖控制运行有效性的时间长度。拟信赖控制运行有效性的时间长度不同，在该时间长度内发生的控制活动次数也不同。注册会计师需要根据拟信赖控制的时间长度确定控制测试的范围。拟信赖期间越长，控制测试的范围越大；第三，为证实控制能够防止或发现并纠正认定层次重大错报，所需获取审计证据的相关性和可靠性。对审计证据的相关性和可靠性要求越高，控制测试的范围越大；第四，通过测试与认定相关的其他控制获取的审计证据的范围。针对同一认定，可能存在不同的控制。当针对其他控制获取审计证据的充分性和适当性较高时，测试该控制的范围可适当缩小；第五，在风险评估时拟信赖控制运行有效性的程度。注册会计师在风险评估时对控制运行有效性的拟信赖程度越高，需要实施控制测试的范围越大；第六，控制的预期偏差。预期偏差可以用控制未得到执行的预期次数占控制应当得到执行次数的比率加以衡量（也可称为预期偏差率）。考虑该因素，是因为在考虑测试结果是否可以得出控制运行有效性的结论时，不可能只要出现任何控制执行偏差就认定控制运行无效，所以需要确定一个合理水平的预期偏差率。控制的预期偏差率越高，需要实施控制测试的范围越大。如果控制的预期偏差率过高，注册会计师应当考虑控制可能不足以将认定层次的重大错报风险降至可接受的低水平，从而针对某一认定实施的控制测试可能是无效的。

四、实质性程序

（一）实质性程序的含义和要求

实质性程序是指用于发现认定层次重大错报的审计程序，包括对各类交易、账户余额和披露的细节测试以及实质性分析程序。细节测试适用于对各类交易、账户余额和披露认定的测试，尤其是对存在或发生、计价认定的测试；对在一段时间内存在可预期关系的大量交易，注册会计师可以考虑实施实质性分析程序。注册会计师实施的实质性程序应当包括下列与财务报表编制完成阶段相关的审计程序：第一，将财务报表与其所依据的会计记录进行核对或调节；第二，检查财务报表编制过程中做出的重大会计分录和其他调整。注册会计师对会计分录和其他会计调整检查的性质和范围，取决于被审计单位财务报告过程的性质和复杂程度以及由此产生的重大错报风险。

如果认为评估的认定层次重大错报风险是特别风险，注册会计师应当专门针对该风险实施实质性程序。例如，如果认为管理层面临实现盈利指标的压力而可能提前确认收入，注册会计师在设计询证函时不仅应当考虑函证应收账款的账户余额，还应当考虑询证销售协议的细节条款（如交货、结算及退货条款）；注册会计师还可考虑在实施函证的基础上针对销售协议及其变动情况询问被审计单位的非财务人员。如果针对特别风险实施的程序仅为实质性程序，这些程序应当包括细节测试，或将细节测试和实质性分析程序结合使用，以获取充分、适当的审计证据。为应对特别风险，需要获取具有高度相关性和可靠性的审计证据，仅实施实质性分析程序不足以获取有关特别风险的充分、适当的审计证据。

（二）实质性程序的性质

实质性程序的性质，是指实质性程序的类型及其组合，实质性程序的两种基本类型包括细节测试和实质性分析程序。第一，细节测试是对各类交易、账户余额、列报的具体细节进行测试，目的在于直接识别财务报表认定是否存在错报。细节测试被用于获取与某些认定相关的审计证据，如存在、准确性、计价等；第二，实质性分析程序主要是通过研究数据间关系评价信息，只是将该技术方法用作实质性程序，以识别各类交易、账户余额、列报及相关认定是否存在错报。实质性程序通常更适用于在一段时间内存在可预期关系的大量交易。

对于细节测试，注册会计师应当针对评估的风险设计细节测试，获取充分、适当的审计证据，以达到认定层次所计划的保证水平。该规定的含义是，注册会计师需要根据不同的认定层次的重大错报风险设计有针对性的细节测试。例如，在针对存在或发生认定设计细节测试时，注册会计师应当选择包含在财务报表金额中的项目，并获取相关的审计证据；又如，在针对完整性认定设计细节测试时，注册会计师应当选择有证据表明应包含在财务报表金额中的项目，并调查这些项目是否确实包括在内。如为应对被审计单位漏记本期应付账款的风险，注册会计师可以检查期后付款记录。实质性分析程序从技术特征上讲仍是分析程序，主要是指通过研究数据间的关系来评价信息，只是将这种技术方法用于实质性程序，即用来识别各类交易、账户余额和披露是否存在错报。

细节测试适用于对各类交易、账户余额和披露认定的测试，尤其是对存在或发生、计价认定的测试；对在一段时间内存在可预期关系的大量交易，注册会计师可以考虑实施实质性分析程序。但对于特别风险，注册会计师不应仅实施实质性分析程序。

（三）实质性程序的时间

1. 期中测试

在期中实施实质性程序，并针对剩余期间实施相关的实质性程序，或将实质性程序和控制测试结合使用，以将期中测试得出的结论合理地延伸至期末，降低期末存在错报而未被发现的风险，而且在期中实施实质性程序时更需要考虑成本效益。否则，不宜在期中实施实质性程序。

2. 期末测试

在绝大多数情况下，审计人员应在期末或接近期末实施实质性程序，尤其是评估的重大错报风险较高时。只有当以前获取的审计证据及其相关事项未发生重大变动时（例如，以前审计通过实质性程序测试过的某项诉讼在本期没有任何实质性进展），以前获取的审计证据才可能用作本期的有效审计证据。即便如此，如果拟利用以前审计中实施实质性程序获取的审计证据，审计人员应当在本期实施审计程序，以确定这些审计证据是否具有持续相关性。

（四）实质性程序的范围

评估的认定层次重大错报风险和实施控制测试的结果是注册会计师在确定实质性程序的范围时的重要考虑因素。因此，在确定实质性程序的范围时，注册会计师应当考虑评估的认定层次重大错报风险和实施控制测试的结果。注册会计师评估的认定层次的重大错报风险越高，需要实施实质性程序的范围越广。如果对控制测试结果不满意，注册会计师应当考虑扩大实质性程序的范围。在设计细节测试时，注册会计师除了从样本量的角度考虑测试范围外，还要考虑选样方法的有效性等因素。例如，从总体中选取大额或异常项目，而不是进行代表性抽样或分层抽样。实质性分析程序的范围有两层含义：

第一层含义是对什么层次上的数据进行分析，注册会计师可以选择在高度汇总的财务数据层次进行分析，也可以根据重大错报风险的性质和水平调整分析层次。例如，按照不同产品线、不同季节或月份、不同经营地点或存货存放地点等实施实质性分析程序。第二层含义是需要对什么幅度或性质的偏差展开进一步调查。实施分析程序可能发现偏差，但并非所有的偏差都值得展开进一步调查。可容忍或可接受的偏差（即预期偏差）越大，作为实质性分析程序一部分的进一步调查的范围就越小。于是确定适当的预期偏差幅度同样属于实质性分析程序的范畴。因此，在设计实质性分析程序时，注册会计师应当确定已记录金额与预期值之间可接受的差异额。在确定该差异额时，注册会计师应当主要考虑各类交易、账户余额、列报及相关认定的重要性和计划的保证水平。

第九章　区域经济与产业经济

第一节　区域经济

一、区域经济的相关理论

（一）区域经济发展

1. 区域的概念

"区域"的词义是指用特定的指标在地球表面划分出具有一定范围的连续而不分离的单位。地理学认为"区域"是地球表面的一个单元，是地球表面上某一特定范围中一个连续的地段，它以一种或多种标志区别邻近部分；政治学认为"区域"是国家实施行政管理的单元，如县、市、省等；社会学认为"区域"是具有相同民族、文化、宗教、语言等社会特征的人群聚集居住的社区；经济学认为"区域"是一个在经济上相对完整的单元。在现实生活中，"区域"是一个地域空间概念，是指地球表面上占有一定空间的、以不同的物质与非物质客体为对象的或大或小的一个地区空间。区域概念的外延有狭义和广义之分，狭义的区域通常是指县、市、区、省等这样的行政单元；广义的区域是指在相关国家法律的许可下，超越行政单元界限，由两个或两个以上的行政单元的全部或部分相互接壤的地区组成一个区域。

本文所研究的区域概念，是特定的经济学的概念，它是指人类在地球表面空间上从事经济活动的载体单元——经济区域。它以区位情况为前提，以地域分工为基础，以大中城市为核心，以交通运输为纽带，超越行政区划，集聚生产要素，实现市场整合，在整个国民经济中具有重要的战略地位。

2. 区域经济发展的概念

区域经济是一种在社会劳动和地域分工的基础上形成的具有自身特点的地域经济综合体。区域经济发展的概念有广义和狭义之分。广义的区域经济发展是指一个国家或者一个地区经济循序渐进的变革，从欠发达状态向发达状态转变的过程。在区域经济发展的不同阶段，政府需要依据一定的区域经济发展理论，制定出区域经济发展战略和发展规划，并选择符合区情的区域经济政策和发展路径。狭义的区域经济发展是指本区域内生产力不断提高、经济关系逐步协调、经济结构不断提升、产业布局趋向完善、人和自然实现和谐、社会财富日益增加的过程。

本文认为，区域经济发展是指在一定的时间范围内，以特定的空间区域作为发展对象，按照因地制宜、发挥优势的原则，采取适当的区域发展战略、发展规划以及区域经济政策，最终实现既定的发展目标的一系列经济社会活动。它综合反映一个地区资源、人口、社会、经济、文化、技术等方面的发展情况，一般要经过发育、成长、成熟、转型等四个不同阶段，并呈螺旋式循环上升的过程。

3.影响区域经济发展的因素

影响区域经济发展的因素有自然因素、区位因素、人口因素、政治因素、经济因素、科技因素、文化因素。其中，自然因素、区位因素和经济因素是区域经济发展的基础，人口因素和科技因素是区域经济发展的关键，政治因素和文化因素是区域经济发展的保障。

（1）自然因素

自然因素是指自然界中对区域经济发展、产业结构布局产生影响的自然资源要素及其组成的自然综合体，它包括土地、水、生物、矿产、能源、海洋等资源要素。自然因素是区域经济发展的自然物质基础，它的区域差异与禀赋状况是区域劳动分工的前提条件，决定了区域经济空间结构的布局和运行模式的选择。

（2）区位因素

区位因素是指一个区域与周围诸事物关系的总和，主要包括地理位置关系、地域分工关系、地缘经济关系以及交通、信息等关系。区位因素优劣与否，主要取决于位置、交通和信息的优劣，区位因素主要通过生产要素流动、地缘优势、交通和信息条件变化来推动区域经济的发展。

（3）经济因素

它包括现有的区域经济发展水平、适用的区域经济发展政策、潜在的区域经济发展活力、原先的区域基础设施条件、今后的区域市场发展潜力等内容。任何国家或地区的区域经济发展都有其历史的继承性，现有的区域经济因素是本区域长期历史演进中不断积淀起来的，同时也是今后区域经济发展的新起点。

（4）人口因素

人口因素是指在一定空间范围内具有一定数量、质量与结构的人口总体，它包含人口数量、人口结构、人口质量、人力成本、人口分布、人口移动等要素。适度数量和增长速度的人口是区域经济发展的必要条件，但是，如果人口密度过大，增长速度过快，也会制约着区域经济的发展。

（5）科技因素

科技水平影响生产部门的内部构成，决定各个物质技术组成部分的比例。随着人类科学技术的不断进步，生产的社会化、机械化、自动化、智能化的程度不断提高，人类运用科技手段利用自然资源的能力不断增强，它对区域产业结构调整升级、经济发展和生产力布局产生重大而深刻的影响。

（6）政治因素

它包括政治体制、经济体制、社会发育程度和国际国内关系等内容。一个国家的政治因素对本国区域经济发展产生极其重要的影响，各国政府通过制定区域发展战略和发展规划，选择适当的发展路径，决定资源开发利用、区域产业布局、国际间和区域间的经济交流与合作等，对区域经济发展进行宏观调控。

（7）文化因素

由于不同区域的地理环境和自然条件各不相同，导致了区域的历史文化背景差异明显，从而形成了与区域地理位置紧密相关的文化特征，主要体现在宗教、民族和语言三大要素上。区域文化是区域内形成的思想意识的总和，它渗透到区域经济活动的各个环节，形成区域特色经济，推动或制约着区域经济的发展。

（二）区域发展战略

"战略"一词最早来源于军事领域，第二次世界大战之后，人们开始把"战略"一词引入经济领域，相继提出了"发展战略"和"经济发展战略"等概念。首次提出"发展战略"概念的是美国著名经济学家赫希曼，他在出版的名著《经济发展战略》一书中，提出了经济发展战略问题，首次使用了"发展战略"的概念，并把经济发展提到战略高度。我国著名经济学家于光远同志在 20 世纪 80 年代提出研究"经济社会发展战略"后，学术界开始对区域发展战略的理论进行了深入的研究。张可云认为，从理论的角度来看，区域战略与区域政策是有明显区别的，所谓区域战略是国家为实现其宏观目标而确定的经济、人口、环境等如何在空间上组织的明确计划，或者说是一个重点空间蓝图性谋划，如西部大开发战略等。吴殿廷认为区域发展战略就是根据区域发展条件、进一步发展要求和发展目标所做的高层次全周性的宏观谋划。

本文认为，所谓的区域发展战略，是指一国政府为了实现本国（或特定区域）未来某一阶段的发展目标，根据自然资源和生产要素的区位分布情况，对本国（区域）的发展定位、国土区划、人口分布、资源配置、产业布局、环境保护、生态建设、政策扶持、民生发展等经济社会重大问题进行的全局性的长远谋划。

（三）区域发展规划

规划是人们对未来整体性、长期性、基本性的问题进行比较全面的长远的发展计划。区域规划是西方国家在工业革命以后，为了解决工业的发展和城市的扩大所引发的一系列经济社会问题而发展起来的。1933 年，国际现代建筑协会制定的《雅典宪章》，提出了要将城市规划与其周围影响的区域规划作为一个整体来研究，标志着区域规划开始为世界各国普遍接受。自 20 世纪 60 年代以来，随着世界范围内城市化和工业化进程的迅速发展，区域规划逐渐受到发达国家和发展中国家的普遍重视。我国区域规划起步于 20 世纪 50 年代中期，1956 年，国家建委设立区域规划与城市规划管理局，拟定了《区域规划编制与审批暂行办法（草案）》，当时开展区域规划工作主要是针对新工业基地和新工业城市。20 世纪 60—70 年代，由于国内政治动荡，国家区域规划工作基本中断。到了 1980 年，国家决定重新开展区域规划工作，合理布局工业。1985 年，国务院正式组织编制国土总体规划。21 世纪以来，我国的区域规划工作得到蓬勃发展，特别是 2009 年以来，密集出台了 30 多个国家战略性区域发展规划（国家促进重点地区发展的意见），区域规划成为市场经济条件下我国政府利用可调控资源进行宏观调控区域经济发展（特别是区域空间调控）的重要手段。在现阶段，重视和加强区域规划工作成为我国解决区域重大问题、促进区域协调发展、完善国家规划体系的迫切需要。

关于区域规划的定义，崔功豪认为，区域规划是指在一定地域范围内对未来一定时期的经济社会发展和建设以及土地利用的总体部署。吴殿廷认为，区域规划是指对地区社会经济发展和建设进行总体部署。在实际工作中，区域规划既不是国民经济和社会发展规划在区域上的细化，也不是行业规划在区域上的汇总，它的概念有广义和狭义之分。广义的区域规划是指对整个特定地区的社会经济发展进行总体部署，包括区内规划和区际规划；狭义的区域规划是指针对特定区域进行国土开发的建设布局和专项规划，如自然资源开发利用规划、经济发展规划、社会发展规划、人口发展规划、城乡建设规划、基础设施规划、科技发展规划等。

本文认为，所谓的区域发展规划（即区域规划），是国民经济和社会发展计（规）划、区域发展战略在区域空间上的落实和体现，它是指在一定时期内，根据国家经济社会发展总体战略目标，对特定区域范围内的战略定位、产业布局、城乡发展、基础设施、资源开发、环境保护、空间管制、区际合作、政策保障等经济社会发展进行长远而全面的总体部署和综合规划。

（四）区域经济政策

政策是国家（政党）为实现一定历史时期的路线、方针、任务而制定的政治、经济、社会等方面的行动准则。区域经济政策也称作区域政策，它是一个使用广泛却缺乏严格界定的概念。国外有的学者认为，区域经济政策是所有旨在改善经济活动地理分布的公共干预，是处理区域问题和在何处进行经济发展的一种经济政策。我国学者对区域经济政策的理解主要有三种不同观点：第一种观点认为，凡是政府采取的对不同地区发展发挥作用、对区域发展格局产生影响的重大政策，都称作区域政策；第二种观点认为，只有政府针对全国部分地区实施的政策，才称为区域政策；第三种观点认为，区域政策只是特指政府针对一些特殊区域的问题、矛盾或困难所采取的政策。陈栋生认为，区域经济政策是指中央政府为推动和协调地区经济发展、调控区域经济运行而采取的一系列方针、政策和措施的总称。李树桂认为，区域经济政策是针对区域特定问题和任务所采取的特殊政策。张可云认为，区域政策是中央政府调控区域经济的重要工具，是政府通过政策杠杆和制度安排，对某些类型的问题区域进行扶持和干预，从而促进区域分配合理和区域经济发展，实现区域格局协调的目的。梁吉义认为，区域政策是由奖励、支持、限制、调整、协调等多种要素组成的一个系统集合，其作用主要是中央政府管理区域经济发展的重要工具，有目的地促进区域之间的平衡发展与社会分配公平。

在区域经济发展过程中，由于资源要素在区域空间分布的不平衡和区域竞争的不平等，导致区域间的发展水平存在着较大的差异。为了缩小地区差距，政府在发挥市场机制作用的基础上，还必须借助行政、经济、法律等手段来加强宏观调控，制定和实施强有力的区域政策，促进区域协调发展。改革开放以来，我国出台的区域政策可以分为三类：第一类是为了贯彻落实国家区域发展总体战略和主体功能区战略而出台的政策，如针对全国四大板块——东部率先、中部崛起、西部开发、东北振兴而制定的相应政策；第二类是针对重点地区发展而出台的政策，如改革开放初期针对广东、福建两省实行的"特殊政策，灵活措施"，以及针对经济特区、经济技术开发区、高新技术开发区、综合配套改革试验区、国家级新区、示范区、经济区等特定区域出台的先行先试政策；第三类是针对各种问题区域、特殊功能区域的政策，如针对自然保护区、水源保护地、粮食主产区、资源枯竭型地区、老少边穷地区出台的扶持政策。

本文认为，所谓的区域经济政策，是指在一定的时期内，中央政府为了实现区域发展战略、实施区域发展规划、优化资源配置、调整产业布局、促进要素流动、加强区域合作、缩小地区差距而制定的一系列针对特定区域经济发展的财政、金融、税收、投资、产业、科技、就业、环保等政策体系。

二、我国区域经济发展的存在问题

随着我国区域发展总体战略的稳步推进和国家战略层面区域发展规划的具体实施，当前，我国区域经济发展的协调性不断增强，区域发展相对差距逐渐缩小，但也仍然存在着一些亟待解决的问题。一是区域立法步伐滞后，区域管理政出多门，促进区域协调发展的体制机制尚不完善；二是区域规划遍地开花，区域开发无序竞争，区域间低水平竞争和重复建设问题依然突出；三是落后地区尚不发达，区域差距比较明显，特别是西部地区基本公共服务水平与东部地区仍有较大差距。

（一）区域经济管理政策多门

1. 我国区域经济发展的法律法规不健全

迄今为止，我国尚未出台一部促进区域经济协调发展的基本法，也没有针对国土空间开发管治的相关法律，区域立法步伐相对滞后。当前我国中央政府宏观调控区域经济发展的手段主要是以党中央和国务院文件的形式，出台区域发展指导性意见、批复区域发展规划和颁布区域经济政策，涉及区域经济发展的主要有"中华人民共和国国民经济和社会发展的五年规划纲要"《关于实施西部大开发若干政策措施的通知》《关于实施东北地区等老工业基地振兴战略的若干意见》《关于促进中部地区崛起的若干意见》以及国务院《关于加强国民经济和社会发展规划编制工作的若干意见》、针对全国重点地区发展而批复的大大小小几十个区域发展规划，涉及国土空间开发利用的主要有国务院印发的《全国主体功能区规划》、土地利用总体规划和城市总体规划。这些"意见""通知""规划"等文件，虽然都对区域经济发展和国土空间开发的具体内容进行了详细规定，但都只是一个指导性文件，不具备法律效力。由于法律法规不健全，导致许多区域发展规划（特别是跨行政区的经济区发展规划）在颁布后的组织实施更多地取决于地方政府的行政意志，其实际效果在实践中难以发挥应有的作用。

2. 我国区域经济发展的管理体制不健全

中央政府没有专门的机构（相当于国务院部委级别）负责统一管理和组织协调全国区域经济发展、国土空间开发工作。为实施国家区域发展总体战略，国务院先后成立了扶贫开发领导小组、西部地区开发领导小组、振兴东北地区等老工业基地领导小组，建立了由发展改革委牵头的促进中部地区崛起工作部际联席会议制度。这些小组的成员都涉及发展改革委、教育部、科技部、财政部、民政部、国土资源部、住房与城乡建设部、铁道部、交通运输部、农业部、商务部、人民银行、国资委、海关总署、税务总局、环保总局、中国民航局等大部分国务院下属部门。由于这些成员是来自不同的政府部门，在不同的小组中交叉任职，代表着不同部门的职能和利益，他们在贯彻落实重大区域经济发展战略时，虽然可以齐抓共管，形成合力，但是他们是站在本部门的立场去思考如何完成上级领导交给的相关任务，对全国区域经济发展缺乏全局谋划和长远安排，不可避免地出现本位主义倾向。目前，国务院发展改革委（西部开发司、东北振兴司和地区经济司等部门）主要负责统筹协调地区经济协作，组织拟订、协调实施、监督评估区域发展的重大战略、规划和政策的职责，但是有关区域经济发展和国土空间开发的部分职能还分散在国务院扶贫办、住房和城乡建设部、交通运输部、铁道部、国土资源部、民政部等部门，这些部门的区域管理职能交叉重叠，资金分散多头管理，工作缺乏有效协调，这种管理体制在一定程度上会削弱国家区域政策的整体效果。

3. 我国区域经济发展的调控机制不健全

（1）国家财税机制

由于目前我国财税体制中税收返还比例和专项转移支付比例都比较高。分别是和现有的一般转移支付真正用于缩小区域间发展差距的数额偏小，而专项转移支付种类繁多、交叉重复、管理不规范，特别是规定了地方政府必须提供配套资金，这样就使得欠发达地区因没有能力提供全额配套资金，导致了大部分专项转移资金流向发达地区，从而加剧了地区的两极分化。

（2）区域补偿机制

当前，我国资源性产品的市场价格偏低，资源税费制度还不能补偿资源的代内、代际价值以及生态价值，资源开发通过税收获得的补偿十分有限，反而却要承担起更多的环境污染治理责任。一些地区由于对生态、耕地、资源等进行保护，却未能得到有效的生态补偿，经济发展长期落后。由于受到社会保障和户籍制度的制约，劳动力不能充分自由地在区域间流动，欠发达地区在为发达地区提供劳动力资源的同时，却没有得到相应的教育、社保等方面的成本补偿。

（3）区域合作机制

目前，我国国内区域合作组织，大多是以地方政府自发组织的非制度化的、松散型的区域性论坛、行政首长联席会议、经贸洽谈会等协作形式，缺乏中央政府规范化指导和制度性安排。各地区在产业发展上缺乏有效的协调和合作，盲目追求大而全，忽视不同地区之间总装与配套、研发与制造、生产与市场等方面的优势互补与产业合作，西部地区产业升级步伐缓慢，东部地区先进制造业和高技术产业难以向中西部地区有效转移。

（二）区域发展规划多而无序

1. 发展规划密集出台

2009 年以来，在应对国际金融危机的背景下，国家密集出台了 30 多个战略性区域和重点地区的发展规划。区域规划如此短时间、大面积地从南到北、由东向西、从沿海到内地"遍地开花"，虽然有利于因地制宜，以点带面，细分全国区域经济版图。但是这新一轮的区域规划几乎涵盖了全国所有区域，面面俱到，撒胡椒粉，导致了不论是中央政府层面还是地方政府层面，各种层级和类型的区域规划繁多、发展定位相似、区位特色淡化，造成了诸多负面效应。

（1）造成了区域经济政策失灵

在完善的市场经济条件下，国家为了促进区域协调发展而出台的区域经济政策应该强调对欠发达地区进行"雪中送炭"，尤其是要对贫困落后地区予以重点援助，但是我国出台的"遍地开花"的区域发展规划，涵盖了全国大陆地区的 29 个省（区市），重点不突出，特别是针对发达地区的"锦上添花"措施，容易对国家总体区域政策体系造成较大的冲击。

（2）引发了地方政府恶性竞争

从规划出台的程序上看，地方政府成为最主要的推动力量，这种"自下而上"的由地方政府主导并上报中央政府批复、使之具有国家战略层面意义的区域发展规划，虽然有利于调动地方政府的积极性、主动性和创造性，但是由于政策制定的弹性空间较大，容易受到地方政府的干扰，一些地方政府为了地区利益，通过各种渠道进行游说，甚至采用"跑部前进"的办法，引发了地方政府间的恶性竞争。

（3）导致了地方政府债务风险

为了应对国际金融危机，拉动内需，我国政府推出了四万亿经济刺激计划，其中的重大投入就是大规模的基础设施建设。各省（市区）为了能够分到四万亿蛋糕份额，纷纷积极申报区域发展规划，争取得到国务院的批复。在这样的大背景下，两年多来，国家先后批复了 30 多个几乎涵盖全国所有地区的区域发展规划，却又拿不出巨额资金来支持如此多的规划。这些区域规划的实施，首要任务就是大张旗鼓地进行大规模的基础设施建设，为了配合中央政府的投资计划，原本就是"吃饭财政"的地方政府只好创新融资平台，开始从金融机构中大量融资，这样就导致了地方债务在短时间内急剧膨胀。

2. 区域开发无序竞争

改革开放以来，我国区域经济的持续增长以过度占用土地、矿产、水等资源和环境破坏为代价，国土空间开发无序现象十分严重。

（1）国土空间开发利用效率较低

城市用地规模扩张明显快于城镇人口增长。各地区经济的高速增长大多依靠土地的"平面扩张"，工业和生产占用的空间偏多，而用于生活、居住和生态的空间偏少，尤其是各地区竞相建设开发区，开发区数量多、面积大、"征而不开"和"开而不发"的现象比较普遍，造成大量耕地闲置撂荒。

（2）生态环境不断恶化

部分地区为了片面追求 GDP 增长，在发展上忽视当地的资源禀赋和环境容量进行盲目过度开发，生态破坏严重。近年来从东部向中西部的产业转移中，一些耗能高、污染大的加工业不同程度地存在无序转移问题，导致中西部地区资源消耗和环境污染压力不断加大。

（3）地方保护主义现象比较严重

在扩内需、保增长的掩护下，有些地方出台了鼓励采购本地产品的优惠措施，旨在保护本地区能带动税收、拉动经济增长和增加值的行业（如汽车、家电、烟酒等行业），还有的地方政府出台优先保证本地居民就业措施，就是比较典型的地区保护主义。有些地方政府采取化整为零、越权审批等手段，把原本属于国家统一开发的宝贵资源分割成多个资源区块，转让给多个不同开发主体，将国家资源区域化，造成了资源的严重浪费。

3. 重复建设问题凸显

一是区域产业结构趋同。在产业政策引导缺失的情况下，区域产业布局缺乏全国统筹，全国性主要产业的区域发展规划未能得到有效落实，各行政区域在产业选择上各自为战，普遍倾向于经济总量大、产值利润高、发展见效快的行业，区域经济特色不明显，产业发展与当地自然资源和基础设施之间缺乏内在联系，使得各地区主导产业雷同，既难以形成和发展区域比较优势，又造成了严重的重复建设。以汽车产业为例，全国有 20 多个省（市、区）在生产汽车，有超过一半以上的省（市、区）把汽车产业作为主导产业。二是传统产业仍在盲目扩张。由于事权划分与政府财力不相匹配，落后地区财政压力巨大，为了增加财政收入，地方政府在产业发展方向上普遍选择与流转税紧密相关的钢铁、水泥、电解铝、造船、平板玻璃、房地产等传统产业和重化工业，一些地区违法审批、未批先建、违规审批、边批边建的现象时有发生，这也是各地区重复建设和产业趋同的重要原因。三是新兴产业出现了重复建设苗头。2010 年，中央从国家层面的产业发展战略出发，出台了《国务院关于加快培育和发展战略性新兴产业的决定》，提出要重点培育和发展七大战略性新兴产业。但是，由于中央没有及时具体明确战略性新兴产业细分行业的空间区域布局，导致了各级行政区在本地区的"十二五"规划纲要中，普遍提到要大力发展战略性新兴产业。目前，国内新兴产业中有些领域如风电设备、多晶硅等重复建设和产能过剩问题比较突出。

（三）区域发展水平参差不齐

首先，区域发展差距比较明显。城乡地区和东西部地区的人均生产总值都有较大的差异；其次，落后地区经济发展速度缓慢。虽然来我国加大了对老少边穷（革命老区、少数民族地区、边疆地区和贫穷地区）地区以及资源枯竭型城市的开发和扶持力度，但是由于这些地区贫困人口多、贫困程度深，目前这些落后地区人民的生活水平尚未得到较大改善，解决民生问题任重道远；再次，区域间基本公共服务水平差距较大。当前，从社会发展的水平来看，由于经济长期落后，西部地区不论是用于社会事业的公共财政支出，还是人们享受的公共服务水平，都大大低于东部地区。

三、我国区域经济发展的对策建议

（一）健全法规，改革区域管理体制

国外区域经济发展的实践表明，区域立法可以为实现区域发展战略、推动区域经济可持续发展提供长久动力和长效机制，有利于实现区域规划与区域政策的法制化，可以建立起科学规范的区域管理体制。目前，我国中央政府主要是通过运用区域发展规划与区域经济政策手段来宏观调控区域经济发展，尚未出台一部以实现国家区域发展总体战略、缩小地区差距为目标的促进区域协调发展的基本法，这样一方面使中央政府对区域经济实施宏观调控的方向、范围、权限等重大原则性问题的规定难以通过法律的手段固定下来，区域管理工作因缺乏法律依据而机构不健全、职能不归口、步调不协调；另一方面也导致各地区在发展过程中因缺乏基本法统领而无章可循、无序竞争。因此，一要把区域立法工作提到重要的议事日程，加快区域立法步伐。应尽快制定出台国家基本法之一的《区域发展促进法》，阐明国家在区域发展（国土开发）领域的国家意志、长远目标、总体战略、指导思想、基本原则、主要思路、重点任务和政策措施等重大原则性问题；应确立区域规划（开发）应有的法律地位，明确各级政府在区域发展规划管理中的职责和权限；应针对国家重点开发地区和某些落后地区的发展，出台带有明显空间指向性的区域法律法规（如《西部开发法》等）。二要依法改革现有的区域管理体制。从国家层面上依照《区域发展促进法》，成立"国家区域发展委员会"，负责组织制定和实施国家级层面的区域发展战略、区域发展规划和区域经济政策，指导国家级层面的经济区工作，协调跨行政区（省、市、区）政府开展区域经济合作，做到归口管理、规范管理、依法管理。各经济区和各行政区（省、市、区）成立专门的区域管理机构，对应"国家区域发展委员会"的职能和机构，一方面负责国家区域发展总体战略和重大发展规划在本地区的实施和落实，另一方面负责指导和

协调本地区范围内区域经济发展。

（二）优化格局，培育区域新增长极

"十二五"期间，我国区域经济发展将继续按照"西部开发、东北振兴、中部崛起、东部率先"四大板块来实施区域发展总体战略。但是，由于各个板块的内部差异和空间范围都很大，因此在具体实施区域发展规划和区域经济政策时，必须根据各个板块的实际情况进行有针对性的细化。一要将四大板块进行细分。根据我国区域经济现有的功能定位、发展规模、交通条件、合作程度、资源优势等因素，将四大板块划分为九大经济圈来进行优化。统筹每个经济圈的发展定位、国土区划、人口分布、资源配置、产业布局、环境保护、生态建设、城乡发展等，形成各具特色、协调发展的区域经济发展新格局。二要有针对性地培育区域新的增长极。应遵循市场经济规律，突破行政区划界限，继续推进粤港澳、京津冀、珠三角、长三角地区区域经济一体化进程，推动经济区、城市群（带）和集中连片特殊困难地区等重点区域的发展；应坚持串点成线，重点培育带动力强的经济增长轴，促进我国区域经济发展逐步从增长极集聚向增长轴扩散，实现区域经济协调发展。

（三）深化合作，推动区域互动发展

区域经济合作是指不同区域之间在一定的时间范围内，以政府和企业法人为主体，为了实现共同的利益目标，在经济领域中进行的生产要素移动和重新组合配置的经济协作活动。目前，我国国内区域合作组织大多是以地方政府自发的、非制度化的、松散型的区域性论坛、行政首长联席会议、经贸洽谈会等协作形式，缺乏中央政府规范化指导和制度性安排。随着经济全球化进程的不断加快，国际间区域经济合作呈现范围不断拓展、程度不断加深、层次不断提高的新趋势。在这样的大背景下，深化我国区域合作，有利于改善区际之间的利益关系，完善区际之间的分工体系，推动区域互动发展。因此，一要转变区域合作思路。把参与国际合作作为推进区域合作的重要方向，把建设跨行政省（市区）经济区作为推进区域合作的重要平台，把发展"飞地"经济作为推进区域合作的重要路径，把加快产业转移作为推进区域合作的重要内容，把促进区域一体化作为推进区域合作的重要手段，把加强对口支援和帮扶作为推进区域合作的重要举措。二要积极开展国际间的经贸合作。应建设好中国—东盟自由贸易区，推动上海合作组织成员国在经济领域的合作，在金砖国家合作机制框架下深化五国经贸合作，积极参与亚太经济合作组织，以东北亚投资贸易博览会为平台加强与俄、日、韩、蒙、朝等国家的经济往来，大力推进国际区域合作和提高对外开放水平。三要完善国内区域合作机制。打破现有体制机制障碍，探索利益共享机制，打造区域合作平台，建立强有力的推进机构，逐步形成制度性的区域合作协调机制，加快培育和完善统一的区域性要素市场，健全区域中介服务体系，促进城市间同城化建设，推动国内区域一体化进程。

（四）加强调控，完善区域政策体系

在"十二五"时期，为顺利实施我国区域发展总体战略和主体功能区战略，必须进一步加强中央政府宏观调控的力度，完善国家区域政策体系，更加重视区域发展的公平目标，更加注重区域政策的分类指导。一要完善区域调控政策体系。按照《全国主体功能区规划》的要求，对不同的主体功能区（优化开发、重点开发、限制开发和禁止开发等四种主体功能区）实行因地制宜的区域政策，具体包括：

1. 财政政策

根据主体功能区的要求，不断完善公共财政体制，建立横向财政转移支付制度，提高中央和省两级财政对禁止开发和限制开发区域进行转移支付的比例。

2. 投资政策

中央政府可以从财政总收入中划出一定的比例，设立"国家区域发展投资基金"，重点用于支持禁止开发和限制开发区域的基础设施建设和生态环境保护。

3. 人口政策

按照主体功能区定位的要求，引导禁止开发和限制开发区域的超载人口自愿有序向其他区域转移。

4. 土地政策

对禁止和限制开发区域的土地用途实行严格的管理制度，对优化开发和重点开发区域的耕地实行严格的保护制度。

5. 生态政策

要建立健全生态环境补偿机制，在中央财政中设立国家重点生态功能区转移支付，确定不同主体功能区的生态空间底线。

二要完善区域援助政策体系。按照区域问题的性质和严重性划分为五种不同类型的问题区域：逐渐衰退的老工业基地、资源枯竭的中小城市、过度膨胀的大都市区、欠发达的老少边穷地区（革命老区、少数民族地区、边疆地区和贫穷地区）、财政困难的粮食主产区，国家对以上这五种问题区域实行因地制宜的援助政策。

（五）调整布局，引导产业有序转移

产业转移是一个国家或地区优化生产力空间布局、推动产业结构调整和升级、形成合理产业分工体系的有效途径。在"十二五"时期，应该从国家战略层面上合理调整产业布局，引导东部沿海地区产业向中西部地区有序转移。首先，东部沿海地区要大力推进产业结构调整和升级。要继续实施"走出去"战略，扩大对外直接投资规模，培育国际知名品牌，提升产业在全球价值链高端领域的渗透力和竞争力；应贯彻落实《国务院关于加快培育和发展战略性新兴产业的决定》，大力发展战略性新兴产业；应提升企业技术创新能力，利用现代高新技术来改造传统优势支柱产业，增强国际竞争优势。其次，中西部地区要培育优势特色产业。应加快发展特色农业，充分发挥西部地区特色农副产品资源优势，深入挖掘西部地区粮食主产区的生产潜力，培育和发展农副产品深加工龙头企业；应加快发展中西部地区的优势工业，对传统产业进行升级改造，合理布局产业空间；应大力发展文化、创意等现代服务业，精心打造一批跨区域联动的精品旅游线路，提升旅游业核心竞争力。第三，引导东部产业向中部、西部地区有序转移。应认真贯彻落实《国务院关于中西部地区承接产业转移的指导意见》，坚持政府引导和市场推动相结合，自觉遵循产业转移规律；应坚持节能环保，因地制宜，严格产业准入，加强分类指导，加强环境保护，集约利用资源，促进可持续发展；应坚持深化改革，创新体制机制，积极探索"集群式"转移方式，以东、中西部合作共建开发区或工业园区的方式，引导东部地区传统产业中的核心企业和相互配套的企业，整体迁移到中西部的产业园区，逐步形成当地新的产业集群，使产业园区成为中西部经济发展的新增长点，推进中西部城镇化和工业化的步伐。

第二节　产业经济

一、西方产业经济思想的形成与发展

产业经济思想是人们将经济分析深入到产业层次，在进行"产业分析"和"产业政策"实践的探索过程中逐步产生、发展起来的。

（一）产业经济思想萌芽于微观经济分析

产业经济思想，特别是产业经济思想中的产业组织理论萌芽可追溯到英国马歇尔（Alfred Marshall,1842—1924）对工业组织的论述。1890 年英国剑桥大学的著名经济学家马歇尔出版了《经济学原理》一书，创立了新古典经济学。在这部著作的第 4 篇，即生产要素——土地、劳动、资本和组织中，他研究了产业组织。他指出，组织可以提高效率，增加经济效益，并提出：分工能提高效率；专门工业集中于特定的地方，能提高效率；大规模生产，也能提高效率。由于产业组织可以提高产业的经济效益，所以在英文中，产业组织（Industrial Organization）与产业经济（Industrial Economy）是同义语。从而在西方，产业经济学（Industrial Economics）也称产业组织理论（Theory of Industrial Organization），二者是一回事。

马歇尔的经济学原理是继亚当·斯密 (Smith Adam,1723—1790) 之后，完成了西方经济学的第二次大综合，基本上还是微观经济分析。正因为微观经济学与产业经济学的这种天然联系，至今还有人将产业经济学归之于微观经济学，或称高级微观经济学。

微观经济分析的重要结论就是：经济个体通过市场机制（看不见的手）的自动调节，可以实现资源的最优配置，不需要任何外来干预。应该承认，微观经济分析揭示的市场经济规律无疑具有重大价值。我们今天仍要遵循价值规律，建立和完善市场经济体制。

（二）产业经济思想形成于宏观经济分析向中观层次的深入

随着经济危机的出现，市场失灵了：在劳动力市场，尽管工厂一再降低工人工资，大量工人也不退出劳动力市场，而且依靠工会力量抵制降薪；在资本市场，银行降低利率，企业领导也不借钱，不多投资。这时，微观经济学说的市场机制不灵了。正是在这种情况下，1936 年，英国著名经济学家凯恩斯（Keynes John Maynard,1883—1946）发表了《就业、利息和货币通论》一书，简称《就业通论》，创立了现代宏观经济学（Macroeconomics）。

宏观经济理论的重要结论是：市场机制本身没有力量使总需求与总供给相等，出现萧条和失业是不可避免的。因此，国家通过发挥财政政策和货币政策，调节总需求与总供给以达到均衡的作用，来弥补市场缺陷。

宏观经济理论无疑使人们对市场经济运行规律有了更深的认识。凯恩斯的主张曾一度获得成功，并在一定程度上刺激了危机中的经济复苏和景气。但宏观经济理论并不涉及如何实现社会再生产过程中具体需求和具体供给之间的均衡问题，这就难以推测社会经济总量失衡的具体原因。因而该理论主张的国家对经济的干预，只能局限于总需求与总供给的调节，仅限于国民收入的分配、再分配调节，仍不能摆脱生产过剩危机的威胁，解决不了资源的有效配置问题。例如，在 20 世纪 50—60 年代，英国的失业率只有 1 ~ 2% 左右，1979 年撒切尔上台时为 4.5%，英国政府为了控制通货膨胀实行通货紧缩政策，结果失业率大幅上升，1981 年猛增至 9.1%，1985 年高达 13%。在 20 世纪 60—70 年代，美国政府试图通过财政政策和货币政策达到全民就业的目标，结果使国内通胀率从 1960 年的 1% 上升到 1979 年的 13%。这说明宏观经济学也存在着局限性。

斯密的个量分析，存在市场失灵；凯恩斯宏观分析，又使财政赤字、通货膨胀居高不下。于是，经济学家在"个量分析"和"总量分析"两个端点的连线上找出路，将手伸进社会再生产过程的中观层次——产业层次，进行产业分析，去寻找活跃市场机制和弥补缺陷的具体条件和途径。这样，就推动了产业分析理论的相继问世：出现了以产业部门之间关系结构为对象，以各产业部门间投入与产出关系为研究领域的"产业联系理论"；出现了以产业分类为基础，寻求产业结构的演变规律为主线的产业结构理论；出现了以研究产业内企业间垄断竞争关系为重点，以谋求产业组织形成有效竞争态势为目标的产业组织理论；以及旨在推动产业结构高度化和产业组织合理化为目标的产业政策理论。

由此可见，产业分析的产生正是经济分析向纵深发展的必然，是经济发展条件下人们认识经济规律需要程度不断提高的必然，这一切又必然推动产业分析的进一步发展，推动上述产业分析理论的相继出现，从而导致产业经济理论的形成和发展。

（三）理论界对产业经济思想的系统研究

产业经济思想的系统研究，是在 20 世纪 30 年代随着现代制造业的兴起而开始的。

1932 年贝利（Abele）和米恩斯（G.Means）发表了《现代公司与私有产权》一书，详尽分析了 20 世纪 20 年代到 30 年代美国的垄断产业和寡头垄断产业的实际情况；1933 年张伯伦（E.A.Camberlin）发表了《垄断竞争理论》一书，对在现代产业中居重要地位的寡头垄断给予了高度重视，并从理论上进行了分析。1939 年梅森 (E.Means) 出版了《大企业的生产及价格政策》一书，并成立了专门研究产业组织的小组，培养了一批产业组织的研究人才。1959 年美国哈佛大学贝恩（Z.Bain）教授发表了《产业组织理论》一书，系统阐述了"结构—行为—绩效"模式，创立了产业经济学研究的哈佛学派。

20 世纪 30 年代德国经济学家霍夫曼 (W．G．Hoffman) 对工业化过程中工业部门的结构演变规律进行了探讨，40 年代初英国经济学家克拉克（Clark）用三次产业分类法对经济发展条件进行了研究，这些研究成为产业结构理论的先导；30 年代列昂惕夫（W.W.Leontief,1906—）创立了投入产出产业经济学，50 年代西蒙·库兹涅茨（Simon Kuznets,1901—1985）等人分析了经济增长过程中产业结构的变动，这些构成了现代产业经济理论的重要组成部分；日本经济学家筱原三代平提出的规划日本产业结构的基准，赤松要提出的"雁行产业发展形态说"，都对产业经济思想的发展做出了重要贡献。

（四）产业经济思想在实践中迅速发展

产业政策的出现既源于产业经济思想实践的需要，也促进了产业经济思想的发展。所谓产业政策，简单地说是指政府制定的关于产业保护、扶植、调整和完善等方面的政策总和，它包括产业结构政策和产业组织政策。

产业政策的概念首先出现在二战后的日本。二战后的日本经济濒临崩溃，如何医治战争创伤加快重建和振兴经济，迅速赶超欧美发达国家经济水平，是日本面临的严峻问题。日本政府官僚和经济界人士都认为，单依靠市场机制的自发作用，单依靠企业管理的改善是解决不了这个问题的，必须规划产业结构高度化发展目标，设计产业结构高度化的途径，确定带动整个国民经济起飞的"主导产业"。

通过政府一系列的相应政策、措施来确保"主导产业"的崛起，从而诱导经济按既定目标发展。20 世纪 40—50 年代中期，将传统的基础产业，如钢铁、煤炭、电力、化肥、运输列为重点整合和发展的产业，政府制定相应的合理化计划，颁布了《钢铁和煤炭合理化施政纲要》《企业合理化促进法》等法规，对这些产业实行倾斜发展政策，促进了国民经济的恢复，为以后的经济起飞奠定了基础。50 年代中期到 60 年代中期，又将石油化工、汽车、家电和电子工业确定为重点发展的主导产业，先后制定了《机械工业振兴临时措施法》《电子工业振兴临时措施法》等法规，对重化工业、电子工业的加快发展起极大的促进作用，使日本经济进入高速增长期。60 年代中期以后，将高级机械、电子产品和电子计算机等附加价值高的高技术产业作为重点发展产业，加以重点扶植，促进了日本产业结构的高度化。

在产业组织政策方面，20 世纪 40 年代末到 50 年代初，制定并实施了反垄断法，加速日本社会政治经济生活的民主化、市场化进程，为建立市场秩序和发展市场竞争确立了基本规则。50年代中期到60年代，为改变同类企业间盲目竞争、过度竞争的态势，推动规模经济的形成和专业化生产的发展，增强自由贸易新体制下本国企业的竞争力，日本政府放松反垄断措施，重点推行产业组织合理化的策，鼓励企业合并与重组。

这些产业政策，在振兴日本经济，实现赶超目标中发挥了重要作用。在短短20年中，日本经济发展居然走完了西方发达国家花一、二百年才走完的路，这不能不使世人瞩目。制定和实施产业政策的实践活动，促进了人们对产业经济思想的研究，从而推动了产业经济学的形成与发展，因为行之有效的产业政策必然是建立在对产业发展、产业结构演化等客观规律的认识基础之上的。

（五）产业组织理论的发展

20世纪70年代之后，产业经济学的各个方面都取得了较大进展。1988年泰勒尔出版了《产业组织理论》一书，对企业理论、市场理论、企业间关系等产业经济理论问题给予了更多的关注。这本书是近十几年来国外大学经济学和工商管理专业最权威的教科书。90年代中期以来，国外产业经济学的研究主要集中在三个方面：企业内部组织的分析、公共政策和产业政策问题、研究方法问题。以往的产业经济学将企业作为黑箱，研究企业之间的投入产出关系，90年代中期后，产业经济学开始深入到企业内部，试图通过研究企业内部的产权关系和治理机制，从根本上分析企业行为的特点，出现了"管家理论"、委托—代理理论、交易成本理论公司治理结构等现代企业理论，或企业经济学。

由于博弈论和激励理论引入的产业经济学，使有关公共政策的传统思想发生了革命性的变化。市场经济条件下，各级政府工作量大、涉及面广的并非通常所说的"宏观调控"，而是"微观规制"。"微观规制"政策一般包括二大类：一类是反垄断（包括反不正当竞争）政策，另一类是规制政策。规制政策又可分为"经济性规制"（主要指对企业定价、进入和退出某些产业的限制），和"社会性规制"（主要指保护消费者利益和自然环境等）。"反垄断政策"侧重于保护竞争，防止垄断；"规制政策"则是允许存在垄断，同时侧重约束垄断企业的行为。

二、产业组织理论和产业结构理论

（一）产业组织理论

产业组织概念大约在20世纪六七十年代逐渐得到公认，作为专指产业内部企业之间的关系范畴。这里的企业关系包括企业之间的交易关系、资源占有关系、利益关系和行为关系等，这些关系的变化与发展不仅影响企业本身的生存与发展，而且还影响着产业的生存和发展，当然也影响到该产业对国民经济发展的贡献。

产业组织理论主要是为了解决所谓的"马歇尔冲突"的难题，即产业内企业的规模经济效应与企业之间的竞争活力的冲突。传统的产业组织理论体系主要是 SCP 模式，认为市场结构是决定市场行为和市场绩效的基础；市场行为取决于市场结构，而市场行为又决定了市场绩效；市场绩效受市场结构和市场行为的共同制约，是反映产业资源配置优劣的最终评估标志；市场行为和市场绩效又会反作用于市场结构，影响未来的市场结构。SCP 模式奠定了产业组织理论体系的基础，以后各派产业组织理论的发展都是建立在对 SCP 模式的继承或批判基础之上的。

（二）产业结构理论

所谓产业结构也就是各个产业部门间的相互联系和比例关系。产业结构包括两方面的内容：一是指各产业之间在生产上的比例关系，直接涉及的便是结构均衡问题。例如第一、二、三次产业之间的均衡，生产资料生产和消费资料生产之间的均衡等等。二是指各产业之间的联系方式，直接涉及的是结构向度、结构效益等问题。显然，产业间的比例关系构成产业结构的量的方面，而产业间的关联方式则构成产业结构的质的方面。

20 世纪 80 年代初，中国产业结构分析的研究视角比较狭窄，仅从农轻重或两大部类角度去刻画产业结构的格局，甚至把三次产业结构分析视为异端，这不免限制了产业结构理论的发展。从 20 世纪 80 年代中期起，这种状况有了很大的改变。1985 年 3 月 21 日，六届人大二次会议的政府工作报告，第一次使用了"第三产业"概念。同年 4 月，国家统计局公布了中国第三产业的统计范围，并相继发表有关的统计数据。后来国务院正式决定在全国大力发展第三产业。可以说，三次产业结构方法的运用是中国产业结构理论的一大重要贡献，有着重大的理论意义和实践意义。

三、研究中国产业经济思想的必要性

（一）现代化建设需要产业经济思想的指导

现代化是用来概括人类近期发展中社会急剧转变的总的动态的一个新概念，它以英国工业革命为开端，是一场深刻影响人类命运的宏观社会变迁，具有多重含义。美国学者吉尔伯特·罗滋曼认为，现代化就是"依靠科学技术实现大转变，把一个以农为主、人均收入低微的社会变为工业化、城市化的社会"。他所强调的现代化是一个动态的过程，指落后农业与传统的统一，先进工业与现代的统一，从传统的农业社会向现代的工业社会转化就是现代化的实现过程，也就是说，现代化的实质是工业化。罗荣渠认为，现代化是指工业革命以来现代生产力导致社会生产方式的大变革，引起世界经济加速发展和社会适应性变化的大趋势。具体地说，就是以现代工业、科学和技术革命为推动力，实现传统的农业社会向现代工业社会的大转变，使工业主义渗透到经济、政治、文化、思想各个领域并引起组织与行为深刻变革的过程。

现代化从诞生之日起就和产业经济思想紧密关联，它首先表现为工业化思想。按照三次产业分类法，工业化思想是产业经济思想的核心，而早期的工业化和现代化是同义语。中国的现代化进程以洋务运动为开端，"定为工国"是其口号，这正是产业经济思想的体现。十六大以来，新一届政府又提出了新型工业化的现代化目标。可见，中国现代化建设离不开产业经济思想的指导。

（二）产业政策的制定需要产业经济思想指导

产业经济思想，特别是产业经济理论，为政府各项产业政策的出台提供理论依据。如解放初，优先发展重工业政策的制定就是工业主导思想的集中体现。产业组织思想为政府规范企业行为，市场秩序提供依据，20世纪90年代的国企改革就是为了建立现代公司制度，使国企早日摆脱困境，加快中国经济增长。产业结构理论也为政府协调好三次产业间的比例关系以及各产业内部之间的关系提供理论基础。总之，研究产业经济思想既是现代化建设的需要也是产业政策实践的需要。

四、研究中国产业经济思想的意义

（一）研究产业经济思想的理论价值

中国产业经济思想研究首先是出于中国产业经济理论研究的需要，其理论价值大致有以下两个方面。

1. 有利于中国产业经济学理论的发展

我们知道，理论的形成离不开思想的指导，每一项理论总是在思想达到一定高度才形成的。产业经济理论的形成也不例外。从早期的农本思想到传统的农业经济理论，从重商主义经济思想到商品经济理论，从工业化思想到工业经济理论，每一项经济理论的形成都离不开经济思想的指导。

2. 有利于中国特色产业经济学理论的形成

一方面，在现代化进程中，中国产业发展过程的起伏和曲折，产业关系的调整、产业结构的变迁以及产业组织的演变，都可以直接从当时的产业经济思想中找到它的渊源。另一方面，中国有自己的特殊国情，西方的产业经济理论在中国并不是所有都适用，这需要有选择的加以吸收。而在中国一百多年的现代化进程中涌现出了丰富的产业经济思想。首先是康有为的"振兴实业"、梁启超的"以工立国"、孙中山的"实业计划"；其次是以毛泽东邓小平为代表的中国共产党人对工业化道路的探索。当然，在现代化进程中也有过诸如片面发展重工业，"以钢为纲"，造成三次产业比例严重失调的失误。因此，研究中国现代化进程中的产业经济思想，吸收其成功的经验，总结其失误的教训，有利于形成有中国特色的产业经济学理论。

（二）研究产业经济思想的意义

1.实践意义

研究产业经济思想还源于产业政策实践的需要。产业经济思想研究的最终目的在于运用产业经济学原理来把握产业发展规律，制定合理的产业政策，促进经济快速发展。其实践意义主要有以下三个方面。

（1）有利于建立有效的产业组织结构

产业组织内部结构不仅影响到产业内企业规模经济优势的发挥和竞争活力，还会影响到整个产业整体的发展。例如我国的产业组织历来都存在着许多弊端，如企业规模整体偏小，"小而全""大而全"现象普遍存在等等，严重影响了我国某些产业整体的发展，导致国际竞争力偏弱。这些弊端消除的实践需要，强烈要求到产业经济思想中去寻找答案。通过对产业经济思想的研究，可以比较不同市场结构、不同企业规模的优劣；探求过度竞争或有效竞争不足的形成途径及消除方式；发现规模经济的形成原因及优点等等。从而设法从中找出最有利于生产要素合理配置的市场秩序、产业组织结构，然后根据不同的产业，分别制定正确的产业组织政策。例如，鼓励企业兼并、联合发展企业集团，实现企业组织机构合理化；扶持中小企业的发展；维护市场竞争秩序，规范市场行为，反对不正当竞争，反对抑制竞争的垄断行为等等。

（2）有利于产业结构的优化

产业结构的合理均衡是国民经济健康发展的前提，而产业结构的升级则更是国民经济迅速发展的必由之路。探索合理的产业结构的实践需要也促使了产业经济思想研究的深入。寻找产业结构不合理的成因，并以此制定有效的产业结构政策来调整产业结构，也是研究产业经济思想的意义所在。进一步而言，研究产业经济思想，探寻产业升级的规律和带动经济起飞的主导产业，利用合理的产业政策加以保护和扶持，便可以实现产业结构向更高的水平演进，即产业结构的高度化，以增强整体产业的国际竞争力，促进经济的发展。

（3）有利于产业的合理布局

产业的合理布局有利于各地区充分发挥各自的经济比较优势及地域优势，从而可以最大限度地发挥整个国家的经济建设能力，实现经济的快速发展。所以，寻找产业合理布局的基本原则也是研究产业经济思想的动力之一。通过产业经济思想的研究，可以探求产业布局的影响因素、产业布局的一般规律，并据此制定正确的产业布局政策，将产业布局与各地区的资源优势相结合、与区域分工相结合，把产业布置在最有利于发挥优势、提高经济效益的地区，实现产业布局的合理化。

（二）现实意义

研究产业经济思想对当代中国的经济现代化建设有着更深刻的现实意义。当代中国的经济现代化建设正处在从粗放型增长向集约型增长的转变过程中，我国也已明确提出了

2010 年的远景目标及至下世纪中叶达到中等发达国家水平的经济发展战略，这一切都需要产业经济思想的指导。因为产业发展的规模和水平对于国家经济实力的增强、国际经济地位的提高，有着决定性的影响，特别对于我国这样一个产业发展水平比较低的发展中国家尤为关键。再说，我国由于长期实行计划经济，对产业经济的研究是比较晚的，对产业经济的各种调控手段也不太熟悉，所以更有必要加强对产业经济思想的学习和研究。在计划经济体制下，计划包揽一切，财政收支、银行信贷、原材料分配、产品生产和分配、劳动用工等等都是通过国家计划来执行，国家利用计划对国民经济实行全面干预。在市场经济条件下，产业政策就是一种有效的间接调控工具。产业政策作用于市场，通过市场机制的传导，影响产业的发展趋势，引导产业朝国家所希望的方向发展。产业政策要产生预期的效果，必须有科学的依据并洞悉产业的现状及发展趋势。所以研究产业经济思想，正确把握产业发展的现状、问题、成因及趋势，为产业政策的制定提供科学的理论依据，对我国经济的发展，特别是加快我国社会主义现代化建设具有重大的现实意义。

另外，由于我国长期以来一直实行计划经济以及相应的经济建设的指导思想，使得我国的产业结构、产业布局等状况一直不甚理想。产业结构不合理一直是我国经济发展的痛疾。改革开放前，我国片面发展重工业，造成农、轻、重比例失调，严重制约了我国的经济发展。改革开放以来，我国一直致力于调整农、轻、重不协调的比例，进行产业结构调整、升级，并已取得较好的成绩。但我国的产业结构还存在诸多问题，例如农业基础薄弱；加工业中，高水平加工能力不足；原材料等基础工业和有关的基础设施相对滞后，服务业、信息业以及一些高技术战略产业发展不足等等。这些问题都迫切需要我国产业经济思想研究的进一步深入。在产业布局上，由于过去片面强调全国各地区的均衡发展以及备战的需要，使得我国的产业布局有许多不合理之处。例如"三线"工厂过于疏散，大城市工厂过于集中等等。过去产业布局失误的重要原因之一就是对产业布局的客观规律认识不足，所以要杜绝这些弊病的重演，就必须加深对产业经济思想的研究和理解。由此可见，中国产业经济思想研究是当今中国经济建设的现实需要。

参考文献

[1] 王坤. 国有企业领导人员经济责任审计研究 [D]. 南京审计大学 ,2018.

[2] 丁琪. 欣泰电气重大错报风险的识别、评估和应对研究 [D]. 山东农业大学 ,2018.

[3] 李晓. 国有 C 集团公司内部控制审计应用研究 [D]. 首都经济贸易大学 ,2017.

[4] 何云凯. Y 公司财务风险管理研究 [D]. 西安理工大学 ,2017.

[5] 王娟娟. A 商业银行内部控制审计研究 [D]. 中国财政科学研究院 ,2017.

[6] 张先东. 社会融资规模对我国经济增长的影响研究 [D]. 新疆财经大学 ,2017.

[7] 贺星. 互联网环境下企业财务管理模式创新研究 [D]. 陕西科技大学 ,2017.

[8] 沈艳. "互联网 + 产业经济" 下新业态的创造性变革 [J]. 商业经济研究 ,2017(03):148-150.

[9] 薛琳. TRK 企业集团财务战略管理研究 [D]. 兰州理工大学 ,2016.

[10] 刘才富. 集团公司财务风险的成因及对策研究 [D]. 长安大学 ,2016.

[11] 毛绵长. A 基金公司财务管理模式改进研究 [D]. 东华大学 ,2016.

[12] 胡文娟. SD 公司财务战略制定及实施研究 [D]. 安徽大学 ,2016.

[13] 张世鹏. 国家审计风险影响因素及控制途径研究 [D]. 天津大学 ,2016.

[14] 李汝资. 中国区域经济发展效率演变研究 [D]. 东北师范大学 ,2015.

[15] 庞博. 长阳经济技术开发区经济责任审计案例研究 [D]. 吉林财经大学 ,2015.

[16] 盖玲月. 基于重大错报风险的审计风险模型研究 [D]. 沈阳工业大学 ,2015.

[17] 刘梅. 民营企业财务风险管理研究 [D]. 对外经济贸易大学 ,2014.

[18] 钱玲玲. 电子商务环境下的财务管理研究 [D]. 华中师范大学 ,2014.

[19] 张燕华. 基于产业视角的区域经济协调发展研究 [D]. 武汉大学 ,2014.

[20] 高玉青. 会计基础工作规范化研究 [D]. 山西财经大学 ,2014.

[21] 张永丽. 论企业财务风险的防范与控制 [D]. 首都经济贸易大学 ,2014.

[22] 李盾. 浅析现代风险导向审计中的重大错报风险 [J]. 财会研究 ,2014(02):63-65.

[23] 郭华亮. "MW" 公司财务预算管理研究 [D]. 华南理工大学 ,2013.

[24] 袁杰. 会计基础工作与环境的适应性研究 [D]. 湖南工业大学 ,2013.

[25] 周鹏燕. 企业风险财务管理研究 [D]. 长江大学 ,2013.

[26] 陈薇. 有关构建中国财务会计概念框架的研究 [D]. 长安大学 ,2013.

[27] 荣晨. WT 集团财务运营管理方案研究 [D]. 大连理工大学 ,2013.

[28] 陈琪琪.信息化与产业经济增长的关系研究 [D].北京邮电大学,2013.

[29] 张志华,徐海波.企业资本结构与筹资环境优化互动分析 [J].时代金融,2012(14):125-128.

[30] 冯燕.基于企业财务管理环境的财务战略管理研究 [D].山西财经大学,2012.

[31] 夏秋实.M大学财务预算管理研究 [D].大连理工大学,2011.

[32] 汪玲玲.企业财务会计外包的风险分析与评价 [D].安徽大学,2011.

[33] 叶映兰.寿险公司财务管理运营机制研究——组织、控制与系统 [D].武汉大学,2010.

[34] 郭垒.我国CPA审计风险影响因素的层次化研究 [D].兰州理工大学,2010.

[35] 廖洪,王素梅.国家审计发展的阶段论 [J].财会通讯,2009(18):95-98+161.

[36] 李延军.基于会计基础工作的内部控制风险规避研究 [D].吉林大学,2009.

[37] 黄慧欣.我国中小企业财务管理模式研究 [D].广东工业大学,2008.

[38] 张红英,张锋.审计风险准则分析 [J].财会通讯(学术版),2008(01):50-54+129.

[39] 姚力其.传统和现代风险导向审计风险评估策略比较研究 [J].审计与经济研究,2006(04):16-19.

[40] 方芳.中国现代化进程中的产业经济思想研究 [D].山西财经大学,2006.

[41] 肖剑.我国企业集团财务管理体制问题与对策研究 [D].华东师范大学,2005.

[42] 杨颜启.财务管理信息化研究 [D].西安理工大学,2005.

[43] 谢荣.论审计风险的产生原因、模式演变和控制措施 [J].审计研究,2003(04):24-29.

[44] 于保和.经济责任审计研究 [D].东北财经大学,2003.

[45] 冀祥,李玉萍.筹资环境对企业筹资行为的影响 [J].西北工业大学学报(社会科学版),2000(01):15-17.

[46] 王化成.论财务管理的理论结构 [J].财会月刊,2000(04):2-7.

[47] 李永臣,王丽新.企业筹资环境研究 [J].现代财经-天津财经学院学报,1998(02):5-8.

后　记

　　本书由单文宗、张冬平、黄婷担任主编，宋静波、苗增旺、庞小娜、郭皓、伍绍堂、姜玮、李志坤担任副主编，刘建玲、崔红娣、吕凤敏、王渊、陈春素、胡海莺、徐英担任编委，具体分工如下：

　　单文宗负责第七、八章的编写，共计 10 万字；

　　张冬平负责第一、二、六章的编写，共计 8 万字；

　　黄婷负责第四、五章的编写，共计 6 万字；

　　宋静波负责第九章的编写，共计 3 万字；

　　苗增旺负责第三章一、二节的编写，共计 3 万字；

　　庞小娜负责第三章三、四节的编写，共计 3 万字。